BIRMANÊS
VOCABULÁRIO

PORTUGUÊS BRASILEIRO

PORTUGUÊS BIRMANÊS

Para alargar o seu léxico e apurar as suas competências linguísticas

9000 palavras

Vocabulário Português Brasileiro-Birmanês - 9000 palavras
Por Andrey Taranov

Os vocabulários da T&P Books destinam-se a ajudar a aprender, a memorizar, e a rever palavras estrangeiras. O dicionário é dividido em temas, cobrindo todas as principais esferas de atividades quotidianas, negócios, ciência, cultura, etc.

O processo de aprendizagem, utilizando os dicionários baseados em temáticas da T&P Books dá-lhe as seguintes vantagens:

- Informação de origem corretamente agrupada predetermina o sucesso em fases subsequentes da memorização de palavras
- Disponibilização de palavras derivadas da mesma raiz, o que permite a memorização de unidades de texto (em vez de palavras separadas)
- Pequenas unidades de palavras facilitam o processo de estabelecimento de vínculos associativos necessários para a consolidação do vocabulário
- O nível de conhecimento da língua pode ser estimado pelo número de palavras aprendidas

Copyright © 2019 T&P Books Publishing

Todos os direitos reservados. Nenhuma parte desta publicação pode ser reproduzida, total ou parcialmente, por quaisquer métodos ou processos, sejam eles eletrônicos, mecânicos, de fotocópia ou outros, sem a autorização escrita do editor. Esta publicação não pode ser divulgada, copiada ou distribuída em nenhum formato.

T&P Books Publishing
www.tpbooks.com

ISBN: 978-1-83955-072-0

Este livro também está disponível em formato E-book.
Por favor visite www.tpbooks.com ou as principais livrarias on-line.

VOCABULÁRIO BIRMANÊS
palavras mais úteis

Os vocabulários da T&P Books destinam-se a ajudar a aprender, a memorizar, e a rever palavras estrangeiras. O vocabulário contém mais de 9000 palavras de uso comum organizadas tematicamente.

O vocabulário contém as palavras mais comummente usadas
Recomendado como adicional para qualquer curso de línguas
Satisfaz as necessidades dos iniciados e dos alunos avançados de línguas estrangeiras
Conveniente para o uso diário, sessões de revisão e atividades de auto-teste
Permite avaliar o seu vocabulário

Características especias do vocabulário

- As palavras estão organizadas de acordo com o seu significado, e não por ordem alfabética
- As palavras são apresentadas em três colunas para facilitar os processos de revisão e auto-teste
- As palavras compostas são divididas em pequenos blocos para facilitar o processo de aprendizagem
- O vocabulário oferece uma transcrição simples e adequada de cada palavra estrangeira

O vocabulário contém 256 tópicos incluindo:

Conceitos básicos, Números, Cores, Meses, Estações do ano, Unidades de medida, Roupas & Acessórios, Alimentos & Nutrição, Restaurante, Membros da Família, Parentes, Caráter, Sentimentos, Emoções, Doenças, Cidade, Passeios, Compras, Dinheiro, Casa, Lar, Escritório, Trabalho no Escritório, Importação & Exportação, Marketing, Pesquisa de Emprego, Esportes, Educação, Computador, Internet, Ferramentas, Natureza, Países, Nacionalidades e muito mais …

TABELA DE CONTEÚDOS

Guia de pronunciação	11
Abreviaturas	12

CONCEITOS BÁSICOS — 13
Conceitos básicos. Parte 1 — 13

1. Pronomes — 13
2. Cumprimentos. Saudações. Despedidas — 13
3. Como se dirigir a alguém — 14
4. Números cardinais. Parte 1 — 14
5. Números cardinais. Parte 2 — 15
6. Números ordinais — 16
7. Números. Frações — 16
8. Números. Operações básicas — 16
9. Números. Diversos — 17
10. Os verbos mais importantes. Parte 1 — 17
11. Os verbos mais importantes. Parte 2 — 18
12. Os verbos mais importantes. Parte 3 — 19
13. Os verbos mais importantes. Parte 4 — 20
14. Cores — 21
15. Questões — 21
16. Preposições — 22
17. Palavras funcionais. Advérbios. Parte 1 — 22
18. Palavras funcionais. Advérbios. Parte 2 — 24

Conceitos básicos. Parte 2 — 26

19. Opostos — 26
20. Dias da semana — 28
21. Horas. Dia e noite — 28
22. Meses. Estações — 29
23. Tempo. Diversos — 30
24. Linhas e formas — 31
25. Unidades de medida — 32
26. Recipientes — 33
27. Materiais — 34
28. Metais — 35

O SER HUMANO — 36
O ser humano. O corpo — 36

29. Humanos. Conceitos básicos — 36
30. Anatomia humana — 36

31. Cabeça	37
32. Corpo humano	38

Vestuário & Acessórios 39

33. Roupa exterior. Casacos	39
34. Vestuário de homem & mulher	39
35. Vestuário. Roupa interior	40
36. Adereços de cabeça	40
37. Calçado	40
38. Têxtil. Tecidos	41
39. Acessórios pessoais	41
40. Vestuário. Diversos	42
41. Cuidados pessoais. Cosméticos	42
42. Joalheria	43
43. Relógios de pulso. Relógios	44

Alimentação. Nutrição 45

44. Comida	45
45. Bebidas	46
46. Vegetais	47
47. Frutos. Nozes	48
48. Pão. Bolaria	49
49. Pratos cozinhados	49
50. Especiarias	50
51. Refeições	51
52. Por a mesa	52
53. Restaurante	52

Família, parentes e amigos 53

54. Informação pessoal. Formulários	53
55. Membros da família. Parentes	53
56. Amigos. Colegas de trabalho	54
57. Homem. Mulher	55
58. Idade	56
59. Crianças	56
60. Casais. Vida de família	57

Caráter. Sentimentos. Emoções 59

61. Sentimentos. Emoções	59
62. Caráter. Personalidade	60
63. O sono. Sonhos	61
64. Humor. Riso. Alegria	62
65. Discussão, conversação. Parte 1	62
66. Discussão, conversação. Parte 2	63
67. Discussão, conversação. Parte 3	65
68. Acordo. Recusa	65
69. Sucesso. Boa sorte. Insucesso	66
70. Conflitos. Emoções negativas	67

| Medicina | 69 |

71. Doenças — 69
72. Sintomas. Tratamentos. Parte 1 — 70
73. Sintomas. Tratamentos. Parte 2 — 71
74. Sintomas. Tratamentos. Parte 3 — 72
75. Médicos — 73
76. Medicina. Drogas. Acessórios — 73
77. Fumar. Produtos tabágicos — 74

HABITAT HUMANO — 75
Cidade — 75

78. Cidade. Vida na cidade — 75
79. Instituições urbanas — 76
80. Sinais — 77
81. Transportes urbanos — 78
82. Turismo — 79
83. Compras — 80
84. Dinheiro — 81
85. Correios. Serviço postal — 82

Moradia. Casa. Lar — 83

86. Casa. Habitação — 83
87. Casa. Entrada. Elevador — 84
88. Casa. Eletricidade — 84
89. Casa. Portas. Fechaduras — 84
90. Casa de campo — 85
91. Moradia. Mansão — 85
92. Castelo. Palácio — 86
93. Apartamento — 86
94. Apartamento. Limpeza — 87
95. Mobiliário. Interior — 87
96. Quarto de dormir — 88
97. Cozinha — 88
98. Casa de banho — 89
99. Eletrodomésticos — 90
100. Reparações. Renovação — 91
101. Canalizações — 91
102. Fogo. Deflagração — 91

ATIVIDADES HUMANAS — 93
Emprego. Negócios. Parte 1 — 93

103. Escritório. O trabalho no escritório — 93
104. Processos negociais. Parte 1 — 94
105. Processos negociais. Parte 2 — 95
106. Produção. Trabalhos — 96
107. Contrato. Acordo — 97
108. Importação & Exportação — 98

109. Finanças	98
110. Marketing	99
111. Publicidade	100
112. Banca	100
113. Telefone. Conversação telefônica	101
114. Telefone móvel	102
115. Estacionário	102
116. Vários tipos de documentos	103
117. Tipos de negócios	104

Emprego. Negócios. Parte 2   106

118. Espetáculo. Feira	106
119. Media	107
120. Agricultura	108
121. Construção. Processo de construção	109
122. Ciência. Investigação. Cientistas	110

Profissões e ocupações   112

123. Procura de emprego. Demissão	112
124. Gente de negócios	112
125. Profissões de serviços	113
126. Profissões militares e postos	114
127. Oficiais. Padres	115
128. Profissões agrícolas	115
129. Profissões artísticas	116
130. Várias profissões	116
131. Ocupações. Estatuto social	118

Desportos   119

132. Tipos de desportos. Desportistas	119
133. Tipos de desportos. Diversos	120
134. Ginásio	120
135. Hóquei	121
136. Futebol	121
137. Esqui alpino	123
138. Tênis. Golfe	123
139. Xadrez	124
140. Boxe	124
141. Desportos. Diversos	125

Educação   127

142. Escola	127
143. Colégio. Universidade	128
144. Ciências. Disciplinas	129
145. Sistema de escrita. Ortografia	129
146. Línguas estrangeiras	130

147. Personagens de contos de fadas	131
148. Signos do Zodíaco	132

Artes — 133

149. Teatro	133
150. Cinema	134
151. Pintura	135
152. Literatura & Poesia	136
153. Circo	136
154. Música. Música popular	137

Descanso. Entretenimento. Viagens — 139

155. Viagens	139
156. Hotel	139
157. Livros. Leitura	140
158. Caça. Pesca	142
159. Jogos. Bilhar	143
160. Jogos. Jogar cartas	143
161. Casino. Roleta	143
162. Descanso. Jogos. Diversos	144
163. Fotografia	144
164. Praia. Natação	145

EQUIPAMENTO TÉCNICO. TRANSPORTES — 147
Equipamento técnico. Transportes — 147

165. Computador	147
166. Internet. E-mail	148
167. Eletricidade	149
168. Ferramentas	149

Transportes — 152

169. Avião	152
170. Comboio	153
171. Barco	154
172. Aeroporto	155
173. Bicicleta. Motocicleta	156

Carros — 157

174. Tipos de carros	157
175. Carros. Carroçaria	157
176. Carros. Habitáculo	158
177. Carros. Motor	159
178. Carros. Batidas. Reparação	160
179. Carros. Estrada	161
180. Sinais de trânsito	162

PESSOAS. EVENTOS	163
Eventos	163

181. Férias. Evento	163
182. Funerais. Enterro	164
183. Guerra. Soldados	164
184. Guerra. Ações militares. Parte 1	166
185. Guerra. Ações militares. Parte 2	167
186. Armas	168
187. Povos da antiguidade	170
188. Idade média	171
189. Líder. Chefe. Autoridades	172
190. Estrada. Caminho. Direções	173
191. Violação da lei. Criminosos. Parte 1	174
192. Violação da lei. Criminosos. Parte 2	175
193. Polícia. Lei. Parte 1	176
194. Polícia. Lei. Parte 2	178

NATUREZA	180
A Terra. Parte 1	180

195. Espaço sideral	180
196. A Terra	181
197. Pontos cardeais	182
198. Mar. Oceano	182
199. Nomes de Mares e Oceanos	183
200. Montanhas	184
201. Nomes de montanhas	185
202. Rios	185
203. Nomes de rios	186
204. Floresta	186
205. Recursos naturais	187

A Terra. Parte 2	189

206. Tempo	189
207. Tempo extremo. Catástrofes naturais	190
208. Ruídos. Sons	190
209. Inverno	191

Fauna	193

210. Mamíferos. Predadores	193
211. Animais selvagens	193
212. Animais domésticos	194
213. Cães. Raças de cães	195
214. Sons produzidos pelos animais	196
215. Animais jovens	196
216. Pássaros	197
217. Pássaros. Canto e sons	198
218. Peixes. Animais marinhos	198
219. Anfíbios. Répteis	199

220. Insetos	200
221. Animais. Partes do corpo	200
222. Ações dos animais	201
223. Animais. Habitats	202
224. Cuidados com os animais	202
225. Animais. Diversos	203
226. Cavalos	203

Flora	205
227. Árvores	205
228. Arbustos	205
229. Cogumelos	206
230. Frutos. Bagas	206
231. Flores. Plantas	207
232. Cereais, grãos	208
233. Vegetais. Verduras	209

GEOGRAFIA REGIONAL	210
Países. Nacionalidades	210
234. Europa Ocidental	210
235. Europa Central e de Leste	212
236. Países da ex-URSS	213
237. Asia	214
238. América do Norte	216
239. América Central do Sul	216
240. Africa	217
241. Austrália. Oceania	218
242. Cidades	218
243. Política. Governo. Parte 1	220
244. Política. Governo. Parte 2	221
245. Países. Diversos	222
246. Grupos religiosos mais importantes. Confissões	223
247. Religiões. Padres	224
248. Fé. Cristianismo. Islão	224

TEMAS DIVERSOS	227
249. Várias palavras úteis	227
250. Modificadores. Adjetivos. Parte 1	228
251. Modificadores. Adjetivos. Parte 2	230

500 VERBOS PRINCIPAIS	233
252. Verbos A-B	233
253. Verbos C-D	234
254. Verbos E-J	237
255. Verbos L-P	239
256. Verbos Q-Z	241

GUIA DE PRONUNCIAÇÃO

Comentários

O MLC Transcription System (MLCTS) é usado como uma transcrição neste livro.
Uma descrição deste sistema pode ser encontrada aqui:
https://en.wiktionary.org/wiki/Wiktionary:Burmese_transliteration
https://en.wikipedia.org/wiki/MLC_Transcription_System

ABREVIATURAS
usadas no vocabulário

Abreviaturas do Português

adj	-	adjetivo
adv	-	advérbio
anim.	-	animado
conj.	-	conjunção
desp.	-	esporte
etc.	-	Etcetera
ex.	-	por exemplo
f	-	nome feminino
f pl	-	feminino plural
fem.	-	feminino
inanim.	-	inanimado
m	-	nome masculino
m pl	-	masculino plural
m, f	-	masculino, feminino
masc.	-	masculino
mat.	-	matemática
mil.	-	militar
pl	-	plural
prep.	-	preposição
pron.	-	pronome
sb.	-	sobre
sing.	-	singular
v aux	-	verbo auxiliar
vi	-	verbo intransitivo
vi, vt	-	verbo intransitivo, transitivo
vr	-	verbo reflexivo
vt	-	verbo transitivo

CONCEITOS BÁSICOS

Conceitos básicos. Parte 1

1. Pronomes

eu	ကျွန်ုပ်	kjunou'
você	သင်	thin
ele	သူ	thu
ela	သူမ	thu ma.
ele, ela (neutro)	၄င်း	jin:
nós	ကျွန်ုပ်တို့	kjunou' tou.
nós (masc.)	ကျွန်တော်တို့	kjun do. dou.
nós (fem.)	ကျွန်မတို့	kjun ma. tou.
vocês	သင်တို့	thin dou.
o senhor, -a	သင်	thin
senhores, -as	သင်တို့	thin dou.
eles	သူတို့	thu dou.
elas	သူမတို့	thu ma. dou.

2. Cumprimentos. Saudações. Despedidas

Oi!	မင်္ဂလာပါ	min ga. la ba
Olá!	မင်္ဂလာပါ	min ga. la ba
Bom dia!	မင်္ဂလာနံနက်ခင်းပါ	min ga, la nan ne' gin: ba
Boa tarde!	မင်္ဂလာနေ့လယ်ခင်းပါ	min ga. la nei. le gin: ba
Boa noite!	မင်္ဂလာညနေခင်းပါ	min ga. la nja nei gin: ba
cumprimentar (vt)	နှုတ်ဆက်သည်	hnou' hsei' te
Oi!	ဟိုင်း	hain:
saudação (f)	ဟယ်လို	ha. lou
saudar (vt)	နှုတ်ဆက်သည်	hnou' hsei' te
Tudo bem?	နေကောင်းလား	nei gaun: la:
Como você está?	နေကောင်းပါသလား	nei gaun: ba dha la:
Como vai?	အဆင်ပြေလား	ahsin bjei la:
E aí, novidades?	ဘာထူးသေးလဲ	ba du: dei: le:
Tchau!	ဂွတ်ဘိုင်	gu' bain
Até logo!	တာတာ	ta. da
Até breve!	မကြာခင်ပြန်ဆုံကြမယ်	ma gja. gin bjan zoun gja. me
Adeus!	နှုတ်ဆက်ပါတယ်	hnou' hsei' pa de
despedir-se (dizer adeus)	နှုတ်ဆက်သည်	hnou' hsei' te
Até mais!	တာတာ	ta. da
Obrigado! -a!	ကျေးဇူးတင်ပါတယ်	kjei: zu: din ba de

Muito obrigado! -a!	ကျေးဇူးအများကြီးတင်ပါတယ်	kjei: zu: amja: kji: din ba de
De nada	ရပါတယ်	ja. ba de
Não tem de quê	ကိစ္စမရှိပါဘူး	kei. sa ma. shi. ba bu:
Não foi nada!	ရပါတယ်	ja. ba de

Desculpa!	ဆောရီးနော်	hso: ji: no:
Desculpe!	တောင်းပန်ပါတယ်	thaun: ban ba de
desculpar (vt)	ခွင့်လွှတ်သည်	khwin. hlu' te

desculpar-se (vr)	တောင်းပန်သည်	thaun: ban de
Me desculpe	တောင်းပန်ပါတယ်	thaun: ban ba de
Desculpe!	ခွင့်လွှတ်ပါ	khwin. hlu' pa
perdoar (vt)	ခွင့်လွှတ်သည်	khwin. hlu' te
Não faz mal	ကိစ္စမရှိပါဘူး	kei. sa ma. shi. ba bu:
por favor	ကျေးဇူးပြု၍	kjei: zu: pju. i.

Não se esqueça!	မမေ့ပါနဲ့	ma. mei. ba ne.
Com certeza!	ရာဘပေါ့	ja. da bo.
Claro que não!	မဟုတ်တာသေချာတယ်	ma hou' ta dhei gja de
Está bem! De acordo!	သဘောတူတယ်	dhabo: tu de
Chega!	တော်ပြီ	to bji

3. Como se dirigir a alguém

Desculpe ...	ခွင့်ပြုပါ	khwin. bju. ba
senhor	ဦး	u:
senhora	ဒေါ်	do
senhorita	မိန်းကလေး	mein: ga. lei:
jovem	လူငယ်	lu nge
menino	ကောင်ကလေး	keaagkle:
menina	ကောင်မလေး	kaun ma. lei:

4. Números cardinais. Parte 1

zero	သုည	thoun nja.
um	တစ်	ti'
dois	နှစ်	hni'
três	သုံး	thoun:
quatro	လေး	lei:

cinco	ငါး	nga:
seis	ခြောက်	chau'
sete	ခုနစ်	khun hni'
oito	ရှစ်	shi'
nove	ကိုး	kou:

dez	တစ်ဆယ်	ti' hse
onze	တစ်ဆယ့်တစ်	ti' hse. ti'
doze	တစ်ဆယ့်နှစ်	ti' hse. hni'
treze	တစ်ဆယ့်သုံး	ti' hse. thoun:
catorze	တစ်ဆယ့်လေး	ti' hse. lei:
quinze	တစ်ဆယ့်ငါး	ti' hse. nga:

dezesseis	တစ်ဆယ့်ခြောက်	ti' hse. khau'
dezessete	တစ်ဆယ့်ခုနှစ်	ti' hse. khu ni'
dezoito	တစ်ဆယ့်ရှစ်	ti' hse. shi'
dezenove	တစ်ဆယ့်ကိုး	ti' hse. gou:
vinte	နှစ်ဆယ်	hni' hse
vinte e um	နှစ်ဆယ့်တစ်	hni' hse. ti'
vinte e dois	နှစ်ဆယ့်နှစ်	hni' hse. hni'
vinte e três	နှစ်ဆယ့်သုံး	hni' hse. thuan:
trinta	သုံးဆယ်	thoun: ze
trinta e um	သုံးဆယ့်တစ်	thoun: ze. di'
trinta e dois	သုံးဆယ့်နှစ်	thoun: ze. hni'
trinta e três	သုံးဆယ့်သုံး	thoun: ze. dhoun:
quarenta	လေးဆယ်	lei: hse
quarenta e um	လေးဆယ့်တစ်	lei: hse. ti'
quarenta e dois	လေးဆယ့်နှစ်	lei: hse. hni'
quarenta e três	လေးဆယ့်သုံး	lei: hse. thaun:
cinquenta	ငါးဆယ်	nga: ze
cinquenta e um	ငါးဆယ့်တစ်	nga: ze di'
cinquenta e dois	ငါးဆယ့်နှစ်	nga: ze hni'
cinquenta e três	ငါးဆယ့်သုံး	nga: ze dhoun:
sessenta	ခြောက်ဆယ်	chau' hse
sessenta e um	ခြောက်ဆယ့်တစ်	chau' hse. di'
sessenta e dois	ခြောက်ဆယ့်နှစ်	chau' hse. hni'
sessenta e três	ခြောက်ဆယ့်သုံး	chau' hse. dhoun:
setenta	ခုနှစ်ဆယ်	khun hni' hse.
setenta e um	ခုနှစ်ဆယ့်တစ်	qunxcy•tx
setenta e dois	ခုနှစ်ဆယ့်နှစ်	khun hni' hse. hni
setenta e três	ခုနှစ်ဆယ့်သုံး	khu. ni' hse. dhoun:
oitenta	ရှစ်ဆယ်	shi' hse
oitenta e um	ရှစ်ဆယ့်တစ်	shi' hse. ti'
oitenta e dois	ရှစ်ဆယ့်နှစ်	shi' hse. hni'
oitenta e três	ရှစ်ဆယ့်သုံး	shi' hse. dhun:
noventa	ကိုးဆယ်	kou: hse
noventa e um	ကိုးဆယ့်တစ်	kou: hse. ti'
noventa e dois	ကိုးဆယ့်နှစ်	kou: hse. hni'
noventa e três	ကိုးဆယ့်သုံး	kou: hse. dhaun:

5. Números cardinais. Parte 2

cem	တစ်ရာ	ti' ja
duzentos	နှစ်ရာ	hni' ja
trezentos	သုံးရာ	thoun: ja
quatrocentos	လေးရာ	lei: ja
quinhentos	ငါးရာ	nga: ja
seiscentos	ခြောက်ရာ	chau' ja
setecentos	ခုနှစ်ရာ	khun hni' ja

oitocentos	ရှစ်ရာ	shi' ja
novecentos	ကိုးရာ	kou: ja
mil	တစ်ထောင်	ti' htaun
dois mil	နှစ်ထောင်	hni' taun
três mil	သုံးထောင်	thoun: daun
dez mil	တစ်သောင်း	ti' thaun:
cem mil	တစ်သိန်း	ti' thein:
um milhão	တစ်သန်း	ti' than:
um bilhão	ဘီလီယံ	bi li jan

6. Números ordinais

primeiro (adj)	ပထမ	pahtama.
segundo (adj)	ဒုတိယ	du. di. ja.
terceiro (adj)	တတိယ	tati, ja,
quarto (adj)	စတုတ္ထ	zadou' hta.
quinto (adj)	ပဉ္စမ	pjin sama.
sexto (adj)	ဆဋ္ဌမ	hsa. htama.
sétimo (adj)	သတ္တမ	tha' tama.
oitavo (adj)	အဋ္ဌမ	a' htama.
nono (adj)	နဝမ	na. wa. ma.
décimo (adj)	ဒသမ	da dha ma

7. Números. Frações

fração (f)	အပိုင်းကိန်း	apain: gein:
um meio	နှစ်ပိုင်းတစ်ပိုင်း	hni' bain: di' bain:
um terço	သုံးပိုင်းတစ်ပိုင်း	thoun: bain: di' bain:
um quarto	လေးပိုင်းတစ်ပိုင်း	lei: bain: ti' pain:
um oitavo	ရှစ်ပိုင်းတစ်ပိုင်း	shi' bain: di' bain:
um décimo	ဆယ်ပိုင်းတစ်ပိုင်း	hse bain: da' bain:
dois terços	သုံးပိုင်းနှစ်ပိုင်း	thoun: bain: hni' bain:
três quartos	လေးပိုင်းသုံးပိုင်း	lei: bain: dhoun: bain:

8. Números. Operações básicas

subtração (f)	နုတ်ခြင်း	nou' khjin:
subtrair (vi, vt)	နုတ်သည်	nou' te
divisão (f)	စားခြင်း	sa: gjin:
dividir (vt)	စားသည်	sa: de
adição (f)	ပေါင်းခြင်း	paun: gjin:
somar (vt)	ပေါင်းသည်	paun: de
adicionar (vt)	ထပ်ပေါင်းသည်	hta' paun: de
multiplicação (f)	မြှောက်ခြင်း	hmjau' chin:
multiplicar (vt)	မြှောက်သည်	hmjau' de

9. Números. Diversos

algarismo, dígito (m)	ကိန်းဂဏန်း	kein: ga nan:
número (m)	ကိန်း	kein:
numeral (m)	ဂဏန်းအက္ခရာ	ganan: e' kha ja
menos (m)	အနုတ်	ahnou'
mais (m)	အပေါင်း	apaun:
fórmula (f)	ပုံသေနည်း	poun dhei ne:
cálculo (m)	တွက်ချက်ခြင်း	twe' che' chin:
contar (vt)	ရေတွက်သည်	jei dwe' te
calcular (vt)	ရေတွက်သည်	jei dwe' te
comparar (vt)	နှိုင်းယှဉ်သည်	hnain: shin de
Quanto, -os, -as?	ဘယ်လောက်လဲ	be lau' le:
soma (f)	ပေါင်းလဒ်	paun: la'
resultado (m)	ရလဒ်	jala'
resto (m)	အကြွင်း	akjwin:
alguns, algumas ...	အချို့	achou.
pouco (~ tempo)	အနည်းငယ်	ane: nge
poucos, poucas	အနည်းငယ်	ane: nge
um pouco de ...	အနည်းငယ်	ane: nge
resto (m)	ကျန်သော	kjan de.
um e meio	တစ်ခုခွဲ	ti' khu. khwe:
dúzia (f)	ဒါဇင်	da zin
ao meio	တစ်ဝက်စီ	ti' we' si
em partes iguais	ညီတူညီမျှ	nji du nji hmja.
metade (f)	တစ်ဝက်	ti' we'
vez (f)	ကြိမ်	kjein

10. Os verbos mais importantes. Parte 1

abrir (vt)	ဖွင့်သည်	hpwin. de
acabar, terminar (vt)	ပြီးသည်	pji: de
aconselhar (vt)	အကြံပေးသည်	akjan bei: de
adivinhar (vt)	မှန်းဆသည်	hman za de
advertir (vt)	သတိပေးသည်	dhadi. pei: de
ajudar (vt)	ကူညီသည်	ku nji de
almoçar (vi)	နေ့လယ်စာစားသည်	nei. le za za de
alugar (~ um apartamento)	ငှားသည်	hnga: de
amar (pessoa)	ချစ်သည်	chi' te
ameaçar (vt)	ခြိမ်းခြောက်သည်	chein: gjau' te
anotar (escrever)	ရေးထားသည်	jei: da: de
apressar-se (vr)	လောသည်	lo de
arrepender-se (vr)	နောင်တရသည်	naun da. ja. de
assinar (vt)	လက်မှတ်ထိုးသည်	le' hma' htou: de
brincar (vi)	စနောက်သည်	sanau' te
brincar, jogar (vi, vt)	ကစားသည်	gaza: de
buscar (vt)	ရှာသည်	sha de

caçar (vi)	အမဲလိုက်သည်	ame: lai' de
cair (vi)	ကျဆင်းသည်	kja zin: de
cavar (vt)	တူးသည်	tu: de
chamar (~ por socorro)	ခေါ်သည်	kho de

chegar (vi)	ရောက်သည်	jau' te
chorar (vi)	ငိုသည်	ngou de
começar (vt)	စတင်သည်	sa. tin de
comparar (vt)	နှိုင်းယှဉ်သည်	hnain: shin de
concordar (dizer "sim")	သဘောတူသည်	dhabo: tu de

confiar (vt)	ယုံကြည်သည်	joun kji de
confundir (equivocar-se)	ရောထွေးသည်	jo: dwei: de
conhecer (vt)	သိသည်	thi. de
contar (fazer contas)	ရေတွက်သည်	jei dwe' te
contar com ...	အားကိုးသည်	a: kou: de
continuar (vt)	ဆက်လုပ်သည်	hse' lou' te

controlar (vt)	ထိန်းချုပ်သည်	htein: gjou' te
convidar (vt)	ဖိတ်သည်	hpi' de
correr (vi)	ပြေးသည်	pjei: de
criar (vt)	ဖန်တီးသည်	hpan di: de
custar (vt)	ကုန်ကျသည်	koun kja de

11. Os verbos mais importantes. Parte 2

dar (vt)	ပေးသည်	pei: de
dar uma dica	အရိပ်အမြွက်ပေးသည်	aji' ajmwe' pei: de
decorar (enfeitar)	အလှဆင်သည်	ahla. zin dhe
defender (vt)	ကာကွယ်သည်	ka gwe de
deixar cair (vt)	ဖြုတ်ချသည်	hpjou' cha. de

descer (para baixo)	ဆင်းသည်	hsin: de
desculpar (vt)	ခွင့်လွှတ်သည်	khwin. hlu' te
desculpar-se (vr)	တောင်းပန်သည်	thaun: ban de
dirigir (~ uma empresa)	ညွှန်ကြားသည်	hnjun gja: de
discutir (notícias, etc.)	ဆွေးနွေးသည်	hswe: nwe: de

disparar, atirar (vi)	ပစ်သည်	pi' te
dizer (vt)	ပြောသည်	pjo: de
duvidar (vt)	သံသယဖြစ်သည်	than thaja. bji' te
encontrar (achar)	ရှာတွေ့သည်	sha dwei. de
enganar (vt)	လိမ်ပြောသည်	lain bjo: de

entender (vt)	နားလည်သည်	na: le de
entrar (na sala, etc.)	ဝင်သည်	win de
enviar (uma carta)	ပို့သည်	pou. de
errar (enganar-se)	မှားသည်	hma: de
escolher (vt)	ရွေးသည်	jwei: de

esconder (vt)	ဖုံးကွယ်သည်	hpoun: gwe de
escrever (vt)	ရေးသည်	jei: de
esperar (aguardar)	စောင့်သည်	saun. de
esperar (ter esperança)	မျှော်လင့်သည်	hmjo. lin. de

esquecer (vt)	မေ့သည်	mei. de
estar (vi)	ဖြစ်နေသည်	hpji' nei de
estudar (vt)	သင်ယူလေ့လာသည်	thin ju lei. la de
exigir (vt)	တိုက်တွန်းသည်	tai' tun: de
existir (vi)	တည်ရှိသည်	ti shi. de
explicar (vt)	ရှင်းပြသည်	shin: bja. de
falar (vi)	ပြောသည်	pjo: de
faltar (a la escuela, etc.)	ပျက်ကွက်သည်	pje' kwe' te
fazer (vt)	ပြုလုပ်သည်	pju. lou' te
ficar em silêncio	နုတ်ဆိတ်သည်	hnou' hsei' te
gabar-se (vr)	ကြွားသည်	kjwa: de
gostar (apreciar)	ကြိုက်သည်	kjai' de
gritar (vi)	အော်သည်	o de
guardar (fotos, etc.)	ထိန်းထားသည်	htein: da: de
informar (vt)	အကြောင်းကြားသည်	akjaun: kja: de
insistir (vi)	တိုက်တွန်းပြောဆိုသည်	tou' tun: bjo: zou de
insultar (vt)	စော်ကားသည်	so ga: de
interessar-se (vr)	စိတ်ဝင်စားသည်	sei' win za: de
ir (a pé)	သွားသည်	thwa: de
ir nadar	ရေကူးသည်	jei ku: de
jantar (vi)	ညစာစားသည်	nja. za za: de

12. Os verbos mais importantes. Parte 3

ler (vt)	ဖတ်သည်	hpa' te
libertar, liberar (vt)	လွတ်မြောက်စေသည်	lu' mjau' sei de
matar (vt)	သတ်သည်	tha' te
mencionar (vt)	ဖော်ပြသည်	hpjo bja. de
mostrar (vt)	ပြသည်	pja. de
mudar (modificar)	ပြောင်းလဲသည်	pjaun: le: de
nadar (vi)	ရေကူးသည်	jei ku: de
negar-se a ... (vr)	ငြင်းဆန်သည်	njin: zan de
objetar (vt)	ငြင်းသည်	njin: de
observar (vt)	စောင့်ကြည့်သည်	saun. gji. de
ordenar (mil.)	အမိန့်ပေးသည်	amin. bei: de
ouvir (vt)	ကြားသည်	ka: de
pagar (vt)	ပေးရေသည်	pei: gjei de
parar (vi)	ရပ်သည်	ja' te
parar, cessar (vt)	ရပ်သည်	ja' te
participar (vi)	ပါဝင်သည်	pa win de
pedir (comida, etc.)	မှာသည်	hma de
pedir (um favor, etc.)	တောင်းဆိုသည်	taun: hsou: de
pegar (tomar)	ယူသည်	ju de
pegar (uma bola)	ဖမ်းသည်	hpan: de
pensar (vi, vt)	ထင်သည်	htin de
perceber (ver)	သတိထားမိသည်	dhadi. da: mi. de
perdoar (vt)	ခွင့်လွှတ်သည်	khwin. hlu' te

perguntar (vt)	ေမးသည်	mei: de
permitir (vt)	ခွင့်ပြုသည်	khwin bju. de
pertencer a ... (vi)	ပိုင်ဆိုင်သည်	pain zain de
planejar (vt)	စီစဉ်သည်	si zin de
poder (~ fazer algo)	တတ်နိုင်သည်	ta' nain de
possuir (uma casa, etc.)	ပိုင်ဆိုင်သည်	pain zain de
preferir (vt)	ပိုကြိုက်သည်	pou gjai' te
preparar (vt)	ချက်ပြုတ်သည်	che' pjou' te
prever (vt)	ကြိုမြင်သည်	kjou mjin de
prometer (vt)	ကတိပေးသည်	gadi pei: de
pronunciar (vt)	အသံထွက်သည်	athan dwe' te
propor (vt)	အဆိုပြုသည်	ahsou bju. de
punir (castigar)	အပြစ်ပေးသည်	apja' pei: de
quebrar (vt)	ဖျက်ဆီးသည်	hpje' hsi: de
queixar-se de ...	တိုင်ကြောသည်	tain bjo: de
querer (desejar)	လိုချင်သည်	lou gjin de

13. Os verbos mais importantes. Parte 4

ralhar, repreender (vt)	ဆူသည်	hsu. de
recomendar (vt)	အကြံပြုထောက်ခံသည်	akjan pju htau' khan de
repetir (dizer outra vez)	ထပ်လုပ်သည်	hta' lou' te
reservar (~ um quarto)	မှာသည်	hma de
responder (vt)	ဖြေသည်	hpjei de
rezar, orar (vi)	ရှိခိုးသည်	shi. gou: de
rir (vi)	ရယ်သည်	je de
roubar (vt)	ခိုးသည်	khou: de
saber (vt)	သိသည်	thi. de
sair (~ de casa)	ထွက်သည်	htwe' te
salvar (resgatar)	ကယ်ဆယ်သည်	ke ze de
seguir (~ alguém)	လိုက်သည်	lai' te
sentar-se (vr)	ထိုင်သည်	htain de
ser (vi)	ဖြစ်သည်	hpji' te
ser necessário	အလိုရှိသည်	alou' shi. de
significar (vt)	ဆိုလိုသည်	hsou lou de
sorrir (vi)	ပြုံးသည်	pjoun: de
subestimar (vt)	လျှော့တွက်သည်	sho. dwe' de
surpreender-se (vr)	အံ့သြသည်	an. o. de
tentar (~ fazer)	စမ်းကြည့်သည်	san: kji. de
ter (vt)	ရှိသည်	shi. de
ter fome	ဗိုက်ဆာသည်	bai' hsa de
ter medo	ကြောက်သည်	kjau' te
ter sede	ရေဆာသည်	jei za de
tocar (com as mãos)	ကိုင်သည်	kain de
tomar café da manhã	နံနက်စာစားသည်	nan ne' za za: de
trabalhar (vi)	အလုပ်လုပ်သည်	alou' lou' te
traduzir (vt)	ဘာသာပြန်သည်	ba dha bjan de

unir (vt)	ပေါင်းစည်းသည်	paun: ze: de
vender (vt)	ရောင်းသည်	jaun: de
ver (vt)	မြင်သည်	mjin de
virar (~ para a direita)	ကွေ့သည်	kwei. de
voar (vi)	ပျံသန်းသည်	pjan dan: de

14. Cores

cor (f)	အရောင်	ajaun
tom (m)	အသွေးအဆင်း	athwei: ahsin:
tonalidade (m)	အရောင်အသွေး	ajaun athwei:
arco-íris (m)	သက်တံ	the' tan
branco (adj)	အဖြူရောင်	ahpju jaun
preto (adj)	အနက်ရောင်	ane' jaun
cinza (adj)	ခဲရောင်	khe: jaun
verde (adj)	အစိမ်းရောင်	asain: jaun
amarelo (adj)	အဝါရောင်	awa jaun
vermelho (adj)	အနီရောင်	ani jaun
azul (adj)	အပြာရောင်	apja jaun
azul claro (adj)	အပြာနုရောင်	apja nu. jaun
rosa (adj)	ပန်းရောင်	pan: jaun
laranja (adj)	လိမ္မော်ရောင်	limmo jaun
violeta (adj)	ခရမ်းရောင်	khajan: jaun
marrom (adj)	အညိုရောင်	anjou jaun
dourado (adj)	ရွှေရောင်	shwei jaun
prateado (adj)	ငွေရောင်	ngwei jaun
bege (adj)	ဝါညိုနုရောင်	wa njou nu. jaun
creme (adj)	နို့ဟစ်ရောင်	nou. hni' jaun
turquesa (adj)	စိမ်းပြာရောင်	sein: bja jaun
vermelho cereja (adj)	ချယ်ရီရောင်	che ji jaun
lilás (adj)	ခရမ်းဖျော့ရောင်	khajan: bjo. jaun
carmim (adj)	ကြက်သွေးရောင်	kje' thwei: jaun
claro (adj)	အရောင်ဖျော့သော	ajaun bjo. de.
escuro (adj)	အရောင်ရင့်သော	ajaun jin. de.
vivo (adj)	တောက်ပသော	tau' pa. de.
de cor	အရောင်ရှိသော	ajaun shi. de.
a cores	ရောင်စုံ	jau' soun
preto e branco (adj)	အဖြူအမည်း	ahpju ame:
unicolor (de uma só cor)	တစ်ရောင်တည်းရှိသော	ti' jaun te: shi. de.
multicolor (adj)	အရောင်စုံသော	ajaun zoun de.

15. Questões

Quem?	ဘယ်သူလဲ	be dhu le:
O que?	ဘာလဲ	ba le:

Onde?	ဘယ်မှာလဲ	be hma le:
Para onde?	ဘယ်ကိုလဲ	be gou le:
De onde?	ဘယ်ကလဲ	be ga. le:
Quando?	ဘယ်တော့လဲ	be do. le:
Para quê?	ဘာအတွက်လဲ	ba atwe' le:
Por quê?	ဘာကြောင့်လဲ	ba gjaun. le:
Para quê?	ဘာအတွက်လဲ	ba atwe' le:
Como?	ဘယ်လိုလဲ	be lau le:
Qual (~ é o problema?)	ဘယ်လိုမျိုးလဲ	be lau mjou: le:
Qual (~ deles?)	ဘယ်ဟာလဲ	be ha le:
A quem?	ဘယ်သူ့ကိုလဲ	be dhu. gou le:
De quem?	ဘယ်သူ့အကြောင်းလဲ	be dhu. kjaun: le:
Do quê?	ဘာအကြောင်းလဲ	ba akjain: le:
Com quem?	ဘယ်သူ့နဲ့လဲ	be dhu ne. le:
Quanto, -os, -as?	ဘယ်လောက်လဲ	be lau' le:
De quem (~ é isto?)	ဘယ်သူ့	be dhu.

16. Preposições

com (prep.)	နဲ့အတူ	ne. atu
sem (prep.)	မပါဘဲ	ma. ba be:
a, para (exprime lugar)	သို့	thou.
sobre (ex. falar ~)	အကြောင်း	akjaun:
antes de ...	မတိုင်မီ	ma. dain mi
em frente de ...	ရှေ့မှာ	shei. hma
debaixo de ...	အောက်မှာ	au' hma
sobre (em cima de)	အပေါ်မှာ	apo hma
em ..., sobre ...	အပေါ်	apo
de, do (sou ~ Rio de Janeiro)	မှ	hma.
de (feito ~ pedra)	ဖြင့်	hpjin.
em (~ 3 dias)	နောက်	nau'
por cima de ...	ဖြတ်လျက်	hpja' lje'

17. Palavras funcionais. Advérbios. Parte 1

Onde?	ဘယ်မှာလဲ	be hma le:
aqui	ဒီမှာ	di hma
lá, ali	ဟိုမှာ	hou hma.
em algum lugar	တစ်နေရာရာမှာ	ti' nei ja ja hma
em lugar nenhum	ဘယ်မှာမှ	be hma hma.
perto de ...	နားမှာ	na: hma
perto da janela	ပြတင်းပေါက်နားမှာ	badin: pau' hna: hma
Para onde?	ဘယ်ကိုလဲ	be gou le:
aqui	ဒီဘက်ကို	di be' kou

para lá	ဟိုဘက်ကို	hou be' kou
daqui	ဒီဘက်မှ	di be' hma
de lá, dali	ဟိုဘက်မှ	hou be' hma.
perto	နီးသည်	ni: de
longe	အဝေးမှာ	awei: hma
perto de ...	နားမှာ	na: hma
à mão, perto	ဘေးမှာ	bei: hma
não fica longe	မနီးမဝေး	ma. ni ma. wei:
esquerdo (adj)	ဘယ်	be
à esquerda	ဘယ်ဘက်မှာ	be be' hma
para a esquerda	ဘယ်ဘက်	be be'
direito (adj)	ညာဘက်	nja be'
à direita	ညာဘက်မှာ	nja be' hma
para a direita	ညာဘက်	nja be'
em frente	ရှေ့မှာ	shei. hma
da frente	ရှေ့	shei.
adiante (para a frente)	ရှေ့	shei.
atrás de ...	နောက်မှာ	nau' hma
de trás	နောက်က	nau' ka.
para trás	နောက်	nau'
meio (m), metade (f)	အလယ်	ale
no meio	အလယ်မှာ	ale hma
do lado	ဘေးမှာ	bei: hma
em todo lugar	နေရာတိုင်းမှာ	nei ja dain: hma
por todos os lados	ပတ်လည်မှာ	pa' le hma
de dentro	အထဲမှ	a hte: hma.
para algum lugar	တစ်နေရာရာကို	ti' nei ja ja gou
diretamente	တိုက်ရိုက်	tai' jai'
de volta	အပြန်	apjan
de algum lugar	တစ်နေရာမှ	ti' nei ja ja hma.
de algum lugar	တစ်နေရာမှ	ti' nei ja ja hma.
em primeiro lugar	ပထမအနေဖြင့်	pahtama. anei gjin.
em segundo lugar	ဒုတိယအနေဖြင့်	du. di. ja. anei bjin.
em terceiro lugar	တတိယအနေဖြင့်	tati. ja. anei bjin.
de repente	မတော်တဆ	ma. do da. za.
no início	အစမှာ	asa. hma
pela primeira vez	ပထမဆုံး	pahtama. zoun:
muito antes de ...	မတိုင်ခင် အတော်လေး အလိုက	ma. dain gin ato lei: alou ga.
de novo	အသစ်တဖန်	athi' da. ban
para sempre	အမြဲတမ်း	amje: dan:
nunca	ဘယ်တော့မှ	be do hma.
de novo	တဖန်	tahpan
agora	အခုတော့	akhu dau.

frequentemente	ခဏခဏ	khana. khana.
então	ထိုသို့ဖြစ်လျှင်	htou dhou. bji' shin
urgentemente	အမြန်	aman
normalmente	ပုံမှန်	poun hman
a propósito, …	စကားမစပ်	zaga: ma. za'
é possível	ဖြစ်နိုင်သည်	hpjin nain de
provavelmente	ဖြစ်နိုင်သည်	hpji' nein de
talvez	ဖြစ်နိုင်သည်	hpji' nein de
além disso, …	ဒါအပြင်	da. apjin
por isso …	ဒါကြောင့်	da gjaun.
apesar de …	သော်လည်း	tho lei:
graças a …	ကြောင့်	kjaun.
que (pron.)	ဘာ	ba
que (conj.)	ဟု	hu
algo	တစ်ခုခု	ti' khu. gu.
alguma coisa	တစ်ခုခု	ti' khu. gu.
nada	ဘာမှ	ba hma.
quem	ဘယ်သူ	be dhu.
alguém (~ que …)	တစ်ယောက်ယောက်	ti' jau' jau'
alguém (com ~)	တစ်ယောက်ယောက်	ti' jau' jau'
ninguém	ဘယ်သူမှ	be dhu hma.
para lugar nenhum	ဘယ်ကိုမှ	be gou hma.
de ninguém	ဘယ်သူမှမပိုင်သော	be dhu hma ma. bain de.
de alguém	တစ်ယောက်ယောက်ရဲ့	ti' jau' jau' je.
tão	ဒီလို	di lou
também (gostaria ~ de …)	ထို့ပြင်လည်း	htou. bjin le:
também (~ eu)	လည်းဘဲ	le: be:

18. Palavras funcionais. Advérbios. Parte 2

Por quê?	ဘာကြောင့်လဲ	ba gjaun. le:
por alguma razão	တစ်ခုခုကြောင့်	ti' khu. gu. gjaun.
porque …	အဘယ်ကြောင့်ဆိုသော်	abe gjo:n. zou dho
por qualquer razão	တစ်ခုခုအတွက်	ti' khu. gu. atwe'
e (tu ~ eu)	နှင့်	hnin.
ou (ser ~ não ser)	သို့မဟုတ်	thou. ma. hou'
mas (porém)	ဒါပေမဲ့	da bei me.
para (~ a minha mãe)	အတွက်	atwe'
muito, demais	အလွန်	alun
só, somente	သာ	tha
exatamente	အတိအကျ	ati. akja.
cerca de (~ 10 kg)	ခန့်	khan.
aproximadamente	ခန့်မှန်းခြေအားဖြင့်	khan hman: gjei a: bjin.
aproximado (adj)	ခန့်မှန်းခြေဖြစ်သော	khan hman: gjei bji' te.
quase	နီးပါး	ni: ba:
resto (m)	ကျန်သော	kjan de.

o outro (segundo)	တခြားသော	tacha: de.
outro (adj)	အခြားသော	apja: de.
cada (adj)	တိုင်း	tain:
qualquer (adj)	မဆို	ma. zou
muitos, muitas	အမြောက်အများ	amjau' amja:
muito	အများကြီး	amja: gji:
muitas pessoas	များစွာသော	mja: zwa de.
todos	အားလုံး	a: loun:
em troca de …	အစား	asa:
em troca	အစား	asa:
à mão	လက်ဖြင့်	le' hpjin.
pouco provável	ဖြစ်နိုင်ခြေ နည်းသည်	hpji' nain gjei ni: de
provavelmente	ဖြစ်နိုင်သည်	hpji' nein de
de propósito	တမင်	tamin
por acidente	အမှတ်တမဲ့	ahma' ta. me.
muito	သိပ်	thei'
por exemplo	ဥပမာအားဖြင့်	upama a: bjin.
entre	ကြား	kja:
entre (no meio de)	ကြားထဲတွင်	ka: de: dwin:
tanto	ဒီလောက်	di lau'
especialmente	အထူးသဖြင့်	a htu: dha. hjin.

Conceitos básicos. Parte 2

19. Opostos

rico (adj)	ချမ်းသာသော	chan: dha de.
pobre (adj)	ဆင်းရဲသော	hsin: je: de.
doente (adj)	နေမကောင်းသော	nei ma. kaun: de.
bem (adj)	ကျန်းမာသော	kjan: ma de.
grande (adj)	ကြီးသော	kji: de.
pequeno (adj)	သေးသော	thei: de.
rapidamente	မြန်မြန်	mjan mjan
lentamente	ဖြည်းဖြည်း	hpjei: bjei:
rápido (adj)	မြန်သော	mjan de.
lento (adj)	ဖြည်းသော	hpjei: de.
alegre (adj)	ပျော်ရွှင်သော	pjo shwin de.
triste (adj)	ဝမ်းနည်းသော	wan: ne: de.
juntos (ir ~)	အတူတကွ	atu da. kwa.
separadamente	သီးခြင်းစီ	thi: gjin: zi
em voz alta (ler ~)	ကျယ်လောင်စွာ	kje laun zwa
para si (em silêncio)	တိတ်ဆိတ်စွာ	tei' hsei' swa
alto (adj)	မြင့်သော	mjin. de.
baixo (adj)	ပုသော	pu dho:
profundo (adj)	နက်သော	ne' te.
raso (adj)	တိမ်သော	tein de
sim	ဟုတ်တယ်	hou' te
não	မဟုတ်ဘူး	ma hou' bu:
distante (adj)	ဝေးသော	wei: de.
próximo (adj)	နီးသော	ni: de.
longe	အဝေးမှာ	awei: hma
à mão, perto	အနီးမှာ	ani: hma
longo (adj)	ရှည်သော	shei lja: zu: sha. zwa ode
curto (adj)	တိုသော	tou de.
bom (bondoso)	သဘောကောင်းသော	thabo: kaun: de.
mal (adj)	ယုတ်မာသော	jou' ma de.

casado (adj)	မိန်းမရှိသော	mein: ma. shi. de.
solteiro (adj)	တစ်ဦးတည်းဖြစ်သော	ti' u: te: hpi' te.
proibir (vt)	တားမြစ်သည်	ta: mji' te
permitir (vt)	ခွင့်ပြုသည်	khwin bju. de
fim (m)	အဆုံး	ahsoun:
início (m)	အစ	asa.
esquerdo (adj)	ဘယ်	be
direito (adj)	ညာဘက်	nja be'
primeiro (adj)	ပထမ	pahtama.
último (adj)	နောက်ဆုံးဖြစ်သော	nau' hsoun: bji' te.
crime (m)	ရာဇဝတ်မှု	raza. wu' hma.
castigo (m)	အပြစ်ပေးခြင်း	apja' pei: gjin:
ordenar (vt)	အမိန့်ချသည်	amin. gja. de
obedecer (vt)	နာခံသည်	na gan de
reto (adj)	ဖြောင့်တန်းသော	hpjaun. dan: de.
curvo (adj)	ကောက်ကွေ့သော	kau' kwe. de.
paraíso (m)	ကောင်းကင်ဘုံ	kaun: gin boun
inferno (m)	ငရဲ	nga. je:
nascer (vi)	မွေးဖွားသည်	mwei: bwa: de
morrer (vi)	ကွယ်လွန်သည်	kwe lun de
forte (adj)	သန်မာသော	than ma de.
fraco, débil (adj)	အားပျော့သော	a: bjo. de.
velho, idoso (adj)	အိုမင်းသော	ou min de.
jovem (adj)	ငယ်ရွယ်သော	ngwe jwe de.
velho (adj)	အိုဟောင်းသော	ou haun: de.
novo (adj)	သစ်သော	thi' te.
duro (adj)	မာသော	ma de.
macio (adj)	နူးညံ့သော	nu: njan. de.
quente (adj)	နွေးသော	nwei: de.
frio (adj)	အေးသော	ei: de.
gordo (adj)	ဝသော	wa. de.
magro (adj)	ပိန်သော	pein de.
estreito (adj)	ကျဉ်းသော	kjin de.
largo (adj)	ကျယ်သော	kje de.
bom (adj)	ကောင်းသော	kaun: de.
mau (adj)	ဆိုးသော	hsou: de.
valente, corajoso (adj)	ရဲရင့်သော	je: jin. de.
covarde (adj)	ကြောက်တတ်သော	kjau' ta' te.

20. Dias da semana

segunda-feira (f)	တနင်္လာ	tanin: la
terça-feira (f)	အင်္ဂါ	in ga
quarta-feira (f)	ဗုဒ္ဓဟူး	bou' da, hu:
quinta-feira (f)	ကြာသပတေး	kja dha ba. dei:
sexta-feira (f)	သောကြာ	thau' kja
sábado (m)	စနေ	sanei
domingo (m)	တနင်္ဂနွေ	tanin: ganwei
hoje	ယနေ့	ja. nei.
amanhã	မနက်ဖြန်	mane' bjan
depois de amanhã	သဘက်ခါ	dhabe' kha
ontem	မနေ့က	ma. nei. ka.
anteontem	တနေ့က	ta. nei. ga.
dia (m)	နေ့	nei.
dia (m) de trabalho	ရုံးဖွင့်ရက်	joun: hpwin je'
feriado (m)	ပွဲတော်ရက်	pwe: do je'
dia (m) de folga	ရုံးပိတ်ရက်	joun: bei' je'
fim (m) de semana	ရုံးပိတ်ရက်များ	joun: hpwin je' mja:
o dia todo	တနေ့လုံး	ta. nei. loun:
no dia seguinte	နောက်နေ့	nau' nei.
há dois dias	လွန်ခဲ့သော နှစ်ရက်က	lun ge: de. hni' ja' ka.
na véspera	အကြိုနေ့မှာ	akjou nei. hma
diário (adj)	နေ့စဉ်	nei. zin
todos os dias	နေ့တိုင်း	nei dain:
semana (f)	ရက်သတ္တပတ်	je' tha' daba'
na semana passada	ပြီးခဲ့တဲ့အပတ်က	pji: ge. de. apa' ka.
semana que vem	လာမယ့်အပတ်မှာ	la. me. apa' hma
semanal (adj)	အပတ်စဉ်	apa' sin
toda semana	အပတ်စဉ်	apa' sin
duas vezes por semana	တစ်ပတ် နှစ်ကြိမ်	ti' pa' hni' kjein
toda terça-feira	အင်္ဂါနေ့တိုင်း	in ga nei. dain:

21. Horas. Dia e noite

manhã (f)	နံနက်ခင်း	nan ne' gin:
de manhã	နံနက်ခင်းမှာ	nan ne' gin: hma
meio-dia (m)	မွန်းတည့်	mun: de,
à tarde	နေ့လယ်စာစားပြီးနောက်	nei. le za za: gjein bji: nau'
tardinha (f)	ညနေခင်း	nja. nei gin:
à tardinha	ညနေခင်းမှာ	nja. nei gin: hma
noite (f)	ည	nja
à noite	ညမှာ	nja hma
meia-noite (f)	သန်းခေါင်ယံ	than: gaun jan
segundo (m)	စက္ကန့်	se' kan.
minuto (m)	မိနစ်	mi. ni'
hora (f)	နာရီ	na ji

meia hora (f)	နာရီဝက်	na ji we'
quarto (m) de hora	ဆယ့်ငါးမိနစ်	hse. nga: mi. ni'
quinze minutos	၁၅ မိနစ်	ta' hse. nga: mi ni'
vinte e quatro horas	နှစ်ဆယ်လေးနာရီ	hni' hse lei: na ji
nascer (m) do sol	နေထွက်ချိန်	nei dwe' gjein
amanhecer (m)	အာရုဏ်ဦး	a joun u:
madrugada (f)	နံနက်စောစော	nan ne' so: zo:
pôr-do-sol (m)	နေဝင်ချိန်	nei win gjein
de madrugada	နံနက်အစောပိုင်း	nan ne' aso: bain:
esta manhã	ယနေ့နံနက်	ja. nei. nan ne'
amanhã de manhã	မနက်ဖြန်နံနက်	mane' bjan nan ne'
esta tarde	ယနေ့နေ့လယ်	ja. nei. nei. le
à tarde	နေ့လယ်စာစားချိန်ပြီးနောက်	nei. le za za: gjein bji: nau'
amanhã à tarde	မနက်ဖြန်မွန်းလွဲပိုင်	mane' bjan mun: lwe: bain:
esta noite, hoje à noite	ယနေ့ညနေ	ja. nei. nja. nei
amanhã à noite	မနက်ဖြန်ညနေ	mane' bjan nja. nei
às três horas em ponto	၃ နာရီတွင်	thoun: na ji dwin
por volta das quatro	၄ နာရီခန့်တွင်	lei: na ji khan dwin
às doze	၁၂ နာရီအရောက်	hse. hni' na ji ajau'
em vinte minutos	နောက် မိနစ် ၂၀ မှာ	nau' mi. ni' hni' se hma
em uma hora	နောက်တစ်နာရီမှာ	nau' ti' na ji hma
a tempo	အချိန်ကိုက်	achein kai'
... um quarto para	မတ်တင်း	ma' tin:
dentro de uma hora	တစ်နာရီအတွင်း	ti' na ji atwin:
a cada quinze minutos	၁၅ မိနစ်တိုင်း	ta' hse. nga. mi ni' htain:
as vinte e quatro horas	၂၄ နာရီလုံး	hna' hse. lei: na ji

22. Meses. Estações

janeiro (m)	ဇန်နဝါရီလ	zan na. wa ji la.
fevereiro (m)	ဖေဖော်ဝါရီလ	hpei bo wa ji la
março (m)	မတ်လ	ma' la.
abril (m)	ဧပြီလ	ei bji la.
maio (m)	မေလ	mei la.
junho (m)	ဇွန်လ	zun la.
julho (m)	ဇူလိုင်လ	zu lain la.
agosto (m)	သြဂုတ်လ	o: gou' la.
setembro (m)	စက်တင်ဘာလ	sa' htin ba la.
outubro (m)	အောက်တိုဘာလ	au' tou ba la
novembro (m)	နိုဝင်ဘာလ	nou win ba la.
dezembro (m)	ဒီဇင်ဘာလ	di zin ba la.
primavera (f)	နွေဦးရာသီ	nwei: u: ja dhi
na primavera	နွေဦးရာသီမှာ	nwei: u: ja dhi hma
primaveril (adj)	နွေဦးရာသီနှင့်ဆိုင်သော	nwei: u: ja dhi hnin. zain de.
verão (m)	နွေရာသီ	nwei: ja dhi

no verão	နွေရာသီမှာ	nwei: ja dhi hma
de verão	နွေရာသီနှင့်ဆိုင်သော	nwei: ja dhi hnin. zain de.
outono (m)	ဆောင်းဦးရာသီ	hsaun: u: ja dhi
no outono	ဆောင်းဦးရာသီမှာ	hsaun: u: ja dhi hma
outonal (adj)	ဆောင်းဦးရာသီနှင့်ဆိုင်သော	hsaun: u: ja dhi hnin. zain de.
inverno (m)	ဆောင်းရာသီ	hsaun: ja dhi
no inverno	ဆောင်းရာသီမှာ	hsaun: ja dhi hma
de inverno	ဆောင်းရာသီနှင့်ဆိုင်သော	hsaun: ja dhi hnin. zain de.
mês (m)	လ	la.
este mês	ဒီလ	di la.
mês que vem	နောက်လ	nau' la
no mês passado	ယခင်လ	jakhin la.
um mês atrás	ပြီးခဲ့တဲ့တစ်လကျော်	pji: ge. de. di' la. gjo
em um mês	နောက်တစ်လကျော်	nau' ti' la. gjo
em dois meses	နောက်နှစ်လကျော်	nau' hni' la. gjo
todo o mês	တစ်လလုံး	ti' la. loun:
um mês inteiro	တစ်လလုံး	ti' la. loun:
mensal (adj)	လစဉ်	la. zin
mensalmente	လစဉ်	la. zin
todo mês	လတိုင်း	la. dain:
duas vezes por mês	တစ်လနှစ်ကြိမ်	ti' la. hni' kjein:
ano (m)	နှစ်	hni'
este ano	ဒီနှစ်မှာ	di hna' hma
ano que vem	နောက်နှစ်မှာ	nau' hni' hnma
no ano passado	ယခင်နှစ်မှာ	jakhin hni' hma
há um ano	ပြီးခဲ့တဲ့တစ်နှစ်ကျော်က	pji: ge. de. di' hni' kjo ga.
em um ano	နောက်တစ်နှစ်ကျော်	nau' ti' hni' gjo
dentro de dois anos	နောက်နှစ်နှစ်ကျော်	nau' hni' hni' gjo
todo o ano	တစ်နှစ်လုံး	ti' hni' loun:
um ano inteiro	တစ်နှစ်လုံး	ti' hni' loun:
cada ano	နှစ်တိုင်း	hni' tain:
anual (adj)	နှစ်စဉ်ဖြစ်သော	hni' san bji' te.
anualmente	နှစ်စဉ်	hni' san
quatro vezes por ano	တစ်နှစ်လေးကြိမ်	ti' hni' lei: gjein:
data (~ de hoje)	နေ့စွဲ	nei. zwe:
data (ex. ~ de nascimento)	ရက်စွဲ	je' swe:
calendário (m)	ပြက္ခဒိန်	pje' gadein
meio ano	နှစ်ဝက်	hni' we'
seis meses	နှစ်ဝက်	hni' we'
estação (f)	ရာသီ	ja dhi
século (m)	ရာစု	jazu.

23. Tempo. Diversos

tempo (m)	အချိန်	achein
momento (m)	အချိန်အတန့်	akhai' atan.

instante (m)	စက္ကန့်	khana.
instantâneo (adj)	ချက်ချင်း	che' chin:
lapso (m) de tempo	ကာလအပိုင်းအခြား	ka la apain: acha:
vida (f)	ဘဝ	ba. wa.
eternidade (f)	ထာဝရ	hta wa. ja.

época (f)	ခေတ်	khi'
era (f)	ခေတ်	khi'
ciclo (m)	စက်ဝန်း	se' wun:
período (m)	အချိန်ပိုင်း	achein bain:
prazo (m)	သက်တမ်း	the' tan

futuro (m)	အနာဂတ်	ana ga'
futuro (adj)	အနာဂတ်	ana ga'
da próxima vez	နောက်တစ်ကြိမ်	nau' ti' kjein
passado (m)	အတိတ်	ati'
passado (adj)	လွန်ခဲ့သော	lun ge. de.
na última vez	ပြီးခဲ့သောတစ်ခေါက်	pji: ge. dho di' gau'
mais tarde	နောက်မှ	nau' hma.
depois de ...	ပြီးနောက်	pji: nau'
atualmente	ယခုအချိန်	jakhu. achein
agora	အခု	akhu.
imediatamente	ချက်ချင်း	che' chin:
em breve	မကြာခင်	ma. gja gin
de antemão	ကြိုတင်	kjou tin

há muito tempo	တော်တော်ကြာကြာက	to do gja gja
recentemente	သိပ်မကြာခင်က	thei' ma. gja gjin ga.
destino (m)	ကံတရား	kan daja:
recordações (f pl)	အမှတ်တရ	ahma' ta ra
arquivo (m)	မော်ကွန်း	mo gun:
durante ...	အချိန်အတွင်း	achein atwin
durante muito tempo	ကြာကြာ	kja gja
pouco tempo	စက္ကန့်	khana.
cedo (levantar-se ~)	စောစော	so: zo:
tarde (deitar-se ~)	နောက်ကျမှ	nau' kja. hma.

para sempre	အမြဲတမ်း	amje: dan:
começar (vt)	စတင်သည်	sa. tin de
adiar (vt)	ရွှေ့ဆိုင်းသည်	shwei. zain: de

ao mesmo tempo	တချိန်တည်းမှာ	takhein de: hma
permanentemente	အမြဲတမ်း	amje: dan:
constante (~ ruído, etc.)	ဆက်တိုင်ဖြစ်သော	hse' dain bja' de.
temporário (adj)	ယာယီဖြစ်သော	ja ji bji' te.

às vezes	တခါတလေ	takha talei
raras vezes, raramente	ရှားရှားပါးပါး	sha: sha: ba: ba:
frequentemente	စကစက	khana. khana.

24. Linhas e formas

quadrado (m)	စတုရန်း	satu. jan:
quadrado (adj)	စတုရန်းပုံဖြစ်သော	satu. jan: boun bji' te.

círculo (m) — အဝိုင်း — awain:
redondo (adj) — ဝိုင်းသော — wain: de.
triângulo (m) — တြိဂံ — tri. gan
triangular (adj) — တြိဂံပုံဖြစ်သော — tri. gan bou hpi' te

oval (f) — ဘဲဥပုံ — be: u. boun
oval (adj) — ဘဲဥပုံဖြစ်သော — be: u. boun pja' de.
retângulo (m) — ထောင့်မှန်စတုဂံ — htaun. hman zatu. gan
retangular (adj) — ထောင့်မှန်ဖြစ်သော — htaun. hman hpji' te.

pirâmide (f) — ထူချွန်းပုံ — htu. gjwan: boun
losango (m) — ရမ်းဗူ — ran bu
trapézio (m) — ထရာပီးဇီးယမ်း — htaja bi: zi: jan:
cubo (m) — ကုဗတုံး — ku ba. toun:
prisma (m) — ပရစ်ဇင် — pa. ji' zan

circunferência (f) — အဝန်း — awun:
esfera (f) — ထုလုံး — htu. loun:
globo (m) — မို့မောင်းလုံးဝန်းသော — mou maun loun: wun: de.
diâmetro (m) — အချင်း — achin:
raio (m) — အချင်းဝက် — achin: we'
perímetro (m) — ပတ်လည်အနား: — pa' le ana:
centro (m) — ဗဟို — ba hou

horizontal (adj) — အလျားလိုက် — alja: lai'
vertical (adj) — ဒေါင်လိုက် — daun lou'
paralela (f) — အပြိုင် — apjain
paralelo (adj) — အပြိုင်ဖြစ်သော — apjain bja' te.

linha (f) — မျဉ်း — mjin:
traço (m) — ချက် — che'
reta (f) — မျဉ်းဖြောင့် — mjin: baun.
curva (f) — မျဉ်းကွေး — mjin: gwei:
fino (linha ~a) — ပါးသော — pa: de.
contorno (m) — ကွန်တိုမျဉ်း — kun tou mjin:

interseção (f) — ဖြတ်မှတ် — hpja' hma'
ângulo (m) reto — ထောင့်မှန် — htaun. hman
segmento (m) — အဝိုင်း — apain:
setor (m) — စက်ဝိုင်းစိတ် — se' wain: zei'
lado (de um triângulo, etc.) — အနား: — ana:
ângulo (m) — ထောင့် — htaun.

25. Unidades de medida

peso (m) — အလေးချိန် — alei: gjein
comprimento (m) — အရှည် — ashei
largura (f) — အကျယ် — akje
altura (f) — အမြင့် — amjin.
profundidade (f) — အနက် — ane'
volume (m) — ထုထည် — du. de
área (f) — အကျယ်အဝန်း — akje awun:
grama (m) — ဂရမ် — ga ran
miligrama (m) — မီလီဂရမ် — mi li ga. jan

quilograma (m)	ကီလိုဂရမ်	ki lou ga jan
tonelada (f)	တန်	tan
libra (453,6 gramas)	ပေါင်	paun
onça (f)	အောင်စ	aun sa.
metro (m)	မီတာ	mi ta
milímetro (m)	မီလီမီတာ	mi li mi ta
centímetro (m)	စင်တီမီတာ	sin ti mi ta
quilômetro (m)	ကီလိုမီတာ	ki lou mi ta
milha (f)	မိုင်	main
polegada (f)	လက်မ	le' ma
pé (304,74 mm)	ပေ	pei
jarda (914,383 mm)	ကိုက်	kou'
metro (m) quadrado	စတုရန်းမီတာ	satu. jan: mi ta
hectare (m)	ဟက်တာ	he' ta
litro (m)	လီတာ	li ta
grau (m)	ဒီဂရီ	di ga ji
volt (m)	ဗို့	boi.
ampère (m)	အမ်ပီယာ	an bi ja
cavalo (m) de potência	မြင်းကောင်ရေအား	mjin: gaun jei a:
quantidade (f)	အရေအတွက်	ajei adwe'
um pouco de ...	နည်းနည်း	ne: ne:
metade (f)	တစ်ဝက်	ti' we'
dúzia (f)	ဒါဇင်	da zin
peça (f)	ခု	khu.
tamanho (m), dimensão (f)	အတိုင်းအတာ	atain: ata
escala (f)	စကေး	sakei:
mínimo (adj)	အနည်းဆုံး	ane: zoun
menor, mais pequeno	အသေးဆုံး	athei: zoun:
médio (adj)	အလယ်အလတ်	ale ala'
máximo (adj)	အများဆုံး	amja: zoun:
maior, mais grande	အကြီးဆုံး	akji: zoun:

26. Recipientes

pote (m) de vidro	ဖန်ဘူး	hpan bu:
lata (~ de cerveja)	သံဘူး	than bu:
balde (m)	ရေပုံး	jei boun:
barril (m)	စည်ပိုင်း	si bain:
bacia (~ de plástico)	ဇလုံ	za loun
tanque (m)	သံစည်	than zi
cantil (m) de bolso	အရက်ပုလင်းပြား	aje' pu lin: pja:
galão (m) de gasolina	ဓာတ်ဆီပုံး	da' hsi boun:
cisterna (f)	တိုင်ကီ	tain ki
caneca (f)	မတ်ခွက်	ma' khwe'
xícara (f)	ခွက်	khwe'

pires (m)	အောက်ခံပန်းကန်ပြား	au' khan ban: kan pja:
copo (m)	ဖန်ခွက်	hpan gwe'
taça (f) de vinho	ဝိုင်ခွက်	wain gwe'
panela (f)	ပေါင်းအိုး	paun: ou:

| garrafa (f) | ပုလင်း | palin: |
| gargalo (m) | ပုလင်းလည်ပင်း | palin: le bin: |

jarra (f)	ဖန်ချိုင့်	hpan gjain.
jarro (m)	ကရား	kaja:
recipiente (m)	အိုးခွက်	ou: khwe'
pote (m)	မြေအိုး	mjei ou:
vaso (m)	ပန်းအိုး	pan: ou:

frasco (~ de perfume)	ပုလင်း	palin:
frasquinho (m)	ပုလင်းကလေး	palin: galei:
tubo (m)	ဘူး	bu:

saco (ex. ~ de açúcar)	ဂုန်နီအိတ်	goun ni ei'
sacola (~ plastica)	အိတ်	ei'
maço (de cigarros, etc.)	ဘူး	bu:

caixa (~ de sapatos, etc.)	စက္ကူဘူး	se' ku bu:
caixote (~ de madeira)	သေတ္တာ	thi' ta
cesto (m)	တောင်း	taun:

27. Materiais

material (m)	အထည်	a hte
madeira (f)	သစ်သား	thi' tha:
de madeira	သစ်သားနှင့်လုပ်သော	thi' tha: hnin. lou' te

| vidro (m) | ဖန် | hpan |
| de vidro | ဖန်နှင့်လုပ်သော | hpan hnin. lou' te |

| pedra (f) | ကျောက် | kjau' |
| de pedra | ကျောက်ဖြင့်လုပ်ထားသော | kjau' hpjin. lou' hta: de. |

| plástico (m) | ပလတ်စတစ် | pa. la' sa. ti' |
| plástico (adj) | ပလတ်စတစ်နှင့်လုပ်သော | pa. la' sa. ti' hnin. zain de |

| borracha (f) | ရော်ဘာ | jo ba |
| de borracha | ရော်ဘာနှင့်လုပ်သော | jo ba hnin. lou' te. |

| tecido, pano (m) | အထည် | a hte |
| de tecido | အထည်နှင့်လုပ်သော | a hte hnin. lou' te. |

| papel (m) | စက္ကူ | se' ku |
| de papel | စက္ကူနှင့်လုပ်သော | se' ku hnin. lou' te. |

papelão (m)	စက္ကူထူ	se' ku htu
de papelão	စက္ကူထူနှင့်လုပ်သော	se' ku htu hnin. lou' te.
polietileno (m)	ပေါ်လီသင်း	po li thin:
celofane (m)	မှန်ကြည်စက္ကူ	hman gji se' ku

linóleo (m)	ကြမ်းခင်း ဖယောင်းပုဆိုး	kjan: khin: hpa jaun: pou hsou:
madeira (f) compensada	အထပ်သား	a hta' tha:
porcelana (f)	ကြွေ	kjwei
de porcelana	ကြွေနှင့်လုပ်သော	kjwei hnin. lou' te
argila (f), barro (m)	မြေစေး	mjei zei:
de barro	မြေထည်	mjei de
cerâmica (f)	ကြွေထည်မြေထည်	kjwei de mjei de
de cerâmica	ကြွေထည်မြေထည်နှင့်လုပ်သော	kjwei de mjei de hnin. lou' te.

28. Metais

metal (m)	သတ္တု	tha' tu.
metálico (adj)	သတ္တုနှင့်လုပ်သော	tha' tu. hnin. lou' te.
liga (f)	သတ္တုစပ်	tha' tu. za'
ouro (m)	ရွှေ	shwei
de ouro	ရွှေနှင့်လုပ်သော	shwei hnin. lou' te
prata (f)	ငွေ	ngwei
de prata	ငွေနှင့်လုပ်သော	ngwei hnin. lou' de.
ferro (m)	သံ	than
de ferro	သံနှင့်လုပ်သော	than hnin. lou' te.
aço (m)	သံမကို	than mani.
de aço (adj)	သံမကိုနှင့်လုပ်သော	than mani. hnin. lou' te.
cobre (m)	ကြေးနီ	kjei: ni
de cobre	ကြေးနီနှင့်လုပ်သော	kjei: ni hnin. lou. de.
alumínio (m)	အလူမီနီယံ	alu mi ni jan
de alumínio	အလူမီနီယံနှင့်လုပ်သော	alu mi ni jan hnin. lou' te.
bronze (m)	ကြေးညို	kjei: njou
de bronze	ကြေးညိုနှင့်လုပ်သော	kjei: njou hnin. lou' de.
latão (m)	ကြေးဝါ	kjei: wa
níquel (m)	နီကယ်	ni ke
platina (f)	ရွှေဖြူ	shwei bju
mercúrio (m)	ပြဒါး	bada:
estanho (m)	သံဖြူ	than bju
chumbo (m)	ခဲ	khe:
zinco (m)	သွပ်	thu'

O SER HUMANO

O ser humano. O corpo

29. Humanos. Conceitos básicos

ser (m) humano	လူ	lu
homem (m)	အမျိုးသား	amjou: dha:
mulher (f)	အမျိုးသမီး	amjou: dhami:
criança (f)	ကလေး	kalei:
menina (f)	ကောင်မလေး	kaun ma. lei:
menino (m)	ကောင်လေး	kaun lei:
adolescente (m)	ဆယ်ကျော်သက်	hse gjo dhe'
velho (m)	လူကြီး	lu gji:
velha (f)	အမျိုးသမီးကြီး	amjou: dhami: gji:

30. Anatomia humana

organismo (m)	ဇီဝရုပ်	zi wa ju'
coração (m)	နှလုံး	hnaloun:
sangue (m)	သွေး	thwei:
artéria (f)	သွေးလွတ်ကြော	thwei hlwa' kjo:
veia (f)	သွေးပြန်ကြော	thwei: bjan gjo:
cérebro (m)	ဦးနှောက်	oun: hnau'
nervo (m)	အာရုံကြော	a joun gjo:
nervos (m pl)	အာရုံကြောများ	a joun gjo: mja:
vértebra (f)	ကျောရိုးအဆစ်	kjo: jou: ahsi'
coluna (f) vertebral	ကျောရိုး	kjo: jou:
estômago (m)	အစာအိမ်	asa: ein
intestinos (m pl)	အူ	au
intestino (m)	အူ	au
fígado (m)	အသည်း	athe:
rim (m)	ကျောက်ကပ်	kjau' ka'
osso (m)	အရိုး	ajou:
esqueleto (m)	အရိုးစု	ajou: zu
costela (f)	နံရိုး	nan jou:
crânio (m)	ဦးခေါင်းခွံ	u: gaun: gwan
músculo (m)	ကြွက်သား	kjwe' tha:
bíceps (m)	လက်ရုံးကြွက်သား	le' jou: gjwe' tha:
tríceps (m)	လက်မောင်းနောက်သား	le' maun: nau' tha:
tendão (m)	အရွတ်	ajwa'
articulação (f)	အဆစ်	ahsi'

36

pulmões (m pl)	အဆုတ်	ahsou'
órgãos (m pl) genitais	အင်္ဂါဇာတ်	in ga za'
pele (f)	အရေပြား	ajei bja:

31. Cabeça

cabeça (f)	ခေါင်း	gaun:
rosto, cara (f)	မျက်နှာ	mje' hna
nariz (m)	နှာခေါင်း	hna gaun:
boca (f)	ပါးစပ်	pa: zi'
olho (m)	မျက်စိ	mje' si.
olhos (m pl)	မျက်စိများ	mje' si. mja:
pupila (f)	သူငယ်အိမ်	thu nge ein
sobrancelha (f)	မျက်ခုံး	mje' khoun:
cílio (f)	မျက်တောင်	mje' taun
pálpebra (f)	မျက်ခွံ	mje' khwan
língua (f)	လျှာ	sha
dente (m)	သွား	thwa
lábios (m pl)	နှုတ်ခမ်း	hna' khan:
maçãs (f pl) do rosto	ပါးရိုး	pa: jou:
gengiva (f)	သွားဖုံး	thwahpoun:
palato (m)	အာခေါင်	a gaun
narinas (f pl)	နှာခေါင်းပေါက်	hna gaun: bau'
queixo (m)	မေးစေ့	mei: zei.
mandíbula (f)	မေးရိုး	mei: jou:
bochecha (f)	ပါး	pa:
testa (f)	နဖူး	na. hpu:
têmpora (f)	နားထင်	na: din
orelha (f)	နားရွက်	na: jwe'
costas (f pl) da cabeça	နောက်စေ့	nau' sei.
pescoço (m)	လည်ပင်း	le bin:
garganta (f)	လည်ချောင်း	le gjaun:
cabelo (m)	ဆံပင်	zabin
penteado (m)	ဆံပင်ပုံစံ	zabin boun zan
corte (m) de cabelo	ဆံပင်ညှပ်သည့်ပုံစံ	zabin hnja' thi. boun zan
peruca (f)	ဆံပင်တု	zabin du.
bigode (m)	နှုတ်ခမ်းမွေး	hnou' khan: hmwei:
barba (f)	မုတ်ဆိတ်မွေး	mou' hsei' hmwei:
ter (~ barba, etc.)	အရှည်ထားသည်	ashei hta: de
trança (f)	ကျစ်ဆံမြီး	kji' zan mji:
suíças (f pl)	ပါးသိုင်းမွေး	pa: dhain hmwei:
ruivo (adj)	ဆံပင်အနီရောင်ရှိသော	zabin ani jaun shi. de
grisalho (adj)	အရောင်ဖျော့သော	ajaun bjo. de.
careca (adj)	ထိပ်ပြောင်သော	htei' pjaun de.
calva (f)	ဆံပင်ကျွတ်နေသောနေရာ	zabin kju' nei dho nei ja
rabo-de-cavalo (m)	မြင်းမြီးပုံစံဆံပင်	mjin: mji: boun zan zan bin
franja (f)	ဆံရစ်	hsaji'

32. Corpo humano

Português	Birmanês	Transliteração
mão (f)	လက်	le'
braço (m)	လက်မောင်း	le' maun:
dedo (m)	လက်ချောင်း	le' chaun:
dedo (m) do pé	ခြေချောင်း	chei gjaun:
polegar (m)	လက်မ	le' ma
dedo (m) mindinho	လက်သန်း	le' than:
unha (f)	လက်သည်းခွံ	le' the: dou' tan zin:
punho (m)	လက်သီး	le' thi:
palma (f)	လက်ဝါး	le' wa:
pulso (m)	လက်ကောက်ဝတ်	le' kau' wa'
antebraço (m)	လက်ဖျံ	le' hpjan
cotovelo (m)	တံတောင်ဆစ်	daduan zi'
ombro (m)	ပခုံး	pakhoun:
perna (f)	ခြေထောက်	chei htau'
pé (m)	ခြေထောက်	chei htau'
joelho (m)	ဒူး	du:
panturrilha (f)	ခြေသလုံးကြွက်သား	chei dha. loun: gjwe' dha:
quadril (m)	တင်ပါး	tin ba:
calcanhar (m)	ခြေဖနောင့်	chei ba. naun.
corpo (m)	ခန္ဓာကိုယ်	khan da kou
barriga (f), ventre (m)	ဗိုက်	bai'
peito (m)	ရင်ဘတ်	jin ba'
seio (m)	နို့	nou.
lado (m)	နံပါး	nan ba:
costas (dorso)	ကျော	kjo:
região (f) lombar	ခါးအောက်ပိုင်း	kha: au' pain:
cintura (f)	ခါး	kha:
umbigo (m)	ချက်	che'
nádegas (f pl)	တင်ပါး	tin ba:
traseiro (m)	နောက်ပိုင်း	nau' pain:
sinal (m), pinta (f)	မှဲ့	hme.
sinal (m) de nascença	မွေးရာပါအမှတ်	mwei: ja ba ahma'
tatuagem (f)	တက်တူး	te' tu:
cicatriz (f)	အမာရွတ်	ama ju'

Vestuário & Acessórios

33. Roupa exterior. Casacos

roupa (f)	အဝတ်အစား	awu' aza:
roupa (f) exterior	အပေါ်ဝတ်အက်ိုု	apo we' in: gji
roupa (f) de inverno	ဆောင်းတွင်းဝတ်အဝတ်အစား	hsaun: dwin: wu' awu' asa:
sobretudo (m)	ကုတ်အက်ိုရှည်	kou' akji shi
casaco (m) de pele	သားမွေးအနွေးထည်	tha: mwei: anwei: de
jaqueta (f) de pele	အမွေးပွအပေါ်အက်ို	ahmwei pwa po akji.
casaco (m) acolchoado	၄က်မွေးကုတ်အက်ို	hnge' hmwei: kou' akji.
casaco (m), jaqueta (f)	အပေါ်အက်ို	apo akji.
impermeável (m)	မိုးကာအက်ို	mou: ga akji
a prova d'água	ရေလုံသော	jei loun de.

34. Vestuário de homem & mulher

camisa (f)	ရှပ်အက်ို	sha' in gji
calça (f)	ဘောင်းဘီ	baun: bi
jeans (m)	ဂျင်းဘောင်းဘီ	gjin: bain: bi
paletó, terno (m)	အပေါ်အက်ို	apo akji.
terno (m)	အနောက်တိုင်းဝတ်စုံ	anau' tain: wu' saun
vestido (ex. ~ de noiva)	ဂါဝန်	ga wun
saia (f)	စကတ်	saka'
blusa (f)	ဘလောက်စ်အက်ို	ba. lau' s in: gji
casaco (m) de malha	ကြယ်သီးပါသော အနွေးထည်	kje dhi: ba de. anwei: dhe
casaco, blazer (m)	အပေါ်ဖုံးအက်ို	apo hpoun akji.
camiseta (f)	တီရှပ်	ti shi'
short (m)	ဘောင်းဘီတို	baun: bi dou
training (m)	အားကစားဝတ်စုံ	a: gaza: wu' soun
roupão (m) de banho	ရေချိုးခန်းဝတ်စုံ	jei gjou: gan: wu' soun
pijama (m)	ညအိပ်ဝတ်စုံ	nja a' wu' soun
suéter (m)	ဆွယ်တာ	hswe da
pulôver (m)	ဆွယ်တာ	hswe da
colete (m)	ဝစ်ကုတ်	wi' kou'
fraque (m)	တေးလ်ကုတ်အက်ို	tei: l kou' in: gji
smoking (m)	ညစာစားပွဲဝတ်စုံ	nja. za za: bwe: wu' soun
uniforme (m)	ယူနီဖောင်းဝတ်စုံ	tu nji wa' soun
roupa (f) de trabalho	အလုပ်ဝင် ဝတ်စုံ	alou' win wu' zoun
macacão (m)	စက်ရုံဝတ်စုံ	se' joun wu' soun
jaleco (m), bata (f)	ဂျူတီကုတ်	gju di gou'

35. Vestuário. Roupa interior

roupa (f) íntima	အတွင်းခံ	atwin: gan
cueca boxer (f)	ယောက်ျားဝတ်အတွင်းခံ	jau' kja: wu' atwin: gan
calcinha (f)	မိန်းကလေးဝတ်အတွင်းခံ	mein: galei: wa' atwin: gan
camiseta (f)	စွပ်ကျယ်	su' kje
meias (f pl)	ခြေအိတ်များ	chei ei' mja:
camisola (f)	ညအိပ်ဂါဝန်ရှည်	nja a' ga wun she
sutiã (m)	ဘရာစီယာ	ba ra si ja
meias longas (f pl)	ခြေအိတ်ရှည်	chei ei' shi
meias-calças (f pl)	အသားကပ်-ဘောင်းဘီရှည်	atha: ka' baun: bi shei
meias (~ de nylon)	စတောကင်	sato. kin
maiô (m)	ရေကူးဝတ်စုံ	jei ku: wa' zoun

36. Adereços de cabeça

chapéu (m), touca (f)	ဦးထုပ်	u: htou'
chapéu (m) de feltro	ဦးထုပ်ပျော့	u: htou' pjo.
boné (m) de beisebol	ရှားထိုးဦးထုပ်	sha dou: u: dou'
boina (~ italiana)	လူကြီးဆောင်းဦးထုပ်ပြား	lu gji: zaun: u: dou' pja:
boina (ex. ~ basca)	ဘယ်ရီဦးထုပ်	be ji u: htu'
capuz (m)	အကျီတွင်ပါသော ခေါင်းစွပ်	akji. twin pa dho: gaun: zu'
chapéu panamá (m)	ဦးထုပ်အဝိုင်း	u: htou' awain:
touca (f)	သိုးမွေးခေါင်းစွပ်	thou: mwei: gaun: zu'
lenço (m)	ခေါင်းစည်းပုဝါ	gaun: zi: bu. wa
chapéu (m) feminino	အမျိုးသမီးဆောင်းဦးထုပ်	amjou: dhami: zaun: u: htou'
capacete (m) de proteção	ဦးထုပ်အာမာ	u: htou' ama
bibico (m)	တပ်မတော်သုံးဦးထုပ်	ta' mado dhoun: u: dou'
capacete (m)	အာမာစားဦးထုပ်	ama za: u: htou'
chapéu-coco (m)	ဦးထုပ်လုံး	u: htou' loun:
cartola (f)	ဦးထုပ်မြင့်	u: htou' mjin.

37. Calçado

calçado (m)	ဖိနပ်	hpana'
botinas (f pl), sapatos (m pl)	ရှူးဖိနပ်	shu: hpi. na'
sapatos (de salto alto, etc.)	မိန်းကလေးစီးရှူးဖိနပ်	mein: galei: zi: shu: bi. na'
botas (f pl)	လည်ရှည်ဖိနပ်	le she bi. na'
pantufas (f pl)	အိမ်တွင်းစီးကွင်းထိုးဖိနပ်	ein dwin:
tênis (~ Nike, etc.)	အားကစားဖိနပ်	a: gaza' bana'
tênis (~ Converse)	ပတ္တူဖိနပ်	pa' tu bi. na'
sandálias (f pl)	ကြိုးသိုင်းဖိနပ်	kjou: dhain: bi. na'
sapateiro (m)	ဖိနပ်ချုပ်သမား	hpana' chou' tha ma:
salto (m)	ဒေါက်	dau'

par (m)	အစုံ	asoun.
cadarço (m)	ဖိနပ်ကြိုး	hpana' kjou:
amarrar os cadarços	ဖိနပ်ကြိုးချည်သည်	hpana' kjou: gjin de
calçadeira (f)	ဖိနပ်စီးရာတွင်သုံးသည့် ဖိနပ်ကော်	hpana' si: ja dhwin dhoun: dhin. hpana' ko
graxa (f) para calçado	ဖိနပ်တိုက်ဆေး	hpana' tou' hsei:

38. Têxtil. Tecidos

algodão (m)	ဝါချည်	wa gji
de algodão	ဝါချည်မှ	wa gji hma.
linho (m)	ချည်ကြမ်း	che kjan:
de linho	ချည်ကြမ်းမှ	che kjan: hma.
seda (f)	ပိုးချည်	pou: gje
de seda	ပိုးသားဖြင့်ပြုလုပ်ထားသော	pou: dha: bjin. bju. lou' hta: de.
lã (f)	သိုးမွေးချည်	thou: mwei: gji
de lã	သိုးမွေးဖြင့်ပြုလုပ်ထားသော	thou: mwei: bjin. bju lou' hta: de.
veludo (m)	ကတ္တီပါ	gadi ba
camurça (f)	မျက်နှာပြင်ကြမ်းသောသားရေ	mje' hna bin gjain: dho dha: jei
veludo (m) cotelê	ချည်ကတ္တီပါ	che gadi ba
nylon (m)	နိုင်လွန်	nain lun
de nylon	နိုင်လွန်မှ	nain lun hma
poliéster (m)	ပေါ်လီအက်စတာ	po li e' sa. ta
de poliéster	ပေါ်လီအက်စတာ	po li e' sa. ta
couro (m)	သားရေ	tha: ei
de couro	သားရေမှ	tha: jei hma.
pele (f)	သားမွေး	tha: mwei:
de pele	သားမွေးဖြင့်ပြုလုပ်ထားသော	tha: mwei: bjin. bju. lou' hta: de.

39. Acessórios pessoais

luva (f)	လက်အိတ်	lei' ei'
mitenes (f pl)	နှစ်ကန့်လက်အိတ်	hni' kan. le' ei'
cachecol (m)	မာဖလာ	ma ba. la
óculos (m pl)	မျက်မှန်	mje' hman
armação (f)	မျက်မှန်ကိုင်း	mje' hman gain:
guarda-chuva (m)	ထီး	hti:
bengala (f)	တုတ်ကောက်	tou' kau'
escova (f) para o cabelo	ခေါင်းဘီး	gaun: bi:
leque (m)	ပန်ကာ	pan gan
gravata (f)	လည်စည်း	le zi:
gravata-borboleta (f)	ဖဲပြားပုံလည်စည်း	hpe: bja: boun le zi:
suspensórios (m pl)	ဘောင်းဘီသိုင်းကြိုး	baun: bi dhain: gjou:

lenço (m)	လက်ကိုင်ပုဝါ	le' kain bu. wa
pente (m)	ဘီး	bi:
fivela (f) para cabelo	ဆံညှပ်	hsan hnja'
grampo (m)	ကလစ်	kali'
fivela (f)	ခါး:ပတ်ခေါင်း	kha: ba' khaun:
cinto (m)	ခါး:ပတ်	kha: ba'
alça (f) de ombro	ပုခုံးသိုင်းကြိုး	pu. goun: dhain: gjou:
bolsa (f)	လက်ကိုင်အိတ်	le' kain ei'
bolsa (feminina)	မိန်းကလေးပုခုံးလွယ်အိတ်	mein: galei: bou goun: lwe ei'
mochila (f)	ကျောပိုးအိတ်	kjo: bou: ei'

40. Vestuário. Diversos

moda (f)	ဖက်ရှင်	hpe' shin
na moda (adj)	ခေတ်မီသော	khi' mi de.
estilista (m)	ဖက်ရှင်ဒီဇိုင်နာ	hpe' shin di zain na
colarinho (m)	အင်္ကျီကော်လာ	akji. ko la
bolso (m)	အိတ်ကပ်	ei' ka'
de bolso	အိတ်ဆောင်	ei' hsaun
manga (f)	အင်္ကျီလက်	akji. le'
ganchinho (m)	အင်္ကျီချိတ်ကွင်း	akji. gjei' kwin:
bragueta (f)	ဘောင်းဘီလျှာဆက်	baun: bi ja ze'
zíper (m)	ဇစ်	zi'
colchete (m)	ချိတ်စရာ	che' zaja
botão (m)	ကြယ်သီး	kje dhi:
botoeira (casa de botão)	ကြယ်သီးပေါက်	kje dhi: bau'
soltar-se (vr)	ပြုတ်ထွက်သည်	pjou' htwe' te
costurar (vi)	စက်ချုပ်သည်	se' khjou' te
bordar (vt)	ပန်းထိုးသည်	pan: dou: de
bordado (m)	ပန်းထိုးခြင်း	pan: dou: gjin:
agulha (f)	အပ်	a'
fio, linha (f)	အပ်ချည်	a' chi
costura (f)	ချုပ်ရိုး	chou' jou:
sujar-se (vr)	ညစ်ပေသွားသည်	nji' pei dhwa: de
mancha (f)	အစွန်းအထင်း	aswan: ahtin:
amarrotar-se (vr)	တွန့်ကြေစေသည်	tun. gjei zei de
rasgar (vt)	ပေါက်ပြဲသွားသည်	pau' pje: dhwa: de
traça (f)	အဝတ်ပိုးဖလံ	awu' pou: hpa. lan

41. Cuidados pessoais. Cosméticos

pasta (f) de dente	သွားတိုက်ဆေး	thwa: tai' hsei:
escova (f) de dente	သွားတိုက်တံ	thwa: tai' tan
escovar os dentes	သွားတိုက်သည်	thwa: tai' te

gilete (f)	သင်တုန်းဓား	thin toun: da:
creme (m) de barbear	မုတ်ဆိတ်ရိတ် ဆပ်ပြာ	mou' zei' jei' hsa' pja
barbear-se (vr)	ရိတ်သည်	jei' te
sabonete (m)	ဆပ်ပြာ	hsa' pja
xampu (m)	ခေါင်းလျှော်ရည်	gaun: sho je
tesoura (f)	ကတ်ကြေး	ka' kjei:
lixa (f) de unhas	လက်သည်းတိုက်တံစဉ်း	le' the:
corta-unhas (m)	လက်သည်းညှပ်	le' the: hnja'
pinça (f)	ဇာဂနာ	za ga. na
cosméticos (m pl)	အလှကုန်ပစ္စည်း	ahla. koun pji' si:
máscara (f)	မျက်နှာပေါင်းတင်ခြင်း	mje' hna baun: din gjin:
manicure (f)	လက်သည်းအလှပြင်ခြင်း	le' the: ahla bjin gjin
fazer as unhas	လက်သည်းအလှပြင်သည်	le' the: ahla bjin de
pedicure (f)	ခြေသည်းအလှပြင်သည်	chei dhi: ahla. pjin de
bolsa (f) de maquiagem	မိတ်ကပ်အိတ်	mi' ka' ei'
pó (de arroz)	ပေါင်ဒါ	paun da
pó (m) compacto	ပေါင်ဒါဘူး	paun da bu:
blush (m)	ပါးနီ	pa: ni
perfume (m)	ရေမွှေး	jei mwei:
água-de-colônia (f)	ရေမွှေး	jei mwei:
loção (f)	လိုးရှင်း	lou shin:
colônia (f)	အော်ဒီကာလွန်းရေမွှေး	o di ka lun: jei mwei:
sombra (f) de olhos	မျက်ခွံဆိုးဆေး	mje' khwan zou: zei:
delineador (m)	အိုင်းလိုင်နာတောင့်	ain: lain: na daun.
máscara (f), rímel (m)	မျက်တောင်ခြယ်ဆေး	mje' taun gje zei:
batom (m)	နှုတ်ခမ်းနီ	hna' khan: ni
esmalte (m)	လက်သည်းဆိုးဆေး	le' the: azou: zei:
laquê (m), spray fixador (m)	ဆံပင်သုံးစပရေး	zabin dhoun za. ba. jei:
desodorante (m)	ချွေးနံ့ပျောက်ဆေး	chwei: nan. bjau' hsei:
creme (m)	ခရင်မ်	khajin m
creme (m) de rosto	မျက်နှာခရင်မ်	mje' hna ga. jin m
creme (m) de mãos	ဟန်ခရင်မ်	han kha. rin m
creme (m) antirrugas	အသားခြောက်ကာကွယ်ဆေး	atha: gjau' ka gwe zei:
creme (m) de dia	နေ့လိမ်းခရင်မ်	nei. lein: ga jin'm
creme (m) de noite	ညလိမ်းခရင်မ်	nja lein: khajinm
de dia	နေ့လယ်ဘက်သုံးသော	nei. le be' thoun: de.
da noite	ညဘက်သုံးသော	nja. be' thoun: de.
absorvente (m) interno	အတောင့်	ataun.
papel (m) higiênico	အိမ်သာသုံးစက္ကူ	ein dha dhoun: se' ku
secador (m) de cabelo	ဆံပင်အခြောက်ခံစက်	zabin achou' hsan za'

42. Joalheria

joias (f pl)	လက်ဝတ်ရတနာ	le' wa' ja. da. na
precioso (adj)	အဖိုးတန်	ahpou: dan
marca (f) de contraste	ရွှေငွေကိုမှတ်	shwei ge: ngwei ge: hma'

anel (m)	လက်စွပ်	le' swa'
aliança (f)	လက်ထပ်လက်စွပ်	le' hta' le' swa'
pulseira (f)	လက်ကောက်	le' kau'
brincos (m pl)	နားကပ်	na: ka'
colar (m)	လည်ဆွဲ	le zwe:
coroa (f)	သရဖူ	tharahpu:
colar (m) de contas	လည်ဆွဲပုတီး	le zwe: bu. di:
diamante (m)	စိန်	sein
esmeralda (f)	မြ	mja.
rubi (m)	ပတ္တမြား	pa' ta. mja:
safira (f)	နီလာ	ni la
pérola (f)	ပုလဲ	pale:
âmbar (m)	ပယင်း	pajin:

43. Relógios de pulso. Relógios

relógio (m) de pulso	နာရီ	na ji
mostrador (m)	နာရီဒိုင်ခွက်	na ji dai' hpwe'
ponteiro (m)	နာရီလက်တံ	na ji le' tan
bracelete (em aço)	နာရီကြိုး	na ji gjou:
bracelete (em couro)	နာရီကြိုး	na ji gjou:
pilha (f)	ဓာတ်ခဲ	da' khe:
acabar (vi)	အားကုန်သည်	a: kun de
trocar a pilha	ဘတ်ထရီလဲသည်	ba' hta ji le: de
estar adiantado	မြန်သည်	mjan de
estar atrasado	နောက်ကျသည်	nau' kja. de
relógio (m) de parede	တိုင်ကပ်နာရီ	tain ka' na ji
ampulheta (f)	သဲနာရီ	the: naji
relógio (m) de sol	နေနာရီ	nei na ji
despertador (m)	နှိုးစက်	hnou: ze'
relojoeiro (m)	နာရီပြင်ဆရာ	ma ji bjin zaja
reparar (vt)	ပြင်သည်	pjin de

Alimentação. Nutrição

44. Comida

carne (f)	အသား	atha:
galinha (f)	ကြက်သား	kje' tha:
frango (m)	ကြက်ကလေး	kje' ka. lei:
pato (m)	ဘဲသား	be: dha:
ganso (m)	ဘဲငန်းသား	be: ngan: dha:
caça (f)	တောကောင်သား	to: gaun dha:
peru (m)	ကြက်ဆင်သား	kje' hsin dha:
carne (f) de porco	ဝက်သား	we' tha:
carne (f) de vitela	နွားကလေးသား	nwa: ga. lei: dha:
carne (f) de carneiro	သိုးသား	thou: tha:
carne (f) de vaca	အမဲသား	ame: dha:
carne (f) de coelho	ယုန်သား	joun dha:
linguiça (f), salsichão (m)	ဝက်အူချောင်း	we' u gjaun:
salsicha (f)	အသားချောင်း	atha: gjaun:
bacon (m)	ဝက်ဆားနယ်ခြောက်	we' has: ne gjau'
presunto (m)	ဝက်ပေါင်ခြောက်	we' paun gjau'
pernil (m) de porco	ဝက်ပေါင်ကြက်တိုက်	we' paun gje' tai'
patê (m)	အနှစ်အခဲပျော့	ahni' akhe pjo.
fígado (m)	အသည်း	athe:
guisado (m)	ကြွတ်သား	kjei' tha:
língua (f)	လျှာ	sha
ovo (m)	ဥ	u.
ovos (m pl)	ဥများ	u. mja:
clara (f) de ovo	အကာ	aka
gema (f) de ovo	အနှစ်	ahni'
peixe (m)	ငါး	nga:
mariscos (m pl)	ပင်လယ်အစားအစာ	pin le asa: asa
crustáceos (m pl)	အခွံမာရေနေသတ္တဝါ	akhun ma jei nei dha' ta. wa
caviar (m)	ငါးဥ	nga: u.
caranguejo (m)	ကကန်း	kanan:
camarão (m)	ပုစွန်	bazun
ostra (f)	ကမာကောင်	kama kaun
lagosta (f)	ကျောက်ပုစွန်	kjau' pu. zun
polvo (m)	ရေဘဝဲသား	jei ba. we: dha:
lula (f)	ပြည်ကြီးငါး	pjei gji: nga:
esturjão (m)	စတာဂျင်ငါး	sata gjin nga:
salmão (m)	ဆော်လမွန်ငါး	hso: la. mun nga:
halibute (m)	ပင်လယ်ငါးကြီးသား	pin le nga: gji: dha:
bacalhau (m)	ငါးကြီးဆီထုတ်သောငါး	nga: gji: zi dou' de. nga:

cavala, sarda (f)	မက်ကရယ်ငါး	me' ka. je nga:
atum (m)	တူနာငါး	tu na nga:
enguia (f)	ငါးရှဉ့်	nga: shin.
truta (f)	ထရောက်ငါး	hta. jau' nga:
sardinha (f)	ငါးသေတ္တာငါး	nga: dhei ta' nga:
lúcio (m)	ပိုက်ငါး	pai' nga
arenque (m)	ငါးသလောက်	nga: dha. lau'
pão (m)	ပေါင်မုန့်	paun moun.
queijo (m)	ဒိန်ခဲ	dain ge:
açúcar (m)	သကြား	dhagja:
sal (m)	ဆား	hsa:
arroz (m)	ဆန်စပါး	hsan zaba
massas (f pl)	အီတလီခေါက်ဆွဲ	ita. li khau' hswe:
talharim, miojo (m)	ခေါက်ဆွဲ	gau' hswe:
manteiga (f)	ထောပတ်	hto: ba'
óleo (m) vegetal	ဆီ	hsi
óleo (m) de girassol	နေကြာပန်းဆီ	nei gja ban: zi
margarina (f)	ဟင်းရွက်အဆီခဲ	hin: jwe' ahsi khe:
azeitonas (f pl)	သံလွင်သီး	than lun dhi:
azeite (m)	သံလွင်ဆီ	than lun zi
leite (m)	နွားနို့	nwa: nou.
leite (m) condensado	နို့ဆီ	ni. zi
iogurte (m)	ဒိန်ချဉ်	dain gjin
creme (m) azedo	နို့ချဉ်	nou. gjin
creme (m) de leite	မလိုင်	ma. lain
maionese (f)	ခပ်ပျစ်ပျစ်စားမြိန်ရည်	kha' pji' pji' sa: mjein jei
creme (m)	ထောပတ်မလိုင်	hto: ba' ma. lein
grãos (m pl) de cereais	နှံစားဆေ့	nhnan za: zei.
farinha (f)	ဂျုံမှုန့်	gjoun hmoun.
enlatados (m pl)	စည်သွပ်ဘူးများ	si dhwa' bu: mja:
flocos (m pl) de milho	ပြောင်းဖူးမုန့်ဆန်း	pjaun: bu: moun. zan:
mel (m)	ပျားရည်	pja: je
geleia (m)	ယို	jou
chiclete (m)	ပီကေ	pi gei

45. Bebidas

água (f)	ရေ	jei
água (f) potável	သောက်ရေ	thau' jei
água (f) mineral	ဓာတ်ဆားရည်	da' hsa: ji
sem gás (adj)	ဂတ်စ်မပါသော	ga' s ma. ba de.
gaseificada (adj)	ဂတ်စ်ပါသော	ga' s ba de.
com gás	စပါကလင်	saba ga. lin
gelo (m)	ရေခဲ	jei ge:

com gelo	ရေခဲနှင့်	jei ge: hnin.
não alcoólico (adj)	အယ်ကိုဟောမပါသော	e kou ho: ma. ba de.
refrigerante (m)	အယ်ကိုဟောမဟုတ်သော သောက်စရာ	e kou ho: ma. hou' te. dhau' sa. ja
refresco (m)	အအေး	aei:
limonada (f)	လီမွန်ဖျော်ရည်	li mun hpjo ji
bebidas (f pl) alcoólicas	အယ်ကိုဟောပါဝင် သောသောက်စရာ	e kou ho: ba win de. dhau' sa. ja
vinho (m)	ဝိုင်	wain
vinho (m) branco	ဝိုင်ဖြူ	wain gju
vinho (m) tinto	ဝိုင်နီ	wain ni
licor (m)	အရက်ချိုပြင်း	aje' gjou pjin
champanhe (m)	ရှန်ပိန်	shan pein
vermute (m)	ရန့်သင်းသောဆေးပိမ်ဝိုင်	jan dhin: dho: zei: zein wain
uísque (m)	ဝီစကီ	wi sa. gi
vodca (f)	ဗော့ကာ	bo ga
gim (m)	ဂျင်	gjin
conhaque (m)	ကော့ညက်	ko. nja'
rum (m)	ရမ်	ran
café (m)	ကော်ဖီ	ko hpi
café (m) preto	ဘလက်ကော်ဖီ	ba. le' ko: phi
café (m) com leite	ကော်ဖီနှင့်ရော	ko hpi ni. jo:
cappuccino (m)	ကပူချီနို	ka. pu chi ni.
café (m) solúvel	ကော်ဖီမှုန့်	ko hpi mi'
leite (m)	နွားနို့	nwa: nou.
coquetel (m)	ကော့တေး	ko. dei:
batida (f), milkshake (m)	မစ်ရှိတ်	mi' shei'
suco (m)	အချိုရည်	achou ji
suco (m) de tomate	ခရမ်းချဉ်သီးအချိုရည်	khajan: chan dhi: achou jei
suco (m) de laranja	လိမ္မော်ရည်	limmo ji
suco (m) fresco	အသစ်ဖျော်ရည်	athi: hpjo je
cerveja (f)	ဘီယာ	bi ja
cerveja (f) clara	အရောင်ဖျော့သောဘီယာ	ajaun bjau. de. bi ja
cerveja (f) preta	အရောင်ရင့်သောဘီယာ	ajaun jin. de. bi ja
chá (m)	လက်ဖက်ရည်	le' hpe' ji
chá (m) preto	လက်ဖက်နက်	le' hpe' ne'
chá (m) verde	လက်ဖက်စိမ်း	le' hpe' sein:

46. Vegetais

vegetais (m pl)	ဟင်းသီးဟင်းရွက်	hin: dhi: hin: jwe'
verdura (f)	ဟင်းခတ်အမွှေးရွက်	hin: ga' ahmwei: jwe'
tomate (m)	ခရမ်းချဉ်သီး	khajan: chan dhi:
pepino (m)	သခွားသီး	thakhwa: dhi:
cenoura (f)	မုန်လာဥနီ	moun la u. ni

batata (f)	အာလူး	a lu:
cebola (f)	ကြက်သွန်နီ	kje' thwan ni
alho (m)	ကြက်သွန်ဖြူ	kje' thwan bju
couve (f)	ဂေါ်ဘီ	go bi
couve-flor (f)	ပန်းဂေါ်ဘီ	pan: gozi
couve-de-bruxelas (f)	ဂေါ်ဘီထုပ်အသေးစား	go bi dou' athei: za:
brócolis (m pl)	ပန်းဂေါ်ဘီအစိမ်း	pan: gozi asein:
beterraba (f)	မုန်လာဥနီလုံး	moun la u. ni loun:
berinjela (f)	ခရမ်းသီး	khajan: dhi:
abobrinha (f)	ဘူးသီး	bu: dhi:
abóbora (f)	ဖရုံသီး	hpa joun dhi:
nabo (m)	တရုတ်မုန်လာဥ	tajou' moun la u.
salsa (f)	တရုတ်နံနံပင်	tajou' nan nan bin
endro, aneto (m)	စမြစ်ပင်	samjei' pin
alface (f)	ဆလပ်ရွက်	hsa. la' jwe'
aipo (m)	တရုတ်နံနံကြီး	tajou' nan nan gji:
aspargo (m)	ကညွတ်မာပင်	ka. nju' ma bin
espinafre (m)	ဒေါက်ခွ	dau' khwa.
ervilha (f)	ပဲစေ့	pe: zei.
feijão (~ soja, etc.)	ပဲအမျိုးမျိုး	pe: amjou: mjou:
milho (m)	ပြောင်းဖူး	pjaun: bu:
feijão (m) roxo	ပိုလဲစားပဲ	bou za: be:
pimentão (m)	ငရုတ်သီး	nga jou' thi:
rabanete (m)	မုန်လာဥဒွေး	moun la u. dhei:
alcachofra (f)	အာတီချော့	a ti cho.

47. Frutos. Nozes

fruta (f)	အသီး	athi:
maçã (f)	ပန်းသီး	pan: dhi:
pera (f)	သစ်တော်သီး	thi' to dhi:
limão (m)	သံပုရာသီး	than bu. jou dhi:
laranja (f)	လိမ္မော်သီး	limmo dhi:
morango (m)	စတော်ဘယ်ရီသီး	sato be ri dhi:
tangerina (f)	ပျားလိမ္မော်သီး	pja: lein mo dhi:
ameixa (f)	ဆီးသီး	hsi: dhi:
pêssego (m)	မက်မွန်သီး	me' mwan dhi:
damasco (m)	တရုတ်ဆီးသီး	jau' hsi: dhi:
framboesa (f)	ရတ်စဘယ်ရီ	re' sa be ji
abacaxi (m)	နာနတ်သီး	na na' dhi:
banana (f)	ငှက်ပျောသီး	hnge' pjo: dhi:
melancia (f)	ဖရဲသီး	hpa. je: dhi:
uva (f)	စပျစ်သီး	zabji' thi:
ginja, cereja (f)	ချယ်ရီသီး	che ji dhi:
ginja (f)	ချယ်ရီချဉ်သီး	che ji gjin dhi:
cereja (f)	ချယ်ရီချိုသီး	che ji gjou dhi:
melão (m)	သခွားမွှေးသီး	thakhwa: hmwei: dhi:

toranja (f)	ဂရိတ်ဖရုသီး	ga. ri' hpa. ju dhi:
abacate (m)	ထောပတ်သီး	hto: ba' thi:
mamão (m)	သင်္ဘောသီး	thin: bo: dhi:
manga (f)	သရက်သီး	thaje' thi:
romã (f)	တလည်းသီး	tale: dhi:

groselha (f) vermelha	အနီရောင်ဘယ်ရီသီး	ani jaun be ji dhi:
groselha (f) negra	ဘလက်ကားရန့်	ba. le' ka: jan.
groselha (f) espinhosa	ကလားးဆီးဖြူ	ka. la: his: hpju
mirtilo (m)	ဘီဘယ်ရီအသီး	bi: be ji athi:
amora (f) silvestre	ရှမ်းဆီးဒီး	shan: zi: di:

passa (f)	စပျစ်သီးခြောက်	zabji' thi: gjau'
figo (m)	သဖန်းသီး	thahpjan: dhi:
tâmara (f)	စွန်ပလွံသီး	sun palun dhi:

amendoim (m)	မြေပဲ	mjei be:
amêndoa (f)	ဗာဒံသီး	ba dan di:
noz (f)	သစ်ကြားသီး	thi' kja: dhi:
avelã (f)	ဟေဇယ်သီး	ho: ze dhi:
coco (m)	အုန်းသီး	aun: dhi:
pistaches (m pl)	စွမာသီး	khwan ma dhi:

48. Pão. Bolaria

pastelaria (f)	မုန့်ဂျို	moun. gjou
pão (m)	ပေါင်မုန့်	paun moun.
biscoito (m), bolacha (f)	ဘီစကစ်	bi za. ki'

chocolate (m)	ချောကလက်	cho: ka. le'
de chocolate	ချောကလက်အရသာရှိသော	cho: ka. le' aja. dha shi. de.
bala (f)	သကြားလုံး	dhagja: loun:
doce (bolo pequeno)	ကိတ်	kei'
bolo (m) de aniversário	ကိတ်မုန့်	kei' moun.

torta (f)	ပိုင်မုန့်	pain hmoun.
recheio (m)	သွပ်ထားသောအစာ	thu' hta dho: asa

geleia (m)	ယို	jou
marmelada (f)	အထူးပြုလုပ်ထားသော ယို	a htu: bju. lou' hta: de. jou
wafers (m pl)	ဝေဖာ	wei hpa
sorvete (m)	ရေခဲမုန့်	jei ge: moun.
pudim (m)	ပူတင်း	pu tin:

49. Pratos cozinhados

prato (m)	ဟင်းပွဲ	hin: bwe:
cozinha (~ portuguesa)	အစားအသောက်	asa: athau'
receita (f)	ဟင်းချက်နည်း	hin: gji' ne:
porção (f)	တစ်ယောက်စာဟင်းပွဲ	ti' jau' sa hin: bwe:
salada (f)	အသုပ်	athou'
sopa (f)	စွပ်ပြုတ်	su' pjou:

caldo (m)	ဟင်းရည်	hin: ji
sanduíche (m)	အသားညှပ်ပေါင်မုန့်	atha: hnja' paun moun.
ovos (m pl) fritos	ကြက်ဥကြော်	kje' u. kjo
hambúrguer (m)	ဟန်ဘာဂါ	han ba ga
bife (m)	အမဲသားတုံး	ame: dha: doun:
acompanhamento (m)	အရံဟင်း	ajan hin:
espaguete (m)	အီတာလီခေါက်ဆွဲ	ita. li khau' hswe:
purê (m) de batata	အာလူးနွားနို့ဖျော်	a luu: nwa: nou. bjo
pizza (f)	ပီဇာ	pi za
mingau (m)	အုတ်ဂျူယာဂု	ou' gjoun ja gu.
omelete (f)	ကြက်ဥခေါက်ကြော်	kje' u. khau' kjo
fervido (adj)	ပြုတ်ထားသော	pjou' hta: de.
defumado (adj)	ကပ်တင်ထားသော	kja' tin da: de.
frito (adj)	ကြော်ထားသော	kjo da de.
seco (adj)	ခြောက်နေသော	chau' nei de.
congelado (adj)	အေးခဲနေသော	ei: khe: nei de.
em conserva (adj)	သားရည်စိမ်ထားသော	hsa:
doce (adj)	ချိုသော	chou de.
salgado (adj)	ငံ့သော	ngan de.
frio (adj)	အေးသော	ei: de.
quente (adj)	ပူသော	pu dho:
amargo (adj)	ခါးသော	kha: de.
gostoso (adj)	အရသာရှိသော	aja. dha shi. de.
cozinhar em água fervente	ပြုတ်သည်	pjou' te
preparar (vt)	ချက်သည်	che' de
fritar (vt)	ကြော်သည်	kjo de
aquecer (vt)	အပူပေးသည်	apu bei: de
salgar (vt)	ဆားထည့်သည်	hsa: hte. de
apimentar (vt)	အစပ်ထည့်သည်	asin hte. dhe
ralar (vt)	ခြစ်သည်	chi' te
casca (f)	အခွံ	akhun
descascar (vt)	အခွံနွာသည်	akhun hnwa de

50. Especiarias

sal (m)	ဆား	hsa:
salgado (adj)	ငံ့သော	ngan de.
salgar (vt)	ဆားထည့်သည်	hsa: hte. de
pimenta-do-reino (f)	ငရုတ်ကောင်း	nga jou' kaun:
pimenta (f) vermelha	ငရုတ်သီး	nga jou' thi:
mostarda (f)	မုန်ညင်း	moun njin:
raiz-forte (f)	သင်္ဘောဒန့်သလွန်	thin: bo: dan. dha lun
condimento (m)	ဟင်းခတ်အမွှန်အမျိုးမျိုး	hin: ga' ahnun. amjou: mjou:
especiaria (f)	ဟင်းခတ်အမွှေးအကြိုင်	hin: ga' ahmwei: akjain
molho (~ inglês)	ဆော့	hso.
vinagre (m)	ရှာလကာရည်	sha la. ga je

anis estrelado (m)	စမုန်စပါးပင်	samoun zaba: bin
manjericão (m)	ပင်စိမ်း	pin zein:
cravo (m)	လေးညှင်း	lei: hnjin:
gengibre (m)	ဂျင်း	gjin:
coentro (m)	နံနံပင်	nan nan bin
canela (f)	သစ်ကြံပိုးခေါက်	thi' kjan bou: gau'
gergelim (m)	နှမ်း	hnan:
folha (f) de louro	ကရဝေးရွက်	ka ja wei: jwe'
páprica (f)	ပန်းငရုတ်မှုန့်	pan: nga. jou' hnoun.
cominho (m)	ကရဝေး	ka. ja. wei:
açafrão (m)	ကုံကုမံ	koun kou man

51. Refeições

comida (f)	အစားအစာ	asa: asa
comer (vt)	စားသည်	sa: de
café (m) da manhã	နံနက်စာ	nan ne' za
tomar café da manhã	နံနက်စာစားသည်	nan ne' za za: de
almoço (m)	နေ့လယ်စာ	nei. le za
almoçar (vi)	နေ့လယ်စာစားသည်	nei. le za za de
jantar (m)	ညစာ	nja. za
jantar (vi)	ညစာစားသည်	nja. za za: de
apetite (m)	စားချင်စိတ်	sa: gjin zei'
Bom apetite!	စားကောင်းပါစေ	sa: gaun: ba zei
abrir (~ uma lata, etc.)	ဖွင့်သည်	hpwin. de
derramar (~ líquido)	ဖိတ်ကျသည်	hpi' kja de
derramar-se (vr)	မှောက်သည်	hmau' de
ferver (vi)	ဆူပွက်သည်	hsu. bwe' te
ferver (vt)	ဆူပွက်သည်	hsu. bwe' te
fervido (adj)	ဆူပွက်ထားသော	hsu. bwe' hta: de.
esfriar (vt)	အအေးခံသည်	aei: gan de
esfriar-se (vr)	အေးသွားသည်	ei: dhwa: de
sabor, gosto (m)	အရသာ	aja. dha
fim (m) de boca	ပအာခြင်း	pa. achin:
emagrecer (vi)	ဝိတ်ချသည်	wei' cha. de
dieta (f)	ဓာတ်စာ	da' sa
vitamina (f)	ဗီတာမင်	bi ta min
caloria (f)	ကယ်လိုရီ	ke lou ji
vegetariano (m)	သက်သက်လွတ်စားသူ	the' the' lu' za: dhu
vegetariano (adj)	သက်သက်လွတ်စားသော	the' the' lu' za: de.
gorduras (f pl)	အဆီ	ahsi
proteínas (f pl)	အသားဓာတ်	atha: da'
carboidratos (m pl)	ကစီဓာတ်	ka. zi da'
fatia (~ de limão, etc.)	အချပ်	acha'
pedaço (~ de bolo)	အတုံး	atoun:
migalha (f), farelo (m)	အစအန	asa an

52. Por a mesa

colher (f)	ဇွန်း	zun:
faca (f)	ဓား	da:
garfo (m)	ခက်ရင်း	khajin:

xícara (f)	ခွက်	khwe'
prato (m)	ပန်းကန်ပြား	bagan: bja:
pires (m)	အောက်ခံပန်းကန်ပြား	au' khan ban: kan pja:
guardanapo (m)	လက်သုတ်ပုဝါ	le' thou' pu. wa
palito (m)	သွားကြားထိုးတံ	thwa: kja: dou: dan

53. Restaurante

restaurante (m)	စားသောက်ဆိုင်	sa: thau' hsain
cafeteria (f)	ကော်ဖီဆိုင်	ko hpi zain
bar (m), cervejaria (f)	ဘား	ba:
salão (m) de chá	လက်ဖက်ရည်ဆိုင်	le' hpe' ji zain

garçom (m)	စားပွဲထိုး	sa: bwe: dou:
garçonete (f)	စားပွဲထိုးမိန်းကလေး	sa: bwe: dou: mein: ga. lei:
barman (m)	အရက်ဘားဝန်ထမ်း	aje' ba: wun dan:

cardápio (m)	စားသောက်ဖွယ်စာရင်း	sa: thau' hpwe za jin:
lista (f) de vinhos	ဝိုင်စာရင်း	wain za jin:
reservar uma mesa	စားပွဲကြိုတင်မှာယူသည်	sa: bwe: gjou din hma ju de

prato (m)	ဟင်းပွဲ	hin: bwe:
pedir (vt)	မှာသည်	hma de
fazer o pedido	မှာသည်	hma de

aperitivo (m)	နှတ်မြိန်လေး	hna' mjein zei:
entrada (f)	နှတ်မြိန်စာ	hna' mjein za
sobremesa (f)	အချို့ပွဲ	achou bwe:

conta (f)	ကျသင့်ငွေ	kja. thin. ngwei
pagar a conta	ကုန်ကျငွေရှင်းသည်	koun gja ngwei shin: de
dar o troco	ပြန်အမ်းသည်	pjan an: de
gorjeta (f)	မုန့်ဖိုး	moun. bou:

Família, parentes e amigos

54. Informação pessoal. Formulários

nome (m)	အမည်	amji
sobrenome (m)	မိသားစုအမည်	mi. dha: zu. amji
data (f) de nascimento	မွေးနေ့	mwei: nei.
local (m) de nascimento	မွေးရပ်	mwer: ja'
nacionalidade (f)	လူမျိုး	lu mjou:
lugar (m) de residência	နေရပ်ဒေသ	nei ja' da. dha.
país (m)	နိုင်ငံ	nain ngan
profissão (f)	အလုပ်အကိုင်	alou' akain
sexo (m)	လိင်	lin
estatura (f)	အရပ်	aja'
peso (m)	ကိုယ်အလေးချိန်	kou alei: chain

55. Membros da família. Parentes

mãe (f)	အမေ	amei
pai (m)	အဖေ	ahpei
filho (m)	သား	tha:
filha (f)	သမီး	thami:
caçula (f)	သမီးအငယ်	thami: ange
caçula (m)	သားအငယ်	tha: ange
filha (f) mais velha	သမီးအကြီး	thami: akji:
filho (m) mais velho	သားအကြီး	tha: akji:
irmão (m)	ညီအစ်ကို	nji a' kou
irmão (m) mais velho	အစ်ကို	akou
irmão (m) mais novo	ညီ	nji
irmã (f)	ညီအစ်မ	nji a' ma
irmã (f) mais velha	အစ်မ	ama.
irmã (f) mais nova	ညီမ	nji ma.
primo (m)	ဝမ်းကွဲအစ်ကို	wan: kwe: i' kou
prima (f)	ဝမ်းကွဲညီမ	wan: kwe: nji ma.
mamãe (f)	မေမေ	mei mei
papai (m)	ဖေဖေ	hpei hpei
pais (pl)	မိဘတွေ	mi. ba. dwei
criança (f)	ကလေး	kalei:
crianças (f pl)	ကလေးများ	kalei: mja:
avó (f)	အဘွား	ahpwa
avô (m)	အဘိုး	ahpou:

neto (m)	မြေး	mjei:
neta (f)	မြေးမ	mjei: ma.
netos (pl)	မြေးများ	mjei: mja:
tio (m)	ဦးလေး	u: lei:
tia (f)	အဒေါ်	ado
sobrinho (m)	တူ	tu
sobrinha (f)	တူမ	tu ma.
sogra (f)	ယောက္ခမ	jau' khama.
sogro (m)	ယောက္ခထီး	jau' khadi:
genro (m)	သားမက်	tha: me'
madrasta (f)	မိထွေး	mi. dwei:
padrasto (m)	ပထွေး	pahtwei:
criança (f) de colo	နို့စို့ကလေး	nou. zou. galei:
bebê (m)	ကလေးငယ်	kalei: nge
menino (m)	ကလေး	kalei:
mulher (f)	မိန်းမ	mein: ma.
marido (m)	ယောက်ျား	jau' kja:
esposo (m)	ခင်ပွန်း	khin bun:
esposa (f)	ဇနီး	zani:
casado (adj)	မိန်းမရှိသော	mein: ma. shi. de.
casada (adj)	ယောက်ျားရှိသော	jau' kja: shi de
solteiro (adj)	လူလွတ်ဖြစ်သော	lu lu' hpji te.
solteirão (m)	လူပျို	lu bjou
divorciado (adj)	တစ်ခုလပ်ဖြစ်သော	ti' khu. la' hpji' te.
viúva (f)	မုဆိုးမ	mu. zou: ma.
viúvo (m)	မုဆိုးဖို	mu. zou: bou
parente (m)	ဆွေမျိုး	hswe mjou:
parente (m) próximo	ဆွေမျိုးရင်းချာ	hswe mjou: jin: gja
parente (m) distante	ဆွေမျိုးနီးစပ်	hswe mjou: ni: za'
parentes (m pl)	မွေးရင်းများ	mwei: chin: mja:
órfão (m), órfã (f)	မိဘမဲ့	mi. ba me.
órfão (m)	မိဘမဲ့ကလေး	mi. ba me. ga lei:
órfã (f)	မိဘမဲ့ကလေးမ	mi. ba me. ga lei: ma
tutor (m)	အုပ်ထိန်းသူ	ou' htin: dhu
adotar (um filho)	သားအဖြစ်မွေးစားသည်	tha: ahpji' mwei: za: de
adotar (uma filha)	သမီးအဖြစ်မွေးစားသည်	thami: ahpji' mwei: za: de

56. Amigos. Colegas de trabalho

amigo (m)	သူငယ်ချင်း	thu nge gjin:
amiga (f)	မိန်းကလေးသူငယ်ချင်း	mein: galei: dhu nge gjin:
amizade (f)	ခင်မင်ရင်းနှီးမှု	khin min jin: ni: hmu.
ser amigos	ခင်မင်သည်	khin min de
amigo (m)	အပေါင်းအသင်း	apaun: athin:
amiga (f)	အပေါင်းအသင်း	apaun: athin:
parceiro (m)	လုပ်ဖော်ကိုင်ဖက်	lou' hpo kain be'

chefe (m)	အကြီးအကဲ	akji: ake:
superior (m)	အထက်လူကြီး	a hte' lu gji:
proprietário (m)	ပိုင်ရှင်	pain shin
subordinado (m)	လက်အောက်ခံအမှုထမ်း	le' au' khan ahmu. htan:
colega (m, f)	လုပ်ဖော်ကိုင်ဖက်	lou' hpo kain be'
conhecido (m)	အကျွမ်းဝင်မှု	akjwan: win hmu.
companheiro (m) de viagem	ခရီးဖော်	khaji: bo
colega (m) de classe	တစ်တန်းတည်းသား	ti' tan: de: dha:
vizinho (m)	အိမ်နီးနားချင်း	ein ni: na: gjin:
vizinha (f)	မိန်းကလေးအိမ်နီးနားချင်း	mein: galei: ein: ni: na: gjin:
vizinhos (pl)	အိမ်နီးနားချင်းများ	ein ni: na: gjin: mja:

57. Homem. Mulher

mulher (f)	အမျိုးသမီး	amjou: dhami:
menina (f)	မိန်းကလေး	mein: ga. lei:
noiva (f)	သတို့သမီး	dhadou. thami:
bonita, bela (adj)	လှပသော	hla. ba. de.
alta (adj)	အရပ်မြင့်သော	aja' mjin. de.
esbelta (adj)	သွယ်လျသော	thwe lja de.
baixa (adj)	အရပ်ပုသော	aja' pu. de.
loira (f)	ဆံပင်ရွှေရောင် ဖျော့မိန်းကလေး	zabin shwei jaun bjo. min: ga lei:
morena (f)	ဆံပင်နက်သောမိန်းကလေး	zabin ne' de.min: ga lei:
de senhora	အမျိုးသမီးနှင့်ဆိုင်သော	amjou: dhami: hnin. zain dho:
virgem (f)	အပျိုစင်	apjou zin
grávida (adj)	ကိုယ်ဝန်ဆောင်ထားသော	kou wun hsaun da: de.
homem (m)	အမျိုးသား	amjou: dha:
loiro (m)	ဆံပင်ရွှေရောင် ဖျော့ယောက်ျားလေး	zabin shwei jaun bjo. jau' gja: lei:
moreno (m)	ဆံပင်နက်သောယောက်ျားလေး	zabin ne' de. jau' gja: lei:
alto (adj)	အရပ်မြင့်သော	aja' mjin. de.
baixo (adj)	အရပ်ပုသော	aja' pu. de.
rude (adj)	ရိုင်းပိုင်းသော	jain: zain: de.
atarracado (adj)	တုတ်ခိုင်သော	tou' khain de.
robusto (adj)	တောင့်တင်းသော	taun. din: de
forte (adj)	သန်မာသော	than ma de.
força (f)	ခွန်အား	khwan a:
gordo (adj)	ဝသော	wa. de.
moreno (adj)	ညှိုသော	njou de.
esbelto (adj)	သွယ်လျသော	thwe lja de.
elegante (adj)	ကျောရှင်းသော	kjo. shin: de

58. Idade

idade (f)	အသက်အရွယ်	athe' ajwe'
juventude (f)	ပျိုရွယ်ချိန်	pjou jwe gjein
jovem (adj)	ငယ်ရွယ်သော	ngwe jwe de.
mais novo (adj)	ပိုငယ်သော	pou nge de.
mais velho (adj)	အသက်ပိုကြီးသော	athe' pou kji: de.
jovem (m)	လူငယ်	lu nge
adolescente (m)	ဆယ်ကျော်သက်	hse gjo dhe'
rapaz (m)	လူငယ်	lu nge
velho (m)	လူကြီး	lu gji:
velha (f)	အမျိုးသမီးကြီး	amjou: dhami: gji:
adulto	အရွယ်ရောက်သော	ajwe' jau' te.
de meia-idade	သက်လတ်ပိုင်း	the' la' pain:
idoso, de idade (adj)	အိုမင်းသော	ou min de.
velho (adj)	အသက်ကြီးသော	athe' kji: de.
aposentadoria (f)	အငြိမ်းစားလစာ	anjein: za: la. za
aposentar-se (vr)	အငြိမ်းစားယူသည်	anjein: za: ju dhe
aposentado (m)	အငြိမ်းစား	anjein: za:

59. Crianças

criança (f)	ကလေး	kalei:
crianças (f pl)	ကလေးများ	kalei: mja:
gêmeos (m pl), gêmeas (f pl)	အမွှာ	ahmwa
berço (m)	ကလေးပုခက်	kalei: pou khe'
chocalho (m)	ချောက်ချက်	gjo' gja'
fralda (f)	ခါးတောင်းကျိုက်အထည်	kha: daun: gjai' ahte
chupeta (f), bico (m)	ချိုလိမ်	chou lein
carrinho (m) de bebê	ကလေးလက်တွန်းလှည်း	kalei: le' twan: hle:
jardim (m) de infância	ကလေးထိန်းကျောင်း	kalei: din: kjaun:
babysitter, babá (f)	ကလေးထိန်း	kalei: din:
infância (f)	ကလေးဘဝ	kalei: ba. wa.
boneca (f)	အရုပ်မ	ajou' ma.
brinquedo (m)	ကစားစရာအရုပ်	gaza: zaja ajou'
jogo (m) de montar	ပြန်ဆက်ဆေသော ကလေး ကစားစရာ	pjan za' ja de. galei: gaza: zaja
bem-educado (adj)	လိမ္မာသော	limmo: de
malcriado (adj)	ဆိုးသွမ်းသော	hsou: dhwan: de.
mimado (adj)	အလိုလိုက်ခံရသော	alou lou' khan ja de.
ser travesso	ဆိုးသည်	hsou:de
travesso, traquinas (adj)	ကျီစယ်တတ်သော	kji ze da' de.
travessura (f)	ကျီစယ်သည်	kji ze de

criança (f) travessa	အဆောုမက်သောကလေး	ahsau me' dho: ga. lei:
obediente (adj)	နာခံတတ်သော	na gan da' te.
desobediente (adj)	မနာခံသော	ma. na gan de.

dócil (adj)	လိမ္မာသော	limmo: de
inteligente (adj)	တော်သော	to de.
prodígio (m)	ပါရမီရှင်ကလေး	pa rami shin galei:

60. Casais. Vida de família

beijar (vt)	နမ်းသည်	nan: de
beijar-se (vr)	အနမ်းပေးသည်	anan: pei: de
família (f)	မိသားစု	mi. dha: zu.
familiar (vida ~)	မျိုးရိုး	mjou: jou:
casal (m)	စုံတွဲ	soun dwe:
matrimônio (m)	အိမ်ထောင်သည်	ein daun de
lar (m)	အိမ်	ein
dinastia (f)	မင်းဆက်	min: ze'

| encontro (m) | ချိန်းတွေ့ခြင်း | chein: dwei chin: |
| beijo (m) | အနမ်း | anan: |

amor (m)	အချစ်	akja'
amar (pessoa)	ချစ်သည်	chi' te
amado, querido (adj)	ချစ်လှစွာသော	chi' hla. zwa de.

ternura (f)	ကြင်နာမှု	kjin na hmu.
afetuoso (adj)	ကြင်နာသော	kjin na hmu. de.
fidelidade (f)	သစ္စာ	thi' sa
fiel (adj)	သစ္စာရှိသော	thi' sa shi. de.
cuidado (m)	ဂရုစိုက်ခြင်း	ga ju. sai' chin:
carinhoso (adj)	ဂရုစိုက်သော	ga ju. sai' te.

recém-casados (pl)	လက်ထပ်ကာစဖြစ်သော	le' hta' ka za. bji' de.
lua (f) de mel	ပျားရည်ဆမ်းကာလ	pja: je zan: ga la.
casar-se (com um homem)	ယောက်ျားယူသည်	jau' kja: ju de
casar-se (com uma mulher)	မိန်းမယူသည်	mein: ma. ju de

casamento (m)	မင်္ဂလာဆောင်ပွဲ	min ga. la zaun bwe:
bodas (f pl) de ouro	ရွှေရတု	shwei jadu.
aniversário (m)	နှစ်ပတ်လည်	hni' ba' le

| amante (m) | လင်ငယ် | lin nge |
| amante (f) | မယားငယ် | ma. ja: nge |

adultério (m), traição (f)	ဖောက်ပြန်ခြင်း	hpau' pjan gjin
cometer adultério	ဖောက်ပြန်သည်	hpau' pjan de
ciumento (adj)	သဝန်တိုသော	thawun dou de.
ser ciumento, -a	သဝန်တိုသည်	thawun dou de
divórcio (m)	ကွာရှင်းခြင်း	kwa shin gjin:
divorciar-se (vr)	ကွာရှင်းသည်	kwa shin: de

| brigar (discutir) | ငြင်းခုံသည် | njin: goun de |
| fazer as pazes | ပြန်လည်သင့်မြတ်သည် | pjan le dhin. mja' te |

juntos (ir ~)	အတူတကွ	atu da. kwa.
sexo (m)	လိင်ကိစ္စ	lein gei' sa.
felicidade (f)	ပျော်ရွှင်မှု	pjo shwin hmu
feliz (adj)	ပျော်ရွှင်သော	pjo shwin de.
infelicidade (f)	ကံဆိုးခြင်း	kan hsou: chin:
infeliz (adj)	ကံဆိုးသော	kan hsoun de.

Caráter. Sentimentos. Emoções

61. Sentimentos. Emoções

Português	Birmanês	Transliteração
sentimento (m)	ခံစားချက်	khan za: che'
sentimentos (m pl)	ခံစားချက်များ	khan za: che' mja:
sentir (vt)	ခံစားရသည်	khan za ja. de
fome (f)	ဆာခြင်း	hsa gjin:
ter fome	ဗိုက်ဆာသည်	bai' hsa de
sede (f)	ရေဆာခြင်း	jei za gjin:
ter sede	ရေဆာသည်	jei za de
sonolência (f)	အိပ်ချင်ခြင်း	ei' chin gjin:
estar sonolento	အိပ်ချင်သည်	ei' chin de
cansaço (m)	ပင်ပန်းခြင်း	pin ban: chin:
cansado (adj)	ပင်ပန်းသော	pin ban: de.
ficar cansado	ပင်ပန်းသည်	pin ban: de
humor (m)	စိတ်ခံစားမှု	sei' khan za: hmu.
tédio (m)	ငြီးငွေ့ခြင်း	ngji: ngwei. chin:
entediar-se (vr)	ပျင်းသည်	pjin: de
reclusão (isolamento)	မမြင်ကွယ်ရာ	ma. mjin gwe ja
isolar-se (vr)	မျက်ကွယ်ပြုသည်	mje' kwe' pju. de
preocupar (vt)	စိတ်ပူအောင်လုပ်သည်	sei' pu aun lou' te
estar preocupado	စိတ်ပူသည်	sei' pu de
preocupação (f)	စိုးရိမ်မှု	sou: jein hmu.
ansiedade (f)	စိုးရိမ်ပူပန်မှု	sou: jein bu ban hmu.
preocupado (adj)	ကဲ့ရဲ့တုပ်ရုပ်တွင် နစ်မြုပ်နေသော	kei. sa ti' ja' ja' twin ni' mju' nei de.
estar nervoso	စိတ်လှုပ်ရှားသည်	sei' hlou' sha: de
entrar em pânico	တုန်လှုပ်ချောက်ချားသည်	toun hlou' chau' cha: de
esperança (f)	မျှော်လင့်ချက်	hmjo. lin. gje'
esperar (vt)	မျှော်လင့်သည်	hmjo. lin. de
certeza (f)	ကျိန်းသေ	kjein: dhei
certo, seguro de ...	ကျိန်းသေသော	kjein: dhei de.
indecisão (f)	မရေရာခြင်း	ma. jei ja gjin:
indeciso (adj)	မရေရာသော	ma. jei ja de.
bêbado (adj)	အရက်မူးသော	aje' mu: de.
sóbrio (adj)	အရက်မမူးသော	aje' ma mu: de.
fraco (adj)	အားပျော့သော	a: bjo. de.
feliz (adj)	ပျော်ရွှင်သော	pjo shwin de.
assustar (vt)	လန့်သည်	lan. de
fúria (f)	ရူးသွပ်ခြင်း	ju: dhu' chin
ira, raiva (f)	ဒေါသ	do: dha.
depressão (f)	စိတ်ဓာတ်ကျခြင်း	sei' da' cha. gjin:

desconforto (m)	စိတ်ကသိကအောက်ဖြစ်ခြင်း	sei' ka thi ga au' hpji' chin:
conforto (m)	စိတ်ချမ်းသာခြင်း	sei' chan: dha gjin:
arrepender-se (vr)	နောင်တရသည်	naun da. ja. de
arrependimento (m)	နောင်တရခြင်း	naun da. ja. gjin:
azar (m), má sorte (f)	ကံဆိုးခြင်း	kan hsou: chin:
tristeza (f)	ဝမ်းနည်းခြင်း	wan: ne: gjin:

vergonha (f)	အရှက်	ashe'
alegria (f)	ဝမ်းသာမှု	wan: dha hmu.
entusiasmo (m)	စိတ်အားထက်သန်မှု	sei' a: de' than hmu.
entusiasta (m)	စိတ်အားထက်သန်သူ	sei' a: de' than hmu
mostrar entusiasmo	စိတ်အားထက်သန်မှုပြသည်	sei' a: de' than hmu. bja. de

62. Caráter. Personalidade

caráter (m)	စရိုက်	zajai'
falha (f) de caráter	အားနည်းချက်	a: ne: gje'
mente (f)	ဦးနှောက်	oun: hnau'
razão (f)	ဆင်ခြင်တုံတရား	hsin gjin doun da. ja:

consciência (f)	အသိတရား	athi. taja:
hábito, costume (m)	အကျင့်	akjin.
habilidade (f)	စွမ်းရည်	swan: ji
saber (~ nadar, etc.)	လုပ်နိုင်သည်	lou' nain de

paciente (adj)	သည်းခံတတ်သော	thi: khan da' te
impaciente (adj)	သည်းမခံတတ်သော	thi: ma. gan da' te
curioso (adj)	စပ်စုသော	sa' su. de.
curiosidade (f)	စပ်စုခြင်း	sa' su. gjin:

modéstia (f)	ကျွန်ုပ်	ein darei
modesto (adj)	ကျွန်ုပ်ရှိသော	ein darei shi. de
imodesto (adj)	ကျွန်ုပ်မရှိသော	ein darei ma. shi. de

preguiça (f)	ပျင်းရိခြင်း	pjin: ji. gjin:
preguiçoso (adj)	ပျင်းရိသော	pjin: ji. de.
preguiçoso (m)	လူပျင်း	nga. bjin:

astúcia (f)	ကလိမ်ကျစ်လုပ်ခြင်း	kalein kji' lou' chin
astuto (adj)	ကလိမ်ကကျစ်ကျသော	kalein ka. kji' kja de.
desconfiança (f)	သံသယဝင်ခြင်း	than thaja.
desconfiado (adj)	သံသယဝင်သော	than thaja. win de.

generosidade (f)	ရက်ရောမှု	je' jo: hmu.
generoso (adj)	ရက်ရောသော	je' jo: de.
talentoso (adj)	ပါရမီရှိသော	pa rami shi. de
talento (m)	ပါရမီ	pa rami

corajoso (adj)	သတ္တိရှိသော	tha' ti. shi. de.
coragem (f)	သတ္တိ	tha' ti.
honesto (adj)	ရိုးသားသော	jou: dha: de.
honestidade (f)	ရိုးသားမှု	jou: dha: hmu.
prudente, cuidadoso (adj)	ဂရုစိုက်သော	ga ju. sai' te.
valoroso (adj)	ရဲရင့်သော	je: jin. de.

sério (adj)	လေးနက်သော	lei: ne' de.
severo (adj)	တင်းကျပ်သော	tin: gja' te
decidido (adj)	တိကျပြတ်သားသော	ti. gja. bja' tha: de.
indeciso (adj)	မတိကျမပြတ်သားသော	ma. di. gja. ma. bja' tha: de.
tímido (adj)	ရှက်တတ်သော	she' ta' te.
timidez (f)	ရှက်ရွံ့မှု	she' jwan. hmu.
confiança (f)	မိမိကိုယ်မိမိယုံကြည်မှု	mi. mi. kou mi. mi. gji hmu.
confiar (vt)	ယုံကြည်သည်	joun kji de
crédulo (adj)	အယုံလွယ်သော	ajoun lwe de.
sinceramente	ဟန်မဆောင်ဘဲ	han ma. zaun be:
sincero (adj)	ဟန်မဆောင်တတ်သော	han ma. zaun da' te
sinceridade (f)	ရိုးသားမှု	jou: dha: hmu.
aberto (adj)	ပွင့်လင်းသော	pwin: lin: de.
calmo (adj)	တိတ်ဆိတ်သော	tei' hsei' te
franco (adj)	ပွင့်လင်းသော	pwin: lin: de.
ingênuo (adj)	အယုံလွယ်သော	ajoun lwe de.
distraído (adj)	စဉ်းစားဉာဏ်မရှိသော	sin: za: njan ma. shi. de.
engraçado (adj)	ရယ်စရာကောင်းသော	je zaja gaun: de.
ganância (f)	လောဘကြီးခြင်း	lau ba. gji: gjin:
ganancioso (adj)	လောဘကြီးသော	lau ba. gji: de.
avarento, sovina (adj)	တွန့်တိုသော	tun. dou de.
mal (adj)	ယုတ်မာသော	jou' ma de.
teimoso (adj)	ခေါင်းမာသော	gaun: ma de.
desagradável (adj)	မဖွယ်မရာဖြစ်သော	ma. bwe ma. ja bji' te.
egoísta (m)	တစ်ကိုယ်ကောင်းဆန်သူ	ti' kai gaun: zan dhu
egoísta (adj)	တစ်ကိုယ်ကောင်းဆန်သော	ti' kai gaun: zan de.
covarde (m)	ငကြောက်	nga. gjau'
covarde (adj)	ကြောက်တတ်သော	kjau' ta' te.

63. O sono. Sonhos

dormir (vi)	အိပ်သည်	ei' ja de
sono (m)	အိပ်ခြင်း	ei' chin:
sonho (m)	အိပ်မက်	ei' me'
sonhar (ver sonhos)	အိပ်မက်မက်သည်	ei' me' me' te
sonolento (adj)	အိပ်ချင်သော	ei' chin de.
cama (f)	ခုတင်	khu. din
colchão (m)	မွေ့ယာ	mwei. ja
cobertor (m)	စောင်	saun
travesseiro (m)	ခေါင်းအုံး	gaun: oun:
lençol (m)	အိပ်ရာခင်း	ei' ja khin:
insônia (f)	အိပ်မပျော်နိုင်ခြင်း	ei' ma. bjo nain gjin:
sem sono (adj)	အိပ်မပျော်သော	ei' ma. bjo de.
sonífero (m)	အိပ်ဆေး	ei' hsei:
tomar um sonífero	အိပ်ဆေးသောက်သည်	ei' hsei: thau' te
estar sonolento	အိပ်ချင်သည်	ei' chin de

bocejar (vi)	သမ်းသည်	than: de
ir para a cama	အိပ်ရာဝင်သည်	ei' ja win de
fazer a cama	အိပ်ရာခင်းသည်	ei' ja khin: de
adormecer (vi)	အိပ်ပျော်သွားသည်	ei' pjo dhwa: de
pesadelo (m)	အိပ်မက်ဆိုး	ei' me' hsou:
ronco (m)	ဟောက်သံ	hau' than
roncar (vi)	ဟောက်သည်	hau' te
despertador (m)	နှိုးစက်	hnou: ze'
acordar, despertar (vt)	နှိုးသည်	hnou: de
acordar (vi)	နိုးသည်	nou: de
levantar-se (vr)	အိပ်ရာထသည်	ei' ja hta. de
lavar-se (vr)	မျက်နှာသစ်သည်	mje' hna dhi' te

64. Humor. Riso. Alegria

humor (m)	ဟာသ	ha dha.
senso (m) de humor	ဟာသအမြင်	ha dha. amjin
divertir-se (vr)	ပျော်ရွှင်သည်	pjo shwin de
alegre (adj)	ပျော်ရွှင်သော	pjo shwin de.
diversão (f)	ပျော်ရွှင်မှု	pjo shwin hmu
sorriso (m)	အပြုံး	apjoun:
sorrir (vi)	ပြုံးသည်	pjoun: de
começar a rir	ရယ်လိုက်သည်	je lai' te
rir (vi)	ရယ်သည်	je de
riso (m)	ရယ်သံ	je dhan
anedota (f)	ဟာသဇာတ်လမ်း	ha dha. za' lan
engraçado (adj)	ရယ်စရာကောင်းသော	je zaja gaun: de.
ridículo, cômico (adj)	ရယ်စရာကောင်းသောသူ	je zaja gaun: de. dhu
brincar (vi)	စနောက်သည်	sanau' te
piada (f)	ရယ်စရာ	je zaja
alegria (f)	ဝမ်းသာမှု	wan: dha hmu.
regozijar-se (vr)	ဝမ်းသာသည်	wan: dha de
alegre (adj)	ဝမ်းသာသော	wan dha de.

65. Discussão, conversação. Parte 1

comunicação (f)	ဆက်ဆံပြောဆိုခြင်း	hse' hsan bjou: zou gjin
comunicar-se (vr)	ဆက်ဆံပြောဆိုသည်	hse' hsan bjou: zou de
conversa (f)	စကားစမြည်	zaga: zamji
diálogo (m)	အပြန်အလှန်ပြောခြင်း	apjan a hlan bau gjin:
discussão (f)	ဆွေးနွေးခြင်း	hswe: nwe: gjin:
debate (m)	အငြင်းပွားမှု	anjin: bwa: hmu.
debater (vt)	ငြင်းခုံသည်	njin: goun de
interlocutor (m)	ပါဝင်ဆွေးနွေးသူ	pa win zwei: nwei: dhu
tema (m)	ခေါင်းစဉ်	gaun: zin

ponto (m) de vista	ရှုထောင့်	shu. daun.
opinião (f)	အမြင်	amjin
discurso (m)	စကား	zaga:

discussão (f)	ဆွေးနွေးခြင်း	hswe: nwe: gjin:
discutir (vt)	ဆွေးနွေးသည်	hswe: nwe: de
conversa (f)	စကားပြောပွဲ	zaga: bjo: boun
conversar (vi)	စကားပြောသည်	zaga: bjo: de
reunião (f)	တွေ့ဆုံမှု	twei. hsoun hmu
encontrar-se (vr)	တွေ့ဆုံသည်	twei. hsoun de

provérbio (m)	စကားပုံ	zaga: boun
ditado, provérbio (m)	စကားပုံ	zaga: boun
adivinha (f)	စကားထာ	zaga: da
dizer uma adivinha	စကားထာဖွက်သည်	zaga: da bwe' te
senha (f)	စကားဝှက်	zaga: hwe'
segredo (m)	လျှို့ဝှက်ချက်	shou. hwe' che'

juramento (m)	ကျမ်းသစ္စာ	kjan: thi' sa
jurar (vi)	ကျမ်းသစ္စာဆိုသည်	kjan: thi' sa hsou de
promessa (f)	ကတိ	ka ti
prometer (vt)	ကတိပေးသည်	gadi pei: de

conselho (m)	အကြံဉာဏ်	akjan njan
aconselhar (vt)	အကြံပေးသည်	akjan bei: de
seguir o conselho	အကြံကိုလက်ခံသည်	akjan kou le' khan de
escutar (~ os conselhos)	နားထောင်သည်	na: daun de

novidade, notícia (f)	သတင်း	dhadin:
sensação (f)	သတင်းထူး	dhadin: du:
informação (f)	သတင်းအချက်အလက်	dhadin: akje' ale'
conclusão (f)	သုံးသပ်ချက်	thoun: dha' che'
voz (f)	အသံ	athan
elogio (m)	ချီးမွမ်းစကား	chi: mun: zaga:
amável, querido (adj)	ကြင်နာသော	kjin na hmu. de.

palavra (f)	စကားလုံး	zaga: loun:
frase (f)	စကားစု	zaga: zu.
resposta (f)	အဖြေ	ahpei
verdade (f)	အမှန်တရား	ahman da ja:
mentira (f)	မုသား	mu. dha:

pensamento (m)	အတွေး	atwei:
ideia (f)	အကြံ	akjan
fantasia (f)	စိတ်ကူးယဉ်အိပ်မက်	sei' ku: jin ei' me'

66. Discussão, conversação. Parte 2

estimado, respeitado (adj)	လေးစားရသော	lei: za: ja. de.
respeitar (vt)	လေးစားသည်	lei: za: de
respeito (m)	လေးစားမှု	lei: za: hmu.
Estimado ..., Caro ...	လေးစားရပါသော	lei: za: ja. ba. de.
apresentar (alguém a alguém)	မိတ်ဆက်ပေးသည်	mi' hse' pei: de

conhecer (vt)	မိတ်ဆက်သည်	mi' hse' te
intenção (f)	ရည်ရွယ်ချက်	ji jwe gje'
tencionar (~ fazer algo)	ရည်ရွယ်သည်	ji jwe de
desejo (de boa sorte)	ဆန္ဒ	hsan da.
desejar (ex. ~ boa sorte)	ဆန္ဒပြုသည်	hsan da. bju de
surpresa (f)	အံ့သြခြင်း	an. o: chin:
surpreender (vt)	အံ့သြစေသည်	an. o: sei: de
surpreender-se (vr)	အံ့သြသည်	an. o. de
dar (vt)	ပေးသည်	pei: de
pegar (tomar)	ယူသည်	ju de
devolver (vt)	ပြန်ပေးသည်	pjan bei: de
retornar (vt)	ပြန်ပေးသည်	pjan bei: de
desculpar-se (vr)	တောင်းပန်သည်	thaun: ban de
desculpa (f)	တောင်းပန်ခြင်း	thaun: ban gjin:
perdoar (vt)	ခွင့်လွှတ်သည်	khwin. hlu' te
falar (vi)	အပြန်အလှန်ပြောသည်	apjan a hlan bau de
escutar (vt)	နားထောင်သည်	na: daun de
ouvir até o fim	နားထောင်သည်	na: daun de
entender (compreender)	နားလည်သည်	na: le de
mostrar (vt)	ပြသည်	pja. de
olhar para ...	ကြည့်သည်	kji. de
chamar (alguém para ...)	ခေါ်သည်	kho de
perturbar, distrair (vt)	နှောင့်ယှက်သည်	hnaun. hje' te
perturbar (vt)	နှောင့်ယှက်သည်	hnaun. hje' te
entregar (~ em mãos)	တဆင့်ပေးသည်	tahsin. bei: de
pedido (m)	တောင်းဆိုချက်	taun: hsou che'
pedir (ex. ~ ajuda)	တောင်းဆိုသည်	taun: hsou: de
exigência (f)	တောင်းဆိုခြင်း	taun: hsou: chin:
exigir (vt)	တိုက်တွန်းသည်	tai' tun: de
insultar (chamar nomes)	ကျီစယ်သည်	kji ze de
zombar (vt)	သရော်သည်	thajo: de
zombaria (f)	သရော်ခြင်း	thajo: gjin:
alcunha (f), apelido (m)	ချစ်စနိုးပေးထားသောနာမည်	chi' sa. nou: bei: da: dho: na me
insinuação (f)	စောင်းပြောမှု	saun: bjo: hmu.
insinuar (vt)	စောင်းပြောသည်	saun: bjo: de
querer dizer	ဆိုလိုသည်	hsou lou de
descrição (f)	ဖော်ပြချက်	hpjo bja. gje'
descrever (vt)	ဖော်ပြသည်	hpjo bja. de
elogio (m)	ချီးမွမ်းခြင်း	chi: mun: gjin:
elogiar (vt)	ချီးမွမ်းသည်	chi: mun: de
desapontamento (m)	စိတ်ပျက်ခြင်း	sei' pje' chin
desapontar (vt)	စိတ်ပျက်စေသည်	sei' pje' sei de
desapontar-se (vr)	စိတ်ပျက်သည်	sei' pje' te
suposição (f)	ယူဆခြင်း	ju za. chin:
supor (vt)	ယူဆသည်	ju za. de

| advertência (f) | သတိပေးခြင်း | dhadi. pei: gjin: |
| advertir (vt) | သတိပေးသည် | dhadi. pei: de |

67. Discussão, conversação. Parte 3

| convencer (vt) | စည်းရုံးသည် | si: joun: de |
| acalmar (vt) | ဖျောင်းဖျသည် | hpjaun: bja de |

silêncio (o ~ é de ouro)	နှုတ်ဆိတ်ခြင်း	hnou' hsei' chin:
ficar em silêncio	နှုတ်ဆိတ်သည်	hnou' hsei' te
sussurrar (vt)	တီးတိုးပြောသည်	ti: dou: bjo de
sussurro (m)	တီးတိုးပြောသံ	ti: dou: bjo dhan

| francamente | ရှင်းရှင်းပြောရရင် | shin: shin: bjo: ja. jin |
| na minha opinião ... | မိမိအမြင်အားဖြင့် | mi. mi. amjin a: bjin. |

detalhe (~ da história)	အသေးစိတ်မှု	athei: zi' hmu.
detalhado (adj)	အသေးစိတ်သော	athei: zi' te.
detalhadamente	အသေးစိတ်	athei: zi'

| dica (f) | အရိပ်အမြွက် | aji' ajmwe' |
| dar uma dica | အရိပ်အမြွက်ပေးသည် | aji' ajmwe' pei: de |

olhar (m)	အသွင်	athwin
dar uma olhada	ကြည့်သည်	kji. de
fixo (olhada ~a)	မလှုပ်မရှားသော	ma. hlou' sha: de
piscar (vi)	မျက်တောင်ခတ်သည်	mje' taun ga' te
piscar (vt)	မျက်စိတစ်ဖက်မိတ်သည်	mje' zi. di' hpe' hmei' te
acenar com a cabeça	ခေါင်းညိတ်သည်	gaun: njei' te

suspiro (m)	သက်ပြင်းချခြင်း	the' pjin: gja. gjin:
suspirar (vi)	သက်ပြင်းချသည်	the' pjin: gja. de
estremecer (vi)	သိမ့်သိမ့်တုန်သည်	thein. dhein. doun de
gesto (m)	လက်ဟန်ခြေဟန်	le' han hpjei han
tocar (com as mãos)	ထိသည်	hti. de
agarrar (~ pelo braço)	ဖမ်းကိုင်သည်	hpan: gain de
bater de leve	ပုတ်သည်	pou' te

Cuidado!	ဂရုစိုက်ပါ	ga ju. sai' pa
Sério?	တကယ်လား	dage la:
Tem certeza?	သေချာလား	thei gja la:
Boa sorte!	အောင်မြင်ပါစေ	aun mjin ba zei
Entendi!	ရှင်းပါတယ်	shin: ba de
Que pena!	စိတ်မကောင်းပါဘူး	sei' ma. kaun: ba bu:

68. Acordo. Recusa

consentimento (~ mútuo)	သဘောတူညီချက်	dhabo: tu nji gje'
consentir (vi)	သဘောတူသည်	dhabo: tu de
aprovação (f)	လက်ခံခြင်း	le' khan gjin:
aprovar (vt)	လက်ခံသည်	le' khan de
recusa (f)	ငြင်းဆန်မှုခြင်း	njin: zan gjin:

negar-se a …	ခြင်းဆန့်သည်	njin: zan de
Ótimo!	အရမ်းကောင်း	ajan: gaun:
Tudo bem!	ကောင်းတယ်	kaun: de
Está bem! De acordo!	ကောင်းပြီ	kaun: bji

proibido (adj)	တားမြစ်ထားသော	ta: mji' hta: te.
é proibido	မလုပ်ရ	ma. lou' ja.
é impossível	မဖြစ်နိုင်	ma. bji' nain
incorreto (adj)	မှားသော	hma: de.

rejeitar (~ um pedido)	ပယ်ချသည်	pe gja. de
apoiar (vt)	ထောက်ခံသည်	htau' khan de
aceitar (desculpas, etc.)	လက်ခံသည်	le' khan de

confirmar (vt)	အတည်ပြုသည်	ati pju. de
confirmação (f)	အတည်ပြုချက်	ati pju. gje'
permissão (f)	ခွင့်ပြုချက်	khwin bju. che'
permitir (vt)	ခွင့်ပြုသည်	khwin bju. de
decisão (f)	ဆုံးဖြတ်ချက်	hsoun: hpja' cha'
não dizer nada	နှုတ်ဆိတ်သည်	hnou' hsei' te

condição (com uma ~)	အခြေအနေ	achei anei
pretexto (m)	ဆင်ခြေ	hsin gjei
elogio (m)	ချီးမွမ်းခြင်း	chi: mun: gjin:
elogiar (vt)	ချီးမွမ်းသည်	chi: mun: de

69. Sucesso. Boa sorte. Insucesso

êxito, sucesso (m)	အောင်မြင်မှု	aun mjin hmu.
com êxito	အောင်မြင်စွာ	aun mjin zwa
bem sucedido (adj)	အောင်မြင်သော	aun mjin dho:

sorte (fortuna)	ကံကောင်းခြင်း	kan gaun: gjin:
Boa sorte!	အောင်မြင်ပါစေ	aun mjin ba zei
de sorte	ကံကောင်းစွာရှိသော	kan gaun: zwa ja. shi. de.
sortudo, felizardo (adj)	ကံကောင်းသော	kan kaun: de.

fracasso (m)	မအောင်မြင်ခြင်း	ma. aun mjin gjin:.
pouca sorte (f)	ကံဆိုးခြင်း	kan hsou: chin:
azar (m), má sorte (f)	ကံဆိုးခြင်း	kan hsou: chin:

mal sucedido (adj)	မအောင်မြင်သော	ma. aun mjin de.
catástrofe (f)	ကပ်ဘေး	ka' bei:

orgulho (m)	ဂုဏ်	goun
orgulhoso (adj)	ဂုဏ်ယူသော	goun dhu de.
estar orgulhoso, -a	ဂုဏ်ယူသည်	goun dhu de

vencedor (m)	အနိုင်ရသူ	anain ja. dhu
vencer (vi, vt)	အနိုင်ရသည်	anain ja de
perder (vt)	ရှုံးသည်	shoun: de
tentativa (f)	ကြိုးစားမှု	kjou: za: hmu.
tentar (vt)	ကြိုးစားသည်	kjou: za: de
chance (m)	အခွင့်အရေး	akhwin. ajei:

70. Conflitos. Emoções negativas

grito (m)	အော်သံ	o dhan
gritar (vi)	အော်သည်	o de
começar a gritar	စတင်အော်သည်	sa. tin o de
discussão (f)	ငြင်းခုံခြင်း	njin: goun gjin:
brigar (discutir)	ငြင်းခုံသည်	njin: goun de
escândalo (m)	ခိုက်ရန်ဖြစ်ခြင်း	khai' jan bji' chin:
criar escândalo	ခိုက်ရန်ဖြစ်သည်	khai' jan bji' te
conflito (m)	အငြင်းပွားမှု	anjin: bwa: hmu.
mal-entendido (m)	နားလည်မှုလွဲခြင်း	na: le hmu. lwe: gjin:
insulto (m)	စော်ကားမှု	so ga: hmu
insultar (vt)	စော်ကားသည်	so ga: de
insultado (adj)	အစော်ကားခံရသော	aso ka: gan ja de.
ofensa (f)	စိတ်နာမှု	sei' na hmu.
ofender (vt)	စိတ်နာအောင်လုပ်သည်	sei' na aun lou' te
ofender-se (vr)	စိတ်နာသည်	sei' na de
indignação (f)	မခံမရပ်နိုင်ဖြစ်ခြင်း	ma. gan ma. ja' nain bji' chin
indignar-se (vr)	မခံမရပ်နိုင်ဖြစ်သည်	ma. gan ma. ja' nain bji' te
queixa (f)	တိုင်ပြောခြင်း	tain bjo: gjin:
queixar-se (vr)	တိုင်ပြောသည်	tain bjo: de
desculpa (f)	တောင်းပန်ခြင်း	thaun: ban gjin:
desculpar-se (vr)	တောင်းပန်သည်	thaun: ban de
pedir perdão	တောင်းပန်သည်	thaun: ban de
crítica (f)	ဝေဖန်မှု	wei ban hmu.
criticar (vt)	ဝေဖန်သည်	wei ban de
acusação (f)	စွပ်စွဲခြင်း	su' swe: chin:
acusar (vt)	စွပ်စွဲသည်	su' swe: de
vingança (f)	လက်စားချေခြင်း	le' sa: gjei gjin:
vingar (vt)	လက်စားချေသည်	le' sa: gjei de
vingar-se de	ပြန်ဆပ်သည်	pjan za' te
desprezo (m)	အထင်သေးခြင်း	a htin dhei: gjin:
desprezar (vt)	အထင်သေးသည်	a htin dhei: de
ódio (m)	အမုန်း	amun:
odiar (vt)	မုန်းသည်	moun: de
nervoso (adj)	စိတ်လှုပ်ရှားသော	sei' hlou' sha: de.
estar nervoso	စိတ်လှုပ်ရှားသည်	sei' hlou' sha: de
zangado (adj)	စိတ်ဆိုးသော	sei' hsou: de.
zangar (vt)	ဒေါသထွက်စေသည်	do: dha. dwe' sei de
humilhação (f)	မျက်နှာပျက်ရခြင်း	mje' hna bje' ja gjin:
humilhar (vt)	မျက်နှာပျက်စေသည်	mje' hna bje' sei de
humilhar-se (vr)	အရှက်ရသည်	ashe' ja. de
choque (m)	တုန်လှုပ်ချောက်ချားခြင်း	toun hlou' chau' cha: gjin:
chocar (vt)	တုန်လှုပ်ချောက်ချားသည်	toun hlou' chau' cha: de
aborrecimento (m)	ဒုက္ခ	dou' kha.

desagradável (adj)	မဖွယ်မရာဖြစ်သော	ma. bwe ma. ja bji' te.
medo (m)	ကြောက်ရွံ့ခြင်း	kjau' jun. gjin:
terrível (tempestade, etc.)	အလွန်	alun
assustador (ex. história ~a)	ထိတ်လန့်သော	htei' lan. de
horror (m)	ကြောက်မက်ဖွယ်ရာ	kjau' ma' hpwe ja
horrível (crime, etc.)	ကြောက်မက်ဖွယ်ဖြစ်သော	kjau' ma' hpwe bja' te.
começar a tremer	တုန်သည်	toun de
chorar (vi)	ငိုသည်	ngou de
começar a chorar	မျက်ရည်ဝဲသည်	mje' je we: de
lágrima (f)	မျက်ရည်	mje' je
falta (f)	အပြစ်	apja'
culpa (f)	စိတ်မသန့်ခြင်း	sei' ma. dhan. gjin:
desonra (f)	အရှက်	ashe'
protesto (m)	ကန့်ကွက်ချက်	kan gwe' che'
estresse (m)	စိတ်ဖိစီးမှု	sei' hpi zi: hmu.
perturbar (vt)	နောင့်ယှက်သည်	hnaun. hje' te
zangar-se com …	ဒေါထွက်သည်	do: dha. dwe' de
zangado (irritado)	ဒေါသကြီးသော	do: dha. gji: de.
terminar (vt)	အဆုံးသတ်သည်	ahsoun: tha' te
praguejar	ဆူပူကြိမ်းမောင်းသည်	hsu. bu gjein: maun: de
assustar-se	လန့်သွားသည်	lan. dhwa: de
golpear (vt)	ရိုက်သည်	jai' te
brigar (na rua, etc.)	ခိုက်ရန်ဖြစ်သည်	khai' jan bji' te
resolver (o conflito)	ဖျန်ဖြေပေးသည်	hpan bjei bjei: de
descontente (adj)	မကျေနပ်သော	ma. gjei na' te.
furioso (adj)	ပြင်းထန်သော	pjin: dan dho:
Não está bem!	ဒါ မကောင်းဘူး	da ma. gaun: dhu:
É ruim!	ဒါတော့ဆိုးတယ်	da do. zou: de

Medicina

71. Doenças

doença (f)	ရောဂါ	jo: ga
estar doente	ဖျားနာသည်	hpa: na de
saúde (f)	ကျန်းမာရေး	kjan: ma jei:
nariz (m) escorrendo	နှာစေးခြင်း	hna zei: gjin:
amigdalite (f)	အာသီးရောင်ခြင်း	a sha. jaun gjin:
resfriado (m)	အအေးမိခြင်း	aei: mi. gjin:
ficar resfriado	အအေးမိသည်	aei: mi. de
bronquite (f)	ချောင်းဆိုးရင်ကျပ်နာ	gaun: ou: jin gja' na
pneumonia (f)	အဆုတ်ရောင်ရောဂါ	ahsou' jaun jo: ga
gripe (f)	တုပ်ကွေး	tou' kwei:
míope (adj)	အဝေးမှုန်သော	awei: hmun de.
presbita (adj)	အနီးမှုန်	ani: hmoun
estrabismo (m)	မျက်စိစွှေခြင်း	mje' zi. zwei gjin:
estrábico, vesgo (adj)	မျက်စိစွှေသော	mje' zi. zwei de.
catarata (f)	နာမကျန်းဖြစ်ခြင်း	na. ma. gjan: bji' chin:
glaucoma (m)	ရေတိမ်	jei dein
AVC (m), apoplexia (f)	လေသင်တုန်းဖြတ်ခြင်း	lei dhin doun: bja' chin:
ataque (m) cardíaco	နှလုံးဖောက်ပြန်မှု	hnaloun: bau' bjan hmu.
enfarte (m) do miocárdio	နှလုံးကြွက်သားပုပ်ခြင်း	hnaloun: gjwe' tha: bou' chin:
paralisia (f)	သွေးချာပါဒ	thwe' cha ba da.
paralisar (vt)	ဆိုင်းတွသွားသည်	hsain: dwa dhwa: de
alergia (f)	မတည့်ခြင်း	ma. de. gjin:
asma (f)	ပန်းနာ	pan: na
diabetes (f)	ဆီးချိုရောဂါ	hsi: gjou jau ba
dor (f) de dente	သွားကိုက်ခြင်း	thwa: kai' chin:
cárie (f)	သွားပိုးစားခြင်း	thwa: pou: za: gjin:
diarreia (f)	ဝမ်းလျှောခြင်း	wan: sho: gjin:
prisão (f) de ventre	ဝမ်းချုပ်ခြင်း	wan: gjou' chin:
desarranjo (m) intestinal	ဗိုက်နာခြင်း	bai' na gjin:
intoxicação (f) alimentar	အစာအဆိပ်သင့်ခြင်း	asa: ahsei' thin. gjin:
intoxicar-se	အစားမှားခြင်း	asa: hma: gjin:
artrite (f)	အဆစ်ရောင်နာ	ahsi' jaun na
raquitismo (m)	အရိုးပျော့နာ	ajou: bjau. na
reumatismo (m)	ဒူလာ	du la
arteriosclerose (f)	နှလုံးသွေးကြောအဆိပ်တိခြင်း	hna. loun: twei: kjau ahsi pei' khin:
gastrite (f)	အစာအိမ်ရောင်ရမ်းနာ	asa: ein jaun jan: na
apendicite (f)	အူအတက်ရောင်ခြင်း	au hte' jaun gjin:

colecistite (f)	သည်းခြေပြွန်ရောင်ခြင်း	thi: gjei bjun jaun gjin:
úlcera (f)	ဇက်ခွက်နာ	hpe' khwe' na
sarampo (m)	ဝက်သက်	we' the'
rubéola (f)	ဂျုက်သိုး	gjou' thou:
icterícia (f)	အသားဝါရောဂါ	atha: wa jo: ga
hepatite (f)	အသည်းရောင်ရောဂါ	athe: jaun jau ba
esquizofrenia (f)	စိတ်ကစဉ့်ကလျားရောဂါ	sei' ga. zin. ga. lja: jo: ga
raiva (f)	ခွေးရူးပြန်ရောဂါ	khwei: ju: bjan jo: ba
neurose (f)	စိတ်မှုမပုံနှံခြင်း	sei' mu ma. hman gjin:
contusão (f) cerebral	ဦးနှောက်ထိခိုက်ခြင်း	oun: hnau' hti. gai' chin:
câncer (m)	ကင်ဆာ	kin hsa
esclerose (f)	အသားမျှင်ကြပ် မာသွားခြင်း	atha: hmjin kha' ma dwa: gjin:
esclerose (f) múltipla	အာရုံကြောပျက်စီး ရောဂါရေးသည့်ရောဂါ	a joun gjo: bje' si: jaun jan: dhi. jo: ga
alcoolismo (m)	အရက်နာဖွဲ့ခြင်း	aje' na zwe: gjin:
alcoólico (m)	အရက်သမား	aje' dha. ma:
sífilis (f)	ဆစ်ဖလစ်ကာလသားရောဂါ	his' hpa. li' ka la. dha: jo: ba
AIDS (f)	ကိုယ်ခံအားကျူကျစက်ရောဂါ	kou khan a: kja ku: za' jau ba
tumor (m)	အသားပို	atha: pou
maligno (adj)	ကင်ဆာဖြစ်နေသော	kin hsa bji' nei de.
benigno (adj)	ပြန့်ပွါးခြင်းမရှိသော	pjan. bwa: gjin: ma. shi. de.
febre (f)	အဖျားတက်ရောဂါ	ahpja: de' jo: ga
malária (f)	ငှက်ဖျားရောဂါ	hnge' hpja: jo: ba
gangrena (f)	ဂန်ဂရိနောရောဂါ	gan ga. ji na jo: ba
enjoo (m)	လိုင်းမူခြင်း	hlain: mu: gjin:
epilepsia (f)	ဝက်ရူးပြန်ရောဂါ	we' ju: bjan jo: ga
epidemia (f)	ကပ်ရောဂါ	ka' jo ba
tifo (m)	တိုက်ဖိုက်ရောဂါ	tai' hpai' jo: ba
tuberculose (f)	တီဘီရောဂါ	ti bi jo: ba
cólera (f)	ကာလဝမ်းရောဂါ	ka la. wan: jau ga
peste (f) bubônica	ကပ်ဆိုး	ka' hsou:

72. Sintomas. Tratamentos. Parte 1

sintoma (m)	လက္ခဏာ	le' khana
temperatura (f)	အပူချိန်	apu gjein
febre (f)	ကိုယ်အပူချိန်တက်	kou apu chain de'
pulso (m)	သွေးခုန်နှုန်း	thwei: khoun hnan:
vertigem (f)	မူးနောက်ခြင်း	mu: nau' chin:
quente (testa, etc.)	ပူသော	pu dho:
calafrio (m)	တုန်ခြင်း	toun gjin:
pálido (adj)	ဖြူရော်သော	hpju jo de.
tosse (f)	ချောင်းဆိုးခြင်း	gaun: zou: gjin:
tossir (vi)	ချောင်းဆိုးသည်	gaun: zou: de
espirrar (vi)	နှာချေသည်	hna gjei de

desmaio (m)	အားနည်းခြင်း	a: ne: gjin:
desmaiar (vi)	သတိလစ်သည်	dhadi. li' te

mancha (f) preta	ပွန်းပဲ့ဒက်ရာ	pun: be. dan ja
galo (m)	ေဆာင့်မိခြင်း	hsaun. mi. gjin:
machucar-se (vr)	ေဆာင့်မိသည်	hsaun. mi. de.
contusão (f)	ပွန်းပဲ့ဒက်ရာ	pun: be. dan ja
machucar-se (vr)	ပွန်းပဲ့ဒက်ရာရသည်	pun: be. dan ja ja. de

mancar (vi)	ေထာ့နဲ့ေထာ့နဲ့ေလျှာက်သည်	hto. ne. hto. ne. shau' te
deslocamento (f)	အဆစ်လွဲခြင်း	ahsi' lwe: gjin:
deslocar (vt)	အဆစ်လွဲသည်	ahsi' lwe: de
fratura (f)	ကျိုးအက်ခြင်း	kjou: e' chin:
fraturar (vt)	ကျိုးအက်သည်	kjou: e' te

corte (m)	ရှသည်	sha. de
cortar-se (vr)	ရှမိသည်	sha. mi. de
hemorragia (f)	ေသွးထွက်ခြင်း	thwei: htwe' chin:

queimadura (f)	မီးေလာင်သည့်ဒက်ရာ	mi: laun de. dan ja
queimar-se (vr)	မီးေလာင်ဒက်ရာရသည်	mi: laun dan ja ja. de

picar (vt)	ေဖာက်သည်	hpau' te
picar-se (vr)	ကိုယ်တိုင်ေဖာက်သည်	kou tain hpau' te
lesionar (vt)	ထိခိုက်ဒက်ရာရသည်	hti. gai' dan ja ja. de
lesão (m)	ထိခိုက်ဒက်ရာ	hti. gai' dan ja
ferida (f), ferimento (m)	ဒက်ရာ	dan ja
trauma (m)	စိတ်ဒက်ရာ	sei' dan ja

delirar (vi)	ကေယာင်ကတမ်းဖြစ်သည်	kajaun ka dan: bi' te
gaguejar (vi)	တုံ့ေနးတုံ့ေနးဖြစ်သည်	toun. hnei: toun. hnei: bji' te
insolação (f)	အပူလျှပ်ခြင်း	apu hlja' chin

73. Sintomas. Tratamentos. Parte 2

dor (f)	နာကျင်မှု	na gjin hmu.
farpa (no dedo, etc.)	ပဲ့ထွက်ေသာအစ	pe. dwe' tho: asa.

suor (m)	ေချွး	chwei:
suar (vi)	ေချွးထွက်သည်	chwei: htwe' te
vômito (m)	အန်ခြင်း	an gjin:
convulsões (f pl)	အေကြာလိုက်ခြင်း	akjo: lai' chin:

grávida (adj)	ကိုယ်ဝန်ေဆာင်ထားေသာ	kou wun hsaun da: de.
nascer (vi)	ေမွးဖွားသည်	mwei: bwa: de
parto (m)	မီးဖွားခြင်း	mi: bwa: gjin:
dar à luz	မီးဖွားသည်	mi: bwa: de
aborto (m)	ကိုယ်ဝန်ပျက်ရှုခြင်း	kou wun hpje' cha chin:

respiração (f)	အသက်ရှုခြင်း	athe' shu gjin:
inspiração (f)	ဝင်ေလ	win lei
expiração (f)	ထွက်ေလ	htwe' lei
expirar (vi)	အသက်ရှုထုတ်သည်	athe' shu dou' te
inspirar (vi)	အသက်ရှုသွင်းသည်	athe' shu dhwin: de

inválido (m)	ကိုယ်အင်္ဂါမသန်စွမ်းသူ	kou an ga ma. dhan swan: dhu
aleijado (m)	မသန်မစွမ်းသူ	ma. dhan ma. zwan dhu
drogado (m)	ဆေးစွဲသူ	hsei: zwe: dhu

surdo (adj)	နားမကြားသော	na: ma. gja: de.
mudo (adj)	ဆွံ့အသော	hsun. ade.
surdo-mudo (adj)	ဆွံ့အ နားမကြားသူ	hsun. ana: ma. gja: dhu

louco, insano (adj)	စိတ်မနှံ့သော	sei' ma. hnan. de.
louco (m)	စိတ်မနှံ့သူ	sei' ma. hnan. dhu
louca (f)	စိတ်ဝေဒနာရှင် မိန်းကလေး	sei' wei da. na shin mein: ga. lei:
ficar louco	ရူးသွပ်သည်	ju: dhu' de

gene (m)	မျိုးရိုးဗီဇ	mjou: jou: bi za.
imunidade (f)	ကိုယ်ခံအား	kou gan a:
hereditário (adj)	မျိုးရိုးလိုက်သော	mjou: jou: lou' te.
congênito (adj)	မွေးရာပါဖြစ်သော	mwei: ja ba bji' te.

vírus (m)	ပိုင်းရပ်ပိုးမွှား	bain: ja' pou: hmwa:
micróbio (m)	အကောင်ဝရုပ်	anu zi wa. jou'
bactéria (f)	ဗက်တီးရီးယားပိုး	be' ti: ji: ja: bou:
infecção (f)	ရောဂါကူးစက်မှု	jo ga gu: ze' hmu.

74. Sintomas. Tratamentos. Parte 3

hospital (m)	ဆေးရုံ	hsei: joun
paciente (m)	လူနာ	lu na

diagnóstico (m)	ရောဂါစစ်ဆေးခြင်း	jo ga zi' hsei: gjin:
cura (f)	ဆေးကုထုံး	hsei: ku. doun:
tratamento (m) médico	ဆေးဝါးကုသမှု	hsei: wa: gu. dha. hmu.
curar-se (vr)	ဆေးကုသမှုခံယူသည်	hsei: ku. dha. hmu. dha de
tratar (vt)	ပြုစုသည်	pju. zu. de
cuidar (pessoa)	ပြုစုစောင့်ရှောက်သည်	pju. zu. zaun. shau' te
cuidado (m)	ပြုစုစောင့်ရှောက်ခြင်း	pju. zu. zaun. shau' chin:

operação (f)	ခွဲစိတ်ကုသခြင်း	khwe: zei' ku. dha. hin:
enfaixar (vt)	ပတ်တီးစည်းသည်	pa' ti: ze: de
enfaixamento (m)	ပတ်တီးစည်းခြင်း	pa' ti: ze: gjin:

vacinação (f)	ကာကွယ်ဆေးထိုးခြင်း	ka gwe hsei: dou: gjin:
vacinar (vt)	ကာကွယ်ဆေးထိုးသည်	ka gwe hsei: dou: de
injeção (f)	ဆေးထိုးခြင်း	hsei: dou: gjin:
dar uma injeção	ဆေးထိုးသည်	hsei: dou: de

ataque (~ de asma, etc.)	ရောဂါ ရုတ်တရက်ကျရောက်ခြင်း	jo ga jou' ta. je' kja. jau' chin:
amputação (f)	ဖြတ်တောက်ကုသခြင်း	hpja' tau' ku. dha gjin:
amputar (vt)	ဖြတ်တောက်ကုသသည်	hpja' tau' ku. dha de
coma (f)	မေ့မြောခြင်း	mei. mjo: gjin:
estar em coma	မေ့မြောသည်	mei. mjo: de
reanimação (f)	အသွေးကုန်ပြုစုခြင်း	aswan: boun bju. zu. bjin:
recuperar-se (vr)	ရောဂါသက်သာလာသည်	jo ga dhe' tha la de

estado (~ de saúde)	ကျန်းမာရေးအခြေအနေ	kjan: ma jei: achei a nei
consciência (perder a ~)	ပြန်လည်သတိရလာခြင်း	pjan le dhadi. ja. la. gjin:
memória (f)	မှတ်ဉာဏ်	hma' njan
tirar (vt)	နုတ်သည်	hna' te
obturação (f)	သွားပေါက်ဖာထေးမှု	thwa: bau' hpa dei: hmu.
obturar (vt)	ဖာသည်	hpa de
hipnose (f)	အိပ်မွေ့ချခြင်း	ei' mwei. gja. gjin:
hipnotizar (vt)	အိပ်မွေ့ချသည်	ei' mwei. gja. de

75. Médicos

médico (m)	ဆရာဝန်	hsa ja wun
enfermeira (f)	သူနာပြု	thu na bju.
médico (m) pessoal	ကိုယ်ရေး ဆရာဝန်	kou jei; hsaja wun
dentista (m)	သွားဆရာဝန်	thwa: hsaja wun
oculista (m)	မျက်စိဆရာဝန်	mje' si. za. ja wun
terapeuta (m)	ရောဂါရှာဖွေရေးဆရာဝန်	jo ga sha bwei jei: hsaja wun
cirurgião (m)	ခွဲစိတ်ကုဆရာဝန်	khwe: hsei' ku hsaja wun
psiquiatra (m)	စိတ်ရောဂါအထူးကုဆရာဝန်	sei' jo: ga ahtu: gu. zaja wun
pediatra (m)	ကလေးအထူးကုဆရာဝန်	kalei: ahtu: ku. hsaja wun
psicólogo (m)	စိတ်ပညာရှင်	sei' pjin nja shin
ginecologista (m)	မီးယပ်ရောဂါအထူး ကုဆရာဝန်	mi: ja' jo: ga ahtu: gu za. ja wun
cardiologista (m)	နှလုံးရောဂါအထူး ကုဆရာဝန်	hnaloun: jo: ga ahtu: gu. zaja wun

76. Medicina. Drogas. Acessórios

medicamento (m)	ဆေးဝါး	hsei: wa:
remédio (m)	ကုသခြင်း	ku. dha. gjin:
receitar (vt)	ဆေးအညွှန်းပေးသည်	hsa: ahnjun; bwe: de
receita (f)	ဆေးညွှန်း	hsei: hnjun:
comprimido (m)	ဆေးပြား	hsei: bja:
unguento (m)	လိမ်းဆေး	lein: zei:
ampola (f)	ဆေးလုံးဖန်ပုလင်းငယ်	lei loun ban bu. lin: nge
solução, preparado (m)	စပ်ဆေးရည်	sa' ei: je
xarope (m)	ဖျော်ရည်ဆီ	hpjo jei zi
cápsula (f)	ဆေးတောင့်	hsei: daun.
pó (m)	အမှုန့်	ahmoun.
atadura (f)	ပတ်တီး	pa' ti:
algodão (m)	ဂွမ်းလိပ်	gwan: lei'
iodo (m)	တင်ဂျာအိုင်ဒင်း	tin gja ein din:
curativo (m) adesivo	ပလာစတာ	pa. la sata
conta-gotas (m)	မျက်စဉ်းခတ်ကိရိယာ	mje' zin: ba' ki. ji. ja
termômetro (m)	အပူချိန်တိုင်းကိရိယာ	apu gjein dain: gi. ji. ja

seringa (f)	ဆေးထိုးပြွတ်	hsei: dou: bju'
cadeira (f) de rodas	ဘီးတပ်ကုလားထိုင်	bi: da' ku. la: dain
muletas (f pl)	ချိုင်းထောက်	chain: dau'
analgésico (m)	အကိုက်အခဲပျောက်ဆေး	akai' akhe: pjau' hsei:
laxante (m)	ဝမ်းနုတ်ဆေး	wan: hnou' hsei:
álcool (m)	အရက်ပျံ	aje' pjan
ervas (f pl) medicinais	ဆေးဖက်ဝင်အပင်များ	hsei: hpa' win apin mja:
de ervas (chá ~)	ဆေးဖက်ဝင်အပင် နှင့်ဆိုင်သော	hsei: hpa' win apin hnin. zain de.

77. Fumar. Produtos tabágicos

tabaco (m)	ဆေးရွက်ကြီး	hsei: jwe' kji:
cigarro (m)	စီးကရက်	si: ga. ja'
charuto (m)	ဆေးပြင်းလိပ်	hsei: bjin: li'
cachimbo (m)	ဆေးတံ	hsei: dan
maço (~ de cigarros)	ဘူး	bu:
fósforos (m pl)	မီးခြစ်ဆံများ	mi: gji' zain mja:
caixa (f) de fósforos	မီးခြစ်ဆံဘူး	mi: gji' zain bu:
isqueiro (m)	မီးခြစ်	mi: gji'
cinzeiro (m)	ဆေးလိပ်ပြာခွက်	hsei: lei' pja gwe'
cigarreira (f)	စီးကရက်အလှဘူး	si: ga. ja' ahla. bu:
piteira (f)	စီးကရက်ထည့်သောက်သည့် ပြွန်တံငယ်	si: ga. ja' hti. dau' thi. bjwan dan nge
filtro (m)	ဖင်လိခံ	hpin zi gan
fumar (vi, vt)	ဆေးလိပ်သောက်သည်	hsei: lei' ma. dhau' te
acender um cigarro	ဆေးလိပ်မီးညှိသည်	hsei: lei' mi: hni. de
tabagismo (m)	ဆေးလိပ်သောက်ခြင်း	hsei: lei' ma. dhau' chin:
fumante (m)	ဆေးလိပ်သောက်သူ	hsei: lei' ma. dhau' thu
bituca (f)	ဆေးလိပ်တို	hsei: lei' tou
fumaça (f)	မီးခိုး	mi: gou:
cinza (f)	ပြာ	pja

HABITAT HUMANO

Cidade

78. Cidade. Vida na cidade

cidade (f)	မြို့	mjou.
capital (f)	မြို့တော်	mjou. do
aldeia (f)	ရွာ	jwa
mapa (m) da cidade	မြို့လမ်းညွှန်မြေပုံ	mjou. lan hnjun mjei boun
centro (m) da cidade	မြို့လယ်ခေါင်	mjou. le gaun
subúrbio (m)	ဆင်ခြေဖုံးအရပ်	hsin gjei aja'
suburbano (adj)	ဆင်ခြေဖုံးအရပ်ဖြစ်သော	hsin gjei hpoun aja' hpa' te.
periferia (f)	မြို့စွန်	mjou. zun
arredores (m pl)	ပတ်ဝန်းကျင်	pa' wun: gjin:
quarteirão (m)	စည်ကားရာမြို့လယ်နေရာ	si: ga: ja mjou. le nei ja
quarteirão (m) residencial	လူနေရပ်ကွက်	lu nei ja' kwe'
tráfego (m)	ယာဉ်အသွားအလာ	jin athwa: ala
semáforo (m)	မီးပွိုင့်	mi: bwain.
transporte (m) público	ပြည်သူပိုင်ခရီးသွားပို့ဆောင်ရေး	pji dhu bain gaji: dhwa: bou. zaun jei:
cruzamento (m)	လမ်းဆုံ	lan: zoun
faixa (f)	လူကူးမျဉ်းကြား	lu gu: mji: gja:
túnel (m) subterrâneo	မြေအောက်လမ်းကူး	mjei au' lan: gu:
cruzar, atravessar (vt)	လမ်းကူးသည်	lan: gu: de
pedestre (m)	လမ်းသွားလမ်းလာ	lan: dhwa: lan: la
calçada (f)	လူသွားလမ်း	lu dhwa: lan:
ponte (f)	တံတား	dada:
margem (f) do rio	ကမ်းနားတစ်ဖက်	kan: na: da. man
fonte (f)	ရေပန်း	jei ban:
alameda (f)	ရိပ်သာလမ်း	jei' tha lan:
parque (m)	ပန်းခြံ	pan: gjan
bulevar (m)	လမ်းကျယ်	lan: ge
praça (f)	ရင်ပြင်	jin bjin
avenida (f)	လမ်းမကြီး	lan: mi. gji:
rua (f)	လမ်း	lan:
travessa (f)	လမ်းသွယ်	lan: dhwe
beco (m) sem saída	လမ်းဆုံး	lan: zoun:
casa (f)	အိမ်	ein
edifício, prédio (m)	အဆောက်အဉီ	ahsau' au
arranha-céu (m)	မိုးမျှော်တိုက်	mou: hmjo tou'
fachada (f)	အိမ်ရှေ့နံရံ	ein shei. nan jan

75

Português	Birmanês	Pronúncia
telhado (m)	အမိုး	amou:
janela (f)	ပြတင်းပေါက်	badin: pau'
arco (m)	မုခ်ဝ	mou' wa.
coluna (f)	တိုင်	tain
esquina (f)	ထောင့်	htaun.

vitrine (f)	ဆိုင်ရှေ့ပြတင်း အခင်းအကျင်း	hseun shei. bji' si: akhin: akjin:
letreiro (m)	ဆိုင်းဘုတ်	hsain: bou'
cartaz (do filme, etc.)	ပို့စတာ	pou sata
cartaz (m) publicitário	ကြော်ငြာပို့စတာ	kjo nja bou sata
painel (m) publicitário	ကြော်ငြာဆိုင်းဘုတ်	kjo nja zain: bou'

lixo (m)	အမှိုက်	ahmai'
lata (f) de lixo	အမှိုက်ပုံး	ahmai' poun:
jogar lixo na rua	လွှင့်ပစ်သည်	hlwin. bi' te
aterro (m) sanitário	အမှိုက်ပုံ	ahmai' poun

orelhão (m)	တယ်လီဖုန်းဆက်ရန်နေရာ	te li hpoun: ze' jan nei ja
poste (m) de luz	လမ်းမီး	lan. mi:
banco (m)	ခုံတန်းရှည်	khoun dan: shei

polícia (m)	ရဲ	je:
polícia (instituição)	ရဲ	je:
mendigo, pedinte (m)	သူတောင်းစား	thu daun: za:
desabrigado (m)	အိမ်ယာမဲ့	ein ja me.

79. Instituições urbanas

loja (f)	ဆိုင်	hsain
drogaria (f)	ဆေးဆိုင်	hsei: zain
ótica (f)	မျက်မှန်ဆိုင်	mje' hman zain
centro (m) comercial	ရေးဝင်စင်တာ	zei: wun zin da
supermercado (m)	ကုန်တိုက်ကြီး	koun dou' kji:

padaria (f)	မုန့်တိုက်	moun. dai'
padeiro (m)	ပေါင်မုန့်ဖုတ်သူ	paun moun. bou' dhu
pastelaria (f)	မုန့်ဆိုင်	moun. zain
mercearia (f)	ကုန်စုံဆိုင်	koun zoun zain
açougue (m)	အသားဆိုင်	atha: ain

fruteira (f)	ဟင်းသီးဟင်းရွက်ဆိုင်	hin: dhi: hin: jwe' hsain
mercado (m)	ဈေး	zei:

cafeteria (f)	ကော်ဖီဆိုင်	ko hpi zain
restaurante (m)	စားသောက်ဆိုင်	sa: thau' hsain
bar (m)	ဘီယာဆိုင်	bi ja zain:
pizzaria (f)	ပီဇာမုန့်ဆိုင်	pi za moun. zain

salão (m) de cabeleireiro	ဆံပင်ညှပ်ဆိုင်	zain hnja' hsain
agência (f) dos correios	စာတိုက်	sa dai'
lavanderia (f)	အဝတ်အခြောက်လျှော်လုပ်ငန်း	awu' achou' hlo: lou' ngan:
estúdio (m) fotográfico	ဓာတ်ပုံရိုက်ခန်း	da' poun jai' khan:
sapataria (f)	ဖိနပ်ဆိုင်	hpana' sain

livraria (f)	စာအုပ်ဆိုင်	sa ou' hsain
loja (f) de artigos esportivos	အားကစားပစ္စည်းဆိုင်	a: gaza: pji' si: zain
costureira (m)	စက်ပြင်ဆိုင်	se' pjin zain
aluguel (m) de roupa	ဝတ်စုံအငှါးဆိုင်	wa' zoun ahnga: zain
videolocadora (f)	အခွေငှါးဆိုင်	akhwei hnga: zain:
circo (m)	ဆပ်ကပ်	hsa' ka'
jardim (m) zoológico	တိရစ္ဆာန်ဥယျာဉ်	tharei' hsan u. jin
cinema (m)	ရုပ်ရှင်ရုံ	jou' shin joun
museu (m)	ပြတိုက်	pja. dai'
biblioteca (f)	စာကြည့်တိုက်	sa gji. dai'
teatro (m)	ကဇာတ်ရုံ	ka. za' joun
ópera (f)	အော်ပရာဇာတ်ရုံ	o pa ra za' joun
boate (casa noturna)	နိုက်ကလပ်	nai' ka. la'
cassino (m)	လောင်းကစားရုံ	laun: gaza: joun
mesquita (f)	ဗလီ	bali
sinagoga (f)	ရှူးဒီဘုရား ရှိခိုးကျောင်း	ja. hu di bu. ja: shi. gou: gjaun:
catedral (f)	ဘုရားရှိခိုးကျောင်းတော်	hpaja: gjaun: do:
templo (m)	ဘုရားကျောင်း	hpaja: gjaun:
igreja (f)	ဘုရားကျောင်း	hpaja: gjaun:
faculdade (f)	တက္ကသိုလ်	te' kathou
universidade (f)	တက္ကသိုလ်	te' kathou
escola (f)	စာသင်ကျောင်း	sa dhin gjaun:
prefeitura (f)	စီရင်စုနယ်	si jin zu. ne
câmara (f) municipal	မြို့တော်ခန်းမ	mjou. do gan: ma.
hotel (m)	ဟိုတယ်	hou te
banco (m)	ဘက်	ban
embaixada (f)	သံရုံး	than joun:
agência (f) de viagens	ခရီးသွားလုပ်ငန်း	khaji: thwa: lou' ngan:
agência (f) de informações	သတင်းအချက်အလက်ဌာန	dhadin: akje' ale' hta. na.
casa (f) de câmbio	ငွေလဲရန်နေရာ	ngwei le: jan nei ja
metrô (m)	မြေအောက်ဥမင်လမ်း	mjei au' u. min lan:
hospital (m)	ဆေးရုံ	hsei: joun
posto (m) de gasolina	ဆီဆိုင်	hsi: zain
parque (m) de estacionamento	ကားပါကင်	ka: pa kin

80. Sinais

letreiro (m)	ဆိုင်းဘုတ်	hsain: bou'
aviso (m)	သတိပေးစာ	dhadi. pei: za
cartaz, pôster (m)	ပိုစတာ	pou sata
placa (f) de direção	လမ်းညွှန်	lan: hnjun
seta (f)	လမ်းညွှန်မြှား	lan: hnjun hmja:
aviso (advertência)	သတိပေးခြင်း	dhadi. pei: gjin:
sinal (m) de aviso	သတိပေးချက်	dhadi. pei: gje'

Portuguese	Burmese	Transliteration
avisar, advertir (vt)	သတိပေးသည်	dhadi. pei: de
dia (m) de folga	ရုံးပိတ်ရက်	joun: bei' je'
horário (~ dos trens, etc.)	အချိန်ဇယား	achein zaja:
horário (m)	ဖွင့်ချိန်	hpwin. gjin
BEM-VINDOS!	ကြိုဆိုပါသည်	kjou hsou ba de
ENTRADA	ဝင်ပေါက်	win bau'
SAÍDA	ထွက်ပေါက်	htwe' pau'
EMPURRE	တွန်းသည်	tun: de
PUXE	ဆွဲသည်	hswe: de
ABERTO	ဖွင့်သည်	hpwin. de
FECHADO	ပိတ်သည်	pei' te
MULHER	အမျိုးသမီးသုံး	amjou: dhami: dhoun:
HOMEM	အမျိုးသားသုံး	amjou: dha: dhoun:
DESCONTOS	လျှော့ဈေး	sho. zei:
SALDOS, PROMOÇÃO	လျှော့ဈေး	sho. zei:
NOVIDADE!	အသစ်	athi'
GRÁTIS	အခမဲ့	akha me.
ATENÇÃO!	သတိ	thadi.
NÃO HÁ VAGAS	အလွတ်မရှိ	alu' ma shi.
RESERVADO	ကြိုတင်မှာယူထားပြီး	kjou tin hma ju da: bji:
ADMINISTRAÇÃO	စီမံအုပ်ချုပ်ခြင်း	si man ou' chou' chin:
SOMENTE PESSOAL AUTORIZADO	အမှုထမ်းအတွက်အသာ	ahmu. htan: atwe' atha
CUIDADO CÃO FEROZ	ခွေးကိုက်တတ်သည်	khwei: kai' ta' te
PROIBIDO FUMAR!	ဆေးလိပ်မသောက်ရ	hsei: lei' ma. dhau' ja.
NÃO TOCAR	မထိရ	ma. di. ja.
PERIGOSO	အန္တရာယ်ရှိသည်	an dare shi. de.
PERIGO	အန္တရာယ်	an dare
ALTA TENSÃO	ဗို့အားပြင်း	bou. a: bjin:
PROIBIDO NADAR	ရေမကူးရ	jei ma. gu: ja.
COM DEFEITO	ပျက်နေသည်	pje' nei de
INFLAMÁVEL	မီးလောင်တတ်သည်	mi: laun da' te
PROIBIDO	တားမြစ်သည်	ta: mji' te
ENTRADA PROIBIDA	မကျူးကျော်ရ	ma. gju: gjo ja
CUIDADO TINTA FRESCA	ဆေးမခြောက်သေး	hsei: ma. gjau' dhei:

81. Transportes urbanos

Portuguese	Burmese	Transliteration
ônibus (m)	ဘတ်စ်ကား	ba's ka:
bonde (m) elétrico	ဓာတ်ရထား	da' ja hta:
trólebus (m)	ဓာတ်ကား	da' ka:
rota (f), itinerário (m)	လမ်းကြောင်း	lan: gjaun:
número (m)	ကားနံပါတ်	ka: nan ba'
ir de ... (carro, etc.)	ယဉ်စီးသည်	jin zi: de
entrar no ...	ထိုင်သည်	htain de

descer do ...	ကားပေါ်မှဆင်းသည်	ka: bo hma. zin: de
parada (f)	မှတ်တိုင်	hma' tain
próxima parada (f)	နောက်မှတ်တိုင်	nau' hma' tain
terminal (m)	အဆုံးမှတ်တိုင်	ahsoun: hma' tain
horário (m)	အချိန်ဇယား	achein zaja:
esperar (vt)	စောင့်သည်	saun. de
passagem (f)	လက်မှတ်	le' hma'
tarifa (f)	ယာဉ်စီးခ	jin zi: ga.
bilheteiro (m)	ငွေကိုင်	ngwei gain
controle (m) de passagens	လက်မှတ်စစ်ဆေးခြင်း	le' hma' ti' hsei: chin
revisor (m)	လက်မှတ်စစ်ဆေးသူ	le' hma' ti' hsei: dhu:
atrasar-se (vr)	နောက်ကျသည်	nau' kja. de
perder (o autocarro, etc.)	ကားနောက်ကျသည်	ka: nau' kja de
estar com pressa	အမြန်လုပ်သည်	aman lou' de
táxi (m)	တက္ကစီ	te' kasi
taxista (m)	တက္ကစီမောင်းသူ	te' kasi maun: dhu
de táxi (ir ~)	တက္ကစီဖြင့်	te' kasi hpjin.
ponto (m) de táxis	တက္ကစီစရပ်	te' kasi zu. ja'
chamar um táxi	တက္ကစီခေါ်သည်	te' kasi go de
pegar um táxi	တက္ကစီငှားသည်	te' kasi hnga: de
tráfego (m)	ယာဉ်အသွားအလာ	jin athwa: ala
engarrafamento (m)	ယာဉ်ကြောပိတ်ဆို့မှု	jin gjo: bei' hsou. hmu.
horas (f pl) de pico	အလုပ်ဆင်းချိန်	alou' hsin: gjain
estacionar (vi)	ယာဉ်ရပ်နားရန်နေရာယူသည်	jin ja' na: jan nei ja ju de
estacionar (vt)	ကားအားဝါင်ထိုးသည်	ka: a: pa kin dou: de
parque (m) de estacionamento	ပါကင်	pa gin
metrô (m)	မြေအောက်ဥမင်လမ်း	mjei au' u. min lan:
estação (f)	ဘူတာရုံ	bu da joun
ir de metrô	မြေအောက်ရထားဖြင့်သွားသည်	mjei au' ja. da: bjin. dhwa: de
trem (m)	ရထား	jatha:
estação (f) de trem	ရထားဘူတာရုံ	jatha: buda joun

82. Turismo

monumento (m)	ရုပ်တု	jou' tu.
fortaleza (f)	ခံတပ်ကြီး	khwan da' kji:
palácio (m)	နန်းတော်	nan do
castelo (m)	ရဲတိုက်	je: dai'
torre (f)	မျှော်စင်	hmjo zin
mausoléu (m)	ဂူဗိမာန်	gu bi. man
arquitetura (f)	ဗိသုကာပညာ	bi. thu. ka pjin nja
medieval (adj)	အလယ်ခေတ်နှင့်ဆိုင်သော	ale khei' hnin. zain de.
antigo (adj)	ရှေးကျသော	shei: gja. de
nacional (adj)	အမျိုးသားနှင့်ဆိုင်သော	amjou: dha: hnin. zain de.
famoso, conhecido (adj)	နာမည်ကြီးသော	na me gji: de.
turista (m)	ကမ္ဘာလှည့်ခရီးသည်	ga ba hli. kha. ji: de
guia (pessoa)	လမ်းညွှန်	lan: hnjun

excursão (f)	လေ့လာရေးခရီး	lei. la jei: gaji:
mostrar (vt)	ပြသည်	pja. de
contar (vt)	ပြောပြသည်	pjo: bja. de

encontrar (vt)	ရှာတွေ့သည်	sha dwei. de
perder-se (vr)	ပျောက်သည်	pjau' te
mapa (~ do metrô)	မြေပုံ	mjei boun
mapa (~ da cidade)	မြေပုံ	mjei boun

lembrança (f), presente (m)	အမှတ်တရလက်ဆောင်ပစ္စည်း	ahma' ta ra le' hsaun pji' si:
loja (f) de presentes	လက်ဆောင်ပစ္စည်းဆိုင်	le' hsaun pji' si: zain
tirar fotos, fotografar	ဓာတ်ပုံရိုက်သည်	da' poun jai' te
fotografar-se (vr)	ဓာတ်ပုံရိုက်သည်	da' poun jai' te

83. Compras

comprar (vt)	ဝယ်သည်	we de
compra (f)	ဝယ်စရာ	we zaja
fazer compras	ဈေးဝယ်ထွက်ခြင်း	zei: we htwe' chin:
compras (f pl)	ဈေးဝယ်ခြင်း	sho. bin:

estar aberta (loja)	ဆိုင်ဖွင့်သည်	hsain bwin. de
estar fechada	ဆိုင်ပိတ်သည်	hseun bi' te

calçado (m)	ဖိနပ်	hpana'
roupa (f)	အဝတ်အစား	awu' aza:
cosméticos (m pl)	အလှကုန်ပစ္စည်း	ahla. koun pji' si:
alimentos (m pl)	စားသောက်ကုန်	sa: thau' koun
presente (m)	လက်ဆောင်	le' hsaun

vendedor (m)	ရောင်းသူ	jaun: dhu
vendedora (f)	ရောင်းသူ	jaun: dhu

caixa (f)	ငွေရှင်းရန်နေရာ	ngwei shin: jan nei ja
espelho (m)	မှန်	hman
balcão (m)	ကောင်တာ	kaun da
provador (m)	အဝတ်လဲခန်း	awu' le: gan:

provar (vt)	တိုင်းကြည့်သည်	tain: dhi. de
servir (roupa, caber)	သင့်တော်သည်	thin. do de
gostar (apreciar)	ကြိုက်သည်	kjai' de

preço (m)	ဈေးနှုန်း	zei: hnan:
etiqueta (f) de preço	ဈေးနှုန်းကတ်ပြား	zei: hnan: ka' pja:
custar (vt)	ကုန်ကျသည်	koun mja. de
Quanto?	ဘယ်လောက်လဲ	be lau' le:
desconto (m)	လျှော့ဈေး	sho. zei:

não caro (adj)	ဈေးမကြီးသော	zei: ma. kji: de.
barato (adj)	ဈေးပေါသော	zei: po: de.
caro (adj)	ဈေးကြီးသော	zei: kji: de.
É caro	ဒါဈေးကြီးတယ်	da zei: gji: de
aluguel (m)	ငှားရမ်းခြင်း	hna: jan: chin:
alugar (roupas, etc.)	ငှားရမ်းသည်	hna: jan: de

| crédito (m) | အကြွေးစနစ် | akjwei: sani' |
| a crédito | အကြွေးစနစ်ဖြင့် | akjwei: sa ni' hpjin. |

84. Dinheiro

dinheiro (m)	ပိုက်ဆံ	pai' hsan
câmbio (m)	လဲလှယ်ခြင်း	le: hle gjin:
taxa (f) de câmbio	ငွေလဲနှုန်း	ngwei le: hnan:
caixa (m) eletrônico	အလိုအလျောက်ငွေထုတ်စက်	alou aljau' ngwei htou' se'
moeda (f)	အကြွေစေ့	akjwei zei.

| dólar (m) | ဒေါ်လာ | do la |
| euro (m) | ယူရို | ju rou |

lira (f)	အီတလီ လိုင်ရာငွေ	ita. li lain ja ngwei
marco (m)	ဂျာမန်မတ်ငွေ	gja man ma' ngwei
franco (m)	ဖရန့်	hpa. jan.
libra (f) esterlina	စတာလင်ပေါင်	sata lin baun
iene (m)	ယန်း	jan:

dívida (f)	အကြွေး	akjwei:
devedor (m)	မြီစား	mji za:
emprestar (vt)	ချေးသည်	chei: de
pedir emprestado	အကြွေးယူသည်	akjwei: ju de

banco (m)	ဘဏ်	ban
conta (f)	ငွေစာရင်း	ngwei za jin:
depositar (vt)	ထည့်သည်	hte de.
depositar na conta	ငွေသွင်းသည်	ngwei dhwin: de
sacar (vt)	ငွေထုတ်သည်	ngwei dou' te

cartão (m) de crédito	အကြွေးဝယ်ကဒ်ပြား	akjwei: we ka' pja
dinheiro (m) vivo	လက်ငင်း	le' ngin:
cheque (m)	ချက်	che'
passar um cheque	ချက်ရေးသည်	che' jei: de
talão (m) de cheques	ချက်စာအုပ်	che' sa ou'

carteira (f)	ပိုက်ဆံအိတ်	pai' hsan ei'
niqueleira (f)	ပိုက်ဆံအိတ်	pai' hsan ei'
cofre (m)	မီးခံသေတ္တာ	mi: gan dhi' ta

herdeiro (m)	အမွေစားအမွေခံ	amwei za: amwei gan
herança (f)	အမွေဆက်ခံခြင်း	amwei ze' khan gjin:
fortuna (riqueza)	အခွင့်အလမ်း	akhwin. alan:

arrendamento (m)	အိမ်ငှါး	ein hnga:
aluguel (pagar o ~)	အခန်းငှါးခ	akhan: hnga: ga
alugar (vt)	ငှါးသည်	hnga: de

preço (m)	ဈေးနှုန်း	zei: hnan:
custo (m)	ကုန်ကျစရိတ်	koun gja. za. ji'
soma (f)	ပေါင်းလဒ်	paun: la'
gastar (vt)	သုံးစွဲသည်	thoun: zwe: de
gastos (m pl)	စရိတ်စက	zaei' zaga.

economizar (vi)	ချွေတာသည်	chwei da de
econômico (adj)	တွက်ခြေကိုက်သော	twe' chei kai' te.
pagar (vt)	ပေးချေသည်	pei: gjei de
pagamento (m)	ပေးချေသည့်ငွေ	pei: gjei de. ngwei
troco (m)	ပြန်အမ်းငွေ	pjan an: ngwe
imposto (m)	အခွန်	akhun
multa (f)	ဒဏ်ငွေ	dan ngwei
multar (vt)	ဒဏ်ရိုက်သည်	dan jai' de

85. Correios. Serviço postal

agência (f) dos correios	စာတိုက်	sa dai'
correio (m)	မေးလ်	mei: l
carteiro (m)	စာပို့သမား	sa bou, dhama:
horário (m)	ဖွင့်ချိန်	hpwin. gjin
carta (f)	စာ	sa
carta (f) registada	မှတ်ပုံတင်ပြီးသောစာ	hma' poun din bji: dho: za:
cartão (m) postal	ပို့စကဒ်	pou. sa. ka'
telegrama (m)	ကြေးနန်း	kjei: nan:
encomenda (f)	ပါဆယ်	pa ze
transferência (f) de dinheiro	ငွေလွှဲခြင်း	ngwei hlwe: gjin:
receber (vt)	လက်ခံရရှိသည်	le' khan ja. shi. de
enviar (vt)	ပို့သည်	pou. de
envio (m)	ပို့ခြင်း	pou. gjin:
endereço (m)	လိပ်စာ	lei' sa
código (m) postal	စာပို့သင်္ကေတ	sa bou dhin kei ta.
remetente (m)	ပို့သူ	pou. dhu
destinatário (m)	လက်ခံသူ	le' khan dhu
nome (m)	အမည်	amji
sobrenome (m)	မိသားစု မျိုးရိုးနာမည်	mi. dha: zu. mjou: jou: na mji
tarifa (f)	စာပို့ နှုန်းထား	sa bou. kha. hnan: da:
ordinário (adj)	စံနှုန်းသတ်မှတ်ထားသော	san hnoun: dha' hma' hta: de.
econômico (adj)	ကုန်ကျငွေသက်သာသော	koun gja ngwe dhe' dha de.
peso (m)	အလေးချိန်	alei: gjein
pesar (estabelecer o peso)	ချိန်သည်	chein de
envelope (m)	စာအိတ်	sa ei'
selo (m) postal	တံဆိပ်ခေါင်း	da zei' khaun:
colar o selo	တံဆိပ်ခေါင်းကပ်သည်	da zei' khaun: ka' te

Moradia. Casa. Lar

86. Casa. Habitação

casa (f)	အိမ်	ein
em casa	အိမ်မှာ	ein hma
pátio (m), quintal (f)	ခြံမြေကွက်လပ်	chan mjei gwe' la'
cerca, grade (f)	ခြံစည်းရိုး	chan zi: jou:
tijolo (m)	အုတ်	ou'
de tijolos	အုတ်ဖြင့်လုပ်ထားသော	ou' hpjin. lou' hta: de.
pedra (f)	ကျောက်	kjau'
de pedra	ကျောက်ဖြင့်လုပ်ထားသော	kjau' hpjin. lou' hta: de.
concreto (m)	ကွန်ကရစ်	kun ka. ji'
concreto (adj)	ကွန်ကရစ်လောင်းထားသော	kun ka. ji' laun: da: de.
novo (adj)	သစ်သော	thi' te.
velho (adj)	ဟောင်းသော	haun: de.
decrépito (adj)	အိုဟောင်းပျက်စီးနေသော	ou haun: pje' si: nei dho:
moderno (adj)	ခေတ်မီသော	khi' mi de.
de vários andares	အထပ်များစွာပါသော	a hta' mja: swa ba de.
alto (adj)	မြင့်သော	mjin. de.
andar (m)	အထပ်	a hta'
de um andar	အထပ်တစ်ထပ်တည်းဖြစ်သော	a hta' ta' hta' te: hpja' tho:
térreo (m)	မြေညီထပ်	mjei nji da'
andar (m) de cima	အပေါ်ဆုံးထပ်	apo zoun: da'
telhado (m)	အမိုး	amou:
chaminé (f)	မီးခိုးခေါင်းတိုင်	mi: gou: gaun: dain
telha (f)	အုတ်ကြွပ်ပြား	ou' gju' pja:
de telha	အုတ်ကြွပ်ဖြင့်မိုးထားသော	ou' gju' hpjin. mou: hta: de.
sótão (m)	ထပ်ခိုး	hta' khou:
janela (f)	ပြတင်းပေါက်	badin: pau'
vidro (m)	ဖန်	hpan
parapeito (m)	ပြတင်းအောက်ခြေဘောင်	badin: au' chei dhaun
persianas (f pl)	ပြတင်းကာ	badin: ga
parede (f)	နံရံ	nan jou:
varanda (f)	ဝရန်တာ	wa jan da
calha (f)	ရေဆင်းပိုက်	jei zin: bai'
em cima	အပေါ်မှာ	apo hma
subir (vi)	တက်သည်	te' te
descer (vi)	ဆင်းသည်	hsin: de
mudar-se (vr)	အိမ်ပြောင်းသည်	ein bjaun: de

87. Casa. Entrada. Elevador

entrada (f)	ဝင်ပေါက်	win bau'
escada (f)	လှေကား	hlei ga:
degraus (m pl)	လှေကားထစ်	hlei ga: di'
corrimão (m)	လှေကားလက်ရန်း	hlei ga: le' jan:
hall (m) de entrada	ဦးခန်းမ	e. gan: ma.

caixa (f) de correio	စာတိုက်ပုံး	sa dai' poun:
lata (f) do lixo	အမှိုက်ပုံး	ahmai' poun:
calha (f) de lixo	အမှိုက်ဆင်းပိုက်	ahmai' hsin: bai'

elevador (m)	ဓာတ်လှေကား	da' hlei ga:
elevador (m) de carga	ဝန်တင်ဓာတ်လှေကား	wun din da' hlei ga:
cabine (f)	ကွန်တင်ဓာတ်လှေကား	koun din ga' hlei ga:
pegar o elevador	ဓာတ်လှေကားစီးသည်	da' hlei ga: zi: de

apartamento (m)	တိုက်ခန်း	tai' khan:
residentes (pl)	နေထိုင်သူများ	nei dain dhu mja:
vizinho (m)	အိမ်နီးနားချင်း	ein ni: na: gjin:
vizinha (f)	အိမ်နားလေးအိမ်နီးနားချင်း	mein: galei: ein: ni: na: gjin:
vizinhos (pl)	အိမ်နီးနားချင်းများ	ein ni: na: gjin mja:

88. Casa. Eletricidade

eletricidade (f)	လျှပ်စစ်ဓာတ်အား	hlja' si' da' a:
lâmpada (f)	မီးသီး	mi: dhi:
interruptor (m)	ခလုတ်	khalou'
fusível, disjuntor (m)	ဖြူးစ်	hpju: s

fio, cabo (m)	ဝိုင်ယာကြိုး	wain ja gjou:
instalação (f) elétrica	လျှပ်စစ်ကြိုးသွယ်တန်းမှု	hlja' si' kjou: dhwe dan: hmu
medidor (m) de eletricidade	လျှပ်စစ်စီတာ	hlja' si' si da
indicação (f), registro (m)	ပြသောပမာဏ	pja. dho: ba ma na.

89. Casa. Portas. Fechaduras

porta (f)	တံခါး	daga:
portão (m)	ဂိတ်	gei'
maçaneta (f)	တံခါးလက်ကိုင်	daga: le' kain
destrancar (vt)	သော့ဖွင့်သည်	tho. bwin. de
abrir (vt)	ဖွင့်သည်	hpwin. de
fechar (vt)	ပိတ်သည်	pei' te

chave (f)	သော့	tho.
molho (m)	အတွဲ	atwe:
ranger (vi)	တကျီကျီမြည်သည်	ta kjwi. kjwi. mji de
rangido (m)	တကျီကျီမြည်သံ	ta kjwi. kjwi. mji dhan
dobradiça (f)	ပတ္တာ	pa' ta
capacho (m)	ခြေသုတ်ခုံ	chei dhou' goun
fechadura (f)	တံခါးချက်	daga: gje'

buraco (m) da fechadura	သော့ပေါက်	tho. bau'
barra (f)	မင်းတုံး	min: doun:
fecho (ferrolho pequeno)	တံခါးချက်	daga: che'
cadeado (m)	သော့ခလောက်	tho. ga. lau'
tocar (vt)	ခေါင်းလောင်မြည်သည်	gaun: laun: mje de
toque (m)	ခေါင်းလောင်မြည်သံ	gaun: laun: mje dhan
campainha (f)	လှုခေါ်ခေါင်းလောင်း	lu go gaun: laun:
botão (m)	လှုခေါ်ခေါင်းလောင်းခလုတ်	lu go gaun: laun: khalou'
batida (f)	တံခါးခေါက်သံ	daga: khau' than
bater (vi)	တံခါးခေါက်သည်	daga: khau' te
código (m)	သင်္ကေတဂဏန်း	thin gei ta. hwe'
fechadura (f) de código	ကုဒ်သော့	kou' tho.
interfone (m)	အိမ်တွင်းဆက်သွယ်မှုစနစ်	ein dwin: ze' dhwe hmu. zani'
número (m)	နံပါတ်	nan ba'
placa (f) de porta	အိမ်တံခါးရှေ့ ဆိုင်းဘုတ်	ein da ga: shei. hsain: bou'
olho (m) mágico	ချောင်းကြည့်ပေါက်	chaun: gje. bau'

90. Casa de campo

aldeia (f)	ရွာ	jwa
horta (f)	အသီးအရွက်စိုက်ခင်း	athi: ajwe' sai' khin:
cerca (f)	ခြံစည်းရိုး	chan zi: jou:
cerca (f) de piquete	ခြံစည်းရိုးတိုင်	chan zi: jou: dain
portão (f) do jardim	မလွယ်ပေါက်	ma. lwe bau'
celeiro (m)	ကျီ	kji
adega (f)	မြေအောက် အစာသိုလှောင်ခန်း	mjei au' asa dhou hlaun gan:
galpão, barracão (m)	ဂိုဒေါင်	gou daun
poço (m)	ရေတွင်း	jei dwin:
fogão (m)	မီးဖို	mi: bou
atiçar o fogo	မီးပြင်းအောင်ထိုးသည်	mi: bjin: aun dou: de
lenha (carvão ou ~)	ထင်း	htin:
acha, lenha (f)	ထင်းတုံး	tin: doun:
varanda (f)	ဝရန်တာ	wa jan da
alpendre (m)	စင်ကြို	sin gja.
degraus (m pl) de entrada	အိမ်ရှေ့လှေကား	ein shei. hlei ga:
balanço (m)	ဒန်း	dan:

91. Moradia. Mansão

casa (f) de campo	တောအိမ်	to: ein
vila (f)	ကမ်းခြေအပန်းဖြေအိမ်	kan: gjei apan: hpjei ein
ala (~ do edifício)	တစ်ကဆြိတ်	toun ze' mei'
jardim (m)	ဥယျာဉ်	u. jin
parque (m)	ပန်းခြံ	pan: gjan
estufa (f)	ဖန်လုံအိမ်	hpan ain
cuidar de ...	ပြုစုစောင့်ရှောက်သည်	pju. zu. zaun. shau' te

T&P Books. Vocabulário Português Brasileiro-Birmanês - 9000 palavras

piscina (f)	ရေကူးကန်	jei ku: gan
academia (f) de ginástica	အိမ်တွင်း ကျန်းမာ ရေးလေ့ကျင့်ရှိ	ein dwin: gjan: ma jei: lei. gjin. joun
quadra (f) de tênis	တင်းနစ်ကွင်း	tin: ni' kwin:
cinema (m)	အိမ်တွင်း ရုပ်ရှင်ရုံ	ein dwin: jou' shin joun
garagem (f)	ဂိုဒေါင်	gou daun

| propriedade (f) privada | တွသီးပုဂ္ဂလိက ပိုင်ဆိုင်မြေပိုင်ပစ္စည်း | tadhi: pou' ga li ka. bain: zain mjei pji' si: |
| terreno (m) privado | တသီးပုဂ္ဂလိကပိုင်နယ်မြေ | tadhi: pou' ga li ka. bain: mjei |

| advertência (f) | သတိပေးချက် | dhadi. pei: gje' |
| sinal (m) de aviso | သတိပေးဆိုင်းပုဒ် | dhadi. pei: zain: bou' |

guarda (f)	လုံခြုံရေး	loun gjoun jei:
guarda (m)	လုံခြုံရေးအစောင့်	loun gjoun jei: asaun.
alarme (m)	သူခိုးလှန့် ခေါင်းလောင်း	thu khou: hlan. khaun: laun:

92. Castelo. Palácio

castelo (m)	ရဲတိုက်	je: dai'
palácio (m)	နန်းတော်	nan do
fortaleza (f)	ခံတပ်ကြီး	khwan da' kji:

muralha (f)	ရဲတိုက်နံရံပိုင်း	je: dai' nan jan wain:
torre (f)	မျှော်စင်	hmjo zin
calabouço (m)	ရဲတိုက်ဘဟို မျှော်စင်ခံတပ်ကြီး	je: dai' ba. hou hmjo zin gan ta' kji:

grade (f) levadiça	ဆိုင်းကြိုးသုံးသံ ကွန်ရက်တံခါးကြီး	hsain: kjou: dhoun: dhan kwan ja' dan ga: kji:
passagem (f) subterrânea	မြေအောက်လမ်း	mjei au' lan:
fosso (m)	ကျုံး	kjun:
corrente, cadeia (f)	ကြိုး	kjou:
seteira (f)	မြှားတံလွှတ်ပေါက်	hmja: dan hlwa' pau'

magnífico (adj)	မမ်းနားသော	khan: na: de.
majestoso (adj)	ခုံညားထည်ဝါသော	khan nja: hte wa de.
inexpugnável (adj)	မထိုးဖောက်နိုင်သော	ma. dou: bau' nein de.
medieval (adj)	အလယ်ခေတ်နှင့်ဆိုင်သော	ale khei' hnin. zain de.

93. Apartamento

apartamento (m)	တိုက်ခန်း	tai' khan:
quarto, cômodo (m)	အခန်း	akhan:
quarto (m) de dormir	အိပ်ခန်း	ei' khan:
sala (f) de jantar	ထမင်းစားခန်း	htamin: za: gan:
sala (f) de estar	ဧည့်ခန်း	e. gan:
escritório (m)	အိမ်တွင်းရုံးခန်းလေး	ein dwin: joun: gan: lei:

| sala (f) de entrada | ဝင်ပေါက် | win bau' |
| banheiro (m) | ရေချိုးခန်း | jei gjou gan: |

lavabo (m)	အိမ်သာ	ein dha
teto (m)	မျက်နှာကြက်	mje' hna gje'
chão, piso (m)	ကြမ်းပြင်	kan: pjin
canto (m)	ထောင့်	htaun.

94. Apartamento. Limpeza

arrumar, limpar (vt)	သန့်ရှင်းရေးလုပ်သည်	than. shin: jei: lou' te
guardar (no armário, etc.)	သန့်ရှင်းရေးလုပ်သည်	than. shin: jei: lou' te
pó (m)	ဖုန်	hpoun
empoeirado (adj)	ဖုန်ထူသော	hpoun du de.
tirar o pó	ဖုန်သုတ်သည်	hpoun dou' te
aspirador (m)	ဖုန်စုပ်စက်	hpoun zou' se'
aspirar (vt)	ဖုန်စုပ်စက်ဖြင့် စုပ်သည်	hpoun zou' se' chin. zou' te
varrer (vt)	တံမြက်စည်းလှည်းသည်	tan mje' si: hle: de
sujeira (f)	အမှိုက်များ	ahmai' mja:
arrumação, ordem (f)	စနစ်တကျ	sani' ta. gja.
desordem (f)	ရှုပ်ပွရြင်း	shou' pwei gjin:
esfregão (m)	လက်ကိုင်ရှည်ကြမ်းသုတ်ဖတ်	le' kain she gjan: dhou' hpa'
pano (m), trapo (m)	ဖုန်သုတ်အဝတ်	hpoun dou' awu'
vassoura (f)	တံမြက်စည်း	tan mje' si:
pá (f) de lixo	အမှိုက်ဂေါ်	ahmai' go

95. Mobiliário. Interior

mobiliário (m)	ပရိဘောဂ	pa ri. bo: ga.
mesa (f)	စားပွဲ	sa: bwe:
cadeira (f)	ကုလားထိုင်	kala: dain
cama (f)	ကုတင်	ku din
sofá, divã (m)	ဆိုဖာ	hsou hpa
poltrona (f)	လက်တင်ပါသောကုလားထိုင်	le' tin ba dho: ku. la: dain
estante (f)	စာအုပ်စင်	sa ou' sin
prateleira (f)	စင်	sin
guarda-roupas (m)	ဗီရို	bi jou
cabide (m) de parede	နံရံကပ်အဝတ်ချိတ်စင်	nan jan ga' awu' gei' zin
cabideiro (m) de pé	အဝတ်ချိတ်စင်	awu' gjei' sin
cômoda (f)	အံဆွဲပါ မှန်တင်ခုံ	an. zwe: pa hman din khoun
mesinha (f) de centro	စားပွဲပု	sa: bwe: bu.
espelho (m)	မှန်	hman
tapete (m)	ကော်ဇော	ko zo:
tapete (m) pequeno	ကော်ဇော	ko zo:
lareira (f)	မီးလင်းဖို	mi: lin: bou
vela (f)	ဖယောင်းတိုင်	hpa. jaun dain
castiçal (m)	ဖယောင်းတိုင်စိုက်သောတိုင်	hpa. jaun dain zou' tho dain

cortinas (f pl)	ခန်းဆီးရှည်	khan: zi: shei
papel (m) de parede	နံကပ်စတ္တာ	nan jan ga' se' ku
persianas (f pl)	ယင်းလိပ်	jin: lei'

luminária (f) de mesa	စားပွဲတင်မီးအိမ်	sa: bwe: din mi: ein
luminária (f) de parede	နံကပ်မီး	nan jan ga' mi:
abajur (m) de pé	မတ်တပ်မီးဇလောင်း	ma' ta' mi: za. laun:
lustre (m)	မီးပန်းဆိုင်း	mi: ban: zain:

pé (de mesa, etc.)	ခြေထောက်	chei htau'
braço, descanso (m)	လက်တန်း	le' tan:
costas (f pl)	နောက်မှီ	nau' mi
gaveta (f)	အံဆွဲ	an. zwe:

96. Quarto de dormir

roupa (f) de cama	အိပ်ရာခင်းများ	ei' ja khin: mja:
travesseiro (m)	ခေါင်းအုံး	gaun: oun:
fronha (f)	ခေါင်းစွပ်	gaun: zu'
cobertor (m)	စောင်	saun
lençol (m)	အိပ်ရာခင်း	ei' ja khin:
colcha (f)	အိပ်ရာဖုံး	ei' ja hpoun:

97. Cozinha

cozinha (f)	မီးဖိုခန်း	mi: bou gan:
gás (m)	ဓာတ်ငွေ့	da' ngwei.
fogão (m) a gás	ဂတ်စ်မီးဖို	ga' s mi: bou
fogão (m) elétrico	လျှပ်စစ်မီးဖို	hlja' si: si: bou
forno (m)	မုန့်ဖုတ်ဖန်ဖို	moun. bou' jan bou
forno (m) de micro-ondas	မိုက်ခရိုဝေ့ဗ်	mou' kha. jou wei. b

geladeira (f)	ရေခဲသေတ္တာ	je ge: dhi' ta
congelador (m)	ရေခဲခန်း	jei ge: gan:
máquina (f) de lavar louça	ပန်းကန်ဆေးစက်	bagan: zei: ze'

moedor (m) de carne	အသားကြိတ်စက်	atha: kjei' za'
espremedor (m)	အသီးဖျော်စက်	athi: hpjo ze'
torradeira (f)	ပေါင်မုန့်ကင်စက်	paun moun. gin ze'
batedeira (f)	မွှေစက်	hmwei ze'

máquina (f) de café	ကော်ဖီဖျော်စက်	ko hpi hpjo ze'
cafeteira (f)	ကော်ဖီအိုး	ko hpi ou:
moedor (m) de café	ကော်ဖီကြိတ်စက်	ko hpi kjei ze'

chaleira (f)	ရေနွေးကရားအိုး	jei nwei: gaja: ou:
bule (m)	လက်ဘက်ရည်အိုး	le' be' ji ou:
tampa (f)	အိုးအဖုံး	ou: ahpoun:
coador (m) de chá	လက်ဖက်ရည်စစ်	le' hpe' ji zi'

colher (f)	ဇွန်း	zun:
colher (f) de chá	လက်ဖက်ရည်ဇွန်း	le' hpe' ji zwan:

colher (f) de sopa	အရည်သောက်ဇွန်း	aja: dhau' zun:
garfo (m)	ခက်ရင်း	khajin:
faca (f)	ဓား	da:
louça (f)	အိုးခွက်ပန်းကန်	ou: kwe' pan: gan
prato (m)	ပန်းကန်ပြား	bagan: bja:
pires (m)	အောက်ခံပန်းကန်ပြား	au' khan ban: kan pja:
cálice (m)	ဖန်ခွက်	hpan gwe'
copo (m)	ဖန်ခွက်	hpan gwe'
xícara (f)	ခွက်	khwe'
açucareiro (m)	သကြားခွက်	dhagja: khwe'
saleiro (m)	ဆားဘူး	hsa: bu:
pimenteiro (m)	ငြုတ်ကောင်းဘူး	njou' kaun: bu:
manteigueira (f)	ထောပတ်ခွက်	hto: ba' khwe'
panela (f)	ပေါင်းအိုး	paun: ou:
frigideira (f)	ဟင်းကြော်အိုး	hin: gjo ou:
concha (f)	ဟင်းခပ်ဇွန်း	hin: ga' zun
coador (m)	ဆန်ခါ	zaga
bandeja (f)	လင်ပန်း	lin ban:
garrafa (f)	ပုလင်း	palin:
pote (m) de vidro	ဖန်ဘူး	hpan bu:
lata (~ de cerveja)	သံဘူး	than bu:
abridor (m) de garrafa	ပုလင်းဖောက်တံ	pu. lin: bau' tan
abridor (m) de latas	သံဘူးဖောက်တံ	than bu: bau' tan
saca-rolhas (m)	ဝက်အူဖောက်တံ	we' u bau' dan
filtro (m)	ရေစစ်	jei zi'
filtrar (vt)	စစ်သည်	si' te
lixo (m)	အမှိုက်	ahmai'
lixeira (f)	အမှိုက်ပုံး	ahmai' poun:

98. Casa de banho

banheiro (m)	ရေချိုးခန်း	jei gjou gan:
água (f)	ရေ	jei
torneira (f)	ရေပိုက်ခေါင်း	jei bai' khaun:
água (f) quente	ရေပူ	jei bu
água (f) fria	ရေအေး	jei ei:
pasta (f) de dente	သွားတိုက်ဆေး	thwa: tai' hsei:
escovar os dentes	သွားတိုက်သည်	thwa: tai' te
escova (f) de dente	သွားတိုက်တံ	thwa: tai' tan
barbear-se (vr)	ရိတ်သည်	jei' te
espuma (f) de barbear	မုတ်ဆိတ်ရိတ်သုံး ဆပ်ပြာမြှုပ်	mou' hsei' jei' thoun: za' pja hmjou'
gilete (f)	သင်တုန်းဓား	thin toun: da:
lavar (vt)	ဆေးသည်	hsei: de
tomar banho	ရေချိုးသည်	jei gjou: de

chuveiro (m), ducha (f)	ရေပန်း	jei ban:
tomar uma ducha	ရေချိုးသည်	jei gjou: de
banheira (f)	ရေချိုးကန်	jei gjou: gan
vaso (m) sanitário	အိမ်သာ	ein dha
pia (f)	လက်ဆေးကန်	le' hsei: kan
sabonete (m)	ဆပ်ပြာ	hsa' pja
saboneteira (f)	ဆပ်ပြာခွက်	hsa' pja gwe'
esponja (f)	ရေမြှုပ်	jei hmjou'
xampu (m)	ခေါင်းလျှော်ရည်	gaun: sho je
toalha (f)	တဘက်	tabe'
roupão (m) de banho	ရေချိုးခန်းဝတ်စုံ	jei gjou: gan: wu' soun
lavagem (f)	အဝတ်လျှော်ခြင်း	awu' sho gjin
lavadora (f) de roupas	အဝတ်လျှော်စက်	awu' sho ze'
lavar a roupa	ဒိုဘီလျှော်သည်	dou bi jo de
detergente (m)	အဝတ်လျှော်ဆပ်ပြာမှုန့်	awu' sho hsa' pja hmun.

99. Eletrodomésticos

televisor (m)	ရုပ်မြင်သံကြားစက်	jou' mjin dhan gja: ze'
gravador (m)	အသံသွင်းစက်	athan dhwin: za'
videogravador (m)	ဗီဒီယိုပြစက်	bi di jou bja. ze'
rádio (m)	ရေဒီယို	rei di jou
leitor (m)	ပလေယာစက်	pa. lei ja ze'
projetor (m)	ဗီဒီယိုရှိုရျက်တာ	bi di jou pa. jou gje' da
cinema (m) em casa	အိမ်တွင်းရုပ်ရှင်ခန်း	ein dwin: jou' shin gan:
DVD Player (m)	ဒီဗီဒီပလေယာ	di bi di ba lei ja
amplificador (m)	အသံချဲ့စက်	athan che. zek
console (f) de jogos	ဂိမ်းခလုတ်	gein: kha lou'
câmera (f) de vídeo	ဗွီဒီယိုကင်မရာ	bwi di jou kin ma. ja
máquina (f) fotográfica	ကင်မရာ	kin ma. ja
câmera (f) digital	ဒီဂျစ်တယ်ကင်မရာ	digji' te gin ma. ja
aspirador (m)	ဖုန်စုပ်စက်	hpoun zou' se'
ferro (m) de passar	မီးပူ	mi: bu
tábua (f) de passar	မီးပူတိုက်ရန်စင်	mi: bu tai' jan zin
telefone (m)	တယ်လီဖုန်း	te li hpoun:
celular (m)	မိုဘိုင်းဖုန်း	mou bain: hpoun:
máquina (f) de escrever	လက်နှိပ်စက်	le' hnei' se'
máquina (f) de costura	အပ်ချုပ်စက်	a' chou' se'
microfone (m)	စကားပြောခွက်	zaga: bjo: gwe'
fone (m) de ouvido	နားကြပ်	na: kja'
controle remoto (m)	အဝေးထိန်းကိရိယာ	awei: htin: ki. ja. ja
CD (m)	စီဒီပြား	si di bja:
fita (f) cassete	တိပ်ခွေ	tei' khwei
disco (m) de vinil	ရှေးခေတ်သုံးဓာတ်ပြား	shei: gi' thoun da' pja:

100. Reparações. Renovação

renovação (f)	အသစ်ပြုပြင်ဆောက်လုပ်ခြင်း	athi' pju. bin zau' lou' chin:
renovar (vt), fazer obras	အသစ်ပြုပြင်ဆောက်လုပ်သည်	athi' pju. bin zau' lou' te
reparar (vt)	ပြန်လည်ပြုပြင်ဆင်သည်	pjan le bjin zin de
consertar (vt)	အစီအစဉ်တကျထားသည်	asi asin da. gja. da: de
refazer (vt)	ပြန်လည်ပြုပြင်သည်	pjan le bju. bjin de
tinta (f)	သုတ်ဆေး	thou' hsei:
pintar (vt)	ဆေးသုတ်သည်	hsei: dhou' te
pintor (m)	အိမ်ဆေးသုတ်သူ	ein zei: dhou' thu
pincel (m)	ဆေးသုတ်တံ	hsei: dhou' tan
cal (f)	ထုံး	htoun:
caiar (vt)	ထုံးသုတ်သည်	htoun: dhou' te
papel (m) de parede	နံရံကပ်စက္ကူ	nan jan ga' se' ku
colocar papel de parede	နံရံစက္ကူကပ်သည်	nan ja' se' ku ga' te
verniz (m)	အရောင်တင်ဆီ	ajaun din zi
envernizar (vt)	အရောင်တင်သည်	ajaun din de

101. Canalizações

água (f)	ရေ	jei
água (f) quente	ရေပူ	jei bu
água (f) fria	ရေအေး	jei ei:
torneira (f)	ရေပိုက်ခေါင်း	jei bai' khaun:
gota (f)	ရေစက်	jei ze'
gotejar (vi)	ရေစက်ကျသည်	jei ze' kja. de
vazar (vt)	ယိုစိမ့်သည်	jou zein. de
vazamento (m)	ယိုပေါက်	jou bau'
poça (f)	ရေအိုင်	jei ain
tubo (m)	ရေပိုက်	jei bai'
válvula (f)	အဖွင့်အပိတ်လက်ကိုင်	ahpwin apei' khalou'
entupir-se (vr)	အပေါက်ဆို့သည်	apau' zou. de
ferramentas (f pl)	ကိရိယာများ	ki. ji. ja mja:
chave (f) inglesa	ရှရင်	khwa shin
desenroscar (vt)	ဖြုတ်သည်	hpjei: de
enroscar (vt)	ဝက်အူကျသည်	we' u gja' te
desentupir (vt)	ဆို့နေသည်ကို ပြန်ဖွင့်သည်	hsou. nei de gou bjan bwin. de
encanador (m)	ပိုက်ပြင်သူ	pai' bjin dhu
porão (m)	မြေအောက်ခန်း	mjei au' khan:
rede (f) de esgotos	မိလ္လာစနစ်	mein la zani'

102. Fogo. Deflagração

incêndio (m)	မီး	mi:
chama (f)	မီးတောက်	mi: tau'

faísca (f)	မီးပွား	mi: bwa:
fumaça (f)	မီးခိုး	mi: gou:
tocha (f)	မီးတုတ်	mi: dou'
fogueira (f)	မီးပုံ	mi: boun
gasolina (f)	လောင်စာ	laun za
querosene (m)	ရေနံဆီ	jei nan zi
inflamável (adj)	မီးလောင်လွယ်သော	mi: laun lwe de.
explosivo (adj)	ပေါက်ကွဲစေသော	pau' kwe: zei de.
PROIBIDO FUMAR!	ဆေးလိပ်မသောက်ရ	hsei: lei' ma. dhau' ja.
segurança (f)	ဘေးကင်းမှု	bei: gin: hmu
perigo (m)	အန္တရာယ်	an dare
perigoso (adj)	အန္တရာယ်ရှိသော	an dare shi. de.
incendiar-se (vr)	မတော်တဆမီးဇွဲသည်	ma. do da. za. mi: zwe: de
explosão (f)	ပေါက်ကွဲမှု	pau' kwe: hmu.
incendiar (vt)	မီးရှို့သည်	mi: shou. de
incendiário (m)	မီးရှို့မှုကျူးလွန်သူ	mi: shou. hmu. gju: lun dhu
incêndio (m) criminoso	မီးရှို့မှု	mi: shou. hmu.
flamejar (vi)	မီးတောက်ကြီး	mi: tau' kji:
queimar (vi)	မီးလောင်သည်	mi: laun de
queimar tudo (vi)	မီးကျွမ်းသည်	mi: kjwan: de
chamar os bombeiros	မီးသတ်ဌာနသို့ အကြောင်းကြားသည်	mi: dha' hta. na. dhou akjaun: gja: de
bombeiro (m)	မီးသတ်သမား	mi: tha' dhama:
caminhão (m) de bombeiros	မီးသတ်ကား	mi: tha' ka:
corpo (m) de bombeiros	မီးသတ်ဦးစီးဌာန	mi: dha' i: zi: hta. na.
escada (f) extensível	မီးသတ်လှေကား	mi: tha' hlei ga:
mangueira (f)	မီးသတ်ပိုက်	mi: tha' bai'
extintor (m)	မီးသတ်ဘူး	mi: tha' bu:
capacete (m)	ဟဲလ်မက်ဦးထုပ်	he: l me u: htou'
sirene (f)	အချက်ပေးညြံသံ	ache' pei: ou' o: dhan
gritar (vi)	အကူအညီအော်ဟစ်တောင်းခံသည်	aku anji o hi' taun: gan de.
chamar por socorro	အကူအညီတောင်းသည်	aku anji daun: de
socorrista (m)	ကယ်ဆယ်သူ	ke ze dhu
salvar, resgatar (vt)	ကယ်ဆယ်သည်	ke ze de
chegar (vi)	ရောက်ရှိသည်	jau' shi. de
apagar (vt)	မီးသတ်သည်	mi: tha' de
água (f)	ရေ	jei
areia (f)	သဲ	the:
ruínas (f pl)	အပျက်အစီး	apje' asi:
ruir (vi)	ယိုယွင်းသည်	jou jwin: de
desmoronar (vi)	ပြိုကျသည်	pjou gja. de
desabar (vi)	ပြိုကျသည်	pjou gja de
fragmento (m)	အကျိုးအပဲ့	akjou: ape.
cinza (f)	ပြာ	pja
sufocar (vi)	အသက်ရှုကျပ်သည်	athe' shu gja' te
perecer (vi)	အသတ်ခံရသည်	atha' khan ja. de

ATIVIDADES HUMANAS

Emprego. Negócios. Parte 1

103. Escritório. O trabalho no escritório

escritório (~ de advogados)	ရုံး	joun:
escritório (do diretor, etc.)	ရုံးခန်း	joun: gan:
recepção (f)	ကြိုဆိုလက်ခံရာနေရာ	kjou hsou le' khan ja nei ja
secretário (m)	အတွင်းရေးမှူး	atwin: jei: hmu:
secretária (f)	အတွင်းရေးမှူးမ	atwin: jei: hmu: ma
diretor (m)	ဒါရိုက်တာ	da je' ta
gerente (m)	မန်နေဂျာ	man nei gji
contador (m)	စာရင်းကိုင်	sajin: gain
empregado (m)	ဝန်ထမ်း	wun dan:
mobiliário (m)	ပရိဘောဂ	pa ri. bo: ga.
mesa (f)	စားပွဲ	sa: bwe:
cadeira (f)	အလုပ်ထိုင်ခုံ	alou' htain goun
gaveteiro (m)	အံဆွဲပါသောပရိဘောဂအစုံ	an. zwe: dho: pa. ji. bo: ga. soun
cabideiro (m) de pé	ကုတ်အင်္ကျီချိတ်စင်	kou' akji gji' sin
computador (m)	ကွန်ပျူတာ	kun pju ta
impressora (f)	ပုံနှိပ်စက်	poun nei' se'
fax (m)	ဖက်စ်ကူးစက်	hpe's ku: ze'
fotocopiadora (f)	ဓာတ်ပုံကူးစက်	da' poun gu: ze'
papel (m)	စက္ကူ	se' ku
artigos (m pl) de escritório	ရုံးသုံးကိရိယာများ	joun: dhoun: gi. ji. ja mja:
tapete (m) para mouse	မောက်စ်အောက်ခံပြား	mau's au' gan bja:
folha (f)	အရွက်	ajwa'
pasta (f)	ဖိုင်	hpain
catálogo (m)	စာရင်း	sajin:
lista (f) telefônica	ဖုန်းလမ်းညွှန်	hpoun: lan: hnjun
documentação (f)	မှတ်တမ်းတင်ခြင်း	hma' tan: din gjin:
brochura (f)	ကြော်ငြာစာစောင်	kjo nja za zaun
panfleto (m)	လက်ကမ်းစာစောင်	le' kan: za zaun:
amostra (f)	နမူနာ	na. mu na
formação (f)	လေ့ကျင့်ရေးအစည်းအဝေး	lei. kjin. jei: asi: awei:
reunião (f)	အစည်းအဝေး	asi: awei:
hora (f) de almoço	နေ့လည်စာစားချိန်	nei. le za za: gjein
fazer uma cópia	မိတ္တူကူးသည်	mi' tu gu: de
tirar cópias	မိတ္တူကူးသည်	mi' tu gu: de
receber um fax	ဖက်စ်လက်ခံရရှိသည်	hpe's le' khan ja. shi. de

enviar um fax	ဖက်စ်ပို့သည်	hpe's pou. de
fazer uma chamada	ဖုန်းဆက်သည်	hpoun: ze' te
responder (vt)	ဖြေသည်	hpjei de
passar (vt)	ဆက်သွယ်သည်	hse' thwe de
marcar (vt)	စီစဉ်သည်	si zin de
demonstrar (vt)	သရုပ်ပြသည်	thajou' pja. de
estar ausente	ပျက်ကွက်သည်	pje' kwe' te
ausência (f)	ပျက်ကွက်ခြင်း	pje' kwe' chin

104. Processos negociais. Parte 1

negócio (m)	လုပ်ငန်း	lou' ngan:
ocupação (f)	လုပ်ဆောင်မှု	lou' hsaun hmu.
firma, empresa (f)	စီးပွားရေးလုပ်ငန်း	si: bwa: jei: lou' ngan:
companhia (f)	ကုမ္ပဏီ	koun pani
corporação (f)	ကော်ပိုရေးရှင်း	ko bou jei: shin:
empresa (f)	စီးပွားရေးလုပ်ငန်း	si: bwa: jei: lou' ngan:
agência (f)	ကိုယ်စားလှယ်လုပ်ငန်း	kou za: hle lou' ngan:
acordo (documento)	သဘောတူညီမှုစာချုပ်	dhabo: tu nji hmu. za gjou'
contrato (m)	ကန်ထရိုက်	kan ta jou'
acordo (transação)	အပေးအယူ	apei: aju
pedido (m)	ကြိုတင်မှာယူခြင်း	kjou din hma ju chin:
termos (m pl)	စည်းကမ်းချက်	si: kan: gje'
por atacado	လက်ကား	le' ka:
por atacado (adj)	လက်ကားဖြစ်သော	le' ka: bji' te.
venda (f) por atacado	လက်ကားရောင်းချမှု	le' ka: jaun: gja. hmu.
a varejo	လက်လီစနစ်	le' li za. ni'
venda (f) a varejo	လက်လီရောင်းချမှု	le' li jaun: gja. hmu.
concorrente (m)	ပြိုင်ဘက်	pjain be'
concorrência (f)	ပြိုင်ဆိုင်မှု	pjain zain hmu
competir (vi)	ပြိုင်ဆိုင်သည်	pjain zain de
sócio (m)	စီးပွားဖက်	si: bwa: be'
parceria (f)	စီးပွားဖက်ဖြစ်ခြင်း	si: bwa: be' bji' chin:
crise (f)	အခက်အခဲကာလ	akhe' akhe: ga la.
falência (f)	ဒေဝါလီရှခြင်း	dei wa li gan ja gjin
entrar em falência	ဒေဝါလီခံသည်	dei wa li gan de
dificuldade (f)	အခက်အခဲ	akhe' akhe:
problema (m)	ပြဿနာ	pjadhana
catástrofe (f)	ကပ်ဘေး	ka' bei:
economia (f)	စီးပွားရေး	si: bwa: jei:
econômico (adj)	စီးပွားရေးနှင့်ဆိုင်သော	si: bwa: jei: hnin zain de.
recessão (f) econômica	စီးပွားရေးကျဆင်းမှု	si: bwa: jei: gja zin: hmu.
objetivo (m)	ပန်းတိုင်	pan: dain
tarefa (f)	လုပ်ငန်းတာဝန်	lou' ngan: da wan
comerciar (vi, vt)	ကုန်သွယ်သည်	koun dhwe de

rede (de distribuição)	ကွန်ရက်	kun je'
estoque (m)	ပစ္စည်းစာရင်း	pji' si: za jin:
sortimento (m)	အပိုင်းအခြား	apain: acha:
líder (m)	ခေါင်းဆောင်	gaun: zaun
grande (~ empresa)	ကြီးများသော	kji: ma: de.
monopólio (m)	တစ်ဦးတည်းချုပ်ကိုင်ထား	ti' u: te: gjou' kain da:
teoria (f)	သီအိုရီ	thi ou ji
prática (f)	လက်တွေ့	le' twei.
experiência (f)	အတွေ့အကြုံ	atwei. akjoun
tendência (f)	ဦးတည်ရာ	u: ti ja
desenvolvimento (m)	ဖွံ့ဖြိုးတိုးတက်မှု	hpjun. bjou: dou: de' hmu.

105. Processos negociais. Parte 2

rentabilidade (f)	အကျိုးအမြတ်	akjou: amja'
rentável (adj)	အကျိုးအမြတ်ရှိသော	akjou: amja' shi. de.
delegação (f)	ကိုယ်စားလှယ်အဖွဲ့	kou za: hle ahpwe.
salário, ordenado (m)	လစာ	la. za
corrigir (~ um erro)	အမှားပြင်သည်	ahma: pjin de
viagem (f) de negócios	စီးပွားရေးခရီးစဉ်	si: bwa: jei: khaji: zin
comissão (f)	ကော်မရှင်	ko ma. shin
controlar (vt)	ထိန်းချုပ်သည်	htein: gjou' te
conferência (f)	ဆွေးနွေးပွဲ	hswe: nwe: bwe:
licença (f)	လိုင်စင်	lain zin
confiável (adj)	ယုံကြည်စိတ်ချရသော	joun kji zei' cha. ja. de.
empreendimento (m)	စတင်ခြင်း	sa. tin gjin:
norma (f)	စံနှုန်း	san hnoun:
circunstância (f)	အခြေအနေ	achei anei
dever (do empregado)	တာဝန်	ta wun
empresa (f)	အဖွဲ့အစည်း	ahpwe. asi:
organização (f)	စီစဉ်ခြင်း	si zin gjin:
organizado (adj)	စီစဉ်ထားသော	si zin dha de.
anulação (f)	ပယ်ဖျက်ခြင်း	pe hpje' chin:
anular, cancelar (vt)	ပယ်ဖျက်သည်	pe hpje' te
relatório (m)	အစီရင်ခံစာ	asi jin gan za
patente (f)	မူပိုင်ခွင့်	mu bain gwin.
patentear (vt)	မူပိုင်ခွင့်မှတ်ပုံတင်သည်	mu bain gwin. hma' poun din de
planejar (vt)	စီစဉ်သည်	si zin de
bônus (m)	အပိုဆုကြေး	apou zu. gjei:
profissional (adj)	ပညာရှင်အဆင့်တတ်ကျွမ်းသော	pjin nja ahsin da' kjwan: de.
procedimento (m)	လုပ်ထုံးလုပ်နည်း	lou' htoun: lou' ne:
examinar (~ a questão)	စဉ်းစားသည်	sin: za: de
cálculo (m)	တွက်ချက်ခြင်း	twe' che' chin:
reputação (f)	ဂုဏ်သတင်း	goun dha din:

risco (m) — စွန့်စားခြင်း — sun. za: gjin:
dirigir (~ uma empresa) — ညွှန်ကြားသည် — hnjun gja: de
informação (f) — သတင်းအချက်အလက် — dhadin: akje' ale'
propriedade (f) — ပိုင်ဆိုင်မှု — pain zain hmu
união (f) — အသင်း — athin:

seguro (m) de vida — အသက်အာမခံ — athe' ama. khan
fazer um seguro — အာမခံသည် — a ma. gan de
seguro (m) — အာမခံ — a ma. khan

leilão (m) — လေလံပွဲ — lei lan bwe:
notificar (vt) — အကြောင်းကြားသည် — akjaun: kja: de
gestão (f) — အုပ်ချုပ်မှု — ou' chou' hmu.
serviço (indústria de ~s) — ဝန်ဆောင်မှု — wun: zaun hmu.

fórum (m) — ဖိုရမ် — hpou jan
funcionar (vi) — လည်ပတ်သည် — le ba' te
estágio (m) — အဆင့် — ahsin.
jurídico, legal (adj) — ဥပဒေဆိုင်ရာ — u. ba. dei zain ja
advogado (m) — ရှေ့နေ — shei. nei

106. Produção. Trabalhos

usina (f) — စက်ရုံ — se' joun
fábrica (f) — အလုပ်ရုံ — alou' joun
oficina (f) — ဝပ်ရှော့ — wu' sho.
local (m) de produção — ထုတ်လုပ်ရာလုပ်ငန်းခွင် — htou' lou' ja lou' ngan: gwin

indústria (f) — စက်မှုလုပ်ငန်း — se' hmu. lou' ngan:
industrial (adj) — စက်မှုလုပ်ငန်းနှင့်ဆိုင်သော — se' hmu. lou' ngan: hnin. zain de.
indústria (f) pesada — အကြီးစားစက်မှုလုပ်ငန်း — akji: za: ze' hmu. lou' ngan:
indústria (f) ligeira — အသေးစားစက်မှုလုပ်ငန်း — athei: za: za' hmu. lou' ngan:

produção (f) — ထုတ်ကုန် — htou' koun
produzir (vt) — ထုတ်လုပ်သည် — tou' lou' te
matérias-primas (f pl) — ကုန်ကြမ်း — koun gjan:

chefe (m) de obras — အလုပ်သမားခေါင်း — alou' dha ma: gaun:
equipe (f) — အလုပ်သမားအဖွဲ့ — alou' dha ma: ahpwe.
operário (m) — အလုပ်သမား — alou' dha ma:

dia (m) de trabalho — ရုံးဖွင့်ရက် — joun: hpwin je'
intervalo (m) — ရပ်နားခြင်း — ja' na: gjin:
reunião (f) — အစည်းအဝေး — asi: awei:
discutir (vt) — ဆွေးနွေးသည် — hswe: nwe: de

plano (m) — အစီအစဉ် — asi asin
cumprir o plano — အကောင်အထည်ဖော်သည် — akaun ahte bo de
taxa (f) de produção — ကုန်ထုတ်နှုန်း — koun dou' hnan:
qualidade (f) — အရည်အသွေး — aji athwei:
controle (m) — စစ်ဆေးခြင်း — si' hsei: gjin:
controle (m) da qualidade — အရည်အသွေးစစ်ဆေးသုံးသပ်မှု — aji athwei: za' hsei: thon dha' hma

segurança (f) no trabalho	လုပ်ငန်းခွင်လုံခြုံမှု	lou' ngan: gwin loun gjun hmu.
disciplina (f)	စည်းကမ်း	si: kan:
infração (f)	ချိုးဖောက်ခြင်း	chou: hpau' chin:
violar (as regras)	ချိုးဖောက်သည်	chou: hpau' te
greve (f)	သပိတ်မှောက်ခြင်း	thabei' hmau' chin:
grevista (m)	သပိတ်မှောက်သူ	thabei' hmau' thu
estar em greve	သပိတ်မှောက်သည်	thabei' hmau' te
sindicato (m)	အလုပ်သမားသမဂ္ဂ	alou' dha ma: dha. me' ga
inventar (vt)	တီထွင်သည်	ti htwin de
invenção (f)	တီထွင်မှု	ti htwin hmu.
pesquisa (f)	သုတေသန	thu. tei thana
melhorar (vt)	တိုးတက်ကောင်းမွန်စေသည်	tou: te' kaun: mun zei de
tecnologia (f)	နည်းပညာ	ne: bi nja
desenho (m) técnico	နည်းပညာဆိုင်ရာပုံကြမ်း	ne bi nja zain ja boun gjan:
carga (f)	ဝန်	wun
carregador (m)	ကုန်ထမ်းသမား	koun din dhama:
carregar (o caminhão, etc.)	ကုန်တင်သည်	koun din de
carregamento (m)	ကုန်တင်ခြင်း	koun din gjin
descarregar (vt)	ကုန်ချသည်	koun gja de
descarga (f)	ကုန်ချခြင်း	koun gja gjin:
transporte (m)	သယ်ယူပို့ဆောင်ရေး	the ju bou. zaun jei:
companhia (f) de transporte	သယ်ယူပို့ဆောင်ရေး ကုမ္ပဏီ	the ju bou. zaun jei: koun pa. ni
transportar (vt)	ပို့ဆောင်သည်	pou. zaun de
vagão (m) de carga	တွဲ	twe:
tanque (m)	တိုင်ကီ	tain ki
caminhão (m)	ကုန်တင်ကား	koun din ka:
máquina (f) operatriz	ဖြတ်စက်	hpja' se'
mecanismo (m)	စက်ကိရိယာ	se' kari. ja
resíduos (m pl) industriais	စက်ရုံစွန့်ပစ်ပစ္စည်း	se' joun zun bi' pji' si:
embalagem (f)	ထုပ်ပိုးမှု	htou' pou: hmu.
embalar (vt)	ထုပ်ပိုးသည်	htou' pou: de

107. Contrato. Acordo

contrato (m)	ကန်ထရိုက်	kan ta jou'
acordo (m)	သဘောတူညီမှု	dhabo: tu nji hmu.
adendo, anexo (m)	ပူးတွဲ	pu: twe:
assinar o contrato	သဘောတူစာချုပ်ချုပ်သည်	dhabo: tu za gjou' gjou' te
assinatura (f)	လက်မှတ်	le' hma'
assinar (vt)	လက်မှတ်ထိုးသည်	le' hma' htou: de
carimbo (m)	တံဆိပ်	da zei'
objeto (m) do contrato	သဘောတူညီမှု-အကြောင်းအရာ	dhabo: tu nji hmu. akjaun: aja
cláusula (f)	အပိုဒ်ငယ်	apai' nge

partes (f pl)	စာချုပ်ပါအဖွဲ့များ	sa gjou' pa ahpwe. mja:
domicílio (m) legal	တရားဝင်နေရပ်လိပ်စာ	taja: win nei ja' lei' sa
violar o contrato	သဘောတူညီမှု ချိုးဖောက်သည်	dhabo: tu nji hmu. gjou: bau' te
obrigação (f)	အထူးသဖြင့်	a htu: dha. hjin.
responsabilidade (f)	တာဝန်ဝတ္တရား	ta wun wu' taja:
força (f) maior	မလွန်ဆန်နိုင်သောအဖြစ်	ma. lun zan nain de. ahpji'
litígio (m), disputa (f)	အငြင်းအခုံ	anjin: akhoun
multas (f pl)	ပြစ်ဒက်များ	pji' dan mja:

108. Importação & Exportação

importação (f)	သွင်းကုန်	thwin: goun
importador (m)	သွင်းကုန်လုပ်ငန်းရှင်	thwin: goun lou' ngan: shin
importar (vt)	တင်သွင်းသည်	tin dhwin: de
de importação	သွင်းကုန်နှင့်ဆိုင်သော	thwin: goun hnin. zain de.
exportação (f)	ပို့ကုန်	pou. goun
exportador (m)	ပို့ကုန်လုပ်ငန်းရှင်	pou. goun lou' ngan: shin
exportar (vt)	ကုန်တင်ပို့သည်	koun tin pou. de
de exportação	တင်ပို့သော	tin bou. de.
mercadoria (f)	ကုန်ပစ္စည်း	koun pji' si:
lote (de mercadorias)	ပို့ကုန်	pou. goun
peso (m)	အလေးချိန်	alei: gjein
volume (m)	ပမာဏ	pa. ma na.
metro (m) cúbico	ကုဗမီတာ	ku. ba mi ta
produtor (m)	ထုတ်လုပ်သူ	tou' lou' thu
companhia (f) de transporte	သယ်ယူပို့ဆောင်ရေးကုမ္ပဏီ	the ju bou. zaun jei: koun pa. ni
contêiner (m)	ကုန်တိန်နာ	kun tein na
fronteira (f)	နယ်နိမိတ်	ne ni. mei'
alfândega (f)	အကောက်ခွန်	akau' khun
taxa (f) alfandegária	အကောက်ခွန်နှုန်း	akau' khun hnoun:
funcionário (m) da alfândega	အကောက်ခွန်အရာရှိ	akau' khun aja shi.
contrabando (atividade)	မှောင်ခို	hmaun gou
contrabando (produtos)	မှောင်ခိုပစ္စည်း	hmaun gou pji' si:

109. Finanças

ação (f)	စတော့ရှယ်ယာ	sato. shera
obrigação (f)	ငွေရေးစာချုပ်	ngwei gjei: za gju'
nota (f) promissória	ငွေပေးရေးရန် ကတိစာချုပ်	ngwei bei: gjei jan ga. di. za gju'
bolsa (f) de valores	စတော့ရှယ်ယာဒိုင်	sato. shera dain
cotação (m) das ações	စတော့ဈေးနှုန်း	sato. zei: hnoun:
tornar-se mais barato	ဈေးနှုန်းကျဆင်းသည်	zei: hnan: gja. zin: de

tornar-se mais caro	ဈေးနှုန်းတက်သည်	zei: hnan: de' de
parte (f)	ရှယ်ယာ	she ja
participação (f) majoritária	ရှယ်ယာအများစုကို ပိုင်ဆိုင်ခြင်း	she ja amja: zu. gou bain zain gjin:
investimento (m)	ရင်းနှီးမြှုပ်နှံမှု	jin: hni: hmjou' hnan hmu.
investir (vt)	ရင်းနှီးမြှုပ်နှံသည်	jin: hni: hmjou' hnan de
porcentagem (f)	ရာခိုင်နှုန်း	ja gain hnan:
juros (m pl)	အတိုး	atou:
lucro (m)	အမြတ်	amja'
lucrativo (adj)	အမြတ်ရသော	amja' ja de.
imposto (m)	အခွန်	akhun
divisa (f)	ငွေကြေး	ngwei kjei:
nacional (adj)	အမျိုးသားနှင့်ဆိုင်သော	amjou: dha: hnin. zain de.
câmbio (m)	လဲလှယ်ခြင်း	le: hle gjin:
contador (m)	စာရင်းကိုင်	sajin: gain
contabilidade (f)	စာရင်းကိုင်လုပ်ငန်း	sajin: gain lou' ngan:
falência (f)	ဒေဝါလီခံရခြင်း	dei wa li gan ja gjin
falência, quebra (f)	ရှုပ်တရှုပ်ထိုးပွဲးရေး ထိုးကျခြင်	jou' ta ja' si: bwa: jei: dou' gja. gjin:
ruína (f)	ကြီးစွာသောအပျက်အစီး	kji: zwa dho apje' asi:
estar quebrado	ပျက်စီးဆုံးရှုံးသည်	pje' si: zoun: shoun: de
inflação (f)	ငွေကြေးဖောင်းပွခြင်း	ngwei kjei: baun: bwa. gjin:
desvalorização (f)	ငွေကြေးတန်ဖိုးကျခြင်း	ngwei kjei: dan bou: gja gjin:
capital (m)	အရင်းအနှီးငွေ	ajin: ani: ngwei
rendimento (m)	ဝင်ငွေ	win ngwei
volume (m) de negócios	အနှံအသိမ်း	anou' athin:
recursos (m pl)	အရင်းအမြစ်များ	ajin: amja' mja:
recursos (m pl) financeiros	ငွေကြေးအရင်းအမြစ်များ	ngwei kjei: ajin: amji' mja:
despesas (f pl) gerais	အထွေထွေအသုံးစရိတ်	a htwei htwei athoun: za. jei'
reduzir (vt)	လျှော့ချသည်	sho. cha. de

110. Marketing

marketing (m)	ဈေးကွက်ရှာဖွေရေး	zei: gwe' sha bwei jei:
mercado (m)	ဈေးကွက်	zei: gwe'
segmento (m) do mercado	ဈေးကွက်အစိတ်အပိုင်း	zei: gwe' asei' apain:
produto (m)	ထုတ်ကုန်	htou' koun
mercadoria (f)	ကုန်ပစ္စည်း	koun pji' si:
marca (f)	အမှတ်တံဆိပ်	ahma' tan zin
marca (f) registrada	ကုန်အမှတ်တံဆိပ်	koun ahma' tan hsi'
logotipo (m)	မူပိုင်အမှတ်တံဆိပ်	mu bain ahma' dan zei'
logo (m)	တံဆိပ်	da zei'
demanda (f)	တောင်းဆိုချက်	taun: hsou che'
oferta (f)	ထောက်ပံ့ခြင်း	htau' pan. gjin:
necessidade (f)	လိုအပ်မှု	lou a' hmu.

consumidor (m) သုံးစွဲသူ thoun: zwe: dhu
análise (f) ချိုးခြင်းစိတ်ဖြာခြင်း khwe: gjan: zei' hpa gjin:
analisar (vt) ချိုးခြင်းစိတ်ဖြာသည် khwe: gjan: zei' hpa de
posicionamento (m) နေရာရှာခြင်း nei ja hja gjin:
posicionar (vt) နေရာရှာသည် nei ja sha de

preço (m) ဈေးနှုန်း zei: hnan:
política (f) de preços ဈေးနှုန်းမူဝါဒ zei: hnan: m wada.
formação (f) de preços ဈေးနှုန်းဖြစ်တည်ခြင်း zei: hnan: bji' te gjin:

111. Publicidade

publicidade (f) ကြော်ငြာ kjo nja
fazer publicidade ကြော်ငြာသည် kjo nja de
orçamento (m) ဘတ်ဂျက် ba' gje'

anúncio (m) ခန့်မှန်းငွေရေး khan hman: gjei ja.
သုံးငွေစာရင်း dhu: ngwei za jin:
publicidade (f) na TV တီဗီကြော်ငြာ ti bi gjo nja
publicidade (f) na rádio ရေဒီယိုကြော်ငြာ rei di jou gjo nja
publicidade (f) exterior ပြင်ပကြော်ငြာ pjin ba. gjo nja

comunicação (f) de massa လူထုဆက်သွယ်ရေး lu du. ze' thwe jei:
periódico (m) ပုံမှန်ထုတ်မဂ္ဂဇင်း poun hmein dou' ma' ga. zin:
imagem (f) ပုံရိပ် poun jei'

slogan (m) ကြွေးကြော်သံ kjwei: kjo dhan
mote (m), lema (f) ဆောင်ပုဒ် hsaun bou'

campanha (f) အစီအစဉ် asi asin
campanha (f) publicitária ကြော်ငြာအစီအစဉ် kjo nja a si asin
grupo (m) alvo ပစ်မှတ်အုပ်စု pi' hma' ou'zu.

cartão (m) de visita လုပ်ငန်းသုံးလိပ်စာကဒ်ပြား lou' ngan: loun: lei' sa ka' pja:
panfleto (m) လက်ကမ်းစာစောင် le' kan: za zaun:
brochura (f) ကြော်ငြာစာအုပ်ငယ် kjo nja za ou' nge
folheto (m) လက်ကမ်းစာစောင် le' kan: za zaun:
boletim (~ informativo) သတင်းလွှာ dhadin: hlwa

letreiro (m) ဆိုင်းဘုတ် hsain: bou'
cartaz, pôster (m) ပို့စတာ pou sata
painel (m) publicitário ကြော်ငြာဆိုင်းဘုတ် kjo nja zain: bou'

112. Banca

banco (m) ဘဏ် ban
balcão (f) ဘဏ်ခွဲ ban gwe:

consultor (m) bancário အတိုင်ပင်ခံပုဂ္ဂိုလ် atain bin gan bou' gou
gerente (m) မန်နေဂျာ man nei gji
conta (f) ဘဏ်ငွေစာရင်း ban ngwei za jin
número (m) da conta ဘဏ်စာရင်းနံပါတ် ban zajin: nan. ba'

conta (f) corrente	ဘက်စာရင်းရှင်	ban zajin: shin
conta (f) poupança	ဘက်ငွေစုစာရင်း	ban ngwei zu. za jin
abrir uma conta	ဘက်စာရင်းဖွင့်သည်	ban zajin: hpwin. de
fechar uma conta	ဘက်စာရင်းပိတ်သည်	ban zajin: bi' te
depositar na conta	ငွေသွင်းသည်	ngwei dhwin: de
sacar (vt)	ငွေထုတ်သည်	ngwei dou' te
depósito (m)	အပ်ငွေ	a' ngwei
fazer um depósito	ငွေအပ်သည်	ngwei a' te
transferência (f) bancária	ကြေးနန်းဖြင့်ငွေလွှဲခြင်း	kjei: nan: bjin. ngwe hlwe: gjin
transferir (vt)	ကြေးနန်းဖြင့်ငွေလွှဲသည်	kjei: nan: bjin. ngwe hlwe: de
soma (f)	ပေါင်းလဒ်	paun: la'
Quanto?	ဘယ်လောက်လဲ	be lau' le:
assinatura (f)	လက်မှတ်	le' hma'
assinar (vt)	လက်မှတ်ထိုးသည်	le' hma' htou: de
cartão (m) de crédito	အကြွေးဝယ်ကဒ်-ခရက်ဒစ်ကဒ်	achwei: we ka' - ka' je' da' ka'
senha (f)	ကုဒ်နံပါတ်	kou' nan ba'
número (m) do cartão de crédito	ခရက်ဒစ်ကဒ်နံပါတ်	kha. je' di' ka' nan ba'
caixa (m) eletrônico	အလိုအလျောက်ငွေထုတ်စက်	alou aljau' ngwei htou' se'
cheque (m)	ချက်လက်မှတ်	che' le' hma'
passar um cheque	ချက်ရေးသည်	che' jei: de
talão (m) de cheques	ချက်စာအုပ်	che' sa ou'
empréstimo (m)	ချေးငွေ	chei: ngwei
pedir um empréstimo	ချေးငွေလျောက်လွှာတင်သည်	chei: ngwei shau' hlwa din de
obter empréstimo	ချေးငွေရယူသည်	chei: ngwei ja. ju de
dar um empréstimo	ချေးငွေထုတ်ပေးသည်	chei: ngwei htou' pei: de
garantia (f)	အာမခံပစ္စည်း	a ma. gan bji' si:

113. Telefone. Conversação telefônica

telefone (m)	တယ်လီဖုန်း	te li hpoun:
celular (m)	မိုဘိုင်းဖုန်း	mou bain: hpoun
secretária (f) eletrônica	ဖုန်းထူးစက်	hpoun: du ze'
fazer uma chamada	ဖုန်းဆက်သည်	hpoun: ze' te
chamada (f)	အဝင်ဖုန်း	awin hpun:
discar um número	နံပါတ် နှိပ်သည်	nan ba' hnei' te
Alô!	ဟာလို	ha. lou
perguntar (vt)	မေးသည်	mei: de
responder (vt)	ဖြေသည်	hpjei de
ouvir (vt)	ကြားသည်	ka: de
bem	ကောင်းကောင်း	kaun: gaun:
mal	အရမ်းမကောင်း	ajan: ma. gaun:
ruído (m)	ဖြတ်ဝင်သည့်ဆူညံသံ	hpja' win dhi. zu njan dhan

fone (m) တယ်လီဖုန်းနားကြပ်ပိုင်း te li hpoun: na: gja' pain:
pegar o telefone ဖုန်းကောက်ကိုင်သည် hpoun: gau' gain de
desligar (vi) ဖုန်းချသည် hpoun: gja de

ocupado (adj) လိုင်းမအားသော lain: ma. a: de.
tocar (vi) မြည်သည် mji de
lista (f) telefônica တယ်လီဖုန်းလမ်းညွှန်စာအုပ် te li hpoun: lan: hnjun za ou'

local (adj) ပြည်တွင်းဒေသတွင်းဖြစ်သော pji dwin: dei. dha dwin: bji' te.
chamada (f) local ပြည်တွင်းခေါ်ဆိုမှု pji dwin: go zou hmu.
de longa distância အဝေးခေါ်ဆိုနိုင်သော awei: go zou nain de.
chamada (f) de longa distância အဝေးခေါ်ဆိုမှု awei: go zou hmu.
internacional (adj) အပြည်ပြည်ဆိုင်ရာဖြစ်သော apji pji zain ja bja' de.
chamada (f) internacional အပြည်ပြည်ဆိုင်ရာခေါ်ဆိုမှု apji pji zain ja go: zou hmu

114. Telefone móvel

celular (m) မိုဘိုင်းဖုန်း mou bain: hpoun:
tela (f) ပြသာချင်း pja. dha. gjin:
botão (m) ခလုတ် khalou'
cartão SIM (m) ဆင်းကဒ် hsin: ka'

bateria (f) ဘတ်ထရီ ba' hta ji
descarregar-se (vr) ဖုန်းအားကုန်သည် hpoun: a: goun: de
carregador (m) အားသွင်းကြိုး a: dhwin: gjou:

menu (m) အစားအသောက်စာရင်း asa: athau' sa jin:
configurações (f pl) ချိန်ညှိခြင်း chein hnji. chin:
melodia (f) တီးလုံး ti: loun:
escolher (vt) ရွေးချယ်သည် jwei: che de

calculadora (f) ဂဏန်းပေါင်းစက် ganan: baun: za'
correio (m) de voz အသံမေးလ် athan mei:l
despertador (m) နှိုးစက် hnou: ze'
contatos (m pl) ဖုန်းအဆက်အသွယ်များ hpoun: ase' athwe mja:

mensagem (f) de texto မက်ဆေ့ဂျ် me' zei. gja
assinante (m) အသုံးပြုသူ athoun: bju. dhu

115. Estacionário

caneta (f) ဘောပင် bo pin
caneta (f) tinteiro ဖောင်တိန် hpaun din

lápis (m) ခဲတံ khe: dan
marcador (m) de texto အရောင်တောက်မင်တံ ajaun dau' min dan
caneta (f) hidrográfica ရေဆေးစုတ်တံ jei zei: zou' tan

bloco (m) de notas မှတ်စုစာအုပ် hma' su. za ou'
agenda (f) နေ့စဉ်မှတ်တမ်းစာအုပ် nei. zin hma' tan: za ou'
régua (f) ပေတံ pei dan

calculadora (f)	ဂဏန်းပေါင်းစက်	ganan: baun: za'
borracha (f)	ခဲဖျက်	khe: bje'
alfinete (m)	ထိုးပြားကြီးသံမို	htei' pja: gji: dhan hmou
clipe (m)	တွယ်ချက်	twe gjei'
cola (f)	ကော်	ko
grampeador (m)	စတပ်ပလာ	sate' pa. la
furador (m) de papel	အပေါက်ဖောက်စက်	apau' hpau' se'
apontador (m)	ခဲချွန်စက်	khe: chun ze'

116. Vários tipos de documentos

relatório (m)	အစီရင်ခံစာ	asi jin gan za
acordo (m)	သဘောတူညီမှု	dhabo: tu nji hmu.
ficha (f) de inscrição	လျှောက်လွှာပုံစံ	shau' hlwa ban zan
autêntico (adj)	စစ်မှန်သော	si' hman de.
crachá (m)	တံဆိပ်	da zei'
cartão (m) de visita	လုပ်ငန်းသုံးလိပ်စာကဒ်ပြား	lou' ngan: loun: lei' sa ka' pja:
certificado (m)	အသိအမှတ်ပြုလက်မှတ်	athi ahma' pju la' hma'
cheque (m)	ချက်စာရွက်	che' sa jwe'
conta (f)	ကျသင့်ငွေ	kja. thin. ngwei
constituição (f)	ဖွဲ့စည်းပုံအခြေ ခံဥပဒေ	hpwe. zi: boun akhei gan u. ba. dei
contrato (m)	စာချုပ်	sa gjou'
cópia (f)	မိတ္တူ	mi' tu
exemplar (~ assinado)	မိတ္တူ	mi' tu
declaração (f) alfandegária	အကောက်ခွန်ကြေငြာချက်	akau' khun gjei nja gje'
documento (m)	စာရွက်စာတမ်း	sajwe' zatan:
carteira (f) de motorista	ကားမောင်းလိုင်စင်	ka: maun: lain zin
adendo, anexo (m)	ပူးတွဲ	pu: twe:
questionário (m)	ပုစ္ဆာ	poun zan
carteira (f) de identidade	သက်သေခံကဒ်ပြား	the' thei gan ga' pja:
inquérito (m)	စုံစမ်းမေးမြန်းခြင်း	soun zan: mei: mjan: gjin:
convite (m)	ဖိတ်စာကဒ်	hpi' sa ka'
fatura (f)	ငွေတောင်းခံလွှာ	ngwei daun: gan hlwa
lei (f)	ဥပဒေ	u. ba. dei
carta (correio)	စာ	sa
papel (m) timbrado	ကုမ္ပဏီစာတမ်းပါ စာရွက်	koun pani za dan: ba za jwe'
lista (f)	စာရင်း	sajin:
manuscrito (m)	လက်ရေးစာမူ	le' jei: za mu
boletim (~ informativo)	သတင်းလွှာ	dhadin: hlwa
bilhete (mensagem breve)	မှတ်စု	hma' su.
passe (m)	ဝင်ခွင့်ကဒ်ပြား	win gwin. ga' pja
passaporte (m)	နိုင်ငံကူးလက်မှတ်	nain ngan gu: le' hma'
permissão (f)	ပါမစ်	pa mi'
currículo (m)	ကိုယ်ရေးမှတ်တမ်းအကျဉ်း	kou jei: hma' tan: akjun:
nota (f) promissória	ကြွေးမြီဝန်ခံချက်	kjwei: mji wun gan gje'
recibo (m)	လက်ခံရရှိကြောင်းပြေစာ	le' khan ja shi kjaun: bjei za

talão (f) — ငွေရပြေစာ — ngwei ja. bei za
relatório (m) — အစီရင်ခံစာ — asi jin gan za

mostrar (vt) — ပြသည် — pja. de
assinar (vt) — လက်မှတ်ထိုးသည် — le' hma' htou: de
assinatura (f) — လက်မှတ် — le' hma'
carimbo (m) — တံဆိပ် — da zei'
texto (m) — စာသား — sa dha:
ingresso (m) — လက်မှတ် — le' hma'

riscar (vt) — ခြစ်ပစ်သည် — chi' pi' te
preencher (vt) — ဖြည့်သည် — hpjei. de

carta (f) de porte — ကုန်ပို့လွှာ — koun pou. hlwa
testamento (m) — သေတမ်းစာ — thei dan: za

117. Tipos de negócios

serviços (m pl) de contabilidade — စာရင်းကိုင်ဝန်ဆောင်မှု — sajin: gain wun zaun hmu.
publicidade (f) — ကြော်ငြာ — kjo nja
agência (f) de publicidade — ကြော်ငြာလုပ်ငန်း — kjo nja lou' ngan:
ar (m) condicionado — လေအေးစက် — lei ei: ze'
companhia (f) aérea — လေကြောင်း — lei gjaun:

bebidas (f pl) alcoólicas — အရက်သေစာ — aje' dhei za
comércio (m) de antiguidades — ရှေးဟောင်းပစ္စည်း — shei: haun: bji' si:
galeria (f) de arte — အနုပညာပြခန်း — anu. pjin ja pja. gan:
serviços (m pl) de auditoria — စာရင်းစစ်ဆေးခြင်း — sajin: zi' hsei: gjin:

negócios (m pl) bancários — ဘဏ်လုပ်ငန်း — ban lou' ngan:
bar (m) — ဘား — ba:
salão (m) de beleza — အလှပြင်ဆိုင် — ahla. bjin zain:
livraria (f) — စာအုပ်ဆိုင် — sa ou' hsain
cervejaria (f) — ဘီယာချက်စက်ရုံ — bi ja gje' se' joun
centro (m) de escritórios — စီးပွားရေးလုပ်ငန်းစင်တာ — si: bwa: jei: lou' ngan: zin da
escola (f) de negócios — စီးပွားရေးကျောင်း — si: bwa: jei: gjaun:

cassino (m) — လောင်းကစားရုံ — laun: gaza: joun
construção (f) — ဆောက်လုပ်ရေးလုပ်ငန်း — hsau' lou' jei: lou' ngan:
consultoria (f) — လူနာစမ်းသပ်ခန်း — lu na zan: dha' khan:

clínica (f) dentária — သွားဆေးခန်း — thwa: hsei: gan:
design (m) — ဒီဇိုင်း — di zain:
drogaria (f) — ဆေးဆိုင် — hsei: zain
lavanderia (f) — အဝတ်အခြောက်လျှော်လုပ်ငန်း — awu' achou' hlo lou' ngan:
agência (f) de emprego — အလုပ်အကိုင်ရှာဖွေရေးလုပ်ငန်း — alou' akain sha hpwei jei: lou' ngan:

serviços (m pl) financeiros — ငွေကြေးဝန်ဆောင်မှုလုပ်ငန်း — ngwei kjei: wun zaun hmu lou' ngan:
alimentos (m pl) — စားသုံးကုန်များ — sa: dhoun: goun mja:
funerária (f) — အသုဘဝန်ဆောင်မှုလုပ်ငန်း — athu. ba. wun zaun hmu. lou' ngan:

mobiliário (m)	ပရိဘောဂ	pa ri. bo: ga.
roupa (f)	အဝတ်အစား	awu' aza:
hotel (m)	ဟိုတယ်	hou te

sorvete (m)	ရေခဲမုန့်	jei ge: moun.
indústria (f)	စက်မှုလုပ်ငန်း	se' hmu. lou' ngan:
seguro (~ de vida, etc.)	အာမခံလုပ်ငန်း	a ma. khan lou' ngan:
internet (f)	အင်တာနက်	in ta na'
investimento (m)	ရင်းနှီးမြှုပ်နှံမှု	jin: hni: hmjou' hnan hmu.
joalheiro (m)	လက်ဝတ်ရတနာကုန်သည်	le' wa' ja. da. na goun de
joias (f pl)	လက်ဝတ်ရတနာ	le' wa' ja. da. na
lavanderia (f)	ဒိုဘီလုပ်ငန်း	dou bi lou' ngan:
assessorias (f pl) jurídicas	ဥပဒေအကြံပေး	u. ba. dei akjan bei:
indústria (f) ligeira	အသေးစားစက်မှုလုပ်ငန်း	athei: za' za' hmu. lou' ngan:

revista (f)	မဂ္ဂဇင်းစာစောင်	ma' ga. zin: za zaun
vendas (f pl) por catálogo	အော်ဒါကိုစာတိုက်မှပို့ဆောင်ခြင်း	o da ko sa dai' hma. bou. hsaun gjin:
medicina (f)	ဆေးပညာ	hsei: pjin nja
cinema (m)	ရုပ်ရှင်ရုံ	jou' shin joun
museu (m)	ပြတိုက်	pja. dai'

agência (f) de notícias	သတင်းဌာန	dhadin: hta. na.
jornal (m)	သတင်းစာ	dhadin: za
boate (casa noturna)	နိုက်ကလပ်	nai' ka. la'

petróleo (m)	ရေနံ	jei nan
serviços (m pl) de remessa	ပစ္စည်းပို့ဆောင်ရေးလုပ်ငန်း	pji' si: bou. zain jei: lou' ngan:
indústria (f) farmacêutica	လူသုံးဆေးဝါးလုပ်ငန်း	lu dhoun: zei: wa: lou' ngan:
tipografia (f)	ပုံနှိပ်ခြင်း	poun nei' chin:
editora (f)	ပုံနှိပ်ထုတ်ဝေသည့်ကုမ္ပဏီ	poun nei' htou' wei dhi. koun pani

rádio (m)	ရေဒီယို	rei di jou
imobiliário (m)	အိမ်ခြံမြေလုပ်ငန်း	ein gjan mjei lu' ngan:
restaurante (m)	စားသောက်ဆိုင်	sa: thau' hsain

empresa (f) de segurança	လုံခြုံရေးအကျိုးဆောင်ကုမ္ပဏီ	loun gjoun jei: akjou: zaun koun pa. ni

esporte (m)	အားကစား	a: gaza:
bolsa (f) de valores	စတော့ရှယ်ယာရောင်းဝယ်ရေးဌာန	sato. jaun: we jei: hta. na.
loja (f)	ဆိုင်	hsain
supermercado (m)	ကုန်တိုက်ကြီး	koun dou' kji:
piscina (f)	ရေကူးကန်	jei ku: gan

alfaiataria (f)	အပ်ချုပ်လုပ်ငန်း	a' chou' lu' ngan:
televisão (f)	ရုပ်မြင်သံကြား	jou' mjin dhan gja:
teatro (m)	ကဇာတ်ရုံ	ka. za' joun
comércio (m)	ကုန်သွယ်ရေး	koun dhwe jei:
serviços (m pl) de transporte	သယ်ယူပို့ဆောင်ရေးလုပ်ငန်း	the ju bou. zaun jei: lou' ngan:

viagens (f pl)	ခရီးသွားလုပ်ငန်း	khaji: thwa: lou' ngan:
veterinário (m)	တိရစ္ဆာန်ကုဆရာဝန်	tharei' hsan gu. zaja wun
armazém (m)	ကုန်လှောင်ရုံ	koun hlaun joun
recolha (f) do lixo	စွန့်ပစ်ပစ္စည်းစုဆောင်းခြင်း	sun. bi' pji' si: zu zaun: ghin:

Emprego. Negócios. Parte 2

118. Espetáculo. Feira

feira, exposição (f)	ပြပွဲ	pja. bwe:
feira (f) comercial	ကုန်စည်ပြပွဲ	koun zi pja pwe

participação (f) — ပါဝင်ဆင်နှဲမှု — pa win zhin hnwe: hmu.
participar (vi) — ပါဝင်ဆင်နှဲသည် — pa win zin hnwe: de
participante (m) — ပါဝင်ဆင်နှဲသူ — pa win zhin hnwe: dhu

diretor (m) — ဒါရိုက်တာ — da je' ta
direção (f) — ဦးစီးဆောင်သူအဖွဲ့ — u: zi: u: zaun dhu ahpwe:
organizador (m) — စီစဉ်သူ — si zin dhu
organizar (vt) — စီစဉ်သည် — si zin de

ficha (f) de inscrição — ပါဝင်ရန်ဖြည့်စွက်ရသောပုံစံ — pa win jan bje zwe' ja. dho: boun zan
preencher (vt) — ဖြည့်သည် — hpjei. de
detalhes (m pl) — အသေးစိတ်အချက်အလက်များ — athei zi' ache' ala' mja:
informação (f) — သတင်းအချက်အလက် — dhadin: akje' ale'

preço (m) — ဈေးနှုန်း — zei: hnan:
incluindo — အပါအဝင် — apa awin
incluir (vt) — ပါဝင်သည် — pa win de
pagar (vt) — ပေးချေသည် — pei: gjei de
taxa (f) de inscrição — မှတ်ပုံတင်ခ — hma' poun din ga.

entrada (f) — ဝင်ပေါက် — win bau'
pavilhão (m), salão (f) — ပြခန်းယာယီအဆောက်အအုံ — pja. gan: ja ji ahsau' aoun
inscrever (vt) — စာရင်းသွင်းသည် — sajin: dhwin: de
crachá (m) — တံဆိပ် — da zei'

stand (m) — ပြပွဲစင် — pja. bwe: zin
reservar (vt) — ကြိုတင်မှာသည် — kjou tin hma de

vitrine (f) — ပစ္စည်းပြရန်မှန်သောင် — pji' si: bja. jan hman baun
lâmpada (f) — မီးအောင်း — mi: maun
design (m) — ဒီဇိုင်း — di zain:
pôr (posicionar) — နေရာချသည် — nei ja gja de
ser colocado, -a — တည်ရှိသည် — ti shi. de

distribuidor (m) — ဖြန့်ဝေသူ — hpjan. wei dhu
fornecedor (m) — ပေးသွင်းသူ — pei: dhwin: dhu
fornecer (vt) — ပေးသွင်းသည် — pei: dhwin: de

país (m) — နိုင်ငံ — nain ngan
estrangeiro (adj) — နိုင်ငံခြားနှင့်ဆိုင်သော — nain ngan gja: hnin. zain de.
produto (m) — ထုတ်ကုန် — htou' koun
associação (f) — အဖွဲ့အစည်း — ahpwe. asi:

sala (f) de conferência	ဆွေးနွေးပွဲခန်းမ	hswe: nwe: bwe: gan: ma.
congresso (m)	ညီလာခံ	nji la gan
concurso (m)	ပြိုင်ပွဲ	pjain bwe:
visitante (m)	ဧည့်သည်	e. dhe
visitar (vt)	လာရောက်လေ့လာသည်	la jau' lei. la de
cliente (m)	ဖောက်သည်	hpau' te

119. Media

jornal (m)	သတင်းစာ	dhadin: za
revista (f)	မဂ္ဂဇင်းစာစောင်	ma' ga. zin: za zaun
imprensa (f)	စာနယ်ဇင်း	sa ne zin:
rádio (m)	ရေဒီယို	rei di jou
estação (f) de rádio	ရေဒီယိုဌာန	rei di jou hta. na.
televisão (f)	ရုပ်မြင်သံကြား	jou' mjin dhan gja:
apresentador (m)	အစီအစဉ်တင်ဆက်သူ	asi asin din ze' thu
locutor (m)	သတင်းကြေညာသူ	dhadin: gjei nja dhu
comentarista (m)	အစီရင်ခံသူ	asi jin gan dhu
jornalista (m)	သတင်းစာဆရာ	dhadin: za zaja
correspondente (m)	သတင်းထောက်	dhadin: dau'
repórter (m) fotográfico	သတင်းဓာတ်ပုံရိုက်ကူးသူ	dhadin: da' poun jai' ku: dhu
repórter (m)	သတင်းထောက်	dhadin: dau'
redator (m)	အယ်ဒီတာ	e di ta
redator-chefe (m)	အယ်ဒီတာချုပ်	e di ta chu'
assinar a ...	ပေးသွင်းသည်	pei: dhwin: de
assinatura (f)	လစဉ်ကြေး	la. zin gjei:
assinante (m)	လစဉ်ကြေးပေးသွင်းသူ	la. zin gjei: bei: dhwin: dhu
ler (vt)	ဖတ်သည်	hpa' te
leitor (m)	စာဖတ်သူ	sa hpa' thu
tiragem (f)	စောင်ရေ	saun jei
mensal (adj)	လစဉ်	la. zin
semanal (adj)	အပတ်စဉ်	apa' sin
número (jornal, revista)	အကြိမ်	akjein
recente, novo (adj)	အသစ်ဖြစ်သော	athi' hpji' te.
manchete (f)	ခေါင်းစဉ်	gaun: zin
pequeno artigo (m)	ဆောင်းပါးငယ်	hsaun: ba: nge
coluna (~ semanal)	ပင်တိုင်ဆောင်းပါး ရှင်ကံဏ္ဍ	pin dain zaun: ba: shin gan da.
artigo (m)	ဆောင်းပါး	hsaun: ba:
página (f)	စာမျက်နှာ	sa mje' hna
reportagem (f)	သတင်းပေးပို့ချက်	dhadin: bei: bou. gje'
evento (festa, etc.)	အဖြစ်အပျက်	a hpji' apje'
sensação (f)	သတင်းထူး	dhadin: du:
escândalo (m)	မကောင်းသတင်း	ma. gaun: dhadin:
escandaloso (adj)	ကျော်မကောင်းကြား မကောင်းသော	kjo ma. kaun: pja: ma. kaun de

107

grande (adj) ကြီးကျယ်ခမ်းနားသော kji: kje khin: na: de.
programa (m) အစီအစဉ် asi asin
entrevista (f) အင်တာဗျူး in ta bju:
transmissão (f) ao vivo တိုက်ရိုက်ထုတ်လွှင့်မှု tai' jai' htou' hlwin. hmu.
canal (m) လိုင်း lain:

120. Agricultura

agricultura (f) စိုက်ပျိုးရေး sai' pjou: jei:
camponês (m) တောင်သူလယ်သမား taun dhu le dhama:
camponesa (f) တောင်သူအမျိုးသမီး taun dhu amjou: dhami:
agricultor, fazendeiro (m) လယ်သမား le dhama:

trator (m) ထွန်စက် htun ze'
colheitadeira (f) ရိတ်သိမ်းသီးနှံခြွေစက် jei' thein:/ thi: hnan gjwei ze'

arado (m) ထယ် hte
arar (vt) ထယ်ထိုးသည် hte dou: de
campo (m) lavrado ထယ်ထိုးစက် hte dou: ze'
sulco (m) ထယ်ကြောင်း hte gjaun:

semear (vt) မျိုးကြဲသည် mjou: gje: de
plantadeira (f) မျိုးကြဲစက် mjou: gje: ze'
semeadura (f) မျိုးကြဲခြင်း mjou: gje: gjin:

foice (m) မြက်ယမ်းတား mje' jan: da:
cortar com foice မြက်ရိတ်သည် mje' jei' te

pá (f) ကော်ပြား ko pja:
cavar (vt) ထွန်ယက်သည် htun je' te

enxada (f) ပေါက်ပြား pja' bja:
capinar (vt) ပေါင်းသင်သည် paun: dhin de
erva (f) daninha ပေါင်းပင် paun: bin

regador (m) အပင်ရေလောင်းပုံး apin jei laun: boun:
regar (plantas) ရေလောင်းသည် jei laun: de
rega (f) ရေလောင်းခြင်း jei laun: gjin:

forquilha (f) ကောက်ဆွ kau' hswa
ancinho (m) ထွန်ခြစ် htun gji'

fertilizante (m) မြေသြဇာ mjei o: za
fertilizar (vt) မြေသြဇာကျွေးသည် mjei o: za gjwei: de
estrume, esterco (m) မြေသြဇာ mjei o: za

campo (m) လယ်ကွင်း le gwin:
prado (m) မြင်ခင်းပြင် mjin gin: bjin
horta (f) အသီးအရွက်စိုက်ခင်း athi: ajwe' sai' khin:
pomar (m) သစ်သီးခြံ thi' thi: gjan

pastar (vt) စားကျက်တွင်လွှတ်ထားသည် sa: gja' twin hlu' hta' de
pastor (m) သိုးနွားထိန်းကျောင်းသူ thou: nwa: ou' kjaun: dhu
pastagem (f) စားကျက် sa: gja'

pecuária (f)	တိရိစ္ဆာန်မွေး မြူရေးလုပ်ငန်း	tharei' hsan mwei: mju jei: lou' ngan:
criação (f) de ovelhas	သိုးမွေးမြူရေးလုပ်ငန်း	thou: mwei: mju je: lou' ngan:
plantação (f)	ခြံ	chan
canteiro (m)	ဘောင်	baun
estufa (f)	မှန်လုံအိမ်	hman loun ein
seca (f)	မိုးခေါင်ခြင်း	mou: gaun gjin
seco (verão ~)	ခြောက်သွေ့သော	chau' thwei. de.
grão (m)	နှံစားပင်တို့၏အစေ့	hnan za: bin dou. i. asei.
cereais (m pl)	မူးယောစပါး	mu. jo za. ba:
colher (vt)	ရိတ်သိမ်းသည်	jei' thein: de
moleiro (m)	ကျိုက်ပိုင်ရှင်	gjoun ze' pain shin
moinho (m)	သီးနှံကြိတ်ခွဲစက်	thi: hnan gji' khwei: ze'
moer (vt)	ကြိတ်သည်	kjei' te
farinha (f)	ဂျုံမှုန့်	gjoun hmoun.
palha (f)	ကောက်ရိုး	kau' jou:

121. Construção. Processo de construção

canteiro (m) de obras	ဆောက်လုပ်ရေးလုပ်ငန်းခွင်	hsau' lou' jei: lou' ngan: gwin
construir (vt)	ဆောက်လုပ်သည်	hsau' lou' te
construtor (m)	ဆောက်လုပ်ရေးအလုပ်သမား	hsau' lou' jei: alou' dha. ma:
projeto (m)	ပရောဂျက် စီမံကိန်း	pa jo: gje' si man gein:
arquiteto (m)	ဗိသုကာပညာရှင်	bi. thu. ka pjin nja shin
operário (m)	အလုပ်သမား	alou' dha ma:
fundação (f)	အုတ်မြစ်	ou' mja'
telhado (m)	အမိုး	amou:
estaca (f)	မြေစိုက်တိုင်	mjei zai' tain
parede (f)	နံရံ	nan jou:
colunas (f pl) de sustentação	ငြမ်းဆင်	njan: zin
andaime (m)	ငြမ်း	njan:
concreto (m)	ကွန်ကရစ်	kun ka. ji'
granito (m)	နံးဖတ်ကျောက်	hnan: ba' kjau'
pedra (f)	ကျောက်	kjau'
tijolo (m)	အုတ်	ou'
areia (f)	သဲ	the:
cimento (m)	ဘိလပ်မြေ	bi la' mjei
emboço, reboco (m)	သရွတ်	thaju'
emboçar, rebocar (vt)	သရွတ်ကိုင်သည်	thaju' kain de
tinta (f)	သုတ်ဆေး	thou' hsei:
pintar (vt)	ဆေးသုတ်သည်	hsei: dhou' te
barril (m)	စည်ပိုင်း	si bain:
grua (f), guindaste (m)	ကရိန်းစက်	karein: ze'
erguer (vt)	မသည်	ma. de

baixar (vt)	ချသည်	cha. de
buldózer (m)	လမ်းကြိတ်စက်	lan: gji' se'
escavadora (f)	မြေတူးစက်	mjei du: ze'
caçamba (f)	ကော်ခွက်	ko khwe'
escavar (vt)	တူးသည်	tu: de
capacete (m) de proteção	ဒက်ခံဦးထုပ်	dan gan u: dou'

122. Ciência. Investigação. Cientistas

ciência (f)	သိပ္ပံပညာ	thei' pan pin nja
científico (adj)	သိပ္ပံပညာဆိုင်ရာ	thei' pan pin nja zein ja
cientista (m)	သိပ္ပံပညာရှင်	thei' pan pin nja shin
teoria (f)	သီအိုရီ	thi ou ji
axioma (m)	နဝိမှန်အဆို	na. gou hman ahsou
análise (f)	ခွဲခြမ်းစိတ်ဖြာခြင်း	khwe: gjan: zei' hpa gjin:
analisar (vt)	ခွဲခြမ်းစိတ်ဖြာသည်	khwe: gjan: zei' hpa de
argumento (m)	အကြောင်းပြချက်	akjaun: pja. gje'
substância (f)	အထည်	a hte
hipótese (f)	အခြေခံသဘောတရားအယူအဆ	achei khan dha. bo da. ja: aju ahsa.
dilema (m)	အကျပ်ရှိခြင်း	akja' shi' chin:
tese (f)	သုတေသနစာတမ်း	thu. tei thana za dan:
dogma (m)	တရားသေလက်ခံထားသောဝါဒ	taja: dhei le' khan da: dho: wa da
doutrina (f)	ဩဝါဒ	thja. wa da.
pesquisa (f)	သုတေသန	thu. tei thana
pesquisar (vt)	သုတေသနပြုသည်	thu. tei thana bjou de
testes (m pl)	စမ်းသပ်ခြင်း	san: dha' chin:
laboratório (m)	လက်တွေ့ခန်း	le' twei. gan:
método (m)	နည်းလမ်း	ne: lan:
molécula (f)	မော်လီကျူး	mo li gju:
monitoramento (m)	စောင့်ကြည့်စစ်ဆေးခြင်း	saun. gji. zi' hsei: gjin:
descoberta (f)	ရှာဖွေတွေ့ရှိမှု	sha hpwei dwei. shi. hmu.
postulado (m)	လက်ခံထားသည့်အဆို	le' khan da: dhe. ahsou
princípio (m)	အခြေခံသဘောတရား	achei khan dha. bo da. ja:
prognóstico (previsão)	ကြိုတင်ခန့်မှန်းချက်	kjou din khan hman: gje'
prognosticar (vt)	ကြိုတင်ခန့်မှန်းသည်	kjou din khan hman: de
síntese (f)	သုမ္မာရ	than ba ra.
tendência (f)	ဦးတည်ရာ	u: ti ja
teorema (m)	သီအိုရမ်	thi ou jan
ensinamentos (m pl)	သင်ကြားချက်	thin kja: gje'
fato (m)	အချက်အလက်	ache' ale'
expedição (f)	စူးစမ်းလေ့လာရေးခရီး	su: zan: lei. la nei: khaji:
experiência (f)	စမ်းသပ်လုပ်ဆောင်ချက်	san: dha' lou' hsaun gje'
acadêmico (m)	အကယ်ဒမီသိပ္ပံပညာရှင်	ake da ni dhan pa' pjin shin
bacharel (m)	တက္ကသိုလ် ပထမဘွဲ့	te' kathou pahtama. bwe.

doutor (m)	ပါရှုဘွဲ့	pa ja gu bwe.
professor (m) associado	လက်ထောက်ပါမောက္ခ	le' htau' pa mau' kha.
mestrado (m)	မဟာဘွဲ့	maha bwe.
professor (m)	ပါမောက္ခ	pamau' kha

Profissões e ocupações

123. Procura de emprego. Demissão

trabalho (m)	အလုပ်	alou'
equipe (f)	ဝန်ထမ်းအင်အား	wun dan: in a:
pessoal (m)	အမှုထမ်း	ahmu. htan:
carreira (f)	သက်မွေးမှုလုပ်ငန်း	the' hmei: hmu. lou' ngan:
perspectivas (f pl)	တက်လမ်း	te' lan:
habilidades (f pl)	ကျွမ်းကျင်မှု	kjwan: gjin hmu.
seleção (f)	လက်ရွေးစင်	le' jwei: zin
agência (f) de emprego	အလုပ်အကိုင်ရှာဖွေရေး-အကျိုးဆောင်လုပ်ငန်း	alou' akain sha hpei jei: akjou: zaun lou' ngan:
currículo (m)	ပညာရည်မှတ်တမ်းအကျဉ်း	pjin nja je hma' tan: akjin:
entrevista (f) de emprego	အလုပ်အင်တာဗျူး	alou' in da bju:
vaga (f)	အလုပ်လစ်လပ်နေရာ	alou' li' la' nei ja
salário (m)	လစာ	la. za
salário (m) fixo	ပုံသေလစာ	poun dhei la. za
pagamento (m)	ပေးရှေသည့်ငွေ	pei: gjei de. ngwei
cargo (m)	ရာထူး	ja du:
dever (do empregado)	တာဝန်	ta wun
gama (f) de deveres	တာဝန်များ	ta wun mja:
ocupado (adj)	အလုပ်များသော	alou' mja: de.
despedir, demitir (vt)	အလုပ်ထုတ်သည်	alou' htou' de
demissão (f)	ထုတ်ပယ်ခြင်း	htou' pe gjin:
desemprego (m)	အလုပ်လက်မဲ့ဦးရေ	alou' le' me. u: jei
desempregado (m)	အလုပ်လက်မဲ့	alou' le' me.
aposentadoria (f)	အငြိမ်းစားလစာ	anjein: za: la. za
aposentar-se (vr)	အငြိမ်းစားယူသည်	anjein: za: ju dhe

124. Gente de negócios

diretor (m)	ညွှန်ကြားရေးမှူး	hnjun gja: jei: hmu:
gerente (m)	မန်နေဂျာ	man nei gji
patrão, chefe (m)	အကြီးအကဲ	akji: ake:
superior (m)	အထက်လူကြီး	a hte' lu gji:
superiores (m pl)	အထက်လူကြီးများ	a hte' lu gji: mja:
presidente (m)	ဥက္ကဋ္ဌ	ou' kahta.
chairman (m)	ဥက္ကဋ္ဌ	ou' kahta.
substituto (m)	ဒုတိယ	du. di. ja.
assistente (m)	လက်ထောက်	le' htau'

secretário (m) အတွင်းရေးမျုး atwin: jei: hmu:
secretário (m) pessoal ကိုယ်ရေးအရာရှိ kou jei: aja shi.

homem (m) de negócios စီးပွားရေးလုပ်ငန်းရှင် si: bwa: jei: lou' ngan: shin
empreendedor (m) စီးပွားရေးလုပ်ငန်းရှင် si: bwa: jei: lou' ngan: shin
fundador (m) တည်ထောင်သူ ti daun dhu
fundar (vt) တည်ထောင်သည် ti daun de

principiador (m) ဖွဲ့စည်းသူ hpwe. zi: dhu
parceiro, sócio (m) အကျိုးတူလုပ်ဖော်ကိုင်ဘက် akjou: du lou' hpo kain be'
acionista (m) အစုရှင် asu. shin

milionário (m) သန်းကြွယ်သူဌေး than: gjwe dhu dei:
bilionário (m) ဘီလျံနာသူဌေး bi ljan na dhu dei:
proprietário (m) ပိုင်ရှင် pain shin
proprietário (m) de terras မြေပိုင်ရှင် mjei bain shin

cliente (m) ဖောက်သည် hpau' te
cliente (m) habitual အမြဲတမ်းဖောက်သည် amje: dan: zau' te
comprador (m) ဝယ်သူ we dhu
visitante (m) ဧည့်သည် e. dhe

profissional (m) ကျွမ်းကျင်သူ kjwan: gjin dhu
perito (m) ကျွမ်းကျင်ပညာရှင် kjwan: gjin bi nja shin
especialista (m) အထူးကျွမ်းကျင်သူ a htu: kjwan: gjin dhu

banqueiro (m) ဘဏ်လုပ်ငန်းရှင် ban lou' ngan: shin
corretor (m) စီးပွားရေးအကျိုးဆောင် si: bwa: jei: akjou: zaun

caixa (m, f) ငွေကိုင် ngwei gain
contador (m) စာရင်းကိုင် sajin: gain
guarda (m) အစောင့် asaun.

investidor (m) ရင်းနှီးမြှုပ်နှံသူ jin: hni: hmjou' hnan dhu
devedor (m) မြီစား mji za:
credor (m) ကြွေးရှင် kjwei: shin
mutuário (m) ချေးသူ chei: dhu

importador (m) သွင်းကုန်လုပ်ငန်းရှင် thwin: goun lou' ngan: shin
exportador (m) ပို့ကုန်လုပ်ငန်းရှင် pou. goun lou' ngan: shin

produtor (m) ထုတ်လုပ်သူ tou' lou' thu
distribuidor (m) ဖြန့်ဝေသူ hpjan. wei dhu
intermediário (m) တစ်ဆင့်ခံရောင်းသူ ti' hsin. gan jaun: dhu

consultor (m) အတိုင်ပင်ခံပုဂ္ဂိုလ် atain bin gan bou' gou
representante comercial ကိုယ်စားလှယ် kou za: hle
agente (m) ကိုယ်စားလှယ် kou za: hle
agente (m) de seguros အာမခံကိုယ်စားလှယ် a ma. khan gou za: hle

125. Profissões de serviços

cozinheiro (m) စားဖိုမှူး sa: hpou hmu:
chefe (m) de cozinha sa: hpou hmu: gji:

padeiro (m)	ပေါင်မုန့်ဖုတ်သူ	paun moun. bou' dhu
barman (m)	အရက်ဘား၀န်ထမ်း	aje' ba: wun dan:
garçom (m)	စားပွဲထိုး	sa: bwe: dou:
garçonete (f)	စားပွဲထိုးမိန်းကလေး	sa: bwe: dou: mein: ga. lei:
advogado (m)	ရှေ့နေ	shei. nei
jurista (m)	ရှေ့နေ	shei. nei
notário (m)	ရှေ့နေ	shei. nei
eletricista (m)	လျှပ်စစ်ပညာရှင်	hlja' si' pa. nja shin
encanador (m)	ပိုက်ပြင်သူ	pai' bjin dhu
carpinteiro (m)	လက်သမား	le' tha ma:
massagista (m)	အနှိပ်သမား	anei' thama:
massagista (f)	အနှိပ်သမ	anei' thama.
médico (m)	ဆရာဝန်	hsa ja wun
taxista (m)	တက္ကစီမောင်းသူ	te' kasi maun: dhu
condutor (automobilista)	ယာဉ်မောင်း	jin maun:
entregador (m)	ပစ္စည်းပို့သူ	pji' si: bou. dhu
camareira (f)	ဟိုတယ်သန့်ရှင်းရေးဝန်ထမ်း	hou te than. shin wun dam:
guarda (m)	အစောင့်	asaun.
aeromoça (f)	လေယာဉ်မယ်	lei jan me
professor (m)	ဆရာ	hsa ja
bibliotecário (m)	စာကြည့်တိုက်ဝန်ထမ်း	sa gji. dai' wun dan:
tradutor (m)	ဘာသာပြန်	ba dha bjan
intérprete (m)	စကားပြန်	zaga: bjan
guia (m)	လမ်းညွှန်	lan: hnjun
cabeleireiro (m)	ဆံသဆရာ	hsan dha. zaja
carteiro (m)	စာပို့သမား	sa bou. dhama:
vendedor (m)	ဆိုင်အရောင်းဝန်ထမ်း	hsain ajaun: wun dan:
jardineiro (m)	ဥယျာဉ်မှူး	u. jin hmu:
criado (m)	အိမ်ဖော်အမှုထမ်း	ein zei ahmu. dan:
criada (f)	အိမ်ဖော်အမျိုးသမီး	ein zei amjou: dhami:
empregada (f) de limpeza	သန့်ရှင်းရေးသမ	than. shin: jei: dhama.

126. Profissões militares e postos

soldado (m) raso	တပ်သား	ta' tha:
sargento (m)	တပ်ကြပ်ကြီး	ta' kja' kji:
tenente (m)	ဗိုလ်	bou
capitão (m)	ဗိုလ်ကြီး	bou gji
major (m)	ဗိုလ်မှူး	bou hmu:
coronel (m)	ဗိုလ်မှူးကြီး	bou hmu: gji:
general (m)	ဗိုလ်ချုပ်	bou gjou'
marechal (m)	ထိပ်တန်းအရာရှိ	htei' tan: aja shi.
almirante (m)	ရေတပ်ဗိုလ်ချုပ်ကြီး	jei da' bou chou' kji:
militar (m)	တပ်မတော်နှင့်ဆိုင်သော	ta' mado hnin. zain de.
soldado (m)	စစ်သား	si' tha:

T&P Books. Vocabulário Português Brasileiro-Birmanês - 9000 palavras

oficial (m)	အရာရှိ	aja shi.
comandante (m)	ခေါင်းဆောင်	gaun: zaun

guarda (m) de fronteira	နယ်ခြားစောင့်	ne gja: zaun.
operador (m) de rádio	ဆက်သွယ်ရေးတပ်သား	hse' thwe jei: da' tha:
explorador (m)	ကင်းထောက်	kin: dau'
sapador-mineiro (m)	မိုင်းရှင်းသူ	main: shin: dhu
atirador (m)	လက်ဖြောင့်တပ်သား	le' hpaun. da' tha:
navegador (m)	လေကြောင်းပြ	lei gjaun: bja.

127. Oficiais. Padres

rei (m)	ဘုရင်	ba. jin
rainha (f)	ဘုရင်မ	ba jin ma.
príncipe (m)	အိမ်ရှေ့ မင်းသား	ein shei. min: dha:
princesa (f)	မင်းသမီး	min: dhami:
czar (m)	ဇာဘုရင်	za bou jin
czarina (f)	ဇာဘုရင်မ	za bou jin ma
presidente (m)	သမ္မတ	thamada.
ministro (m)	ဝန်ကြီး	wun: gji:
primeiro-ministro (m)	ဝန်ကြီးချုပ်	wun: gji: gjou'
senador (m)	လှီနိတ်လွှတ်တော်အမတ်	hsi nei' hlwa' do: ama'
diplomata (m)	သံတမန်	than taman.
cônsul (m)	ကောင်စစ်ဝန်	kaun si' wun
embaixador (m)	သံအမတ်	than ama'
conselheiro (m)	ကောင်စီဝင်	kaun si wun
funcionário (m)	အမှုထောင်အရာရှိ	ahmu. zaun aja shi.
prefeito (m)	သီးသန့်နယ်မြေ အုပ်ချုပ်ရေးမှူး	thi: dhan. ne mjei ou' chou' ei: hmu:
Presidente (m) da Câmara	မြို့တော်ဝန်	mjou. do wun
juiz (m)	တရားသူကြီး	taja: dhu gji:
procurador (m)	အစိုးရရှေ့နေ	asou: ja shei. nei
missionário (m)	သာသနာပြုသူ	tha dha. na bju. dhu
monge (m)	ဘုန်းကြီး	hpoun: gji:
abade (m)	ကျောင်းထိုင်ဆရာတော်	kjaun: dain zaja do
rabino (m)	ဂျူးဘာသာရေးခေါင်းဆောင်	gju: ba dha jei: gaun: zaun:
vizir (m)	မွတ်ဆလင်အမတ်	mu' hsa. lin ama'
xá (m)	ရှားဘုရင်	sha: bu. shin
xeique (m)	အာရပ်စော်ဘွား	a ra' so bwa:

128. Profissões agrícolas

abelheiro (m)	ပျားမွေးသူ	pja: mwei: dhu
pastor (m)	သိုးနွားအုပ်ကျောင်းသူ	thou:/ nwa: ou' kjaun: dhu

agrônomo (m)	သီးနှံစိုက်ပျိုး ရေးပညာရှင်	thi: hnan zai' pjou: jei: pin nja shin
criador (m) de gado	တိရစ္ဆာန်မျိုးဖောက်သူ	tharei' hsan mjou: hpau' thu
veterinário (m)	တိရစ္ဆာန်ဆရာဝန်	tharei' hsan zaja wun
agricultor, fazendeiro (m)	လယ်သမား	le dhama:
vinicultor (m)	ဝိုင်ဖောက်သူ	wain bau' thu
zoólogo (m)	သတ္တဗေဒပညာရှင်	tha' ta. bei da. pin nja shin
vaqueiro (m)	နွားကျောင်းသား	nwa: gjaun: dha:

129. Profissões artísticas

ator (m)	သရုပ်ဆောင်မင်းသား	thajou' hsaun min: dha:
atriz (f)	သရုပ်ဆောင်မင်းသမီး	thajou' hsaun min: dha:
cantor (m)	အဆိုတော်	ahsou do
cantora (f)	အဆိုတော်	ahsou do
bailarino (m)	အကဆရာ	aka. hsa. ja
bailarina (f)	အကဆရာမ	aka. hsa. ja ma
artista (m)	သရုပ်ဆောင်သူ	thajou' hsaun dhu
artista (f)	သရုပ်ဆောင်သူ	thajou' hsaun dhu
músico (m)	ဂီတပညာရှင်	gi ta. bjin nja shin
pianista (m)	စန္ဒရားဆရာ	san daja: zaja
guitarrista (m)	ဂစ်တာပညာရှင်	gi' ta bjin nja shin
maestro (m)	ဂီတမှူး	gi ta. hmu
compositor (m)	တေးရေးဆရာ	tei: jei: hsaja
empresário (m)	ဇာတ်ဆရာ	za' hsaja
diretor (m) de cinema	ရုပ်ရှင်ဒါရိုက်တာ	jou' shin da jai' ta
produtor (m)	ထုတ်လုပ်သူ	htou' lou' thu
roteirista (m)	ဇာတ်ညွှန်းဆရာ	za' hnjun: za ja
crítico (m)	ဝေဖန်သူ	wei ban dhu
escritor (m)	စာရေးဆရာ	sajei: zaja
poeta (m)	ကဗျာဆရာ	ka. bja zaja
escultor (m)	ပန်းပုဆရာ	babu hsaja
pintor (m)	ပန်းချီဆရာ	bagji zaja
malabarista (m)	လက်လှည့်ဆရာ	le' hli. za. ja.
palhaço (m)	လူရွှင်တော်	lu shwin do
acrobata (m)	ကျွမ်းဘားပြသူ	kjwan: ba: bja dhu
ilusionista (m)	မျက်လှည့်ဆရာ	mje' hle. zaja

130. Várias profissões

médico (m)	ဆရာဝန်	hsa ja wun
enfermeira (f)	သူနာပြု	thu na bju.
psiquiatra (m)	စိတ်ရောဂါအထူးကုဆရာဝန်	sei' jo: ga ahtu: gu. zaja wun

dentista (m)	သွားဆရာဝန်	thwa: hsaja wun
cirurgião (m)	ခွဲစိတ်ကုဆရာဝန်	khwe: hsei' ku hsaja wun
astronauta (m)	အာကာသယာဉ်မှူး	akatha. jin hmu:
astrônomo (m)	နက္ခတ္တဗေဒပညာရှင်	ne' kha' ta. bei da. pji nja shin
piloto (m)	လေယာဉ်မှူး	lei jan hmu:
motorista (m)	ယာဉ်မောင်း	jin maun:
maquinista (m)	ရထားမောင်းသူ	jatha: maun: dhu
mecânico (m)	စက်ပြင်ဆရာ	se' pjin zaja
mineiro (m)	သတ္တုတွင်း အလုပ်သမား	tha' tu. dwin: alou' thama:
operário (m)	အလုပ်သမား	alou' dha ma:
serralheiro (m)	သော့ပြင်ဆရာ	tho. bjin zaja
marceneiro (m)	ကျည်းပေါင်းရွေလက်သမား	kji: baun: gwei le' dha ma:
torneiro (m)	တွင်ခုံအလုပ်သမား	twin goun alou' dhama:
construtor (m)	ဆောက်လုပ်ရေးအလုပ်သမား	hsau' lou' jei: alou' dha. ma:
soldador (m)	ဂဟေဆော်သူ	gahei hso dhu
professor (m)	ပါမောက္ခ	pamau' kha
arquiteto (m)	ဗိသုကာပညာရှင်	bi. thu. ka pjin nja shin
historiador (m)	သမိုင်းပညာရှင်	thamain: pin nja shin
cientista (m)	သိပ္ပံပညာရှင်	thei' pan pin nja shin
físico (m)	ရူပဗေဒပညာရှင်	ju bei da. bin nja shin
químico (m)	ဓာတုဗေဒပညာရှင်	da tu. bei da. bjin nja shin
arqueólogo (m)	ရှေးဟောင်းသုတေသနပညာရှင်	shei: haun thu. dei dha. na. bji nja shin
geólogo (m)	ဘူဗေဒပညာရှင်	buu mi. bei da. bjin nja shin
pesquisador (cientista)	သုတေသနပညာရှင်	thu. tei thana pin nja shin
babysitter, babá (f)	ကလေးထိန်း	kalei: din:
professor (m)	ဆရာ	hsa ja
redator (m)	အယ်ဒီတာ	e di ta
redator-chefe (m)	အယ်ဒီတာချုပ်	e di ta chu'
correspondente (m)	သတင်းထောက်	dhadin: dau'
datilógrafa (f)	လက်နှိပ်စက်ရိုက်သူ	le' ni' se' jou' thu
designer (m)	ဒီဇိုင်နာ	di zain na
especialista (m) em informática	ကွန်ပျူတာပညာရှင်	kun pju ta ba. nja shin
programador (m)	ပရိုဂရမ်မာ	pa. jou ga. jan ma
engenheiro (m)	အင်ဂျင်နီယာ	in gjin ni ja
marujo (m)	သင်္ဘောသား	thin: bo: dha:
marinheiro (m)	သင်္ဘောသား	thin: bo: dha:
socorrista (m)	ကယ်ဆယ်သူ	ke ze dhu
bombeiro (m)	မီးသတ်သမား	mi: tha' dhama:
polícia (m)	ရဲ	je:
guarda-noturno (m)	အစောင့်	asaun.
detetive (m)	စုံထောက်	soun dau'
funcionário (m) da alfândega	အကောက်ခွန်အရာရှိ	akau' khun aja shi.
guarda-costas (m)	သက်တော်စောင့်	the' to zaun.

guarda (m) prisional | ထောင်စောင့် | htaun zaun.
inspetor (m) | ရဲအုပ် | je: ou'

esportista (m) | အားကစားသမား | a: gaza: dhama:
treinador (m) | နည်းပြ | ne: bja.
açougueiro (m) | သားသတ်သမား | tha: dha' thama:
sapateiro (m) | ဖိနပ်ချုပ်သမား | hpana' chou' tha ma:
comerciante (m) | ကုန်သည် | koun de
carregador (m) | ကုန်ထမ်းသမား | koun din dhama:

estilista (m) | ဖက်ရှင်ဒီဇိုင်နာ | hpe' shin di zain na
modelo (f) | မော်ဒယ် | mo de

131. Ocupações. Estatuto social

estudante (~ de escola) | ကျောင်းသား | kjaun: dha:
estudante (~ universitária) | ကျောင်းသား | kjaun: dha:

filósofo (m) | ဒဿနပညာရှင် | da' thana. pjin nja shin
economista (m) | ဘောဂဗေဒပညာရှင် | bo ga bei da ba nja shin
inventor (m) | တီထွင်သူ | ti htwin dhu

desempregado (m) | အလုပ်လက်မဲ့ | alou' le' me.
aposentado (m) | အငြိမ်းစား | anjein: za:
espião (m) | သူလျှို | thu shou

preso, prisioneiro (m) | ထောင်သား | htaun dha:
grevista (m) | သပိတ်မှောက်သူ | thabei' hmau' thu
burocrata (m) | ဗျူရိုကရက်အစရာရှိ | bju jou ka. je' aja shi.
viajante (m) | ခရီးသွား | khaji: thwa:

homossexual (m) | လိင်တူချစ်ဆက်ဆံသူ | lein du cjin: ze' hsan dhu
hacker (m) | ဟက်ကာ | he' ka
hippie (m, f) | လူမှုဝေလေများကို သွေဖယ်သူ | lu hmu. da. lei. mja: gou

bandido (m) | ဓားပြ | damja.
assassino (m) | လူသတ်သမား | lu dha' thama:
drogado (m) | ဆေးစွဲသူ | hsei: zwe: dhu
traficante (m) | မူးယစ်ဆေးရောင်းဝယ်သူ | mu: ji' hsei: jaun we dhu
prostituta (f) | ပြည့်တန်ဆာ | pjei. dan za
cafetão (m) | ဖာခေါင်း | hpa gaun:

bruxo (m) | မှော်ဆရာ | hmo za. ja
bruxa (f) | မှော်ဆရာမ | hmo za. ja ma.
pirata (m) | ပင်လယ်ဓားပြ | pin le da: bja.
escravo (m) | ကျွန် | kjun
samurai (m) | ဆာမူရိုင်း | hsa mu jain:
selvagem (m) | လူရိုင်း | lu jain:

Desportos

132. Tipos de desportos. Desportistas

esportista (m)	အားကစားသမား	a: gaza: dhama:
tipo (m) de esporte	အားကစားအမျိုးအစား	a: gaza: amjou: asa:
basquete (m)	ဘတ်စကတ်ဘော	ba' sa. ka' bo:
jogador (m) de basquete	ဘတ်စကတ်ဘောကစားသမား	ba' sa. ka' bo ka. za: dha ma:
beisebol (m)	ဘေ့စ်ဘောအားကစား	bei'. bo a: gaza
jogador (m) de beisebol	ဘေ့စ်ဘောကစားသမား	bei'. bo a: gaza dha ma:
futebol (m)	ဘောလုံးအားကစား	bo loun: a: gaza:
jogador (m) de futebol	ဘောလုံးကစားသမား	bo loun: gaza: dhama:
goleiro (m)	ဂိုးသမား	gou: dha ma:
hóquei (m)	ဟော်ကီ	hou ki
jogador (m) de hóquei	ဟော်ကီကစားသမား	hou ki gaza: dha ma:
vôlei (m)	ဘော်လီဘောအားကစား	bo li bo: a: gaza:
jogador (m) de vôlei	ဘောလီဘောကစားသမား	bo li bo: a: gaza: dhama:
boxe (m)	လက်ဝှေ့	le' hwei.
boxeador (m)	လက်ဝှေ့သမား	le' hwei. dhama:
luta (f)	နပမ်းကစားခြင်း	naban: gaza: gjin:
lutador (m)	နပမ်းသမား	naban: dhama:
caratê (m)	ကရာတေးအားကစား	ka. ra tei: a: gaza:
carateca (m)	ကရာတေးကစားသမား	ka. ra tei: a: gaza: ma:
judô (m)	ဂျူဒိုအားကစား	gju dou a: gaza:
judoca (m)	ဂျူဒိုကစားသမား	gju dou a: gaza: dhama:
tênis (m)	တင်းနစ်	tin: ni'
tenista (m)	တင်းနစ်ကစားသူ	tin: ni' gaza: dhu
natação (f)	ရေကူးအားကစား	jei ku: a: gaza:
nadador (m)	ရေကူးသူ	jei ku: dhu
esgrima (f)	ဓားရေးယှဉ်ပြိုင်ကစားခြင်း	da: jei: shin bjain ga. za: gjin
esgrimista (m)	ဓားရေးယှဉ်ပြိုင်ကစားသူ	da: jei: shin bjain ga. za: dhu
xadrez (m)	စစ်တုရင်	si' tu. jin
jogador (m) de xadrez	စစ်တုရင်ကစားသမား	si' tu. jin gaza: dhama:
alpinismo (m)	တောင်တက်ခြင်း	taun de' chin:
alpinista (m)	တောင်တက်သမား	taun de' thama:
corrida (f)	အပြေး	apjei:

corredor (m) | အပြေးသမား | apjei: dha. ma:
atletismo (m) | ပြေးခုန်ပစ် | pjei: goun bi'
atleta (m) | ပြေးခုန်ပစ်ကစားသူ | pjei: goun bi' gaza: dhu

hipismo (m) | မြင်းစီးခြင်း | mjin: zi: gjin:
cavaleiro (m) | မြင်းစီးသူ | mjin: zi: dhu

patinação (f) artística | စကိတ်စီးကပြခြင်း | sakei' si: ga. bja. gjin:
patinador (m) | စကိတ်စီးကပြသူ | sakei' si: ga. bja. dhu
patinadora (f) | စကိတ်စီးကပြမယ် | sakei' si: ga. bja. me

halterofilismo (m) | အလေးမ | a lei: ma
halterofilista (m) | အလေးမသူ | a lei: ma dhu

corrida (f) de carros | ကားမောင်းပြိုင်ခြင်း | ka: maun: bjein gjin:
piloto (m) | ပြိုင်ကားမောင်းသူ | pjain ga: maun: dhu

ciclismo (m) | စက်ဘီးစီးခြင်း | se' bi: zi: gjin
ciclista (m) | စက်ဘီးစီးသူ | se' bi: zi: dhu

salto (m) em distância | အလျားခုန် | alja: khun
salto (m) com vara | တုတ်ထောက်ခုန် | tou' htau' khoun
atleta (m) de saltos | ခုန်သူ | khoun dhu

133. Tipos de desportos. Diversos

futebol (m) americano | အမေရိကန်ဘောလုံး | amei ji kan dho: loun:
badminton (m) | ကြက်တောင် | kje' daun
biatlo (m) | သေနတ်ပစ် | thei na' pi'
bilhar (m) | ဘီလိယက် | bi li je'

bobsled (m) | ပြိုင်စွတ်ဖား | pjain zwa' hpa:
musculação (f) | ကာယဗလ | ka ja ba. la.
polo (m) aquático | ဝါတာပိုလို | wa ta pou lou
handebol (m) | လက်ပစ်ဘောလုံးကစားနည်း | le' pi' bo: loun: gaza: ne:
golfe (m) | ဂေါက်ရိုက်ခြင်း | gou' jai' chin:
remo (m) | လှေလှော်ခြင်း | hlei hlo gjin:
mergulho (m) | ရေငုပ်ခြင်း | jei ngou' chin:
corrida (f) de esqui | နှင်းလျှောစကိတ်စီး ပြိုင်ပွဲ | hnin: sho: zakei' si: bjain bwe:
tênis (m) de mesa | စားပွဲတင်တင်းနစ် | sa: bwe: din din: ni'

vela (f) | ရွက်လွှင့်ခြင်း | jwe' hlwn. jgin:
rali (m) | ကားပြိုင်ခြင်း | ka: bjain gjin:
rúgbi (m) | ရပ်ဘီဘောလုံးအားကစား | re' bi bo: loun: a: gaza:
snowboard (m) | နှင်းလျှောစကိတ်စီးခြင်း | hnin: sho: zakei' si: gjin:
arco-e-flecha (m) | မြှားပစ် | hmja: bi'

134. Ginásio

barra (f) | အလေးတန်း | a lei: din:
halteres (m pl) | ဒမ်ဘယ်အလေးတုန်း | dan be alei: doun:

aparelho (m) de musculação	လေ့ကျင့်ခန်းပြုလုပ်ရန်စက်	lei. kjin. gan: pju. lou' jan ze'
bicicleta (f) ergométrica	လေ့ကျင့်ခန်းစက်ဘီး	lei. kjin. gan: ze' bi:
esteira (f) de corrida	ပြေးစက်	pjei: ze'
barra (f) fixa	ဘားတန်း	ba: din:
barras (f pl) paralelas	ပြိုင်တန်း	pjain dan:
cavalo (m)	မြင်းနု	mjin: goun
tapete (m) de ginástica	အားကစားဖျာ	a: gaza: bja
corda (f) de saltar	ကြိုး	kjou:
aeróbica (f)	အေရိုးဘစ်	e jou: bi'
ioga, yoga (f)	ယောဂ	jo: ga.

135. Hóquei

hóquei (m)	ဟော်ကီ	hou ki
jogador (m) de hóquei	ဟော်ကီကစားသမား	hou ki gaza: dha ma:
jogar hóquei	ဟော်ကီကစားသည်	hou ki gaza: de
gelo (m)	ရေခဲ	jei ge:
disco (m)	ရော်ဘာဒီးပြား	jo ba dou: bja:
taco (m) de hóquei	ဟော်ကီရိုက်တံ	hou ki jai' tan
patins (m pl) de gelo	ရေခဲပြင်စကိတ်	jei ge: bjin za. gei'
muro (m)	အကာပြား	aka pja:
tiro (m)	ရိုက်ချက်	jai' che'
goleiro (m)	ဂိုးသမား	gou: dha ma:
gol (m)	ဂိုး	gou:
marcar um gol	ဂိုးသွင်းသည်	gou: dhwin: de
tempo (m)	အပိုင်း	apain:
segundo tempo (m)	ဒုတိယပိုင်း	du. di. ja. bain:
banco (m) de reservas	အရန်ကစားသမား ထိုင်ခုံ	ajan ka. za: dha. ma: dain goun

136. Futebol

futebol (m)	ဘောလုံးအားကစား	bo loun: a: gaza:
jogador (m) de futebol	ဘောလုံးကစားသမား	bo loun: gaza: dhama:
jogar futebol	ဘောလုံးကန်သည်	bo loun: gan de
Time (m) Principal	မေဂျာလိဂ်	mei gja lei'
time (m) de futebol	ဘောလုံးကလပ်	bo loun: kala'
treinador (m)	နည်းပြ	ne: bja.
proprietário (m)	ပိုင်ရှင်	pain shin
equipe (f)	အသင်း	athin:
capitão (m)	အသင်းခေါင်းဆောင်	ahin: gaun: zaun
jogador (m)	ကစားသမား	gaza: dhama:
jogador (m) reserva	အရန်ကစားသမား	ajan ka. za: dha. ma:
atacante (m)	ရှေ့တန်း	shei. dan:

centroavante (m)	ရှေ့တန်းအလယ်	shei. dan: ale
marcador (m)	အမှတ်မှတ်သူ	ahma' hma' thu
defesa (m)	နောက်တန်းကာစားသမား	nau' tan: ka. za: dha. ma:
meio-campo (m)	ကွင်းလယ်လူ	kwin: le dhu
jogo (m), partida (f)	ပြိုင်ပွဲ	pjain bwe:
encontrar-se (vr)	တွေ့ဆုံသည်	twei. hsoun de
final (m)	ဗိုလ်လုပွဲ	bou lu. bwe:
semifinal (f)	အကြိုဗိုလ်လုပွဲ	akjou bou lu. pwe:
campeonato (m)	တံခွန်စိုက်ပြိုင်ပွဲ	dagun zai' pjein bwe:
tempo (m)	အချိန်	achein
primeiro tempo (m)	ပထမပိုင်း	pahtama. bain:
intervalo (m)	နားချိန်	na: gjein
goleira (f)	ဂိုးပေါက်	gou: bau'
goleiro (m)	ဂိုးသမား	gou: dha ma:
trave (f)	ဂိုးတိုင်	gou: dain
travessão (m)	ဂိုးဘားတန်း	gou: ba: dan
rede (f)	ပိုက်	pai'
tomar um gol	ဂိုးလွတ်သွားသည်	gou: lu' thwa: de
bola (f)	ဘောလုံး	bo loun:
passe (m)	ပေးခြင်း	pei: gjin:
chute (m)	ကန်	ki'
chutar (vt)	ကန်သည်	kan de
pontapé (m)	ပြစ်ဒဏ်ဘော	pji' dan de.
escanteio (m)	ထောင့်ကန်ဘော	daun. gan bo:
ataque (m)	တိုက်စစ်	tai' si'
contra-ataque (m)	တန်ပြန်တိုက်စစ်	tan bjan dai' si'
combinação (f)	ပေါင်းစပ်ခြင်း	paun: za' chin:
árbitro (m)	ဒိုင်လူကြီး	dain dhu gji:
apitar (vi)	လေချွန်သည်	lei gjun de
apito (m)	ခရာ	khaja
falta (f)	ဖောင်းဘော	hpaun: bo:
cometer a falta	ဖောင်းဘောဖြစ်သည်	hpaun: bo: hpji' te
expulsar (vt)	ထုတ်သည်	htou' te
cartão (m) amarelo	အဝါကဒ်	awa ka'
cartão (m) vermelho	အနီကဒ်	ani ga'
desqualificação (f)	ပိတ်ပင်ခြင်း	pei' pin gjin:
desqualificar (vt)	ပိတ်ပင်သည်	pei' pin de
pênalti (m)	ပန်နယ်တီ	pan ne ti
barreira (f)	ဝေါ်ကာခြင်း	wo: ga gjin:
marcar (vt)	သွင်းသည်	thin: de
gol (m)	ဂိုး	gou:
marcar um gol	ဂိုးသွင်းသည်	gou: dhwin: de
substituição (f)	လူစားလဲခြင်း	lu za: le: gjin:
substituir (vt)	လူစားလဲသည်	lu za: le: de
regras (f pl)	စည်းမျဉ်းစည်းကမ်း	si: mjin: si: kan:
tática (f)	ဗျူဟာ	bju ha
estádio (m)	အားကစားရုံ	a: gaza: joun

arquibancadas (f pl)	ပွဲကြည့်စင်	pwe: gje. zi'
fã, torcedor (m)	ပရိတ်သတ်	pa. rei' tha'
gritar (vi)	အော်သည်	o de
placar (m)	ရလဒ်ပြဆိုင်းဘုတ်	jala' pja. zain: bou'
resultado (m)	ရလဒ်	jala'
derrota (f)	အရှုံး	ashoun:
perder (vt)	ရှုံးသည်	shoun: de
empate (m)	သရေ	thajei
empatar (vi)	သရေကျသည်	tha. jei gja. de
vitória (f)	အောင်ပွဲ	aun bwe:
vencer (vi, vt)	အောင်ပွဲခံသည်	aun bwe: khan de
campeão (m)	ချန်ပီယံ	chan pi jan
melhor (adj)	အကောင်းဆုံး	akaun zoun
felicitar (vt)	ဂုဏ်ပြုသည်	goun bju de
comentarista (m)	အစီရင်ခံသူ	asi jin gan dhu
comentar (vt)	အစီရင်ခံသည်	asi jin gan de
transmissão (f)	ထုတ်လွှင့်မှု	htou' hlwin. hmu.

137. Esqui alpino

esqui (m)	နှင်းလျှောစီးစက်တိတ်	hnin: sho: zi: zakei'
esquiar (vi)	နှင်းလျှောစီးသည်	hnin: sho: zi: de
estação (f) de esqui	နှင်းလျှောစီးစခန်း	hnin: sho: zi: za. gan:
teleférico (m)	ရွှေ့လျားစက်ခါးပတ်	jwei. lja: ze' kha: ba'
bastões (m pl) de esqui	နှင်းလျှောစီးထောက်တံ	hnin: sho: zi: dau' dan
declive (m)	တောင်စောင်း	taun zaun:
slalom (m)	နှင်းလျှောစီးပြိုင်ပွဲ	hnin: sho: zi: bjein bwe:

138. Tênis. Golfe

golfe (m)	ဂေါက်ရိုက်ခြင်း	gou' jai' chin:
clube (m) de golfe	ဂေါက်အသင်း	go' athin:
jogador (m) de golfe	ဂေါက်ရိုက်သမား	gou' jai' thama:
buraco (m)	ဂေါက်ကျင်း	gou' kjin:
taco (m)	ပေတံကီရိုက်တံ	hou ki jai' tan
trolley (m)	ဂေါက်ကွင်းကား	gou' kwin: ga:
tênis (m)	တင်းနစ်	tin: ni'
quadra (f) de tênis	တင်းနစ်ကစားကွင်း	tin: ni' gaza: kwin:
saque (m)	ပေးဘော	pei: bo:
sacar (vi)	ပေးသည်	pei: de
raquete (f)	ရိုက်တံ	jai' tan
rede (f)	ပိုက်	pai'
bola (f)	ဘောလုံး	bo loun

139. Xadrez

xadrez (m)	စစ်တုရင်	si' tu. jin
peças (f pl) de xadrez	စစ်တုရင်ရုပ်များ	si' tu. jin jou' mja:
jogador (m) de xadrez	စစ်တုရင်ကစားသမား	si' tu, jin gaza: dhama:
tabuleiro (m) de xadrez	စစ်တုရင်ခုံ	si' tu. jin goun
peça (f)	စစ်တုရင်ရုပ်	si' tu. jin jou'
brancas (f pl)	အဖြူ	ahpju
pretas (f pl)	အနက်	ane'
peão (m)	နယ်ရုပ်	ne jou'
bispo (m)	ဘုန်းကြီးရုပ်	hpoun: gji:
cavalo (m)	မြင်းရုပ်	mjin: jou'
torre (f)	ရထားရုပ်	jatha: jou'
dama (f)	ဘုရင်မ	ba. jin ma.
rei (m)	ဘုရင်	ba. jin
vez (f)	အကွက်	akwe'
mover (vt)	အကွက်ရွှေ့သည်	akwe' shwei. de
sacrificar (vt)	စွန့်သည်	sun. de
roque (m)	ရထားကွက်	jtha: kwe'
xeque (m)	ချက်ကွက်	che' kwe'
xeque-mate (m)	အပ်ကွက်	a' kwe'
torneio (m) de xadrez	တံခွန်စိုက်စစ်တုရင်ပြိုင်ပွဲ	dagun zai' si' tu. jin bjein bwe:
grão-mestre (m)	စစ်တုရင်ပဂေး	si' tu. jin bagei:
combinação (f)	ပေါင်းစပ်ခြင်း	paun: za' chin:
partida (f)	ဂိမ်း	gein:
jogo (m) de damas	ကျားထိုးခြင်း	kja: dou: gjin:

140. Boxe

boxe (m)	လက်ဝှေ့	le' hwei.
combate (m)	တိုက်ခိုက်ခြင်း	tai' khai' chin:
luta (f) de boxe	လက်ဝှေ့ပွဲ	le' hwei, bwe:
round (m)	အကြိမ်	akjein
ringue (m)	ကြိုးဝိုင်း	kjou: wain:
gongo (m)	မောင်း	maun:
murro, soco (m)	ထိုးချက်	htou: gje'
derrubada (f)	အလဲထိုးချက်	ale: htou: gje'
nocaute (m)	အမှောက်ထိုးချက်	ahmau' htou: gje'
nocautear (vt)	အလဲထိုးသည်	ale: htou: de
luva (f) de boxe	လက်အိတ်	lei' ei'
juiz (m)	ဒိုင်	dain
peso-pena (m)	အငယ်တန်း	ange dan:
peso-médio (m)	အလယ်တန်း	ale dan:
peso-pesado (m)	အကြီးတန်း	akji: din:

141. Desportos. Diversos

Português	Birmanês	Pronúncia
Jogos (m pl) Olímpicos	အိုလံပစ်အားကစားပွဲ	ou lan bi' a: gaza: bwe
vencedor (m)	အနိုင်ရသူ	anain ja. dhu
vencer (vi)	အနိုင်ရသည်	anain ja de
vencer (vi, vt)	နိုင်သည်	nain de
líder (m)	ခေါင်းဆောင်	gaun: zaun
liderar (vt)	ဦးဆောင်သည်	u: zaun de
primeiro lugar (m)	ပထမဆု	pahtama. zu.
segundo lugar (m)	ဒုတိယဆု	du. di. ja. zou
terceiro lugar (m)	တတိယဆု	tati. ja. zu.
medalha (f)	ဆုတံဆိပ်	hsu. dazei'
troféu (m)	ဒိုင်းဆု	dain: zu.
taça (f)	ဆုဖလား	hsu. bala:
prêmio (m)	ဆု	hsu.
prêmio (m) principal	အဓိကဆု	adi. ka. zu.
recorde (m)	မှတ်တမ်း	hma' tan:
estabelecer um recorde	မှတ်တမ်းတင်သည်	hma' tan: din de
final (m)	ဗိုလ်လုပွဲ	bou lu. bwe:
final (adj)	နောက်ဆုံးဖြစ်သော	nau' hsoun: bji' te.
campeão (m)	ချန်ပီယံ	chan pi jan
campeonato (m)	တံခွန်စိုက်ပြိုင်ပွဲ	dagun zai' pjein bwe:
estádio (m)	အားကစားရုံ	a: gaza: joun
arquibancadas (f pl)	ပွဲကြည့်စင်	pwe: gje. zi'
fã, torcedor (m)	ပရိတ်သတ်	pa. rei' tha'
adversário (m)	ပြိုင်ဘက်	pjain be'
partida (f)	စမှတ်	sahma'
linha (f) de chegada	ဆုံးမှတ်	hsoun: hma'
derrota (f)	လက်လျော့ခြင်း	le' sho. gjin:
perder (vt)	ရှုံးသည်	shoun: de
árbitro, juiz (m)	ဒိုင်လူကြီး	dain dhu gji:
júri (m)	အကဲဖြတ်ဒိုင်လူကြီးအဖွဲ့	ake: hpja dain lu gji: ahpwe.
resultado (m)	ရလဒ်	jala'
empate (m)	သရေ	thajei
empatar (vi)	သရေကျသည်	tha. jei gja. de
ponto (m)	ရမှတ်	ja. hma'
resultado (m) final	ရလဒ်	jala'
tempo (m)	အပိုင်း	apain:
intervalo (m)	ပွဲလယ်နားချိန်	pwe: le na: gjein
doping (m)	ဆေးသုံးခြင်း	hsei: dhoun: gjin:
penalizar (vt)	ပြစ်ဒဏ်ပေးသည်	pji' dan bei: de
desqualificar (vt)	ဖိတ်ပင်သည်	pei' pin de
aparelho, aparato (m)	တန်ဆာပလာ	tan za ba. la

dardo (m)	လံု	hlan
peso (m)	သံလံုး	than loun:
bola (f)	ေဘာလံုး	bo loun:
alvo, objetivo (m)	ချိန်သီး	chein dhi:
alvo (~ de papel)	ပစ်မှတ်	pi' hma'
disparar, atirar (vi)	ပစ်သည်	pi' te
preciso (tiro ~)	တိတိကျကျဖြစ်သော	ti. ti. kja. kja. hpji te.
treinador (m)	နည်းပြ	ne: bja.
treinar (vt)	လေ့ကျင့်ပေးသည်	lei. kjin. bei: de
treinar-se (vr)	လေ့ကျင့်သည်	lei. kjin. de
treino (m)	လေ့ကျင့်ခြင်း	lei. kjin. gjin
academia (f) de ginástica	အားကစားခန်းမ	a: gaza: gan: ma.
exercício (m)	လေ့ကျင့်ခန်း	lei. kjin. gan:
aquecimento (m)	သွေးပူလေ့ကျင့်ခန်း	thwei: bu lei. gjin. gan:

Educação

142. Escola

escola (f)	စာသင်ကျောင်း	sa dhin gjaun:
diretor (m) de escola	ကျောင်းအုပ်ကြီး	ko: ou' kji:
aluno (m)	ကျောင်းသား	kjaun: dha:
aluna (f)	ကျောင်းသူ	kjaun: dhu
estudante (m)	ကျောင်းသား	kjaun: dha:
estudante (f)	ကျောင်းသူ	kjaun: dhu
ensinar (vt)	သင်ကြားသည်	thin kja: de
aprender (vt)	သင်ယူသည်	thin ju de
decorar (vt)	အလွတ်ကျက်သည်	alu' kje' de
estudar (vi)	သင်ယူသည်	thin ju de
estar na escola	ကျောင်းတက်သည်	kjaun: de' de
ir à escola	ကျောင်းသွားသည်	kjaun: dhwa: de
alfabeto (m)	အက္ခရာ	e' kha ja
disciplina (f)	ဘာသာရပ်	ba da ja'
sala (f) de aula	စာသင်ခန်း	sa dhin gan:
lição, aula (f)	သင်ခန်းစာ	thin gan: za
recreio (m)	အနားချိန်	ana: gjain
toque (m)	ခေါင်းလောင်းသံ	gaun: laun: dhan
classe (f)	စာရေးခုံ	sajei: khoun
quadro (m) negro	ကျောက်သင်ပုန်း	kjau' thin boun:
nota (f)	အမှတ်	ahma'
boa nota (f)	အမှတ်အဆင့်မြင့်	ahma' ahsin. mjin.
nota (f) baixa	အမှတ်အဆင့်နိမ့်	ahma' ahsin. nin.
dar uma nota	အမှတ်ပေးသည်	ahma' pei: de
erro (m)	အမှား	ahma:
errar (vi)	အမှားလုပ်သည်	ahma: lou' te
corrigir (~ um erro)	အမှားပြင်သည်	ahma: pjin de
cola (f)	ဖိုးကူးရန်စာ	khou: gu: jan za
	ရှက်အပိုင်းအစ	jwe' apain: asa.
dever (m) de casa	အိမ်စာ	ein za
exercício (m)	လေ့ကျင့်ခန်း	lei. kjin. gan:
estar presente	ရှိသည်	shi. de
estar ausente	ပျက်ကွက်သည်	pje' kwe' te
faltar às aulas	အတန်းပျက်ကွက်သည်	atan: bje' kwe' te
punir (vt)	အပြစ်ပေးသည်	apja' pei: de
punição (f)	အပြစ်ပေးခြင်း	apja' pei: gjin:

comportamento (m)	အပြုအမူ	apju amu
boletim (m) escolar	စာမေးပွဲမှတ်တမ်း	sa mei: hma' tan:
lápis (m)	ခဲတံ	khe: dan
borracha (f)	ခဲဖျက်	khe: bje'
giz (m)	မြေဖြူ	mjei bju
porta-lápis (m)	ခဲတံဗူး	khe: dan bu:
mala, pasta, mochila (f)	ကျောင်းသုံးလွယ်အိတ်	kjaun: dhoun: lwe ji'
caneta (f)	ဘောပင်	bo pin
caderno (m)	လေ့ကျင့်ခန်းစာအုပ်	lei. kjin. gan: za ou'
livro (m) didático	ဖတ်စာအုပ်	hpa' sa au'
compasso (m)	ထောက်ဆူး	htau' hsu:
traçar (vt)	ပုံကြမ်းဆွဲသည်	poun: gjam: zwe: de
desenho (m) técnico	နည်းပညာဆိုင်ရာပုံကြမ်း	ne bi nja zain ja boun gjan:
poesia (f)	ကဗျာ	ka. bja
de cor	အလွတ်	alu'
decorar (vt)	အလွတ်ကျက်သည်	alu' kje' de
férias (f pl)	ကျောင်းပိတ်ရက်	kjaun: bi' je'
estar de férias	အားလပ်ရက်ရှိသည်	a: la' je' ja. de
passar as férias	အားလပ်ရက်ဖြတ်သန်းသည်	a: la' je' hpja' than: de
teste (m), prova (f)	အခန်းဆုံးစစ်ဆေးမှု	akhan: zain zi' hsei: hmu
redação (f)	စာစီစာကုံး	sa zi za koun:
ditado (m)	သတ်ပုံခေါ်ပေးခြင်း	tha' poun go bei: gjin:
exame (m), prova (f)	စာမေးပွဲ	sa mei: bwe:
fazer prova	စာမေးပွဲဖြေသည်	sa mei: bwe: bjei de
experiência (~ química)	လက်တွေ့လုပ်ဆောင်မှု	le' twei. lou' zaun hma.

143. Colégio. Universidade

academia (f)	အထူးပညာသင်ကျောင်း	a htu: bjin nja dhin kjaun:
universidade (f)	တက္ကသိုလ်	te' kathou
faculdade (f)	ဌာန	hta. na.
estudante (m)	ကျောင်းသား	kjaun: dha:
estudante (f)	ကျောင်းသူ	kjaun: dhu
professor (m)	သင်ကြားပို့ချသူ	thin kja: bou. gja. dhu
auditório (m)	စာသင်ခန်း	sa dhin gan:
graduado (m)	ဘွဲ့ရသူ	bwe. ja. dhu
diploma (m)	ဒီပလိုမာ	di' lou ma
tese (f)	သုတေသနစာတမ်း	thu. tei thana za dan:
estudo (obra)	သုတေသနစာတမ်း	thu. tei thana za dan:
laboratório (m)	လက်တွေ့ခန်း	le' twei. gan:
palestra (f)	သင်ကြားပို့ချမှု	thin kja: bou. gja. hmu.
colega (m) de curso	အတန်းဖော်	atan: hpo
bolsa (f) de estudos	ပညာသင်ဆု	pjin nja dhin zu.
grau (m) acadêmico	တက္ကသိုလ်ဘွဲ့	te' kathou bwe.

144. Ciências. Disciplinas

matemática (f)	သင်္ချာ	thin cha
álgebra (f)	အက္ခရာသင်္ချာ	e' kha ja din gja
geometria (f)	ဂျီဩမေတြီ	gji o: mei tri
astronomia (f)	နက္ခတ္တဗေဒ	ne' kha' ta. bei da.
biologia (f)	ဇီဝဗေဒ	zi: wa bei da.
geografia (f)	ပထဝီဝင်	pahtawi win
geologia (f)	ဘူမိဗေဒ	buu mi. bei da.
história (f)	သမိုင်း	thamain:
medicina (f)	ဆေးပညာ	hsei: pjin nja
pedagogia (f)	သင်ကြားနည်းပညာ	thin kja: nei: pin nja
direito (m)	ဥပဒေဘာသာရပ်	u. ba. bei ba dha ja'
física (f)	ရူပဗေဒ	ju bei da.
química (f)	ဓာတုဗေဒ	da tu. bei da.
filosofia (f)	ဒဿနိကဗေဒ	da' tha ni. ga. bei da.
psicologia (f)	စိတ်ပညာ	sei' pjin nja

145. Sistema de escrita. Ortografia

gramática (f)	သဒ္ဒါ	dhada
vocabulário (m)	ဝေါဟာရ	wo: ha ra.
fonética (f)	သဒ္ဒဗေဒ	dhada. bei da.
substantivo (m)	နာမ်	nan
adjetivo (m)	နာမဝိသေသန	nan wi. dhei dha. na.
verbo (m)	ကြိယာ	kji ja
advérbio (m)	ကြိယာဝိသေသန	kja ja wi. dhei dha. na.
pronome (m)	နာမ်စား	nan za:
interjeição (f)	အာမေဍိတ်	a mei dei'
preposição (f)	ဝိဘတ်	wi ba'
raiz (f)	ဝေါဟာရရင်းမြစ်	wo: ha ra. jin: mji'
terminação (f)	အဆုံးသတ်	ahsoun: tha'
prefixo (m)	ရှေ့ဆက်ပုဒ်	shei. hse' pou'
sílaba (f)	ဝဏ္ဏ	wun na.
sufixo (m)	နောက်ဆက်ပုဒ်	nau' ze' pou'
acento (m)	ဒီဇံသင်္ကေတ	hpi. dhan dha. gei da.
apóstrofo (f)	ပိုင်ဆိုင်ခြင်းပြသင်္ကေတ	pain zain bjin: bja tin kei ta.
ponto (m)	ဖူးလ်စတော့ပ်	hpu' l za. po. p
vírgula (f)	ပုဒ်ထီး သင်္ကေတ	pou' hti: tin kei ta.
ponto e vírgula (m)	အဖြတ်အရပ်သင်္ကေတ	a hpja' aja' tha ngei da
dois pontos (m pl)	ကိုလန်	kou lan
reticências (f pl)	စာချုန်ပြအမှတ်အသား	sa gjan bja ahma' atha:
ponto (m) de interrogação	မေးခွန်းပြအမှတ်အသား	mei: gun: bja. ahma' adha:
ponto (m) de exclamação	အာမေဍိတ်အမှတ်အသား	a mei dei' ahma' atha:

aspas (f pl) | မျက်တောင်အဖွင့်အပိတ် | mje' taun ahpwin. apei'
entre aspas | မျက်တောင်အဖွင့်အပိတ်-အတွင်း | mje' taun ahpwin. apei' atwin:
parênteses (m pl) | ကွင်း | kwin:
entre parênteses | ကွင်းအတွင်း | kwin: atwin:

hífen (m) | တုံးတို | toun: dou
travessão (m) | တုံးရှည် | toun: she
espaço (m) | ကွက်လပ် | kwe' la'

letra (f) | စာလုံး | sa loun:
letra (f) maiúscula | စာလုံးကြီး | sa loun: gji:

vogal (f) | သရ | thara.
consoante (f) | ဗျည်း | bjin:

frase (f) | ဝါကျ | we' kja.
sujeito (m) | ကံ | kan
predicado (m) | ဝါစက | wa saka.

linha (f) | မျဉ်းကြောင်း | mjin: gjaun:
em uma nova linha | မျဉ်းကြောင်းအသစ်ပေါ်မှာ | mjin: gjaun: athi' bo hma.
parágrafo (m) | စာပိုဒ် | sa pai'

palavra (f) | စကားလုံး | zaga: loun:
grupo (m) de palavras | စကားစု | zaga: zu.
expressão (f) | ဖော်ပြချက် | hpjo bja. gje'
sinônimo (m) | အနက်တူ | ane' tu
antônimo (m) | ဆန့်ကျင်ဘက်အနက် | hsan. gjin ba' ana'

regra (f) | စည်းမျဉ်းစည်းကမ်း | si: mjin: si: kan:
exceção (f) | ခြွင်းချက် | chwin: gje'
correto (adj) | မှန်ကန်သော | hman gan de.

conjugação (f) | ကြိယာပုံစံပြောင်းခြင်း | kji ja boun zan pjaun: chin:
declinação (f) | သဒ္ဒါပြောင်းလဲပုံ | dhada bjaun: le: boun
caso (m) | နာမ်ပြောင်းပုံစံ | nan bjaun: boun zan
pergunta (f) | မေးခွန်း | mei: gun:
sublinhar (vt) | အလေးထားဖော်ပြသည် | a lei: da: hpo pja. de
linha (f) pontilhada | အစက်မျဉ်း | ase' mjin:

146. Línguas estrangeiras

língua (f) | ဘာသာစကား | ba dha zaga:
estrangeiro (adj) | နိုင်ငံခြားနှင့်ဆိုင်သော | nain ngan gja: hnin. zain de.
língua (f) estrangeira | နိုင်ငံခြားဘာသာစကား | nain ngan gja: ba dha za ga:
estudar (vt) | သင်ယူလေ့လာသည် | thin ju lei. la de
aprender (vt) | သင်ယူသည် | thin ju de

ler (vt) | ဖတ်သည် | hpa' te
falar (vi) | ပြောသည် | pjo: de
entender (vt) | နားလည်သည် | na: le de
escrever (vt) | ရေးသည် | jei: de
rapidamente | မြန်မြန် | mjan mjan
devagar, lentamente | ဖြည်းဖြည်း | hpjei: bjei:

fluentemente	ကျွမ်းကျွမ်းကျင်ကျင်	kjwan: gjwan: gjin gjin
regras (f pl)	စည်းမျဉ်းစည်းကမ်း	si: mjin: si: kan:
gramática (f)	သဒ္ဒါ	dhada
vocabulário (m)	ေဝါဟာရ	wo: ha ra.
fonética (f)	သဒ္ဒဗေဒ	dhada. bei da.
livro (m) didático	ဖတ်စာအုပ်	hpa' sa au'
dicionário (m)	အဘိဓာန်	abi. dan
manual (m) autodidático	မိမိဘာသာလေ့ လာနိုင်သောစာအုပ်	mi. mi. ba dha lei. la nain dho: za ou'
guia (m) de conversação	နှစ်ဘာသာစကားပြောစာအုပ်	hni' ba dha zaga: bjo: za ou'
fita (f) cassete	တိပ်ခွေ	tei' khwei
videoteipe (m)	ရုပ်ရှင်တိပ်ခွေ	jou' shin dei' hpwei
CD (m)	စီဒီခွေ	si di gwei
DVD (m)	ဒီဗီဒီခွေ	di bi di gwei
alfabeto (m)	အက္ခရာ	e' kha ja
soletrar (vt)	စာလုံးပေါင်းသည်	sa loun: baun: de
pronúncia (f)	အသံထွက်	athan dwe'
sotaque (m)	ဝဲသံ	we: dhan
com sotaque	ဝဲသံနှင့်	we: dhan hnin.
sem sotaque	ဝဲသံမပါဘဲ	we: dhan ma. ba be:
palavra (f)	စကားလုံး	zaga: loun:
sentido (m)	အဓိပ္ပါယ်	adei' be
curso (m)	သင်တန်း	thin dan:
inscrever-se (vr)	စာရင်းသွင်းသည်	sajin: dhwin: de
professor (m)	ဆရာ	hsa ja
tradução (processo)	ဘာသာပြန်ခြင်း	ba dha bjan gjin:
tradução (texto)	ဘာသာပြန်ထားချက်	ba dha bjan da: gje'
tradutor (m)	ဘာသာပြန်	ba dha bjan
intérprete (m)	စကားပြန်	zaga: bjan
poliglota (m)	ဘာသာစကားအများ ပြောနိုင်သူ	ba dha zaga: amja: bjo: nain dhu
memória (f)	မှတ်ဉာဏ်	hma' njan

147. Personagens de contos de fadas

Papai Noel (m)	ရေရွမတ်ဘိုးဘိုး	khari' sa. ma' bou: bou:
Cinderela (f)	စင်ဒရဲလား	sin da. je: la:
sereia (f)	ရေသူမ	jei dhu ma.
Netuno (m)	နက်ပကျွန်း	ne' pa. gjun:
bruxo, feiticeiro (m)	မှော်ဆရာ	hmo za. ja
fada (f)	မှော်ဆရာမ	hmo za. ja ma.
mágico (adj)	မှော်ပညာ	hmo ba. nja
varinha (f) mágica	မှော်တုတ်တံ	hmjo dou' dan
conto (m) de fadas	ကလေးပုံပြင်	ka. lei: boun bjin
milagre (m)	အံ့ဖွယ်	an. hpwe

anão (m)	လူပုကလေး	u bu. ga. lei:
transformar-se em ...	ပြောင်းလဲပေးသည်	pjaun: le: bei: de
fantasma (m)	တစ္ဆေ	tahsei
fantasma (m)	သရဲ	thaje:
monstro (m)	ကြောက်မက်ဖွယ်ရာမသတ္တဝါ	kjau' ma' hpwe ei ja ma. dha' ta wa
dragão (m)	နဂါး	na. ga:
gigante (m)	ဘီလူး	bi lu:

148. Signos do Zodíaco

Áries (f)	မိဿရာသီ	mi. dha ja dhi
Touro (m)	ပြိဿရာသီ	pjei tha. jadhi
Gêmeos (m pl)	မေထုန်ရာသီ	mei doun ja dhi
Câncer (m)	ကရကဋ်ရာသီ	ka. ja. ka' ja dhi
Leão (m)	သိဟ်ရာသီ	thei' ja dhi
Virgem (f)	ကန်ရာသီ	kan ja dhi
Libra (f)	တုရာသီ	tu ja dhi
Escorpião (m)	ဗြိစ္ဆာရာသီ	bjei' hsa. jadhi
Sagitário (m)	ဓနုရာသီ	dan ja dhi
Capricórnio (m)	မကာရရာသီဖွား	ma. ga. j ja dhi bwa:
Aquário (m)	ကုံရာသီဖွား	koun ja dhi hpwa:
Peixes (pl)	မိန်ရာသီဖွား	mein ja dhi bwa:
caráter (m)	စရိုက် လက္ခဏာ	zajai' le' khana
traços (m pl) do caráter	ဉာဉ်	njin
comportamento (m)	အပြုအမူ	apju amu
prever a sorte	အနာဂါတ်ဟောကိန်းထုတ်သည်	ana ga' ha gin: htou' te
adivinha (f)	အနာဂါတ်ဟောကိန်းထုတ်သူ	ana ga' ha gin: htou' thu
horóscopo (m)	ဇာတာ	za da

Artes

149. Teatro

Português	Birmanês	Transliteração
teatro (m)	ကဇာတ်ရုံ	ka. za' joun
ópera (f)	အော်ပရာဇာတ်ရုံ	o pa ra za' joun
opereta (f)	ပျော့ရှင်ဖွယ် ကဇာတ်တို	pjo shin bwe: gaza' tou
balé (m)	ဘဲလေးကဇာတ်	be: lei: ga za'
cartaz (m)	ပြဇာတ်ရုံပိုစတာ	pja. za' joun bou zada
companhia (f) de teatro	ဝိုင်းတော်သား	wain: do dha:
turnê (f)	လှည့်လည်ကပြဖျော်ဖြေခြင်း	hle. le ga. bja bjo bjei gjin:
estar em turnê	လှည့်လည်ကပြဖျော်ဖြေသည်	hle. le ga. bja bjo bjei de
ensaiar (vt)	ဇာတ်တိုက်သည်	za' tou' te
ensaio (m)	အစမ်းလေ့ကျင့်မှု	asan: lei. kjin. hmu.
repertório (m)	တင်ဆက်မှု	tin ze' hmu.
apresentação (f)	ဖျော်ဖြေတင်ဆက်မှု	hpjo bjei din ze' hmu.
espetáculo (m)	ဖျော်ဖြေမှု	hpjo bjei hmu.
peça (f)	ဇာတ်လမ်း	za' lan
entrada (m)	လက်မှတ်	le' hma'
bilheteira (f)	လက်မှတ်အရောင်းဌာန	le' hma' ajaun: hta. na.
hall (m)	ညည့်တည်ဆောင်	e. dhe zaun
vestiário (m)	ကုတ်နှင့်အိတ်အပ်နံခန်း	kou' hnin. i' a' hnan khan:
senha (f) numerada	နံပါတ်ပြား	nan ba' pja:
binóculo (m)	နှစ်ပုံးပြူးမှန်ပြောင်း	hni' loun: bju: hman bjaun:
lanterninha (m)	ညည့်ကြူ	e. gjou
plateia (f)	ဇာတ်စင်ထိုင်ခုံ	za' sin dain guan
balcão (m)	လသာဆောင်	la. dha zaun
primeiro balcão (m)	ပထမထပ်ပွဲကြည့်ဆောင်	pahtama. da' bwe: gje. zaun
camarote (m)	လက်မှတ်ရောင်းသည့်နေရာ	le' hma' jaun: dhi. nei ja
fila (f)	အတန်း	atan:
assento (m)	နေရာ	nei ja
público (m)	ပရိသတ်အစုအဝေး	pa. rei' tha' asu. awei:
espectador (m)	ပရိသတ်	pa. rei' tha'
aplaudir (vt)	လက်ခုပ်တီးသည်	le' khou' ti: de
aplauso (m)	လက်ခုပ်သြဘာသံ	le' khou' thja ba dhan
ovação (f)	သြဘာပေးခြင်း	thja dha bei: gjin:
palco (m)	စင်	sin
cortina (f)	လိုက်ကာ	lai' ka
cenário (m)	နောက်ခံကားချပ်	nau' khan gan ga: gja'
bastidores (m pl)	ဇာတ်စင်နောက်	za' sin nau'
cena (f)	တကယ်ဖြစ်ရပ်	dage. bji ja'
~~ato (m)~~	~~သရုပ်ဆောင်~~	~~thajou' hsaun~~
intervalo (m)	ကြားကာလ	ka: ga la.

150. Cinema

ator (m)	မင်းသား	min: dha:
atriz (f)	မင်းသမီး	min: dhami:
cinema (m)	ရုပ်ရှင်လုပ်ငန်း	jou' shin lou' ngan:
filme (m)	ရုပ်ရှင်ကား	jou' shin ga:
episódio (m)	ဇာတ်ခန်းတစ်ခန်း	za' khan: ti' khan:
filme (m) policial	စုံထောက်ဇာတ်လမ်း	soun dau' za' lan:
filme (m) de ação	အက်ရှင်ဇာတ်လမ်း	e' shin za' lan:
filme (m) de aventuras	စွန့်စားခန်းဇာတ်လမ်း	sun. za: gan: za' lan:
filme (m) de ficção científica	သိပ္ပံစိတ်ကူးယဉ်ဇာတ်လမ်း	thei' pan zei' ku: jin za' lan:
filme (m) de horror	ထိတ်လန့်ဖွယ်ရုပ်ရှင်	htei' lan. bwe jou' jou'
comédia (f)	ဟာသရုပ်ရှင်	ha dha. jou' jou'
melodrama (m)	အပြင်းစားဒရာမာ	apjin: za: da. ja ma
drama (m)	အလွမ်းဇာတ်လမ်း	alwan: za' lan:
filme (m) de ficção	စိတ်ကူးယဉ်ဇာတ်လမ်း	sei' ku: jin za' lan:
documentário (m)	မှတ်တမ်းရုပ်ရှင်	hma' tan: jou' shin
desenho (m) animado	ကာတွန်းဇာတ်လမ်း	ka tun: za' lan:
cinema (m) mudo	အသံတိတ်ရုပ်ရှင်	athan dei' jou' shin
papel (m)	အခန်းကဏ္ဍ	akhan: gan da.
papel (m) principal	အဓိကအခန်းကဏ္ဍ	adi. ka. akhan: kan da
representar (vt)	သရုပ်ဆောင်သည်	thajou' hsaun de
estrela (f) de cinema	ရုပ်ရှင်ဇာတာ	jou' shin za. da:
conhecido (adj)	နာမည်ကြီးသော	na me gji: de.
famoso (adj)	ကျော်ကြားသော	kjo kja: de.
popular (adj)	လူကြိုက်များသော	lu gjou' mja: de.
roteiro (m)	ဇာတ်ညွှန်း	za' hnjun:
roteirista (m)	ဇာတ်ညွှန်းဆရာ	za' hnjun: za ja
diretor (m) de cinema	ရုပ်ရှင်ဒါရိုက်တာ	jou' shin da jai' ta
produtor (m)	ထုတ်လုပ်သူ	htou' lou' thu
assistente (m)	လက်ထောက်	le' htau'
diretor (m) de fotografia	ကင်မရာမန်း	kin ma. ja man:
dublê (m)	စတန့်သမား	satan. dhama:
dublê (m) de corpo	ပုံစံတူ	poun zan du
filmar (vt)	ရုပ်ရှင်ရိုက်သည်	jou' shin jai' te
audição (f)	စမ်းသပ်ကြည့်ရှုခြင်း	san: dha' chi. shu. gjin:
filmagem (f)	ရိုက်ကွင်း	jai' kwin:
equipe (f) de filmagem	ရုပ်ရှင်အဖွဲ့	jou' shin ahpwe.
set (m) de filmagem	ဇာတ်အိမ်	za' ein
câmera (f)	ကင်မရာ	kin ma. ja
cinema (m)	ရုပ်ရှင်ရုံ	jou' shin joun
tela (f)	ပိတ်ကား	pei' ka:
exibir um filme	ရုပ်ရှင်ပြသည်	jou' shin bja. de
trilha (f) sonora	အသံသွင်းတိပ်ခွေ	athan dhwin: di' khwei
efeitos (m pl) especiais	အထူးပြုလုပ်ချက်များ	a htu: bju. lou' che' mja:

legendas (f pl) စာတန်းထိုး sa dan: dou:
crédito (m) ပါဝင်သူများအမည်စာရင်း pa win dhu mja: ame zajin:
tradução (f) ဘာသာပြန် ba dha bjan

151. Pintura

arte (f) အနုပညာ anu. pjin nja
belas-artes (f pl) သုခုမအနုပညာ thu. khu. ma. anu. pin nja
galeria (f) de arte အနုပညာပြခန်း anu. pjin pja. gan:
exibição (f) de arte ပြပွဲ pja. bwe:

pintura (f) ပန်းချီကား bagji ga:
arte (f) gráfica ပုံဆွဲခြင်းအနုပညာ poun zwe: gjin: anu pjin nja
arte (f) abstrata စိတ္တဇပုံဆွဲခြင်း sei' daza. ban: gji zwe: gjin:
impressionismo (m) အရောင်အလင်းဖြင့်ပန်းချီဆွဲခြင်း ajaun alin: bjin. ban: gji zwe: gjin:

pintura (f), quadro (m) ပန်းချီကား bagji ga:
desenho (m) ရုပ်ပုံကားချပ် jou' poun ga: gja'
cartaz, pôster (m) ပို့စတာ pou sata

ilustração (f) ရုပ်ပုံထည့်သွင်းဖော်ပြခြင်း jou' poun di. dwin: bo bja. gjin:

miniatura (f) ပုံစံအသေးစား poun zan athei: za:
cópia (f) မိတ္တူ mi' tu
reprodução (f) ပုံတူပန်းချီ poun du ban: gji

mosaico (m) မှန်စီရွှေချပန်းချီ hman zi shwei gja ban: gji
vitral (m) မှန်ရောင်စုံပြတင်းပေါက် hman jaun zoun bja. din: bau'
afresco (m) နံရံဆေးရေးပန်းချီ nan jan zei: jei: ban: gji
gravura (f) ပုံထွင်းပညာ poun dwin: pjin nja

busto (m) ကိုယ်တစ်ပိုင်းရုပ်လုံး kou ti' pain: boun jou' loun:
escultura (f) ကျောက်ဆစ်ရုပ် kjau' hsi' jou'
estátua (f) ရုပ်တု jou' tu.
gesso (m) အင်္ဂတေ angga. dei
em gesso (adj) အင်္ဂတေဖြင့် angga. dei hpjin.

retrato (m) ပုံတူ poun du
autorretrato (m) ကိုယ်တိုင်ရေးပုံတူ kou tain jou: boun dhu
paisagem (f) ရှုခင်းပုံ shu. gin: boun
natureza (f) morta သက်မဲ့ဝတ္ထုပုံ the' me. wu' htu boun
caricatura (f) ရုပ်ပြောင် jou' pjaun
esboço (m) ပုံကြမ်း poun gjan:

tinta (f) သုတ်ဆေး thou' hsei:
aquarela (f) ရေဆေးပန်းချီ jei zei: ban: gji
tinta (f) a óleo ဆီ hsi
lápis (m) ခဲတံ khe: dan
tinta (f) nanquim အိန္ဒိယမင် indi. ja hmin
carvão (m) မီးသွေး mi: dhwei:

desenhar (vt) ပုံဆွဲသည် poun zwe: de
pintar (vt) အရောင်ချယ်သည် ajaun gje de

Portuguese	Burmese	Pronunciation
posar (vi)	ကိုယ်ဟန်ပြသည်	kou han pja de
modelo (m)	ပန်းချီမော်ဒယ်	bagji mo de
modelo (f)	ပန်းချီမော်ဒယ်မိန်းကလေး	bagji mo de mein: ga. lei:
pintor (m)	ပန်းချီဆရာ	bagji zaja
obra (f)	အနုပညာလက်ရာ	anu. pjin nja le' ja
obra-prima (f)	အပြောင်မြောက်ဆုံးလက်ရာ	apjaun mjau' hsoun: le' ja
estúdio (m)	အလုပ်ခန်း	alou' khan:
tela (f)	ပန်းချီဆွဲရန်ပတ္တူစ	bagji zwe: jan: ba' tu za.
cavalete (m)	ဒေါက်တိုင်	dau' tain
paleta (f)	ပန်းချီဆေးစပ်သည့်ပြား	bagji hsei: za' thi. bja:
moldura (f)	ဘောင်	baun
restauração (f)	နဂိုအတိုင်းပြန်လည် မွမ်းမံခြင်း	na. gou atain: bjan le mun: man gjin:
restaurar (vt)	ပြန်လည်မွမ်းမံသည်	pjan le mwan: man de

152. Literatura & Poesia

literatura (f)	စာပေ	sa pei
autor (m)	စာရေးသူ	sajei: dhu
pseudônimo (m)	ကလောင်အမည်	kalaun amji
livro (m)	စာအုပ်	sa ou'
volume (m)	ထုထည်	du. de
índice (m)	မာတိကာ	ma di. ga
página (f)	စာမျက်နှာ	sa mje' hna
protagonista (m)	အဓိကဇာတ်ဆောင်	adi. ka. za' hsaun
autógrafo (m)	အမှတ်တရလက်မှတ်	ahma' ta ra le' hma'
conto (m)	ပုံပြင်	pjoun bjin
novela (f)	ဝတ္ထုဇာတ်လမ်း	wu' htu. za' lan:
romance (m)	ဝတ္ထု	wu' htu.
obra (f)	လက်ရာ	le' ja
fábula (m)	ဒဏ္ဍာရီ	dan da ji
romance (m) policial	စုံထောက်ဇာတ်လမ်း	soun dau' za' lan:
verso (m)	ကဗျာ	ka. bja
poesia (f)	လင်္ကာ	lin ga
poema (m)	ကဗျာ	ka. bja
poeta (m)	ကဗျာဆရာ	ka. bja zaja
ficção (f)	စိတ်ကူးယဉ်ဇာတ်လမ်း	sei' ku: jin za' lan:
ficção (f) científica	သိပ္ပံဇာတ်လမ်း	thei' pan za' lan:
aventuras (f pl)	စွန့်စားခန်းဇာတ်လမ်း	sun. za: gan: za' lan:
literatura (f) didática	ပညာပေးဇာတ်လမ်း	pjin nja bei: za' lan:
literatura (f) infantil	ကလေးဆိုင်ရာစာပေ	kalei: hsin ja za bei

153. Circo

circo (m)	ဆပ်ကပ်	hsa' ka'
circo (m) ambulante	နယ်လှည့်ဆပ်ကပ်အဖွဲ့	ne hle. za' ka' ahpwe:

programa (m) အစီအစဉ် asi asin
apresentação (f) ဖျော်ဖြေတင်ဆက်မှု hpjo bjei din ze' hmu.

número (m) ဖျော်ဖြေတင်ဆက်မှု hpjo bjei din ze' hmu.
picadeiro (f) အစီအစဉ်တင်ဆက်ရာနေရာ asi asin din ze' ja nei ja

pantomima (f) ဇာတ်လမ်းသရုပ်ဖော် za' lan: dha jou' hpo
palhaço (m) လူရွှင်တော် lu shwin do

acrobata (m) ကျွမ်းဘားပြသူ kjwan: ba: bja dhu
acrobacia (f) ကျွမ်းဘားပြခြင်း kjwan: ba: bja gjin:
ginasta (m) ကျွမ်းဘားသမား kjwan: ba: dhama:
ginástica (f) ကျွမ်းဘားအားကစား kjwan: ba: a: gaza:
salto (m) mortal ကျွမ်းပစ်ခြင်း kjwan: bi' chin:

homem (m) forte လူသန်ကြီး lu dhan gji:
domador (m) ယဉ်လာအောင်လေ့ကျင့်ပေးသူ jin la aun lei. gjin. bei: dhu
cavaleiro (m) equilibrista မြင်းစီးသူ mjin: zi: dhu
assistente (m) လက်ထောက် le' htau'

truque (m) စတန့် satan.
truque (m) de mágica မှော်ဆန်သောလှည့်ကွက် hmo zan dho hle. gwe'
ilusionista (m) မျက်လှည့်ဆရာ mje' hle. zaja

malabarista (m) လက်လှည့်ဆရာ le' hli. za. ja.
fazer malabarismos လက်လှည့်ပြသည် le' hli. bja. de
adestrador (m) တိရစ္ဆာန်သင်ကြားပေးသူ tharei' hsan dhin gja: bei: dhu
adestramento (m) တိရစ္ဆာန်များကို tharei' hsan mja: gou:
လေ့ကျင့်ပေးခြင်း lei. gjin. bei: gjin:
adestrar (vt) လေ့ကျင့်ပေးသည် lei. kjin. bei: de

154. Música. Música popular

música (f) ဂီတ gi ta.
músico (m) ဂီတပညာရှင် gi ta. bjin nja shin
instrumento (m) musical တူရိယာ tu ji. ja
tocar ... တီးသည် ti: de

guitarra (f) ဂီတာ gi ta
violino (m) တယော ta jo:
violoncelo (m) စီလိုတယောကြီး si lou tajo: gji:
contrabaixo (m) ဘော့စ်တယောကြီး bei'. ta. jo gji:
harpa (f) စောင်း saun:

piano (m) စန္ဒရား san daja:
piano (m) de cauda စန္ဒရားကြီး san daja: gji:
órgão (m) အော်ဂင် o gin

instrumentos (m pl) de sopro လေမှုတ်တူရိယာ lei hmou' tu ji. ja
oboé (m) အိုဘိုး ou bou hne:
saxofone (m) ဆက်ဆိုဖုန်း hse' hso phoun:
clarinete (m) ကာလယိန်နက်-ပလွေ kale ji ne' - pa lwei
flauta (f) ပလွေ palwei
trompete (m) ထရမ်းပက်ခရာငယ် htajan: be' khaja nge

| acordeão (m) | အကော်ဒီယံ | ako di jan |
| tambor (m) | စည် | si |

dueto (m)	နှစ်ယောက်တွဲ	hni' jau' twe:
trio (m)	သုံးယောက်တွဲ	thoun: jau' twe:
quarteto (m)	လေးယောက်တစ်တွဲ	lei: jau' ti' twe:
coro (m)	သံပြိုင်အဖွဲ့	than bjain ahpwe.
orquestra (f)	သံစုံတီးဝိုင်း	than zoun di: wain:

música (f) pop	ပေါ့ပ်ဂီတ	po. p gi da.
música (f) rock	ရော့ခ်ဂီတ	ro. kh gi da.
grupo (m) de rock	ရော့ခ်ဂီတအဖွဲ့	ro. kh gi da. ahpwe.
jazz (m)	ဂျက်ဇ်ဂီတ	gja' z gi ta.

| ídolo (m) | အသည်းစွဲ | athe: zwe: |
| fã, admirador (m) | နှစ်သက်သူ | hni' the' dhu |

concerto (m)	တေးဂီတဖြေဖျော်ပွဲ	tei: gi da. bjei bjo bwe:
sinfonia (f)	သံစုံစပ်တီးတေးသွား	than zoun za' ti: dei: dwa:
composição (f)	ရေးဖွဲ့ သီကုံးခြင်း	jei: bwe dhi goun: gjin:
compor (vt)	ရေးဖွဲ့ သီကုံးသည်	jei: bwe dhi goun: de

canto (m)	သီချင်းဆိုခြင်း	thachin: zou gjin:
canção (f)	သီချင်း	thachin:
melodia (f)	တီးလုံး	ti: loun:
ritmo (m)	စည်းချက်	si gje'
blues (m)	ဘလူးစ်ဂီတ	ba. lu: s gi'

notas (f pl)	ဂီတသင်္ကေတများ	gi ta. dhin gei da. mja:
batuta (f)	ဂီတအရျက်ပြတုတ်	gi ta. ache' pja dou'
arco (m)	ဘိုးတံ	bou: dan
corda (f)	ကြိုး	kjou:
estojo (m)	အိတ်	ei'

Descanso. Entretenimento. Viagens

155. Viagens

turismo (m)	ခရီးသွားလုပ်ငန်း	khaji: thwa: lou' ngan: ga ba hli. kha. ji: de
turista (m)	ကမ္ဘာလှည့်ခရီးသည်	
viagem (f)	ခရီးထွက်ခြင်း	khaji; htwe' chin:
aventura (f)	စွန့်စားမှု	sun. za: hmu.
percurso (curta viagem)	ခရီး	khaji:
férias (f pl)	ခွင့်ရက်	khwin. je'
estar de férias	အခွင့်ယူသည်	akhwin. ju de
descanso (m)	အနားယူခြင်း	ana: ju gjin:
trem (m)	ရထား	jatha:
de trem (chegar ~)	ရထားနဲ့	jatha: ne.
avião (m)	လေယာဉ်	lei jan
de avião	လေယာဉ်နဲ့	lei jan ne.
de carro	ကားနဲ့	ka: ne.
de navio	သင်္ဘောနဲ့	thin: bo: ne.
bagagem (f)	ဝန်စည်စလယ်	wun zi za. li
mala (f)	သားရေသေတ္တာ	tha: jei dhi' ta
carrinho (m)	ပစ္စည်းတင်ရန်တွန်းလှည်း	pji' si: din jan dun: hle:
passaporte (m)	နိုင်ငံကူးလက်မှတ်	nain ngan gu: le' hma'
visto (m)	ဗီဇာ	bi za
passagem (f)	လက်မှတ်	le' hma'
passagem (f) aérea	လေယာဉ်လက်မှတ်	lei jan le' hma'
guia (m) de viagem	လမ်းညွှန်စာအုပ်	lan: hnjun za ou'
mapa (m)	မြေပုံ	mjei boun
área (f)	ဒေသ	dei dha.
lugar (m)	နေရာ	nei ja
exotismo (m)	အထူးအဆန်းပစ္စည်း	a htu: a hsan: bji' si:
exótico (adj)	အထူးအဆန်းဖြစ်သော	a htu: a hsan: hpja' te.
surpreendente (adj)	အံ့သြစရာကောင်းသော	an. o: sa ja kaun de.
grupo (m)	အုပ်စု	ou' zu.
excursão (f)	လေ့လာရေးခရီး	lei. la jei: gaji:
guia (m)	လမ်းညွှန်	lan: hnjun

156. Hotel

hotel (m)	ဟိုတယ်	hou te
motel (m)	မိုတယ်	mou te
três estrelas	ကြယ် ၃ ပွင့်အဆင့်	kje thoun: pwin. ahsin.

T&P Books. Vocabulário Português Brasileiro-Birmanês - 9000 palavras

cinco estrelas	ကြယ် ၅ ပွင့်အဆင့်	kje nga: pwin. ahsin.
ficar (vi, vt)	တည်းခိုသည်	te: khou de
quarto (m)	အခန်း	akhan:
quarto (m) individual	တစ်ယောက်ခန်း	ti' jau' khan:
quarto (m) duplo	နှစ်ယောက်ခန်း	hni' jau' khan:
reservar um quarto	ကြိုတင်မှာယူသည်	kjou tin hma ju de
meia pensão (f)	ကြိုတင်တစ်ဝက်ငွေချေခြင်း	kjou tin di' we' ngwe gjei gjin:
pensão (f) completa	ငွေအပြည့်ကြို တင်ပေးချေခြင်း	ngwei apjei. kjou din bei: chei chin:
com banheira	ရေချိုးခန်းနှင့်	jei gjou gan: hnin.
com chuveiro	ရေပန်းနှင့်	jei ban: hnin.
televisão (m) por satélite	ဂြိုဟ်တုရုပ်မြင်သံကြား	gjou' htu. jou' mjin dhan gja:
ar (m) condicionado	လေအေးပေးစက်	lei ei: bei: ze'
toalha (f)	တဘက်	tabe'
chave (f)	သော့	tho.
administrador (m)	အုပ်ချုပ်ရေးမှူး	ou' chu' jei: hmu:
camareira (f)	သန့်ရှင်းရေးဝန်ထမ်း	than. shin: jei: wun dan:
bagageiro (m)	အထမ်းသမား	a htan: dha. ma:
porteiro (m)	တံခါးဝမှ ညွှန့်ကြို	daga: wa. hma. e. kjou
restaurante (m)	စားသောက်ဆိုင်	sa: thau' hsain
bar (m)	ဘား	ba:
café (m) da manhã	နံနက်စာ	nan ne' za
jantar (m)	ညစာ	nja. za
bufê (m)	ဘူဖေး	bu hpei:
saguão (m)	နားနေခင်ခန်း	hna jaun gan:
elevador (m)	ဓာတ်လှေကား	da' hlei ga:
NÃO PERTURBE	မနှောင့်ယှက်ရ	ma. hnaun hje' ja.
PROIBIDO FUMAR!	ဆေးလိပ်မသောက်ရ	hsei: lei' ma. dhau' ja.

157. Livros. Leitura

livro (m)	စာအုပ်	sa ou'
autor (m)	စာရေးသူ	sajei: dhu
escritor (m)	စာရေးဆရာ	sajei: zaja
escrever (~ um livro)	စာရေးသည်	sajei: de
leitor (m)	စာဖတ်သူ	sa hpa' thu
ler (vt)	ဖတ်သည်	hpa' te
leitura (f)	စာဖတ်ခြင်း	sa hpa' chin:
para si	တိတ်တဆိတ်	tei' ta. hsei'
em voz alta	ကျယ်လောင်စွာ	kje laun zwa
publicar (vt)	ပုံနှိပ်ထုတ်ဝေသည်	poun nei' htou' wei de
publicação (f)	ပုံနှိပ်ထုတ်ဝေခြင်း	poun nei' htou' wei gjin:
editor (m)	ထုတ်ဝေသူ	htou' wei dhu
editora (f)	ပုံနှိပ်ထုတ်ဝေ သည့်ကုမ္ပဏီ	poun nei' htou' wei dhi. koun pani

sair (vi)	ထွက်သည်	htwe' te
lançamento (m)	ပြန့်ချိခြင်း	hpjan. gji. gjin:
tiragem (f)	စာရေးသူ	sajei: dhu
livraria (f)	စာအုပ်ဆိုင်	sa ou' hsain
biblioteca (f)	စာကြည့်တိုက်	sa gji. dai'
novela (f)	ဝတ္ထုဇာတ်လမ်း	wu' htu. za' lan:
conto (m)	ဝတ္ထုတို	wu' htu. dou
romance (m)	ဝတ္ထု	wu' htu.
romance (m) policial	စုံထောက်ဇာတ်လမ်း	soun dau' za' lan:
memórias (f pl)	ကိုယ်တွေ့မှတ်တမ်း	kou twei. hma' tan:
lenda (f)	ဒဏ္ဍာရီ	dan da ji
mito (m)	စိတ်ကူးယဉ်	sei' ku: jin
poesia (f)	ကဗျာများ	ka. bja mja:
autobiografia (f)	ကိုယ်တိုင်ရေးအတ္ထုပ္ပတ္တိ	kou tain jei' a' tu. bi' ta.
obras (f pl) escolhidas	လက်ရွေးစင်	le' jwei: zin
ficção (f) científica	သိပ္ပံဇာတ်လမ်း	thei' pan za' lan:
título (m)	ခေါင်းစဉ်	gaun: zin
introdução (f)	နိဒါန်း	ni. dan:
folha (f) de rosto	ခေါင်းစီးစာမျက်နှာ	gaun: zi: za: mje' hna
capítulo (m)	ခေါင်းကြီးပိုင်း	gaun: gji: bain:
excerto (m)	ကောက်နုတ်ချက်	kau' hnou' khje'
episódio (m)	အပိုင်း	apain:
enredo (m)	ဇာတ်ကြောင်း	za' kjaun:
conteúdo (m)	မာတိကာ	ma di. ga
índice (m)	မာတိကာ	ma di. ga
protagonista (m)	အဓိကဇာတ်ဆောင်	adi. ka. za' hsaun
volume (m)	ထုထည်	du. de
capa (f)	စာအုပ်အဖုံး	sa ou' ahpoun:
encadernação (f)	အဖုံး	ahpoun:
marcador (m) de página	စာညှပ်	sa hnja'
página (f)	စာမျက်နှာ	sa mje' hna
folhear (vt)	စာရွက်လှန်သည်	sajwe' hlan de
margem (f)	နယ်နိမိတ်	ne ni. mei'
anotação (f)	မှတ်စာ	hma' sa
nota (f) de rodapé	အောက်ခြေမှတ်ချက်	au' chei hma' che'
texto (m)	စာသား	sa dha:
fonte (f)	ပုံစံ	poun zan
falha (f) de impressão	ပုံနှိပ်အမှား	poun nei' ahma:
tradução (f)	ဘာသာပြန်	ba dha bjan
traduzir (vt)	ဘာသာပြန်သည်	ba dha bjan de
original (m)	မူရင်း	mu jin:
famoso (adj)	ကျော်ကြားသော	kjo kja: de.
desconhecido (adj)	လူမသိသော	lu ma. thi. de.
interessante (adj)	စိတ်ဝင်စားစရာကောင်းသော	sei' win za: zaja gaun: de.

best-seller (m) ရောင်းအားအကောင်းဆုံး jo: a: akaun: zoun:
dicionário (m) အဘိဓာန် abi. dan
livro (m) didático ဖတ်စာအုပ် hpa' sa au'
enciclopédia (f) စွယ်စုံကျမ်း swe zoun gjan:

158. Caça. Pesca

caça (f) အမဲလိုက်ခြင်း ame: lai' chin
caçar (vi) အမဲလိုက်သည် ame: lai' de
caçador (m) မုဆိုး mou' hsou:

disparar, atirar (vi) ပစ်သည် pi' te
rifle (m) ရိုင်ဖယ် jain be
cartucho (m) ကျည်ဆံ kji. zan
chumbo (m) de caça ကျည်စေ့ kji zei.

armadilha (f) သံမဏိထောင်ချောက် than mani. daun gjau'
armadilha (com corda) ကျော့ကွင်း kjo. kwin:
cair na armadilha ထောင်ချောက်မိသည် htaun gjau' mi de
pôr a armadilha ထောင်ချောက်ဆင်သည် htaun gjau' hsin de

caçador (m) furtivo တရားမဝင်ပစ်သူ taja: ma. win gou: bi' thu
caça (animais) အမဲလိုက်ခြင်း ame: lai' chin
cão (m) de caça အမဲလိုက်ခွေး ame: lai' khwei:
safári (m) ဆာဖာရီတောရိုင်းဒေသ hsa hpa ji do joun: dei dha.
animal (m) empalhado ရုပ်လုံးဖော်တိရစ္ဆာန်ရုပ် jou' loun: bo di ja' zan jou'

pescador (m) တံငါသည် da nga dhi
pesca (f) ငါးဖမ်းခြင်း nga: ban: gjin
pescar (vt) ငါးဖမ်းသည် nga: ban: de

vara (f) de pesca ငါးမျှားတံ nga: mja: dan
linha (f) de pesca ငါးမျှားကြိုး nga: mja: gjou:
anzol (m) ငါးမျှားချိတ် nga: mja: gji'
boia (f), flutuador (m) ငါးမျှားတံဖော့ nga: mja: dan bo.
isca (f) ငါးစာ nga: za

lançar a linha ငါးမျှားကြိုးပစ်သည် nga: mja: gjou: bji' te
morder (peixe) ကိုက်သည် kou' de

pesca (f) ငါးထည့်စရာ nga: de. za. ja
buraco (m) no gelo ရေခဲပြင်ပေါ်မှအပေါက် jei ge: bjin bo hma. a. bau'

rede (f) ပိုက် pai'
barco (m) လှေ hlei

pescar com rede ပိုက်ချသည် pai' cha. de
lançar a rede ပိုက်ပစ်သည် pai' pi' te
puxar a rede ပိုက်ဆွဲယ်သည် pai' hse de
cair na rede ပိုက်တိုးမိသည် pai' tou: mi. de

baleeiro (m) ဝေလငါး wei la. nga:
baleeira (f) ဝေလငါးဖမ်းလှေ wei la. nga: ban: hlei
arpão (m) ခိန်း hmein:

159. Jogos. Bilhar

bilhar (m)	ဘိလိယက်	bi li je'
sala (f) de bilhar	ဘိလိယက်ထိုးခန်း	bi li ja' htou: khana:
bola (f) de bilhar	ဘိလိယက်ဘောလုံး	bi li ja' bo loun:
embolsar uma bola	ကျင်းထည့်သည်	kjin: de. de
taco (m)	ကျွတ်	kju dan
caçapa (f)	ကျင်း	kjin:

160. Jogos. Jogar cartas

ouros (m pl)	ထောင့်	htaun.
espadas (f pl)	စပိတ်	sapei'
copas (f pl)	ဟတ်	ha'
paus (m pl)	ညှင်း	hnjin:
ás (m)	တစ်ဖဲ	ti' hpe:
rei (m)	ကင်း	kin:
dama (f), rainha (f)	ကွင်း	kwin:
valete (m)	ဂျက်	gje'
carta (f) de jogar	ဖဲကစားသည်	hpe: ga. za de
cartas (f pl)	ဖဲချပ်များ	hpe: gje' mja:
trunfo (m)	ဂွက်ဖဲ	hwe' hpe:
baralho (m)	ဖဲထုပ်	hpe: dou'
ponto (m)	အမှတ်	ahma'
dar, distribuir (vt)	ဖဲဝေသည်	hpe: wei de
embaralhar (vt)	ကုလားဖန်ထိုးသည်	kala: ban dou de
vez, jogada (f)	ဦးဆုံးအလှည့်	u: zoun: ahle.
trapaceiro (m)	ဖဲလိမ်သမား	hpe: lin dha ma:

161. Casino. Roleta

cassino (m)	လောင်းကစားရုံ	laun: gaza: joun
roleta (f)	နံပါတ်လှည့်လောင်းကစား	nan ba' hle. laun: ga. za:
aposta (f)	အလောင်းအစား	alaun: asa:
apostar (vt)	လောင်းကြေးတင်သည်	laun: gjei: tin de
vermelho (m)	အနီ	ani
preto (m)	အနက်	ane'
apostar no vermelho	အနီလောင်းသည်	ani laun: de
apostar no preto	အနက်လောင်းသည်	ane' laun: de
croupier (m, f)	လောင်းကစားဒိုင်	laun: gaza: dain
girar da roleta	အဝိုင်းလှည့်သည်	awain: hle. de
regras (f pl) do jogo	ကစားနည်းစည်းမျဉ်း	gaza: ne: zin: mjin:
ficha (f)	တိုကင်ပြား	tou gin bja:
ganhar (vi, vt)	နိုင်သည်	nain de
ganho (m)	အနိုင်	anain

| perder (dinheiro) | ရှုံးသည် | shoun: de |
| perda (f) | အရှုံး | ashoun: |

jogador (m)	ကစားသမား	gaza: dhama:
blackjack, vinte-e-um (m)	ဘလက်ဂျက်	ba. le' gje'
jogo (m) de dados	အန်စာတုံးလောင်းကစားနည်း	an za doun: laun: ga za: ne:
dados (m pl)	အန်စာတုံး	an za doun:
caça-níqueis (m)	ဈေးရောင်းစက်	zei: jaun: ze'

162. Descanso. Jogos. Diversos

passear (vi)	အပန်းဖြေလမ်းလျှောက်သည်	apin: hpjei lan: jau' the
passeio (m)	လမ်းလျှောက်ခြင်း	lan: shau' chin:
viagem (f) de carro	အပန်းဖြေခရီး	apin: hpjei khaji:
aventura (f)	စွန့်စားမှု	sun. za: hmu.
piquenique (m)	ပျော်ပွဲစား	pjo bwe: za:

jogo (m)	ဂိမ်း	gein:
jogador (m)	ကစားသမား	gaza: dhama:
partida (f)	ကစားပွဲ	gaza: pwe:

colecionador (m)	စုဆောင်းသူ	su. zaun: dhu
colecionar (vt)	စုဆောင်းသည်	su. zaun: de
coleção (f)	စုဆောင်းခြင်း	su. zaun: gjin:

palavras (f pl) cruzadas	စကားလုံးဆက် ပဟေဠိ	zaga: loun: ze' bahei li.
hipódromo (m)	ပြေးလမ်း	pjei: lan:
discoteca (f)	ဒစ္စကိုကပွဲ	di' sa kou ga. bwe:

| sauna (f) | ပေါင်းခံရွေးထုတ်ခန်း | paun: gan gjwa: dou' khan: |
| loteria (f) | ထီ | hti |

campismo (m)	အပျော်စခန်းချရေး	apjo za. khan: khja kha ni:
acampamento (m)	စခန်း	sakhan:
barraca (f)	တဲ	te:
bússola (f)	သံလိုက်အိမ်မြှောင်	than lai' ein hmjaun
campista (m)	စခန်းချသူ	sakhan: gja. dhu

ver (vt), assistir à ...	ကြည့်သည်	kji. de
telespectador (m)	ကြည့်သူ	kji. thu
programa (m) de TV	ရုပ်မြင်သံကြားအစီအစဉ်	jou' mjin dhan gja: asi asan

163. Fotografia

| máquina (f) fotográfica | ကင်မရာ | kin ma. ja |
| foto, fotografia (f) | ဓာတ်ပုံ | da' poun |

fotógrafo (m)	ဓာတ်ပုံဆရာ	da' poun za ja
estúdio (m) fotográfico	ဓာတ်ပုံရိုက်ရန်အခန်း	da' poun jai' jan akhan:
álbum (m) de fotografias	ဓာတ်ပုံအယ်လဘမ်	da' poun e la. ban
lente (f) fotográfica	ကင်မရာမှန်ဘီလူး	kin ma. ja hman bi lu:
lente (f) teleobjetiva	အဝေးရှိတဲ့သောမှန်ဘီလူး	awei: shi' tho: hman bi lu:

filtro (m)	အရောင်စစ်မှန်ပြား	ajaun za' hman bja:
lente (f)	မှန်ဘီလူး	hman bi lu:

ótica (f)	အလင်းပညာ	alin: bjin
abertura (f)	ကင်မရာတွင် အလင်းဝင်ပေါက်	kin ma. ja twin alin: win bau'
exposição (f)	အလင်းရောင်ဖွင့်ပေးချိန်	alin: jaun hpwin bei: gjein
visor (m)	ရိုက်ကွင်းပြသည့်ကိရိယာ	jou' kwin: bja dhe. gi. ji. ja

câmera (f) digital	ဒီဂျစ်တယ်ကင်မရာ	digji' te gin ma. ja
tripé (m)	သုံးချောင်းထောက်	thoun: gjaun: dau'
flash (m)	ကင်မရာသုံး လျပ်တာပြက်မီး	kin ma. ja dhoun: lja' ta. pje' mi:

fotografar (vt)	ဓာတ်ပုံရိုက်သည်	da' poun jai' te
tirar fotos	ရိုက်သည်	jai' te
fotografar-se (vr)	ဓာတ်ပုံရိုက်သည်	da' poun jai' te

foco (m)	ဆုံချက်	hsoun gje'
focar (vt)	ဆုံချက်ချိန်သည်	hsoun gje' chin de
nítido (adj)	ထင်ရှားပြတ်သားသော	htin sha: bja' tha: de
nitidez (f)	ထင်ရှားပြတ်သားမှု	htin sha: bja' tha: hmu.

contraste (m)	ခြားနားချက်	hpja: na: gje'
contrastante (adj)	မတူညီသော	ma. du nji de.

retrato (m)	ပုံ	poun
negativo (m)	နက်ဂတစ်	ne' ga ti'
filme (m)	ဖလင်	hpa. lin
fotograma (m)	ဘောင်	baun
imprimir (vt)	ပရင့်ထုတ်သည်	pa. jin. dou' te

164. Praia. Natação

praia (f)	ကမ်းခြေ	kan: gjei
areia (f)	သဲ	the:
deserto (adj)	လူသူကင်းမဲ့သော	lu dhu gin; me. de.

bronzeado (m)	နေကြောင့်- အသားရောင်ညိုခြင်း	nei gjaun.- atha: jaun njou gjin:

bronzear-se (vr)	နေလောင်သည်	nei za hloun de
bronzeado (adj)	အသားညိုသော	atha: njou de.
protetor (m) solar	နေပူလိမ်းဆေး	nei bu gan lein: zei:

biquíni (m)	ဘီကီနီ	bi ki ni
maiô (m)	ရေကူးဝတ်စုံ	jei ku: wa' zoun
calção (m) de banho	ယောက်ျားဝတ်ဘောင်းဘီတို	jau' kja: wu' baun: bi dou

piscina (f)	ရေကူးကန်	jei ku: gan
nadar (vi)	ရေကူးသည်	jei ku: de
chuveiro (m), ducha (f)	ရေပန်း	jei ban:
mudar, trocar (vt)	အဝတ်လဲသည်	awu' le: de
toalha (f)	တဘက်	tabe'
barco (m)	လှေ	hlei
lancha (f)	မော်တော်ဘုတ်	mo to bou'

esqui (m) aquático	ရေလျှာလျှောစီးအပြား	jei hlwa sho: apja:
barco (m) de pedais	ယက်ဘီးတပ်လှေ	je' bi: da' hlei
surf, surfe (m)	ရေလျှာလိုင်း	jei hlwa hlain:
surfista (m)	ရေလျှာလိုင်းစီးသူ	jei hlwa hlain: zi: dhu
equipamento (m) de mergulho	စက္ကူဘာဆက်	sakuba ze'
pé (m pl) de pato	ဘော်ဘာရေယက်ပြား	jo ba jei je' pja:
máscara (f)	မျက်နှာဖုံး	mje' hna boun:
mergulhador (m)	ရေငုပ်သမား	jei ngou' tha ma:
mergulhar (vi)	ရေငုပ်သည်	jei ngou' te
debaixo d'água	ရေအောက်	jei au'
guarda-sol (m)	ကမ်းခြေထီး	kan: gjei hti:
espreguiçadeira (f)	ပက်လက်ကုလားထိုင်	pje' le' ku. la: din
óculos (m pl) de sol	နေကာမျက်မှန်	nei ga mje' hman
colchão (m) de ar	လေထိုးအိပ်ယာ	lei dou: i' ja
brincar (vi)	ကစားသည်	gaza: de
ir nadar	ရေကူးသည်	jei ku: de
bola (f) de praia	ဘောလုံး	bo loun:
encher (vt)	လေထိုးသည်	lei dou: de
inflável (adj)	လေထိုးနိုင်သော	lei dou: nain de.
onda (f)	လှိုင်း	hlain:
boia (f)	ရေကြောင်းပြတော်ယာ	jei gjaun: bja. bo: ja
afogar-se (vr)	ရေနစ်သည်	jei ni' te
salvar (vt)	ကယ်ဆယ်သည်	ke ze de
colete (m) salva-vidas	အသက်ကယ်အင်္ကျီ	athe' kai in: gji
observar (vt)	စောင့်ကြည့်သည်	saun. gji. de
salva-vidas (pessoa)	ကယ်ဆယ်သူ	ke ze dhu

EQUIPAMENTO TÉCNICO. TRANSPORTES

Equipamento técnico. Transportes

165. Computador

computador (m)	ကွန်ပျူတာ	kun pju ta
computador (m) portátil	လပ်တော့	la' to.
ligar (vt)	ဖွင့်သည်	hpwin. de
desligar (vt)	ပိတ်သည်	pei' te
teclado (m)	ကီးဘုတ်	kji: bou'
tecla (f)	ကီး	kji:
mouse (m)	မောက်စ်	mau's
tapete (m) para mouse	မောက်စ်အောက်ခံပြား	mau's au' gan bja:
botão (m)	ခလုတ်	khalou'
cursor (m)	ညွှန်ပြား	hnjun: ma:
monitor (m)	မော်နီတာ	mo ni ta
tela (f)	မှန်သားပြင်	hman dha: bjin
disco (m) rígido	ဟတ်ဒစ်-အချက်အလက် သိမ်းပစ္စည်း	ha' di' akja' ale' thein: bji' si:
capacidade (f) do disco rígido	ဟတ်ဒစ်သိုလောင်နိုင်မှု	ha' di' thou laun nain hmu.
memória (f)	မှတ်ဉာဏ်	hma' njan
memória RAM (f)	ရမ်	ran
arquivo (m)	ဖိုင်	hpain
pasta (f)	စာတွဲဖိုင်	sa dwe: bain
abrir (vt)	ဖွင့်သည်	hpwin. de
fechar (vt)	ပိတ်သည်	pei' te
salvar (vt)	သိမ်းဆည်းသည်	thain: zain: de
deletar (vt)	ဖျက်သည်	hpje' te
copiar (vt)	မိတ္တူကူးသည်	mi' tu gu: de
ordenar (vt)	ခွဲသည်	khwe: de
copiar (vt)	ပြန်ကူးသည်	pjan gu: de
programa (m)	ပရိုဂရမ်	pa. jou ga. jan
software (m)	ဆော့ဗ်ဝဲ	hso. hp we:
programador (m)	ပရိုဂရမ်မာ	pa. jou ga. jan ma
programar (vt)	ပရိုဂရမ်ရေးသည်	pa. jou ga. jan jei: de
hacker (m)	ဟက်ကာ	he' ka
senha (f)	စကားဝှက်	zaga: hwe'
vírus (m)	ဗိုင်းရပ်စ်	bain ja's
detectar (vt)	ရှာဖွေသည်	sha hpwei de

byte (m)	ဘိုက်	bai'
megabyte (m)	မီဂါဘိုက်	mi ga bai'
dados (m pl)	အချက်အလက်	ache' ale'
base (f) de dados	ဒေတာဘေ့စ်	dei da bei. s
cabo (m)	ကေဘယ်ကြိုး	kei be kjou:
desconectar (vt)	ဖြုတ်သည်	hpjei: de
conectar (vt)	တပ်သည်	ta' te

166. Internet. E-mail

internet (f)	အင်တာနက်	in ta na'
browser (m)	ဘရောက်ဆာ	ba. jau' hsa
motor (m) de busca	ဆာချ်အင်ဂျင်	hsa, ch in gjin
provedor (m)	ပံပိုးသူ	pan. bou: dhu
webmaster (m)	ဝက်မာစတာ	we' sai' ma sa. ta
website (m)	ဝက်ဆိုက်	we' sai'
web page (f)	ဝက်ဆိုဒ်စာမျက်နှာ	we' sai' sa mje' hna
endereço (m)	လိပ်စာ	lei' sa
livro (m) de endereços	လိပ်စာမှတ်စု	lei' sa hmat' su.
caixa (f) de correio	စာတိုက်ပုံး	sa dai' poun:
correio (m)	စာ	sa
cheia (caixa de correio)	ပြည့်သော	pjei. de.
mensagem (f)	သတင်း	dhadin:
mensagens (f pl) recebidas	အဝင်သတင်း	awin dha din:
mensagens (f pl) enviadas	အထွက်သတင်း	a htwe' tha. din:
remetente (m)	ပို့သူ	pou. dhu
enviar (vt)	ပို့သည်	pou. de
envio (m)	ပို့ခြင်း	pou. gjin:
destinatário (m)	လက်ခံသူ	le' khan dhu
receber (vt)	လက်ခံရရှိသည်	le' khan ja. shi. de
correspondência (f)	စာအဆက်အသွယ်	sa ahse' athwe
corresponder-se (vr)	စာပေးစာယူလုပ်သည်	sa pei: za ju lou' te
arquivo (m)	ဖိုင်	hpain
fazer download, baixar (vt)	ဒေါင်းလော့ဒ်လုပ်သည်	daun: lo. d lou' de
criar (vt)	ဖန်တီးသည်	hpan di: de
deletar (vt)	ဖျက်သည်	hpje' te
deletado (adj)	ဖျက်ပြီးသော	hpje' pji: de.
conexão (f)	ဆက်သွယ်မှု	hse' thwe hmu.
velocidade (f)	နှုန်း	hnun:
modem (m)	မိုဒမ်	mou dan:
acesso (m)	ဝင်လမ်း	win lan
porta (f)	ဝဘ်	we: be'
conexão (f)	အချိတ်အဆက်	achei' ahse'

conectar (vi)	ချိတ်ဆက်သည်	chei' hse' te
escolher (vt)	ရွေးချယ်သည်	jwei: che de
buscar (vt)	ရှာသည်	sha de

167. Eletricidade

eletricidade (f)	လျှပ်စစ်ဓာတ်အား	hlja' si' da' a:
elétrico (adj)	လျှပ်စစ်နှင့်ဆိုင်သော	hlja' si' hnin. zain de.
planta (f) elétrica	လျှပ်စစ်ထုပ်လုပ်သောစက်ရုံ	hlja' si' htou' lou' tho: ze' joun
energia (f)	စွမ်းအင်	swan: in
energia (f) elétrica	လျှပ်စစ်စွမ်းအား	hlja' si' swan: a:
lâmpada (f)	မီးသီး	mi: dhi:
lanterna (f)	ဓာတ်မီး	da' mi:
poste (m) de iluminação	လမ်းမီး	lan: mi:
luz (f)	အလင်းရောင်	alin: jaun
ligar (vt)	ဖွင့်သည်	hpwin. de
desligar (vt)	ပိတ်သည်	pei' te
apagar a luz	မီးပိတ်သည်	mi: pi' te
queimar (vi)	မီးကျွမ်းသည်	mi: kjwan: de
curto-circuito (m)	လျှပ်ပီးဗတ်လမ်းပြတ်ခြင်း	hlja' si: ba' lan: bja' chin:
ruptura (f)	ဝိုင်ယာကြိုးအပြတ်	wain ja gjou: apja'
contato (m)	လျှပ်ကူးပစ္စည်း	hlja' ku: pji' si:
interruptor (m)	ခလုတ်	khalou'
tomada (de parede)	ပလပ်ပေါက်	pa. la' pau'
plugue (m)	ပလပ်	pa. la'
extensão (f)	ကြိုးဆက်ကြီး	ka: ze' kjou:
fusível (m)	ဖျူစ်	hpju: s
fio, cabo (m)	ဝိုင်ယာကြီး	wain ja gjou:
instalação (f) elétrica	လျှပ်စစ်ကြိုးသွယ်တန်းမှု	hlja' si' kjou: dhwe dan: hmu
ampère (m)	အမ်ပီယာ	an bi ja
amperagem (f)	အသံချဲ့စက်	athan che. zek
volt (m)	ဗို့	boi.
voltagem (f)	ဗို့အား	bou. a:
aparelho (m) elétrico	လျှပ်စစ်ပစ္စည်း	hlja' si' pji' si:
indicador (m)	အချက်ပြ	ache' pja.
eletricista (m)	လျှပ်စစ်ပညာရှင်	hlja' si' pa. nja shin
soldar (vt)	ဂဟေဆော်သည်	gahei hso de
soldador (m)	ဂဟေဆော်တဲ	gahei hso dan
corrente (f) elétrica	လျှပ်စီးကြောင်း	hlja' si: gjaun:

168. Ferramentas

ferramenta (f)	ကိရိယာ	ki. ji. ja
ferramentas (f pl)	ကိရိယာများ	ki. ji. ja mja:

equipamento (m)	စက်ကိရိယာပစ္စည်းများ	se' kari. ja pji' si: mja:
martelo (m)	တူ	tu
chave (f) de fenda	ဝက်အူလှည့်	we' u hli.
machado (m)	ပုဆိန်	pahsein
serra (f)	လွှ	hlwa.
serrar (vt)	လွှတိုက်သည်	hlwa. dai' de
plaina (f)	ရွှေပေါ်	jwei bo
aplainar (vt)	ရွှေပေါ်ထိုးသည်	jwei bo dou: de
soldador (m)	ဂဟေဆော်တဲ့	gahei hso dan
soldar (vt)	ဂဟေဆော်သည်	gahei hso de
lima (f)	တံစဉ်း	tan zin:
tenaz (f)	သံနှုတ်	than hnou'
alicate (m)	ပလာယာ	pa. la ja
formão (m)	ဆောက်	hsau'
broca (f)	လွန်	lun
furadeira (f) elétrica	လျှပ်စစ်လွန်	hlja si' lun
furar (vt)	လွန်ဖြင့်ဖောက်သည်	lun bjin. bau' de
faca (f)	ဓား	da:
canivete (m)	မောင်းဂျက်ဓား	maun: gje' da:
lâmina (f)	ဓားသွား	da: dhwa
afiado (adj)	ချွန်ထက်သော	chwan de' te.
cego (adj)	တုံးသော	toun: dho:
embotar-se (vr)	တုံးသွားသည်	toun: dwa de
afiar, amolar (vt)	သွေးသည်	thwei: de
parafuso (m)	မူလီ	mu li
porca (f)	မူလီခေါင်း	mu li gaun:
rosca (f)	ဝက်အူရစ်	we' u ji'
parafuso (para madeira)	ဝက်အူ	we' u
prego (m)	အိမ်ရိုက်သံ	ein jai' than
cabeça (f) do prego	သံခေါင်း	than gaun:
régua (f)	ပေတံ	pei dan
fita (f) métrica	ပေကြိုး	pei gjou:
nível (m)	ရေချိန်	jei gjain
lupa (f)	မှန်ဘီလူး	hman bi lu:
medidor (m)	တိုင်းသည့်ကိရိယာ	tain: dhi. ki. ji. ja
medir (vt)	တိုင်းသည်	tain: de
escala (f)	စကေး	sakei:
indicação (f), registro (m)	ပြသောပမာဏ	pja. dho: ba ma na.
compressor (m)	ဖိသိပ်စက်	hpi. dhi' se'
microscópio (m)	အကူကြည့်ကိရိယာ	anu gji. gi. ji. ja
bomba (f)	လေထိုးစက်	lei dou: ze'
robô (m)	စက်ရုပ်	se' jou'
laser (m)	လေဆာ	lei za
chave (f) de boca	ခွ	khwa.
fita (f) adesiva	တိပ်	tei'

cola (f)	ကော်	ko
lixa (f)	ကော်ဖတ်စက္ကူ	ko hpa' se' ku
mola (f)	ညွတ်သံခွေ	hnju' dhan gwei
ímã (m)	သံလိုက်	than lai'
luva (f)	လက်အိတ်	lei' ei'
corda (f)	ကြိုး	kjou:
cabo (~ de nylon, etc.)	ကြိုးလုံး	kjou: loun:
fio (m)	ဝိုင်ယာကြိုး	wain ja gjou:
cabo (~ elétrico)	ကေဘယ်ကြိုး	kei be kjou:
marreta (f)	တူကြီး	tou gji:
pé de cabra (m)	တူးရှင်း	tu: jwin:
escada (f) de mão	လှေကား	hlei ga:
escada (m)	ခေါက်လှေကား	khau' hlei ka:
enroscar (vt)	ဝက်အူကျစ်သည်	we' u gji' te
desenroscar (vt)	ဝက်အူဖြုတ်သည်	we' u bju' te
apertar (vt)	ကျပ်သည်	kja' te.
colar (vt)	ကော်ကပ်သည်	ko ka' de
cortar (vt)	ဖြတ်သည်	hpja' te
falha (f)	ချွတ်ယွင်းချက်	chwe' jwin: che'
conserto (m)	ပြန်လည်ပြုပြင်ဆင်ခြင်း	pjan le: bjin zin gjin:
consertar, reparar (vt)	ပြန်လည်ပြုပြင်ဆင်သည်	pjan le bjin zin de
regular, ajustar (vt)	ညှိသည်	hnji. de
verificar (vt)	စစ်ဆေးသည်	si' hsei: de
verificação (f)	စစ်ဆေးခြင်း	si' hsei: gjin:
indicação (f), registro (m)	ပြသောပမာဏ	pja. dho: ba ma na.
seguro (adj)	စိတ်ချရသော	sei' cha. ja. de.
complicado (adj)	ရှုပ်ထွေးသော	sha' htwei: de.
enferrujar (vi)	သံချေးတက်သည်	than gjei: da' te
enferrujado (adj)	သံချေးတက်သော	than gjei: da' te.
ferrugem (f)	သံချေး	than gjei:

Transportes

169. Avião

avião (m)	လေယာဉ်	lei jan
passagem (f) aérea	လေယာဉ်လက်မှတ်	lei jan le' hma'
companhia (f) aérea	လေကြောင်း	lei gjaun:
aeroporto (m)	လေဆိပ်	lei zi'
supersônico (adj)	အသံထက်မြန်သော	athan de' mjan de.
comandante (m) do avião	လေယာဉ်မှူး	lei jan hmu:
tripulação (f)	လေယာဉ်အမှုထမ်းအဖွဲ့	lei jan ahmu. dan: ahpwe.
piloto (m)	လေယာဉ်မောင်းသူ	lei jan maun dhu
aeromoça (f)	လေယာဉ်မယ်	lei jan me
copiloto (m)	လေကြောင်းပြ	lei gjaun: bja.
asas (f pl)	လေယာဉ်တောင်ပံ	lei jan daun ban
cauda (f)	လေယာဉ်အမြီး	lei jan amji:
cabine (f)	လေယာဉ်မောင်းအခန်း	lei jan maun akhan:
motor (m)	အင်ဂျင်	in gjin
trem (m) de pouso	အောက်ခံဘောင်	au' khan baun
turbina (f)	တာဘိုင်	ta bain
hélice (f)	ပန်ကာ	pan ga
caixa-preta (f)	ဘလက်သောက်	ba. le' bo'
coluna (f) de controle	ပဲ့ကိုင်ဘီး	pe. gain bi:
combustível (m)	လောင်စာ	laun za
instruções (f pl) de segurança	အရေးပေါ်လုံခြုံရေးညွှန်ကြားစာ	ajei: po' choun loun jei: hnjun gja: za
máscara (f) de oxigênio	အောက်ဆီဂျင်မျက်နှာဖုံး	au' hsi gjin mje' hna hpoun:
uniforme (m)	ယူနီဖောင်း	ju ni hpaun:
colete (m) salva-vidas	အသက်ကယ်အင်္ကျီ	athe' kai in: gji
paraquedas (m)	လေထီး	lei di:
decolagem (f)	ထွက်ခွါခြင်း	htwe' khwa gjin:
descolar (vi)	ပျံတက်သည်	pjan de' te
pista (f) de decolagem	လေယာဉ်ပြေးလမ်း	lei jan bei: lan:
visibilidade (f)	မြင်ကွင်း	mjin gwin:
voo (m)	ပျံသန်းခြင်း	pjan dan: gjin:
altura (f)	အမြင့်	amjin.
poço (m) de ar	လေမြှုပ်အရပ်	lei ma ngjin aja'
assento (m)	ထိုင်ခုံ	htain goun
fone (m) de ouvido	နားကြပ်	na: kja'
mesa (f) retrátil	ခေါက်စားပွဲ	khau' sa: bwe:
janela (f)	လေယာဉ်ပြတင်းပေါက်	lei jan bja. din: bau'
corredor (m)	မင်းလမ်း	min: lan:

170. Comboio

Português	Birmanês	Pronúncia
trem (m)	ရထား	jatha:
trem (m) elétrico	လျှပ်စစ်ဓာတ်အားသုံးရထား	hlja' si' da' a: dhou: ja da:
trem (m)	အမြန်ရထား	aman ja. hta:
locomotiva (f) diesel	ဒီဇယ်ရထား	di ze ja da:
locomotiva (f) a vapor	ရေနွေးငွေ့စက်ခေါင်း	jei nwei: ngwei. ze' khaun:
vagão (f) de passageiros	အတွဲ	atwe:
vagão-restaurante (m)	စား‌သောက်တွဲ	sa: thau' thwe:
carris (m pl)	ရထားသံလမ်း	jatha dhan lan:
estrada (f) de ferro	ရထားလမ်း	jatha: lan:
travessa (f)	ဇလီဖားတုံး	zali ba: doun
plataforma (f)	စင်္ကြံ	sin gjan
linha (f)	ရထားစင်္ကြံ	jatha zin gjan
semáforo (m)	မီးပွိုင့်	mi: bwain.
estação (f)	ဘူတာရုံ	bu da joun
maquinista (m)	ရထားမောင်းသူ	jatha: maun: dhu
bagageiro (m)	အဝေမ်းသမား	a htan: dha. ma:
hospedeiro, -a (m, f)	အစောင့်	asaun.
passageiro (m)	ခရီးသည်	khaji: de
revisor (m)	လက်မှတ်စစ်ဆေးသူ	le' hma' ti' hsei: dhu:
corredor (m)	ကော်ရစ်တာ	ko ji' ta
freio (m) de emergência	အရေးပေါ် ဘရိတ်	ajei: po' ba ji'
compartimento (m)	အခန်း	akhan:
cama (f)	အိပ်စင်	ei' zin
cama (f) de cima	အပေါ်ထပ်အိပ်စင်	apo htap ei' sin
cama (f) de baixo	အောက်ထပ်အိပ်စင်	au' hta' ei' sin
roupa (f) de cama	အိပ်ရာခင်း	ei' ja khin:
passagem (f)	လက်မှတ်	le' hma'
horário (m)	အချိန်ဇယား	achein zaja:
painel (m) de informação	အချက်အလက်ပြနေရာ	ache' ale' pja. nei ja
partir (vt)	ထွက်ခွါသည်	htwe' khwa de
partida (f)	အထွက်	a htwe'
chegar (vi)	ဆိုက်ရောက်သည်	hseu' jau' de
chegada (f)	ဆိုက်ရောက်ရာ	hseu' jau' ja
chegar de trem	မီးရထားဖြင့်ရောက်ရှိသည်	mi: ja. da: bjin. jau' shi. de
pegar o trem	မီးရထားစီးသည်	mi: ja. da: zi: de
descer de trem	မီးရထားမှဆင်းသည်	mi: ja. da: hma. zin: de
acidente (m) ferroviário	ရထားတိုက်ခြင်း	jatha: dai' chin:
descarrilar (vi)	ရထားလမ်းချော်သည်	jatha: lan: gjo de
locomotiva (f) a vapor	ရေနွေးငွေ့စက်ခေါင်း	jei nwei: ngwei. ze' khaun:
foguista (m)	မီးထိုးသမား	mi: dou: dhama:
fornalha (f)	မီးဖို	mi: bou
carvão (m)	ကျောက်မီးသွေး	kjau' mi dhwei:

171. Barco

navio (m)	သင်္ဘော	thin: bo:
embarcação (f)	ရေယာဉ်	jei jan
barco (m) a vapor	မီးသင်္ဘော	mi: dha. bo:
barco (m) fluvial	အပျော်စီးမော်တော်ဘုတ်ငယ်	apjo zi: mo do bou' nge
transatlântico (m)	ပင်လယ်အပျော်စီးသင်္ဘော	pin le apjo zi: dhin: bo:
cruzeiro (m)	လေယာဉ်တင်သင်္ဘော	lei jan din
iate (m)	အပျော်စီးရွက်လှေ	apjo zi: jwe' hlei
rebocador (m)	ဆွဲသင်္ဘော	hswe: thin: bo:
barcaça (f)	ဖောင်	hpaun
ferry (m)	ကူးတို့သင်္ဘော	gadou. thin: bo:
veleiro (m)	ရွက်သင်္ဘော	jwe' thin: bo:
bergantim (m)	ရွက်လှေ	jwe' hlei
quebra-gelo (m)	ရေခဲပြင်ခွဲသင်္ဘော	jei ge: bjin gwe: dhin: bo:
submarino (m)	ရေငုပ်သင်္ဘော	jei ngou' thin: bo:
bote, barco (m)	လှေ	hlei
baleeira (bote salva-vidas)	ရော်ဘာလှေ	jo ba hlei
bote (m) salva-vidas	အသက်ကယ်လှေ	athe' kai hlei
lancha (f)	မော်တော်ဘုတ်	mo to bou'
capitão (m)	ရေယာဉ်မှူး	jei jan hmu:
marinheiro (m)	သင်္ဘောသား	thin: bo: dha:
marujo (m)	သင်္ဘောသား	thin: bo: dha:
tripulação (f)	သင်္ဘောအမှုထမ်းအဖွဲ့	thin: bo: ahmu. htan: ahpwe.
contramestre (m)	ရေတပ်အရာရှိငယ်	jei da' aja shi. nge
grumete (m)	သင်္ဘောသားကလေး	thin: bo: dha: galei:
cozinheiro (m) de bordo	ထမင်းချက်	htamin: gje'
médico (m) de bordo	သင်္ဘောဆရာဝန်	thin: bo: zaja wun
convés (m)	သင်္ဘောကုန်းပတ်	thin: bo: koun: ba'
mastro (m)	ရွက်တိုင်	jwe' tai'
vela (f)	ရွက်	jwe'
porão (m)	ဝမ်းတွင်း	wan: twin:
proa (f)	ဦးစွန်း	u: zun:
popa (f)	ပုပ်ီး	pe. bain:
remo (m)	လှော်တက်	hlo de'
hélice (f)	သင်္ဘောပန်ကာ	thin: bo: ban ga
cabine (m)	သင်္ဘောပေါ်မှအခန်း	thin: bo: bo hma. aksan:
sala (f) dos oficiais	အရာရှိများရှိသော	aja shi. mja: jin dha
sala (f) das máquinas	စက်ခန်း	se' khan:
ponte (f) de comando	ကွပ်ကဲခန်း	ku' ke: khan:
sala (f) de comunicações	ရေဒီယိုခန်း	rei di jou gan:
onda (f)	လှိုင်း	hlain:
diário (m) de bordo	မှတ်တမ်းစာအုပ်	hma' tan: za ou'
luneta (f)	အဝေးကြည့်မှန်ပြောင်း	awei: gji. hman bjaun:
sino (m)	ခေါင်းလောင်း	gaun: laun:

bandeira (f)	အလံ	alan
cabo (m)	သင်္ဘောသုံးလွန်ကြီး	thin: bo: dhaun: lun gjou:
nó (m)	ကြိုးထုံး	kjou: htoun:
corrimão (m)	လက်ရန်း	le' jan
prancha (f) de embarque	သင်္ဘောကုန်းပေါင်	thin: bo: koun: baun
âncora (f)	ကျောက်ဆူး	kjau' hsu:
recolher a âncora	ကျောက်ဆူးနှုတ်သည်	kjau' hsu: nou' te
jogar a âncora	ကျောက်ချသည်	kjau' cha. de
amarra (corrente de âncora)	ကျောက်ဆူးကြိုး	kjau' hsu: kjou:
porto (m)	ဆိပ်ကမ်း	hsi' kan:
cais, amarradouro (m)	သင်္ဘောဆိပ်	thin: bo: zei'
atracar (vi)	ဆိုက်ကပ်သည်	hseu' ka' de
desatracar (vi)	စွန့်ပစ်သည်	sun. bi' de
viagem (f)	ခရီးထွက်ခြင်း	khaji: htwe' chin:
cruzeiro (m)	အပျော်ခရီး	apjo gaji:
rumo (m)	ဦးတည်ရာ	u: ti ja
itinerário (m)	လမ်းကြောင်း	lan: gjaun:
canal (m) de navegação	သင်္ဘောရေကြောင်း	thin: bo: jei gjaun:
banco (m) de areia	ရေတိမ်ပိုင်း	jei dein bain:
encalhar (vt)	ကမ်းကပ်သည်	kan ka' te
tempestade (f)	မုန်တိုင်း	moun dain:
sinal (m)	အချက်ပြ	ache' pja.
afundar-se (vr)	နစ်မြုပ်သည်	ni' mjou' te
Homem ao mar!	လူရေထဲကျ	lu jei de: gja
SOS	အကြီးအကိစ်	e's o e's
boia (f) salva-vidas	အသက်ကယ်ဘော	athe' kai bo

172. Aeroporto

aeroporto (m)	လေဆိပ်	lei zi'
avião (m)	လေယာဉ်	lei jan
companhia (f) aérea	လေကြောင်း	lei gjaun:
controlador (m) de tráfego aéreo	လေကြောင်းထိန်း	lei kjaun: din:
partida (f)	ထွက်ခွာရာ	htwe' khwa ja
chegada (f)	ဆိုက်ရောက်ရာ	hseu' jau' ja
chegar (vi)	ဆိုက်ရောက်သည်	hsai' jau' te
hora (f) de partida	ထွက်ခွာချိန်	htwe' khwa gjein
hora (f) de chegada	ဆိုက်ရောက်ချိန်	hseu' jau' chein
estar atrasado	နောက်ကျသည်	nau' kja. de
atraso (m) de voo	လေယာဉ်နောက်ကျခြင်း	lei jan nau' kja. chin:
painel (m) de informação	လေယာဉ်ခရီးစဉ်ပြဘုတ်	lei jan ga. ji: zi bja. bou'
informação (f)	သတင်းအချက်အလက်	dhadin: akje' ale'
anunciar (vt)	ကြေငြာသည်	kjei nja de

voo (m)	ပျံသန်းမှု	pjan dan: hmu.
alfândega (f)	အကောက်ခွန်	akau' hsein
funcionário (m) da alfândega	အကောက်ခွန်အရာရှိ	akau' khun aja shi.

declaração (f) alfandegária	အကောက်ခွန်ကြေညာချက်	akau' khun gjei nja gje'
preencher (vt)	လျှောက်လွှာဖြည့်သည်	shau' hlwa bji. de
preencher a declaração	သွင်းကုန်ပစ္စည်းစာရင်းကြေညာသိည်	the ju pji' si: zajin: kjei nja de
controle (m) de passaporte	ပတ်စပို့ထိန်းချုပ်မှု	pa's pou. htein: gju' hmu.

bagagem (f)	ဝန်စည်စလည်	wun zi za. li
bagagem (f) de mão	လက်ဆွဲပစ္စည်း	le' swe: pji' si:
carrinho (m)	ပစ္စည်းတင်သည့်လှည်း	pji' si: din dhe. hle:

pouso (m)	ဆင်းသက်ခြင်း	hsin: dha' chin:
pista (f) de pouso	အဆင်းလမ်း	ahsin: lan:
aterrissar (vi)	ဆင်းသက်သည်	hsin: dha' te
escada (f) de avião	လေယာဉ်လှေကား	lei jan hlei ka:

check-in (m)	စာရင်းသွင်းခြင်း	sajin: dhwin: gjin:
balcão (m) do check-in	စာရင်းသွင်းကောင်တာ	sajin: gaun da
fazer o check-in	စာရင်းသွင်းသည်	sajin: dhwin: de
cartão (m) de embarque	လေယာဉ်ပေါ်တက်ခွင့်လက်မှတ်	lei jan bo de' khwin. le' hma'
portão (m) de embarque	လေယာဉ်ထွက်ခွာရာတံခါး	lei jan dwe' khwa ja gei'

trânsito (m)	အကူးအပြောင်း	aku: apjaun:
esperar (vi, vt)	စောင့်သည်	saun. de
sala (f) de espera	ထွက်ခွာရာခန်းမ	htwe' kha ja gan: ma.
despedir-se (acompanhar)	လိုက်ပို့သည်	lai' bou. de
despedir-se (dizer adeus)	နှုတ်ဆက်သည်	hnou' hsei' te

173. Bicicleta. Motocicleta

bicicleta (f)	စက်ဘီး	se' bi:
lambreta (f)	ဆိုင်ကယ်အပေါ့စား	hsain ge apau. za:
moto (f)	ဆိုင်ကယ်	hsain ge

ir de bicicleta	စက်ဘီးစီးသည်	se' bi: zi: de
guidão (m)	လက်ကိုင်	le' kain
pedal (m)	ခြေနင်း	chei nin:
freios (m pl)	ဘရိတ်	ba. rei'
banco, selim (m)	စက်ဘီးထိုင်ခုံ	se' bi: dai' goun

bomba (f)	လေထိုးတံ	lei dou: tan
bagageiro (m) de teto	နောက်တွဲထိုင်ခုံ	nau' twe: dain goun
lanterna (f)	ရှေ့မီး	shei. mi:
capacete (m)	ဟဲလ်မက်ဦးထုပ်	he: l me u: htou'

roda (f)	ဘီး	bi:
para-choque (m)	ဘီးကာ	bi: ga
aro (m)	ခွေ	khwei
raio (m)	စပုတ်တံ	sapou' tan

Carros

174. Tipos de carros

carro, automóvel (m)	ကား	ka:
carro (m) esportivo	ပြိုင်ကား	pjain ga:

limusine (f)	အလှူးဇိမ်ခံကား	ahla. zi: zin khan ka:
todo o terreno (m)	လမ်းကြမ်းမောင်းကား	lan: kjan: maun: ka:
conversível (m)	အမိုးခေါက်ကား	amou: gau' ka:
minibus (m)	မီနီဘတ်စ်	mi ni ba's

ambulância (f)	လူနာတင်ကား	lu na din ga:
limpa-neve (m)	နှင်းကော်ကား	hnin: go: ga:

caminhão (m)	ကုန်တင်ကား	koun din ka:
caminhão-tanque (m)	ရေတင်ကား	jei din ga:
perua, van (f)	ပစ္စည်းတင်ဗင်ကား	pji' si: din bin ga:
caminhão-trator (m)	နောက်တွဲပါကုန်တင်ယာဉ်	nau' twe: ba goun din jan
reboque (m)	နောက်တွဲယာဉ်	nau' twe: jan

confortável (adj)	သက်တောင့်သက်သာဖြစ်သော	the' taun. the' tha hpji' te.
usado (adj)	တစ်ပတ်ရစ်	ti' pa' ji'

175. Carros. Carroçaria

capô (m)	စက်ခေါင်းအဖုံး	se' khaun: ahpoun:
para-choque (m)	ရှေ့ကာ	shwan. ga
teto (m)	ကားခေါင်မိုး	ka: gaun mou:

para-brisa (m)	လေကာမှန်	lei ga hman
retrovisor (m)	နောက်ကြည့်မှန်	nau' kje. hman
esguicho (m)	လေကာမှန်ဝါရှာ	lei ga hman wa sha
limpadores (m) de para-brisas	လေကာမှန်ရေသုတ်တံ	lei ga hman jei thou' tan

vidro (m) lateral	ဘေးတံခါးမှန်	bei: dan ga: hman
elevador (m) do vidro	တံခါးလလှော့တံ	daga: kha lou'
antena (f)	အင်တန်နာတိုင်	in tan na tain
teto (m) solar	နေကာမှန်	nei ga hman

para-choque (m)	ကားဘန်ပါ	ka: ban ba
porta-malas (f)	ပစ္စည်းခန်း	pji' si: khan:
bagageira (f)	ခေါင်မိုးပစ္စည်းတင်စင်	gaun mou: pji' si: din zin
porta (f)	တံခါး	daga:
maçaneta (f)	တံခါးလက်ကိုင်	daga: le' kain
fechadura (f)	တံခါးသော့	daga: dho.
placa (f)	လိုင်စင်ပြား	lain zin bja:
silenciador (m)	အသံထိန်းကိရိယာ	athan dein: gi. ji. ja

tanque (m) de gasolina	ဆီတိုင်ကီ	hsi dain gi
tubo (m) de exaustão	အိတ်ဇော	ei' zo:

acelerador (m)	လီဗာ	li ba
pedal (m)	ခြေနင်း	chei nin:
pedal (m) do acelerador	လီဗာနင်းပြား	li ba nin: bja

freio (m)	ဘရိတ်	ba. rei'
pedal (m) do freio	ဘရိတ်နင်းပြား	ba. rei' nin bja:
frear (vt)	ဘရိတ်အုပ်သည်	ba. rei' au' te
freio (m) de mão	ပါကင်ဘရိတ်	pa gin ba. jei'

embreagem (f)	ကလပ်	kala'
pedal (m) da embreagem	ခြေနင်းကလပ်	chei nin: gala'
disco (m) de embreagem	ကလပ်ပြား	kala' pja:
amortecedor (m)	ရှော့ခ်အဆော်ဘာ	sho.kh a' hso ba

roda (f)	ဘီး	bi:
pneu (m) estepe	အပိုတာယာ	apou daja
pneu (m)	တာယာ	ta ja
calota (f)	ဘီးဖုံး	bi: boun:

rodas (f pl) motrizes	တွန်းအားပေးသောဘီးများ	tun: a: bei: do: bi: mja:
de tração dianteira	ရှေ့ဘီးအုံ	shei. bi: oun
de tração traseira	ဝင်ဘီးအုံ	win jou: oun
de tração às 4 rodas	အောင်းလ်ဒရိုက်ဘီးအုံ	o: wi: l da. shik bi: oun

caixa (f) de mudanças	ဂီယာဘောက်	gi ja bau'
automático (adj)	အလိုအလျောက်ဖြစ်သော	alou aljau' hpji' te.
mecânico (adj)	စက်နှင့်ဆိုင်သော	se' hnin. zain de.
alavanca (f) de câmbio	ဂီယာတံ	gi ja dan

farol (m)	ရှေ့မီး	shei. mi:
faróis (m pl)	ရှေ့မီးများ	shei. mi: mja:

farol (m) baixo	အောက်မီး	au' mi:
farol (m) alto	အဝေးမီး	awei: mi:
luzes (f pl) de parada	ဘရိတ်မီး	ba. rei' mi:

luzes (f pl) de posição	ပါကင်မီး	pa gin mi:
luzes (f pl) de emergência	အရေးပေါ်အချက်ပြမီး	ajei: po' che' pja. mi:
faróis (m pl) de neblina	မြူနှင်းအလင်းဓါတ်မီး	hmju hnin: alin: bau' mi:
pisca-pisca (m)	အကွေ့အချက်ပြမီး	akwei: ache' pja. mi:
luz (f) de marcha ré	နောက်ဘက်အချက်ပြမီး	nau' be' ache' pja. mi:

176. Carros. Habitáculo

interior (do carro)	အတွင်းပိုင်း	atwin: bain:
de couro	သားရေနှင့်လုပ်ထားသော	tha: jei hnin. lou' hta: de.
de veludo	ကတ္တီပါအထူစား	gadi ba ahtu za:
estofamento (m)	ကုရှင်	ku shin

indicador (m)	စံပမာကတိုင်းကိရိယာ	san bamana dain: gi ji ja
painel (m)	ဒက်ရှ်ဘုတ်	de' sh bou'

velocímetro (m)	ကားအရှိန်တိုင်းကိရိယာ	ka: ashein dain: ki. ja. ja
ponteiro (m)	လက်တံ	le' tan

hodômetro, odômetro (m)	ခရီးမိုင်တိုင်းကိရိယာ	khaji: main dain: ki. ji. ja
indicador (m)	ညွှန်ချက်	dain gwa'
nível (m)	ရေချိန်	jei gjain
luz (f) de aviso	သတိပေးမီး	dhadi. pei: mi:

volante (m)	လက်ကိုင်သီး	le' kain bi:
buzina (f)	ဟွန်း	hwun:
botão (m)	ခလုတ်	khalou'
interruptor (m)	ခလုတ်	khalou'

assento (m)	ထိုင်ခုံ	htain goun
costas (f pl) do assento	နောက်မှီ	nau' mi
cabeceira (f)	ခေါင်းမှီ	gaun: hmi
cinto (m) de segurança	ထိုင်ခုံခါးပတ်	htain goun ga: pa'
apertar o cinto	ထိုင်ခုံခါးပတ်ပတ်သည်	htain goun ga: pa' pa' te
ajuste (m)	ချိန်ညှိခြင်း	chein hnji. chin:

airbag (m)	လေအိတ်	lei i'
ar (m) condicionado	လေအေးပေးစက်	lei ei: bei: ze'

rádio (m)	ရေဒီယို	rei di jou
leitor (m) de CD	စီဒီပလေယာ	si di ba. lei ja
ligar (vt)	ဖွင့်သည်	hpwin. de
antena (f)	အင်တန်နာတိုင်	in tan na tain
porta-luvas (m)	ပစ္စည်းထည့်ရန်အံဆွဲ	pji' si: de. jan an ze:
cinzeiro (m)	ဆေးလိပ်ပြာခွက်	hsei: lei' pja gwe'

177. Carros. Motor

motor (m)	အင်ဂျင်	in gjin
a diesel	ဒီဇယ်	di ze
a gasolina	ဓါတ်ဆီ	da' hsi

cilindrada (f)	အင်ဂျင်ထုထည်	in gjin htu. hte
potência (f)	စွမ်းအား	swan: a:
cavalo (m) de potência	မြင်းကောင်ရေအား	mjin: gaun jei a:
pistão (m)	ပစ္စတင်	pji' sa. tin
cilindro (m)	ဆလင်ဒါ	hsa. lin da
válvula (f)	အဆို့ရှင်	ahsou. shin

injetor (m)	ထိုးတံ	htou: dan
gerador (m)	ဂျင်နရေတာ	gjin na. jei ta
carburador (m)	ကာဘရက်တာ	ka ba. je' ta
óleo (m) de motor	စက်ဆီ	se' hsi

radiador (m)	ရေတိုင်ကီ	jei dain gi
líquido (m) de arrefecimento	အင်ဂျင်အေးစေ သည့်အရည်-ကူးလန့်	in gjin ei: zei dhi. aji - ku: lan.
ventilador (m)	အအေးပေးပန်ကာ	aei: bei: ban ga
bateria (f)	ဘတ်ထရီ	ba' hta ji
dispositivo (m) de arranque	စက်နိူးကိရိယာ	se' hnou: ki. ji. ja

ignição (f)	မီးပေးအပိုင်း	mi: bei: apain:
vela (f) de ignição	မီးပွားပလတ်	mi: bwa: ba. la'

terminal (m)	ဘက်ထရီထိပ်စွန်း	be' hta. ji htei' swan:
terminal (m) positivo	ဘက်ထရီအပေါ်စွန်း	be' hta. ji ahpou zwan:
terminal (m) negativo	ဘက်ထရီအမစွန်း	be' hta. ji ama. zwan:
fusível (m)	ဖျူစ်	hpju: s

filtro (m) de ar	လေစစ်ကိရိယာ	lei zi' ki. ji. ja
filtro (m) de óleo	ဆီစစ်ကိရိယာ	hsi za' ki. ji. ja
filtro (m) de combustível	လောင်စာဆီစစ်ကိရိယာ	laun za hsi zi' ki. ji. ja

178. Carros. Batidas. Reparação

acidente (m) de carro	ကားတိုက်ခြင်း	ka: dou' chin:
acidente (m) rodoviário	မတော်တဆယာဉ်တိုက်မှု	ma. do da. za. jan dai' hmu.
bater (~ num muro)	ဝင်တိုက်သည်	win dai' te
sofrer um acidente	အရှိန်ပြင်းစွာတိုက်မိသည်	ashein bjin: zwa daik mi. de
dano (m)	အပျက်အစီး	apje' asi:
intato	မရှုပ်ယွင်းသော	ma gjwe' jwin: de.

pane (f)	စက်ချွတ်ယွင်းခြင်း	se' chu' jwin: gjin:
avariar (vi)	စက်ချွတ်ယွင်းသည်	se' chu' jwin: de
cabo (m) de reboque	လှန်ကြိုးကြီး	lun gjou: gji:

furo (m)	ဘီးပေါက်ခြင်း	bi: bau' chin:
estar furado	ပြားကပ်သွားသည်	pja: ga' thwa de
encher (vt)	လေထိုးသည်	lei dou: de
pressão (f)	ဖိအား	hpi. a:
verificar (vt)	စစ်ဆေးသည်	si' hsei: de

reparo (m)	ပြင်ခြင်း	pjin gjin:
oficina (f) automotiva	ကားပြင်ဆိုင်	ka: bjin zain
peça (f) de reposição	စက်အပိုပစ္စည်း	se' apou pji' si:
peça (f)	အစိတ်အပိုင်း	asei' apain:

parafuso (com porca)	မူလီ	mu li
parafuso (m)	ဝက်အူ	we' u
porca (f)	မူလီခေါင်း	mu li gaun:
arruela (f)	ဝါရှာ	wa sha
rolamento (m)	ဘယ်ယာရင်	be ja jin

tubo (m)	ပိုက်	pai'
junta, gaxeta (f)	ဆက်ရာကိုဖုံးသည့်ကွင်း	hse' ja gou boun: dhe. gwin:
fio, cabo (m)	ဝိုင်ယာကြိုး	wain ja gjou:

macaco (m)	ဂျုက်	gjou'
chave (f) de boca	ခွ	khwa.
martelo (m)	တူ	tu
bomba (f)	လေထိုးစက်	lei dou: ze'
chave (f) de fenda	ဝက်အူလှည့်	we' u hli.

extintor (m)	မီးသတ်ဘူး	mi: tha' bu:
triângulo (m) de emergência	ရပ်သတိပေးသော အမှတ်အသား	ja' thati bei: de. ahma' atha:

morrer (motor)	စက် ရုပ်တရပ်တတ်သေသသည်	se' jou' taja' dhei de
paragem, "morte" (f)	အင်ဂျင်စက် သေသွားခြင်း	in gjin sek thei thwa: gjin:
estar quebrado	ကျိုးသွားသည်	kjou: dhwa: de
superaquecer-se (vr)	စက်အရမ်းပူသွားသည်	se' ajan: bu dhwa: de
entupir-se (vr)	တစ်ဆို့သည်	ti' hsou. de
congelar-se (vr)	အေးအောင်လုပ်သည်	ei: aun lou' te
rebentar (vi)	ကျိုးပေါက်သည်	kjou: bau' te
pressão (f)	ဖိအား	hpi. a:
nível (m)	ရေချိန်	jei gjain
frouxo (adj)	လျော့တိလျော့ရဲဖြစ်သော	ljau. di. ljau. je: hpji' de
batida (f)	အရှိင်	achoun.
ruído (m)	ခေါက်သံ	khau' dhan
fissura (f)	အက်ကြောင်း	e' kjaun:
arranhão (m)	ခြစ်ရာ	chi' ja

179. Carros. Estrada

estrada (f)	လမ်း	lan:
autoestrada (f)	အဝေးပြေးလမ်းမကြီး	awei: bjei: lan: ma. gji:
rodovia (f)	အမြန်လမ်းမကြီး	aman lan: ma. mji:
direção (f)	ဦးတည်ရာ	u: te ja
distância (f)	အကွာအဝေး	akwa awei:
ponte (f)	တံတား	dada:
parque (m) de estacionamento	ကားပါကင်	ka: pa kin
praça (f)	ရင်ပြင်	jin bjin
nó (m) rodoviário	အဝေးပြေးလမ်းမကြီးများဆုံရာ	awei: bjei: lan: ma. gji: mja: zoun ja
túnel (m)	ဥမင်လိုက်ခေါင်း	u. min lain gaun:
posto (m) de gasolina	ဆီဆိုင်	hsi: zain
parque (m) de estacionamento	ကားပါကင်	ka: pa kin
bomba (f) de gasolina	ဆီပုံ့	hsi pou'
oficina (f) automotiva	ကားပြင်ဆိုင်	ka: bjin zain
abastecer (vt)	ဓါတ်ဆီထည့်သည်	da' hsi de. de
combustível (m)	လောင်စာ	laun za
galão (m) de gasolina	ဓါတ်ဆီပုံး	da' hsi boun:
asfalto (m)	နိုင်လွန်ကတ္တရာ	nain lun ga' taja
marcação (f) de estradas	လမ်းအမှတ်အသား	lan: ahma' atha:
meio-fio (m)	ပလက်ဖောင်းဘောင်	pa. je' hpaun: baun:
guard-rail (m)	လမ်းဘေးအရံအတား	lan: bei: ajan ata:
valeta (f)	လမ်းဘေးမြောင်း	lan: bei: mjaun:
acostamento (m)	လမ်းဘေးမြေသား	lan: bei: mjei dha:
poste (m) de luz	တိုင်	tain
dirigir (vt)	မောင်းနှင်သည်	maun: hnin de
virar (~ para a direita)	ကွေ့သည်	kwei. de
dar retorno	ကွေ့သည်	kwei. de
ré (f)	နောက်ပြန်	nau' pjan
buzinar (vi)	ဟွန်းတီးသည်	hwun: di: de

buzina (f)	ဟွန်း	hwun:
atolar-se (vr)	နစ်သည်	ni' te
patinar (na lama)	ဘီးလည်စေသည်	bi: le zei de
desligar (vt)	ရပ်သည်	ja' te

velocidade (f)	နှုန်း	hnun:
exceder a velocidade	သတ်မှတ်နှုန်းထက် ပို မောင်းသည်	tha' hma' hnoun: de' pou maun: de
multar (vt)	ဒဏ်ရိုက်သည်	dan jai' de
semáforo (m)	မီးပွိုင့်	mi: bwain.
carteira (f) de motorista	ကားလိုင်စင်	ka: lain zin

passagem (f) de nível	ရထားလမ်းကူး	jatha: lan: gu:
cruzamento (m)	လမ်းဆုံ	lan: zoun
faixa (f)	လူကူးမျဉ်းကြား	lu gu: mji: gja:
curva (f)	လမ်းကွေ့	lan: gjou:
zona (f) de pedestres	လမ်းသွားလမ်းလာနေရာ	lan: dhwa: lan: la nei ja

180. Sinais de trânsito

código (m) de trânsito	လမ်းစည်းကမ်း	lan: ze: kan:
sinal (m) de trânsito	မီးပွိုင့်ဆိုင်ရာ ဆိုင်းဘုတ်များ	mi: bwain. zain ja zain: bou' mja:
ultrapassagem (f)	ကျော်တက်ခြင်း	kjo de' chin:
curva (f)	လမ်းအကွေ့	lan: akwei.
retorno (m)	ပစောက်ကွေ့	pa. zau' kwei.
rotatória (f)	မီးပွိုင့်အဝိုင်းပတ်	mi: bwain. awain: ba'

sentido proibido	လမ်းထဲ မဝင်ရ	lan: de: ma. win ja.
trânsito proibido	ယာဉ်မဝင်ရအမှတ်အသား	jin ma. win ja. ahma' atha:
proibido de ultrapassar	ကျော်မတက်ရ အမှတ်အသား	kjo ma. de ja. ahma' atha:
estacionamento proibido	ကားရပ်နားခြင်းမပြုရ	ka: ja' na gjin: ma. pju ja
paragem proibida	ကားမရပ်ရ	ka: ma. ja' ja

curva (f) perigosa	အန္တရာယ်ကွေ့	an dare gwei.
descida (f) perigosa	ဆင်ခြေလျှောမတ်စောက်လမ်း	hsin gjei sho: ma' sau' lan:
trânsito de sentido único	တစ်လမ်းသွား	ti' lan: dhwa:
faixa (f)	လူကူးမျဉ်းကြား	lu gu: mji: gja:
pavimento (m) escorregadio	ချော်နေသောလမ်း	cho nei dho: lan:
conceder passagem	တဖက်ကားကိုဦးစားပေးပါ	tahpa' ka: gou u: za: bei: ba

PESSOAS. EVENTOS

Eventos

181. Férias. Evento

festa (f)	ပျော်ပွဲရှင်ပွဲ	pjo bwe: shin bwe:
feriado (m) nacional	အမျိုးသားနေ့	amjou: dha: nei.
feriado (m)	ပွဲတော်ရက်	pwe: do je'
festejar (vt)	အထိမ်းအမှတ်အဖြစ်ကျင်း ပသည်	a htin: ahma' ahpja' kjin: ba. de
evento (festa, etc.)	အဖြစ်အပျက်	a hpji' apje'
evento (banquete, etc.)	အစီအစဉ်	asi asin
banquete (m)	ဂုဏ်ပြုစားပွဲ	goun bju za: bwe:
recepção (f)	ညှော်ကြိုနေရာ	e. gjou nei ja
festim (m)	စားသောက်ညှော်စံပွဲ	sa: thau' e. gan bwe:
aniversário (m)	နှစ်ပတ်လည်	hni' ba' le
jubileu (m)	ရတု	jadu.
celebrar (vt)	ကျင်းပသည်	kjin: ba. de
Ano (m) Novo	နှစ်သစ်ကူး	hni' thi' ku:
Feliz Ano Novo!	ပျော်ရွှင်ဖွယ်နှစ်သစ်ကူး ဖြစ်ပါစေ	pjo shin bwe: hni' ku: hpji' ba zei
Papai Noel (m)	ခရစ္စမတ်ဘိုးဘိုး	khari' sa. ma' bou: bou:
Natal (m)	ခရစ္စမတ်ပွဲတော်	khari' sa. ma' pwe: do
Feliz Natal!	မယ်ရီခရစ္စမတ်	me ji kha. ji' sa. ma'
árvore (f) de Natal	ခရစ္စမတ်သစ်ပင်	khari' sa. ma' thi' pin
fogos (m pl) de artifício	မီးရှူးမီးပန်း	mi: shu: mi: ban:
casamento (m)	မင်္ဂလာဆောင်ပွဲ	min ga. la zaun bwe:
noivo (m)	သတို့သား	dhadou. tha:
noiva (f)	သတို့သမီး	dhadou. thami:
convidar (vt)	ဖိတ်သည်	hpi' de
convite (m)	ဖိတ်စာကဒ်	hpi' sa ka'
convidado (m)	ဧည့်သည်	e. dhe
visitar (vt)	အိမ်လည်သွားသည်	ein le dhwa: de
receber os convidados	ဧည့်သည်ကြိုဆိုသည်	e. dhe gjou zou de
presente (m)	လက်ဆောင်	le' hsaun
oferecer, dar (vt)	ပေးသည်	pei: de
receber presentes	လက်ဆောင်ရသည်	le' hsaun ja. de
buquê (m) de flores	ပန်းစည်း	pan: ze:
felicitações (f pl)	ဂုဏ်ပြုခြင်း	goun bju chin:
felicitar (vt)	ဂုဏ်ပြုသည်	goun bju de

Português	Birmanês	Pronúncia
cartão (m) de parabéns	ဂုဏ်ပြုကဒ်	goun bju ka'
enviar um cartão postal	ပို့စ်ကဒ်ပေးသည်	pou. s ka' pei: de
receber um cartão postal	ပို့စ်ကဒ်လက်ခံရရှိသည်	pou. s ka' le' khan ja. shi. de
brinde (m)	ဆုတောင်းဂုဏ်ပြုခြင်း	hsu. daun: goun pju. gjin:
oferecer (vt)	ကျေးသည်	kjwei: de
champanhe (m)	ရှန်ပိန်	shan pein
divertir-se (vr)	ပျော်ရွှင်သည်	pjo shwin de
diversão (f)	ပျော်ရွှင်မှု	pjo shwin hmu
alegria (f)	ပျော်ရွှင်ခြင်း	pjo shwin gjin:
dança (f)	အက	aka.
dançar (vi)	ကသည်	ka de
valsa (f)	ဝေ့ဝိုက်အက	wo. z aka.
tango (m)	တန်ဂိုအက	tan gou aka.

182. Funerais. Enterro

Português	Birmanês	Pronúncia
cemitério (m)	သချိုင်း	thin gjain:
sepultura (f), túmulo (m)	အုတ်ဂူ	ou' gu
cruz (f)	လက်ဝါးကပ်တိုင်အမှတ်အသား	le' wa: ka' tain ahma' atha:
lápide (f)	အုတ်ဂူကျောက်တုံး	ou' gu kjau' toun.
cerca (f)	ခြံစည်းရိုး	chan zi: jou:
capela (f)	ဝတ်ပြုဆုတောင်းရာနေရာ	wa' pju. u. daun: ja nei ja
morte (f)	သေခြင်းတရား	thei gjin: daja:
morrer (vi)	ကွယ်လွန်သည်	kwe lun de
defunto (m)	ကွယ်လွန်သူ	kwe lun dhu
luto (m)	ဝမ်းနည်းကြေကွဲခြင်း	wan: ne: gjei gwe gjin:
enterrar, sepultar (vt)	မြေမြှုပ်သင်္ဂြိုဟ်သည်	mjei hmjou' dha. gjoun de
funerária (f)	အသုဘရှုရန်နေရာ	athu. ba. shu. jan nei ja
funeral (m)	ဈာပန	za ba. na.
coroa (f) de flores	ပန်းခွေ	pan gwei
caixão (m)	ခေါင်း	gaun:
carro (m) funerário	နိဗ္ဗာန်ယာဉ်	nei' ban jan
mortalha (f)	လူသေဝတ်သည့်အဝတ်စ	lu dhei ba' the. awa' za.
procissão (f) funerária	အသုဘယာဉ်တန်း	athu. ba. in dan:
urna (f) funerária	အရိုးပြာအိုး	ajain: bja ou:
crematório (m)	မီးသင်္ဂြိုဟ်ရုံ	mi: dha. gjoun joun
obituário (m), necrologia (f)	နာရေးသတင်း	na jei: dha. din:
chorar (vi)	ငိုသည်	ngou de
soluçar (vi)	ရှိုက်ငိုသည်	shai' ngou de

183. Guerra. Soldados

Português	Birmanês	Pronúncia
pelotão (m)	တပ်စု	ta' su.
companhia (f)	တပ်ခွဲ	ta' khwe:

regimento (m)	တပ်ရင်း	ta' jin:
exército (m)	တပ်မတော်	ta' mado
divisão (f)	တိုင်းအဆင့်	tain: ahsin.
esquadrão (m)	အထူးစစ်သားအဖွဲ့ငယ်	a htu: za' tha: ahpwe. nge
hoste (f)	စစ်တပ်ဖွဲ့	si' ta' hpwe.
soldado (m)	စစ်သား	si' tha:
oficial (m)	အရာရှိ	aja shi.
soldado (m) raso	တပ်သား	ta' tha:
sargento (m)	တပ်ကြပ်ကြီး	ta' kja' kji:
tenente (m)	ဗိုလ်	bou
capitão (m)	ဗိုလ်ကြီး	bou gji
major (m)	ဗိုလ်မှူး	bou hmu:
coronel (m)	ဗိုလ်မှူးကြီး	bou hmu: gji:
general (m)	ဗိုလ်ချုပ်	bou gjou'
marujo (m)	ရေတပ်သား	jei da' tha:
capitão (m)	ဗိုလ်ကြီး	bou gji
contramestre (m)	သင်္ဘောအရာရှိငယ်	thin: bo: aja shi. nge
artilheiro (m)	အမြောက်တပ်သား	amjau' thin de.
soldado (m) paraquedista	လေထီးခုန်စစ်သား	lei di: goun zi' tha:
piloto (m)	လေယာဉ်မှူး	lei jan hmu:
navegador (m)	လေကြောင်းပြ	lei gjaun: bja.
mecânico (m)	စက်ပြင်ဆရာ	se' pjin zaja
sapador-mineiro (m)	မိုင်းရှင်းသူ	main: shin: dhu
paraquedista (m)	လေထီးခုန်သူ	lei di: goun dhu
explorador (m)	ကင်းထောက်	kin: dau'
atirador (m) de tocaia	လက်ဖြောင့်စစ်သား	le' hpaun. zi' tha:
patrulha (f)	လှည့်ကင်း	hle. kin:
patrulhar (vt)	ကင်းလှည့်သည်	kin: hle. de
sentinela (f)	ကင်းသမား	kin: dhama:
guerreiro (m)	စစ်သည်	si' te
patriota (m)	မျိုးချစ်သူ	mjou: gji dhu
herói (m)	သူရဲကောင်း	thu je: kaun:
heroína (f)	အမျိုးသမီးလူ စွမ်းကောင်း	amjou: dhami: lu swan: gaun:
traidor (m)	သစ္စာဖောက်	thi' sabau'
trair (vt)	သစ္စာဖောက်သည်	thi' sabau' te
desertor (m)	စစ်ပြေး	si' pjei:
desertar (vt)	စစ်တပ်မှထွက်ပြေးသည်	si' ta' hma. dwe' pjei: de
mercenário (m)	ကြေးစားစစ်သား	kjei: za za' tha:
recruta (m)	တပ်သားသစ်	ta' tha: dhi'
voluntário (m)	မိမိ၏ဆန္ဒနှင့် အရစ်ထိဝင်သူ	mi. mi. i zan da. aja. zi' hte: win dhu
morto (m)	တိုက်ပွဲကျသူ	tai' pwe: gja dhu
ferido (m)	ဒဏ်ရာရသူ	dan ja ja. dhu
prisioneiro (m) de guerra	စစ်သုံ့ပန်း	si' thoun. ban:

184. Guerra. Ações militares. Parte 1

guerra (f)	စစ်ပွဲ	si' pwe:
guerrear (vt)	စစ်ပွဲပါဝင်ဆင်နွှဲသည်	si' pwe: ba win zin hnwe: de
guerra (f) civil	ပြည်တွင်းစစ်	pji dwin; zi'

perfidamente	သစ္စာဖောက်သွေဖီလျက်	thi' sabau' thwei bi le'
declaração (f) de guerra	စစ်ကြေငြာခြင်း	si' kjei nja gjin:
declarar guerra	ကြေငြာသည်	kjei nja de
agressão (f)	ကျူးကျော်ရန်စမှု	kju: gjo jan za. hmu.
atacar (vt)	တိုက်ခိုက်သည်	tai' khai' te

invadir (vt)	ကျူးကျော်ဝင်ရောက်သည်	kju: gjo win jau' te
invasor (m)	ကျူးကျော်ဝင်ရောက်သူ	kju: gjo win jau' thu
conquistador (m)	အောင်နိုင်သူ	aun nain dhu

defesa (f)	ကာကွယ်ရေး	ka gwe ei:
defender (vt)	ကာကွယ်သည်	ka gwe de
defender-se (vr)	ခုခံကာကွယ်သည်	khu. gan ga gwe de

inimigo (m)	ရန်သူ	jan dhu
adversário (m)	ပြိုင်ဘက်	pjain be'
inimigo (adj)	ရန်သူ	jan dhu

estratégia (f)	မဟာဗျူဟာ	maha bju ha
tática (f)	ဗျူဟာ	bju ha

ordem (f)	အမိန့်	amin.
comando (m)	အမိန့်	amin.
ordenar (vt)	အမိန့်ပေးသည်	amin. bei: de
missão (f)	ရည်မှန်းချက်	ji hman: gje'
secreto (adj)	လျှို့ဝှက်သော	shou. hwe' te.

batalha (f)	တိုက်ပွဲငယ်	tai' pwe: nge
combate (m)	တိုက်ပွဲ	tai' pwe:

ataque (m)	တိုက်စစ်	tai' si'
assalto (m)	တဟုန်ထိုးတိုက်ခိုက်ခြင်း	tahoun
assaltar (vt)	တရားမဲ့တိုက်ခိုက်သည်	tara gjan: dai' khai' te
assédio, sítio (m)	ဝန်းရံလုပ်ကြံခြင်း	wun: jan lou' chan gjin:

ofensiva (f)	ထိုးစစ်	htou: zi'
tomar à ofensiva	ထိုးစစ်ဆင်နွှဲသည်	htou: zi' hsin hnwe: de

retirada (f)	ဆုတ်ခွာခြင်း	hsou' khwa gjin
retirar-se (vr)	ဆုတ်ခွာသည်	hsou' khwa de

cerco (m)	ဝန်းရံပိတ်ဆို့ထားခြင်း	wun: jan bei' zou. da: chin:
cercar (vt)	ဝန်းရံပိတ်ဆို့ထားသည်	wun: jan bei' zou. da: de

bombardeio (m)	ဗုံးကြဲခြင်း	boun: gje: gja. gjin:
lançar uma bomba	ဗုံးကြဲသည်	boun: gje: gja. de
bombardear (vt)	ဗုံးကြဲတိုက်ခိုက်သည်	boun: gje: dai' khai' te
explosão (f)	ပေါက်ကွဲမှု	pau' kwe: hmu.
tiro (m)	ပစ်ချက်	pi' che'

dar um tiro	ပစ်သည်	pi' te
tiroteio (m)	ပစ်ခတ်ခြင်း	pi' che' chin:
apontar para …	ပစ်မှတ်ချိန်သည်	pi' hma' chein de
apontar (vt)	ချိန်ရွယ်သည်	chein jwe de
acertar (vt)	ပစ်မှတ်ထိသည်	pi' hma' hti. de
afundar (~ um navio, etc.)	နှစ်မြုပ်သည်	ni' mjou' te
brecha (f)	အပေါက်	apau'
afundar-se (vr)	နှစ်မြုပ်သည်	hni' hmjou' te
frente (m)	ရှေ့တန်း	shei. dan:
evacuação (f)	စစ်ဘေးရှောင်ခြင်း	si' bei: shaun gjin:
evacuar (vt)	စစ်ဘေးရှောင်သည်	si' bei: shaun de
trincheira (f)	ကတုတ်ကျင်း	gadou kjin:
arame (m) enfarpado	သံဆူးကြိုး	than zu: gjou:
barreira (f) anti-tanque	အတားအဆီး	ata: ahsi:
torre (f) de vigia	မျှော်စင်	hmjo zin
hospital (m) militar	ရှေ့တန်းစစ်ဆေးရုံ	shei. dan: zi' zei: joun
ferir (vt)	ဒဏ်ရာရသည်	dan ja ja. de
ferida (f)	ဒဏ်ရာ	dan ja
ferido (m)	ဒဏ်ရာရသူ	dan ja ja. dhu
ficar ferido	ဒဏ်ရာရစေသည်	dan ja ja. zei de
grave (ferida ~)	ပြင်းထန်သော	pjin: dan dho:

185. Guerra. Ações militares. Parte 2

cativeiro (m)	သုံ့ပန်း	thoun. ban:
capturar (vt)	သုံ့ပန်းအဖြစ်ဖမ်းသည်	thoun. ban: ahpji' hpan: de
estar em cativeiro	သုံ့ပန်းဖြစ်သွားသည်	thoun. ban: bji' thwa: de
ser aprisionado	သုံ့ပန်းအဖြစ် အဖမ်းခံရသည်	thoun. ban: ahpji' ahpan: gan ja. de
campo (m) de concentração	ညှဉ်းပန်းနှိပ်စက်ရာစခန်း	hnjin: ban: nei' ze' ja za. gan:
prisioneiro (m) de guerra	စစ်သုံ့ပန်း	si' thoun. ban:
escapar (vi)	လွတ်မြောက်သည်	lu' mjau' te
trair (vt)	သစ္စာဖောက်သည်	thi' sabau' te
traidor (m)	သစ္စာဖောက်သူ	thi' sabau' thu
traição (f)	သစ္စာဖောက်မှု	thi' sabau' hmu.
fuzilar, executar (vt)	ပစ်သတ်ကွပ်မျက်ခံရသည်	pi' tha' ku' mje' khan ja. de
fuzilamento (m)	ပစ်သတ်ကွပ်မျက်ခြင်း	pi' tha' ku' mje' chin:
equipamento (m)	ပစ္စည်းကိရိယာများ	pji' si: gi. ji. ja mja:
insígnia (f) de ombro	ပခုံးဘားတန်း	pakhoun: ba: dan:
máscara (f) de gás	ဓာတ်ငွေ့ကာမျက်နှာဖုံး	da' ngwei. ga mje' na boun:
rádio (m)	ရေဒီယိုစက်ကွင်း	rei di jou ze' kwin:
cifra (f), código (m)	လျှို့ဝှက် ကုဒ်သင်္ကေတ	shou' hwe' kou' dha
conspiração (f)	လျှို့ဝှက်ခြင်း	shou hwe' chin:
senha (f)	စကားဝှက်	zaga: hwe'

mina (f)	မြေမြှုပ်မိုင်း	mjei hmja' main:
minar (vt)	မိုင်းထောင်သည်	main: daun de
campo (m) minado	မိုင်းမြေ	main: mjei
alarme (m) aéreo	လေကြောင်းအန္တရာယ်သတိပေးညှိသံ	lei kjan: an da. ja dha. di. bei: nja. o. dhan
alarme (m)	သတိပေးခေါင်းလောင်းသံ	dhadi. pei: gaun: laun: dhan
sinal (m)	အချက်ပြ	ache' pja.
sinalizador (m)	အချက်ပြမီးကျည်	ache' pja. mi: gji
quartel-general (m)	ဌာနချုပ်	hta. na. gjou'
reconhecimento (m)	ထောက်လှမ်းခြင်း	htau' hlan: gjin:
situação (f)	အခြေအနေ	achei anei
relatório (m)	အစီရင်ခံစာ	asi jin gan za
emboscada (f)	ချုံခိုတိုက်ခိုက်ခြင်း	choun gou dai' khai' chin:
reforço (m)	စစ်ကူ	si' ku
alvo (m)	ပစ်မှတ်	pi' hma'
campo (m) de tiro	လေ့ကျင့်ရေးကွင်း	lei. kjin. jei: gwin:
manobras (f pl)	စစ်ရေးလေ့ကျင့်မှု	si' jei: lei. gjin. hmu.
pânico (m)	ထိပ်ထိပ်ပြာပြာဖြစ်ခြင်း	htei' htei' pja bja bji' chin:
devastação (f)	ကြီးစွာသောအပျက်အစီး	kji: zwa dho apje' asi:
ruínas (f pl)	အပျက်အစီး	apje' asi:
destruir (vt)	ဖျက်ဆီးသည်	hpje' hsi: de
sobreviver (vi)	အသက်ရှင်ကျန်ရစ်သည်	athe' shin kjin ja' te
desarmar (vt)	လက်နက်သိမ်းသည်	le' ne' thain de
manusear (vt)	ကိုင်တွယ်သည်	kain dwe de
Sentido!	သတိ	thadi.
Descansar!	သက်သာ	the' tha
façanha (f)	စွန့်စားမှု	sun. za: hmu.
juramento (m)	ကျမ်းသစ္စာ	kjan: thi' sa
jurar (vi)	ကျမ်းသစ္စာဆိုသည်	kjan: thi' sa hsou de
condecoração (f)	တန်ဆာဆင်မှု	tan za zin hmu.
condecorar (vt)	ဆုတံဆိပ်ချီးမြှင့်သည်	hsu. dazei' chi: hmjin. de
medalha (f)	ဆုတံဆိပ်	hsu. dazei'
ordem (f)	ဘွဲ့တံဆိပ်	bwe. dan zi'
vitória (f)	အောင်ပွဲ	aun bwe:
derrota (f)	အရှုံး	ashoun:
armistício (m)	စစ်ရပ်ဆိုင်းသဘောတူညီမှု	si' ja' hsain: dhabo: du nji hmu.
bandeira (f)	အလံ	san
glória (f)	ထင်ပေါ်ကျော်ကြားမှု	htin bo gjo gja: hmu.
parada (f)	စစ်ရေးပြ	si' jei: bja.
marchar (vi)	စစ်ရေးပြသည်	si' jei: bja. de

186. Armas

arma (f)	လက်နက်	le' ne'
arma (f) de fogo	ဦးပွင့်သေနတ်	mi: bwin. dhei na'

arma (f) branca	ဓါးအမျိုးမျိုး	da: mjou: mjou:
arma (f) química	ဓာတုလက်နက်	da tu. le' ne'
nuclear (adj)	နျူကလီးယား	nju ka. li: ja:
arma (f) nuclear	နျူကလီးယားလက်နက်	nju ka. li: ja: le' ne'
bomba (f)	ဗုံး	boun:
bomba (f) atômica	အက်တမ်ဗုံး	e' tan boun:
pistola (f)	ပစ္စတို	pji' sa. tou
rifle (m)	ရိုင်ဖယ်	jain be
semi-automática (f)	မောင်းပြန်သေနတ်	maun: bjan dhei na'
metralhadora (f)	စက်သေနတ်	se' thei na'
boca (f)	ပြောင်းဝ	pjaun: wa.
cano (m)	ပြောင်း	pjaun:
calibre (m)	သေနတ်ပြောင်းအချင်း	thei na' pjan: achin:
gatilho (m)	လလုတ်	khalou'
mira (f)	ချိန်ရွယ်	chein kwe'
carregador (m)	ကျည်ကပ်	kji ke'
coronha (f)	သေနတ်ဒင်	thei na' din
granada (f) de mão	လက်ပစ်ဗုံး	le' pi' boun:
explosivo (m)	ပေါက်ကွဲစေသောပစ္စည်း	pau' kwe: zei de. bji' si:
bala (f)	ကျည်ဆံ	kji. zan
cartucho (m)	ကျည်ဆံ	kji. zan
carga (f)	ကျည်ထိုးခြင်း	kji dou: gjin:
munições (f pl)	ခဲယမ်းမီးကျောက်	khe: jan: mi: kjau'
bombardeiro (m)	ဗုံးကြဲလေယာဉ်	boun: gje: lei jin
avião (m) de caça	တိုက်လေယာဉ်	tai' lei jan
helicóptero (m)	ရဟတ်ယာဉ်	jaha' jan
canhão (m) antiaéreo	လေယာဉ်ပစ်စက်သေနတ်	lei jan pi' ze' dhei na'
tanque (m)	တင့်ကား	tin. ga:
canhão (de um tanque)	တင့်အမြောက်	tin. amjau'
artilharia (f)	အမြောက်	amjau'
canhão (m)	ရှေ့ခေတ်အမြောက်	shei: gi' amjau'
fazer a pontaria	ချိန်ရွယ်သည်	chein jwe de
projétil (m)	အမြောက်ဆံ	amjau' hsan
granada (f) de morteiro	စိန်ပြောင်းကျည်	sein bjaun: gji
morteiro (m)	စိန်ပြောင်း	sein bjaun:
estilhaço (m)	ဗုံးစ	boun: za
submarino (m)	ရေအောက်နှင့်ဆိုင်သော	jei au' hnin. zain de.
torpedo (m)	တော်ပီဒို	to pi dou
míssil (m)	ဒုံး	doun:
carregar (uma arma)	ကျည်ထိုးသည်	kji dou: de
disparar, atirar (vi)	သေနတ်ပစ်သည်	thei na' pi' te
apontar para ...	ချိန်သည်	chein de
baioneta (f)	လှံစွပ်	hlan zu'
espada (f)	ရာပိယာဒါးရှည်	ra pi ja da: shei

sabre (m) — စစ်သူးဓားရှည် — si' thoun: da shi
lança (f) — လှံ — hlan
arco (m) — လေး — lei:
flecha (f) — မြား — mja:
mosquete (m) — ပြောင်းရှောသေနတ် — pjaun: gjo: dhei na'
besta (f) — ဒူးလေး — du: lei:

187. Povos da antiguidade

primitivo (adj) — ရှေးဦးကာလ — shei: u: ga la.
pré-histórico (adj) — သမိုင်းမတိုင်မီကာလ — thamain: ma. dain mi ga la.
antigo (adj) — ရှေးကျသော — shei: gja. de

Idade (f) da Pedra — ကျောက်ခေတ် — kjau' khi'
Idade (f) do Bronze — ကြေးခေတ် — kjei: gei'
Era (f) do Gelo — ရေခဲခေတ် — jei ge: gei'

tribo (f) — မျိုးနွယ်စု — mjou: nwe zu.
canibal (m) — လူသားစားလူရိုင်း — lu dha: za: lu jain:
caçador (m) — မုဆိုး — mou' hsou:
caçar (vi) — အမဲလိုက်သည် — ame: lai' de
mamute (m) — အမွေးရှည်ဆင်ကြီးတစ်မျိုး — ahmwei shei zin kji: ti' mjou:

caverna (f) — ဂူ — gu
fogo (m) — မီး — mi:
fogueira (f) — မီးပုံ — mi: boun
pintura (f) rupestre — နံရံဆေးရေးပန်းချီ — nan jan zei: jei: ban: gji
ferramenta (f) — ကိရိယာ — ki. ji. ja
lança (f) — လှံ — hlan
machado (m) de pedra — ကျောက်ပုဆိန် — kjau' pu. hsain
guerrear (vt) — စစ်ပွဲတွင်ပါဝင်ဆင်နွှဲသည် — si' pwe: dwin ba win zin hnwe: de
domesticar (vt) — ယဉ်ပါးစေသည် — jin ba: zei de

ídolo (m) — ရုပ်တု — jou' tu
adorar, venerar (vt) — ကိုးကွယ်သည် — kou: kwe de
superstição (f) — အယူသီးခြင်း — aju dhi: gjin:
ritual (m) — ရှိရာထုံးတမ်းဓလေ့ — jou: ja doun: dan: da lei.

evolução (f) — ဆင့်ကဲဖြစ်စဉ် — hsin. ke: hpja' sin
desenvolvimento (m) — ဖွံ့ဖြိုးတိုးတက်မှု — hpjun. bjou: dou: de' hmu.
extinção (f) — ပျောက်ကွယ်ခြင်း — pjau' kwe gjin
adaptar-se (vr) — နေသားကျရန်ပြင်ဆင်သည် — nei dha: gja. jan bjin zin de

arqueologia (f) — ရှေးဟောင်းသုတေသန — shei: haun
arqueólogo (m) — ရှေးဟောင်းသုတေသနပညာရှင် — shei: haun thu. dei dha. na. bji nja shin
arqueológico (adj) — ရှေးဟောင်းသုတေသနဆိုင်ရာ — shei: haun thu. dei dha. na. zain ja

escavação (sítio) — တူးဖော်ရာနေရာ — tu: hpo ja nei ja
escavações (f pl) — တူးဖော်မှုလုပ်ငန်း — tu: hpo hmu. lou' ngan:
achado (m) — တွေ့ရှိချက် — twei. shi. gje'
fragmento (m) — အပိုင်းအစ — apain: asa.

188. Idade média

povo (m)	လူမျိုး	lu mjou:
povos (m pl)	လူမျိုး	lu mjou:
tribo (f)	မျိုးနွယ်စု	mjou: nwe zu.
tribos (f pl)	မျိုးနွယ်စုများ	mjou: nwe zu. mja:

bárbaros (pl)	အရိုင်းအစိုင်းများ	ajou: asain: mja:
galeses (pl)	ဂေါလ်လူမျိုးများ	go l lu mjou: mja:
godos (pl)	ဂေါတ်လူမျိုးများ	go. t lu mjou: mja:
eslavos (pl)	စလပ်လူမျိုးများ	sala' lu mjou: mja:
viquingues (pl)	ဗိုက်ကင်းလူမျိုး	bai' kin: lu mjou:

| romanos (pl) | ရောမလူမျိုး | ro: ma. lu mjou: |
| romano (adj) | ရောမနှင့်ဆိုင်သော | ro: ma. hnin. zain de |

bizantinos (pl)	ဘိုင်ဇင်တိုင်လူမျိုးများ	bain zin dain lu mjou: mja:
Bizâncio	ဘိုင်ဇင်တိုင်အင်ပါယာ	bain zin dain in ba ja
bizantino (adj)	ဘိုင်ဇင်တိုင်နှင့်ဆိုင်သော	bain zin dain hnin. zain de.

imperador (m)	ဧကရာဇ်	ei gaja'
líder (m)	ခေါင်းဆောင်	gaun: zaun
poderoso (adj)	အင်အားကြီးသော	in a: kji: de.
rei (m)	ဘုရင်	ba. jin
governante (m)	အုပ်ချုပ်သူ	ou' chou' thu

cavaleiro (m)	ဆာဘွဲ့ရသူရဲကောင်း	hsa bwe. ja. dhu je gaun:
senhor feudal (m)	မြေရှင်ပဒေသရာဇ်	mjei shin badei dhaja'
feudal (adj)	မြေရှင်ပဒေသရာဇ်စနစ်နှင့်ဆိုင်သော	mjei shin badei dhaja' sani' hnin. zain de.
vassalo (m)	မြေကျွန်	mjei gjun

duque (m)	မြို့စားကြီး	mjou. za: gji:
conde (m)	ဗြိတိသျှမှူး ပတ်တိသူကောင်း	bri ti sha hmu: ma' thu je: gaun:
barão (m)	ဘယ်ရွန် အမတ်	be jwan ama'
bispo (m)	ဘုန်းတော်ကြီး	hpoun do: gji:

armadura (f)	ချပ်ဝတ်တန်ဆာ	cha' wu' tan za
escudo (m)	ဒိုင်း	dain:
espada (f)	ဓား	da:
viseira (f)	စစ်မျက်နှာကာ	si' mje' na ga
cota (f) de malha	သံဇကာချပ်ဝတ်တန်ဆာ	than za. ga gja' wu' tan za

| cruzada (f) | ရှေ့ထိုးဘာသာရေးစစ်ပွဲ | kha ju: zei' ba dha jei: zi' pwe: |
| cruzado (m) | ရှေးဆိုတိုက်ပွဲဝင်သူ | kha ju: zei' dai' bwe: win dhu |

território (m)	နယ်မြေ	ne mjei
atacar (vt)	တိုက်ခိုက်သည်	tai' khai' te
conquistar (vt)	သိမ်းပိုက်စိုးမိုးသည်	thain: bou' sou: mou: de
ocupar, invadir (vt)	သိမ်းပိုက်သည်	thain:

assédio, sítio (m)	ဝန်းရံလုပ်ကြံခြင်း	wun: jan lou' chan gjin:
sitiado (adj)	ဝန်းရံလုပ်ကြံရသော	wun: jan lou' chan gan ja. de.
assediar, sitiar (vt)	ဝန်းရံလုပ်ကြံသည်	wun: jan lou' chan de

inquisição (f)	ကာသိုလိပ်ဘုရားကျောင်း တရားစီရင်အဖွဲ့	ka tho li' bou ja: gjan: ta. ja: zi jin ahpwe.
inquisidor (m)	စစ်ကြောမေးမြန်းသူ	si' kjo: mei: mjan: dhu
tortura (f)	ညှဉ်းပန်းနှိပ်စက်ခြင်း	hnjin: ban: hnei' se' chin:
cruel (adj)	ရက်စက်ကြမ်းကြုတ်သော	je' se' kjan: gjou' te.
herege (m)	ဒိဋ္ဌိ	di hti
heresia (f)	မှိစ္ဆာဒိဋ္ဌိ	mei' hsa dei' hti.
navegação (f) marítima	ပင်လယ်ပျော်	pin le bjo
pirata (m)	ပင်လယ်ဓားပြ	pin le da: bja.
pirataria (f)	ပင်လယ်ဓားပြတိုက်ခြင်း	pin le da: bja. tai' chin:
abordagem (f)	လှေကုန်းပတ်ပေါ် တိုက်ခိုက်ခြင်း	hlei goun: ba' po dou' hpou' chin:
presa (f), butim (m)	တိုက်ခိုက်ရရှိသောပစ္စည်း	tai' khai' ja. shi. dho: pji' si:
tesouros (m pl)	ရတနာ	jadana
descobrimento (m)	စူးစမ်းရှာဖွေခြင်း	su: zan: sha bwei gjin
descobrir (novas terras)	စူးစမ်းရှာဖွေသည်	su: zan: sha bwei de
expedição (f)	စူးစမ်းလေ့လာရေးခရီး	su: zan: lei. la nei: khaji:
mosqueteiro (m)	ပြောင်းရှောသေနတ် ကိုင်စစ်သား	pjaun: gjo: dhei na' kain si' tha:
cardeal (m)	ရွှေမြန်းခရစ်ယာန် ဘုန်းတော်ကြီး	jei bjan: khaji' jan boun: do gji:
heráldica (f)	မျိုးရိုးဘွဲ့ထူးတံဆိပ် များလေ့လာခြင်းပညာ	mjou: jou: bwe. dan zai' mja: lei. la gjin: pi nja
heráldico (adj)	မျိုးရိုးပညာလေ့လာခြင်း နှင့်ဆိုင်သော	mjou: pi nja lei. la gjin: hnin. zain de.

189. Líder. Chefe. Autoridades

rei (m)	ဘုရင်	ba jin
rainha (f)	ဘုရင်မ	ba jin ma.
real (adj)	ဘုရင်နှင့်ဆိုင်သော	ba. jin hnin. zain de
reino (m)	ဘုရင်အုပ်ချုပ်သောနိုင်ငံ	ba jin au' chou' dho nin gan
príncipe (m)	အိမ်ရှေ့မင်းသား	ein shei. min: dha:
princesa (f)	မင်းသမီး	min: dhami:
presidente (m)	သမ္မတ	thamada.
vice-presidente (m)	ဒုသမ္မတ	du. dhamada.
senador (m)	ဆီနိတ်လွှတ်တော်အမတ်	hsi nei' hlwa' do: ama'
monarca (m)	သက်ဦးဆံပိုင်	the'
governante (m)	အုပ်ချုပ်သူ	ou' chou' thu
ditador (m)	အာဏာရှင်	a na shin
tirano (m)	ဖိနှိပ်ချုပ်ချယ်သူ	hpana' chou' che dhu
magnata (m)	လုပ်ငန်းရှင်သူဌေးကြီး	lou' ngan: shin dhu dei: gji:
diretor (m)	ညွှန်ကြားရေးမှူး	hnjun gja: jei: hmu:
chefe (m)	အကြီးအကဲ	akji: ake:
gerente (m)	မန်နေဂျာ	man nei gji
patrão (m)	အကြီးအကဲ	akji: ake:
dono (m)	ပိုင်ရှင်	pain shin

líder (m)	ခေါင်းဆောင်	gaun: zaun
chefe (m)	အဖွဲ့ခေါင်းဆောင်	ahpwe. gaun: zaun:
autoridades (f pl)	အာဏာပိုင်အဖွဲ့	a na bain ahpwe.
superiores (m pl)	အထက်လူကြီးများ	a hte' lu gji: mja:
governador (m)	ပြည်နယ်အုပ်ချုပ်ရေးမှူး	pji ne ou' chou' jei: hmu:
cônsul (m)	ကောင်စစ်ဝန်	kaun si' wun
diplomata (m)	သံတမန်	than taman.
Presidente (m) da Câmara	မြို့တော်ဝန်	mjou. do wun
xerife (m)	နယ်မြေတာဝန်ခံ ရဲအရာရှိ	ne mjei da wun gan je: aja shi.
imperador (m)	ဧကရာဇ်	ei gaja'
czar (m)	ဇာဘုရင်	za bou jin
faraó (m)	ရှေးအီဂျစ်နိုင်ငံဘုရင်	shei: i gji' nain ngan bu. jin
cã, khan (m)	ခန်	khan

190. Estrada. Caminho. Direções

estrada (f)	လမ်း	lan:
via (f)	လမ်းကြောင်း	lan: gjaun:
rodovia (f)	အမြန်လမ်းမကြီး	aman lan: ma. mji:
autoestrada (f)	အဝေးပြေးလမ်းမကြီး	awei: bjei: lan: ma. gji:
estrada (f) nacional	ပင်မလမ်းမကြီး	pin lan: ma. gji:
estrada (f) principal	မိန်းလမ်း	mein: lan:
estrada (f) de terra	မြေလမ်း	mjei lan
trilha (f)	လူသွားလမ်း	lu dhwa: lan:
pequena trilha (f)	လူသွားလမ်းကလေး	lu dhwa: lan: ga. lei:
Onde?	ဘယ်မှာလဲ	be hma le:
Para onde?	ဘယ်ကိုလဲ	be gou le:
De onde?	ဘယ်ကလဲ	be ga. le:
direção (f)	ဦးတည်ရာ	u: te ja
indicar (~ o caminho)	ညွှန်ပြသည်	hnjun bja. de
para a esquerda	ဘယ်ဘက်	be be'
para a direita	ညာဘက်	nja be'
em frente	တည့်တည့်	te. de.
para trás	နောက်သို့	nau' dhou.
curva (f)	အကွေ့	akwei.
virar (~ para a direita)	ကွေ့သည်	kwei. de
dar retorno	ကွေ့သည်	kwei. de
estar visível	မြင်ရသည်	mjin ja. de
aparecer (vi)	မြင်နေရသည်	mjin nei ja. de
paragem (pausa)	ရပ်နားခြင်း	ja' na: gjin:
descansar (vi)	အနားယူသည်	ana: ju de
descanso, repouso (m)	အနားယူခြင်း	ana: ju gjin:

perder-se (vr)	လမ်းပျောက်သည်	lan: bjau' de
conduzir a … (caminho)	ဦးတည်သည်	u: ti de
chegar a …	လမ်းပေါ် ထွက်လာသည်	lan: bo dwe' la de
trecho (m)	တစ်ကန့်	ti' kan.
asfalto (m)	ကတ္တရာစေး	ka' ta' ja zi:
meio-fio (m)	ပလက်ဖောင်းဘောင်	pa. je' hpaun: baun:
valeta (f)	လမ်းဘေးမြောင်း	lan: bei: mjaun:
tampa (f) de esgoto	မန်ဟိုး	man: hou:
acostamento (m)	လမ်းဘေးမြေသား	lan: bei: mjei dha:
buraco (m)	ချိုင့်	chain.
ir (a pé)	သွားသည်	thwa: de
ultrapassar (vt)	ကျော်တက်သည်	kjo de' te
passo (m)	ခြေလှမ်း	chei hlan:
a pé	ခြေလျင်သွားသည်	chei ljin dhwa: de
bloquear (vt)	ပိတ်ဆို့ထားသည်	pei' hsou. da: de
cancela (f)	ဂြို့အဝင်ဂိတ်	mjou. awin gei'
beco (m) sem saída	လမ်းဆုံး	lan: zoun:

191. Violação da lei. Criminosos. Parte 1

bandido (m)	ဓားပြ	damja.
crime (m)	ရာဇဝတ်မှု	raza. wu' hma.
criminoso (m)	ရာဇဝတ်သား	raza. wu' tha:
ladrão (m)	သူခိုး	thu khou:
roubar (vt)	ခိုးသည်	khou: de
furto, roubo (m)	ခိုးမှု	khou: hmu
roubo (atividade)	ခိုးခြင်း	khou: chin:
furto (m)	သူခိုး	thu khou:
raptar, sequestrar (vt)	ပြန်ပေးဆွဲသည်	pjan bei: zwe: de
sequestro (m)	ပြန်ပေးဆွဲခြင်း	pjan bei: zwe: gjin:
sequestrador (m)	ပြန်ပေးသမား	pjan bei: dhama:
resgate (m)	ပြန်ရွေးငွေ	pjan jwei: ngwei
pedir resgate	ပြန်ပေးဆွဲသည်	pjan bei: zwe: de
roubar (vt)	ဓားပြတိုက်သည်	damja. tai' te
assalto, roubo (m)	လုယက်မှု	lu. je' hmu.
assaltante (m)	လုယက်သူ	lu. je' dhu
extorquir (vt)	ခြိမ်းခြောက်ပြီးငွေညှစ်သည်	chein: gjau' pji: ngwe hnji' te
extorsionário (m)	ခြိမ်းခြောက်ငွေညှစ်သူ	chein: gjau' ngwe hnji' thu
extorsão (f)	ခြိမ်းခြောက်ပြီး ငွေညှစ်ခြင်း	chein: gjau' pji: ngwe hnji' chin:
matar, assassinar (vt)	သတ်သည်	tha' te
homicídio (m)	လူသတ်မှု	lu dha' hmu.
homicida, assassino (m)	လူသတ်သမား	lu dha' thama:
tiro (m)	ပစ်ချက်	pi' che'

dar um tiro	ပစ်သည်	pi' te
matar a tiro	ပစ်သတ်သည်	pi' tha' te
disparar, atirar (vi)	ပစ်သည်	pi' te
tiroteio (m)	ပစ်ချက်	pi' che'
incidente (m)	ဆူပူမှု	hsu. bu hmu.
briga (~ de rua)	ရန်ပွဲ	jan bwe:
Socorro!	ကူညီပါ	ku nji ba
vítima (f)	ရန်ပြုခံရသူ	jab bju. gan ja. dhu
danificar (vt)	ဖျက်ဆီးသည်	hpje' hsi: de
dano (m)	အပျက်အစီး	apje' asi:
cadáver (m)	အလောင်း	alaun:
grave (adj)	စိုးရိမ်ဖွယ်ဖြစ်သော	sou: jein bwe bji' te.
atacar (vt)	တိုက်ခိုက်သည်	tai' khai' te
bater (espancar)	ရိုက်သည်	jai' te
espancar (vt)	ရိုက်သည်	jai' te
tirar, roubar (dinheiro)	ယူသည်	ju de
esfaquear (vt)	ထိုးသတ်သည်	htou: dha' te
mutilar (vt)	သေရာပါဒက်ရာရစေသည်	thei ja ba dan ja ja. zei de
ferir (vt)	ဒက်ရာရသည်	dan ja ja. de
chantagem (f)	ခြိမ်းခြောက်ငွေညှစ်ခြင်း	chein: gjau' ngwe hnji' chin:
chantagear (vt)	ခြိမ်းခြောက်ငွေညှစ်သည်	chein: gjau' ngwe hnji' te
chantagista (m)	ခြိမ်းခြောက်ငွေညှစ်သူ	chein: gjau' ngwe hnji' thu
extorsão (f)	ရာဇဝတ်ပိုက်ဆံဆက် ကြေးကောက်ခြင်း	raza. wu' goun: hse' kjei: gau' chin:
extorsionário (m)	ဆက်ကြေးတောင်းရာ ဇဝတ်ပိုက်း	hse' kjei: daun: ra za. wu' gain:
gângster (m)	လူဆိုးဂိုဏ်းဝင်	lu zou: gain: win
máfia (f)	မာဖီးယားဂိုဏ်း	ma bi: ja: gain:
punguista (m)	ခါးပိုက်နှိုက်	kha: bai' hnai'
assaltante, ladrão (m)	ဖောက်ထွင်းသူခိုး	hpau' htwin: dhu gou:
contrabando (m)	မှောင်ခို	hmaun gou
contrabandista (m)	မှောင်ခိုသမား	hmaun gou dhama:
falsificação (f)	လိမ်လည်အတုပြုမှု	lein le atu. bju hmu.
falsificar (vt)	အတုလုပ်သည်	atu. lou' te
falsificado (adj)	အတု	atu.

192. Violação da lei. Criminosos. Parte 2

estupro (m)	မုဒိန်းမှု	mu. dein: hmu.
estuprar (vt)	မုဒိန်းကျင့်သည်	mu. dein: gjin. de
estuprador (m)	မုဒိန်းကျင့်သူ	mu. dein: gjin, dhu
maníaco (m)	အရူး	aju:
prostituta (f)	ပြည့်တန်ဆာ	pjei. dan za
prostituição (f)	ပြည့်တန်ဆာမှု	pjei. dan za hmu.
cafetão (m)	ဖာခေါင်း	hpa gaun:
drogado (m)	ဆေးစွဲသူ	hsei: zwe: dhu

traficante (m)	မူးယစ်ဆေးရောင်းဝယ်သူ	mu: ji' hsei: jaun we dhu
explodir (vt)	ပေါက်ကွဲသည်	pau' kwe: de
explosão (f)	ပေါက်ကွဲမှု	pau' kwe: hmu.
incendiar (vt)	မီးရှို့သည်	mi: shou. de
incendiário (m)	မီးရှို့မှုကျူးလွန်သူ	mi: shou. hmu. gju: lun dhu
terrorismo (m)	အကြမ်းဖက်ဝါဒ	akjan: be' wa da.
terrorista (m)	အကြမ်းဖက်သမား	akjan: be' tha. ma:
refém (m)	ဓားစာခံ	daza gan
enganar (vt)	လိမ်လည်သည်	lein le de
engano (m)	လိမ်လည်မှု	lein le hmu.
vigarista (m)	လူလိမ်	lu lein
subornar (vt)	လာဘ်ထိုးသည်	la' htou: de
suborno (atividade)	လာဘ်ပေးလာဘ်ယူ	la' pei: la' thu
suborno (dinheiro)	လာဘ်	la'
veneno (m)	အဆိပ်	ahsei'
envenenar (vt)	အဆိပ်ခတ်သည်	ahsei' kha' te
envenenar-se (vr)	အဆိပ်သောက်သည်	ahsei' dhau' te
suicídio (m)	မိမိကိုယ်မိမိသတ်သေခြင်း	mi. mi. kou mi. mi. dha' thei gjin:
suicida (m)	မိမိကိုယ်မိမိသတ်သေသူ	mi. mi. kou mi. mi. dha' thei dhu
ameaçar (vt)	ခြိမ်းခြောက်သည်	chein: gjau' te
ameaça (f)	ခြိမ်းခြောက်မှု	chein: gjau' hmu.
atentar contra a vida de …	လုပ်ကြံသည်	lou' kjan de
atentado (m)	လုပ်ကြံခြင်း	lou' kjan gjin:
roubar (um carro)	ခိုးသည်	khou: de
sequestrar (um avião)	လေယာဉ်အပိုင်စီးသည်	lei jan apain zi: de
vingança (f)	လက်စားချေခြင်း	le' sa: gjei gjin:
vingar (vt)	လက်စားချေသည်	le' sa: gjei de
torturar (vt)	ညှဉ်းပန်းနှိပ်စက်သည်	hnjin: ban: hnei' se' te
tortura (f)	ညှဉ်းပန်းနှိပ်စက်ခြင်း	hnjin: ban: hnei' se' chin:
atormentar (vt)	နှိပ်စက်သည်	hnei' se' te
pirata (m)	ပင်လယ်ဓားပြ	pin le da: bja.
desordeiro (m)	လမ်းသခဲ	lan: dhaje:
armado (adj)	လက်နက်ကိုင်ဆောင်သော	le' ne' kain zaun de.
violência (f)	ရက်စက်ကြမ်းကြုတ်မှု	je' se' kjan: gjou' hmu.
ilegal (adj)	တရားမဝင်သော	taja: ma. win de.
espionagem (f)	သူလျှိုလုပ်ခြင်း	thu shou lou' chin:
espionar (vi)	သူလျှိုလုပ်သည်	thu shou lou' te

193. Polícia. Lei. Parte 1

justiça (sistema de ~)	တရားမျှတမှု	taja: hmja. ta. hmu.
tribunal (m)	တရားရုံး	taja: joun:

juiz (m)	တရားသူကြီး	taja: dhu gji:
jurados (m pl)	ဂျူရီအဖွဲ့ဝင်များ	gju ji ahpwe. win mja:
tribunal (m) do júri	ဂျူရီလူကြီးအဖွဲ့	gju ji lu gji: ahpwe.
julgar (vt)	တရားစီရင်သည်	taja: zi jin de

advogado (m)	ရှေ့နေ	shei. nei
réu (m)	တရားပြိုင်	taja: bjain
banco (m) dos réus	တရားရုံးဝက်ခြိ	taja: joun: we' khjan

acusação (f)	စွပ်စွဲခြင်း	su' swe: chin:
acusado (m)	တရားစွဲခံရသော	taja: zwe: gan ja. de.

sentença (f)	စီရင်ချက်	si jin gje'
sentenciar (vt)	စီရင်ချက်ချသည်	si jin gje' cha. de

culpado (m)	တရားခံ	tajakhan
punir (vt)	ပြစ်ဒက်ပေးသည်	pji' dan bei: de
punição (f)	ပြစ်ဒက်	pji' dan

multa (f)	ဒက်ငွေ	dan ngwei
prisão (f) perpétua	တစ်သက်တစ်ကျွန်းပြစ်ဒက်	ti' te' ti' kjun: bji' dan
pena (f) de morte	သေဒက်	thei dan
cadeira (f) elétrica	လျှပ်စစ်ထိုင်ခုံ	hlja' si' dain boun
forca (f)	ကြိုးစင်	kjou: zin

executar (vt)	ကွပ်မျက်သည်	ku' mje' te
execução (f)	ကွပ်မျက်ခြင်း	ku' mje' gjin

prisão (f)	ထောင်	htaun
cela (f) de prisão	အကျဉ်းခန်း	achou' khan:

escolta (f)	အစောင့်အကြပ်	asaun. akja'
guarda (m) prisional	ထောင်စောင့်	htaun zaun.
preso, prisioneiro (m)	ထောင်သား	htaun dha:

algemas (f pl)	လက်ထိပ်	le' htei'
algemar (vt)	လက်ထိပ်ခတ်သည်	le' htei' kha' te

fuga, evasão (f)	ထောင်ဖောက်ပြေးခြင်း	htaun bau' pjei: gjin:
fugir (vi)	ထောင်ဖောက်ပြေးသည်	htaun bau' pjei: de
desaparecer (vi)	ပျောက်ကွယ်သည်	pjau' kwe de
soltar, libertar (vt)	ထောင်မှလွှတ်သည်	htaun hma. lu' te
anistia (f)	လွတ်ငြိမ်းချမ်းသာခွင့်	lu' njein: gjan: dha gwin.

polícia (instituição)	ရဲ	je:
polícia (m)	ရဲအရာရှိ	je: aja shi.
delegacia (f) de polícia	ရဲစခန်း	je: za. gan:
cassetete (m)	သံတုတ်	than dou'
megafone (m)	လက်ကိုင်စပီကာ	le' kain za. bi ka

carro (m) de patrulha	ကင်းလှည့်ကား	kin: hle. ka:
sirene (f)	အချက်ပေးဩဩသံ	ache' pei: ou' o: dhan
ligar a sirene	အချက်ပေးဩဩသံလွှသည်	ache' pei: ou' o: zwe: de
toque (m) da sirene	အချက်ပေးဩဩသံလွှသံ	ache' pei: ou' o: zwe: dhan
cena (f) do crime	အခင်းဖြစ်ပွားရာနေရာ	achin: hpji' pwa: ja nei ja
testemunha (f)	သက်သေ	the' thei

liberdade (f)	လွတ်လပ်မှု	lu' la' hmu.
cúmplice (m)	ကြံရာပါ	kjan ja ba
escapar (vi)	ပုန်းသည်	poun: de
traço (não deixar ~s)	ခြေရာ	chei ja

194. Polícia. Lei. Parte 2

procura (f)	ဝရမ်းရှာဖွေခြင်း	wajan: sha bwei gjin:
procurar (vt)	ရှာသည်	sha de
suspeita (f)	မသင်္ကာမှု	ma. dhin ga hmu.
suspeito (adj)	သံသယပြစ်ဖွယ် ကောင်းသော	than thaja. bji' hpwe gaun: de.
parar (veículo, etc.)	ရပ်သည်	ja' te
deter (fazer parar)	ထိန်းသိမ်းထားသည်	htein: dhein: da: de
caso (~ criminal)	အမှု	ahmu.
investigação (f)	စုံစမ်းစစ်ဆေးခြင်း	soun zan: zi' hsei: gjin:
detetive (m)	စုံထောက်	soun dau'
investigador (m)	အလွှတ်စုံထောက်	alu' zoun htau'
versão (f)	အဆိုကြမ်း	ahsou gjan:
motivo (m)	စေ့ဆော်မှု	sei. zo hmu.
interrogatório (m)	စစ်ကြောမှု	si' kjo: hmu.
interrogar (vt)	စစ်ကြောသည်	si' kjo: de
questionar (vt)	မေးမြန်းသည်	mei: mjan: de
verificação (f)	စစ်ဆေးသည်	si' hsei: de
batida (f) policial	ဝိုင်းဝန်းမှု	wain: wan: hmu.
busca (f)	ရှာဖွေခြင်း	sha hpwei gjin:
perseguição (f)	လိုက်လံဖမ်းဆီးခြင်း	lai' lan ban: zi: gjin:
perseguir (vt)	လိုက်သည်	lai' de
seguir, rastrear (vt)	ခြေရာခံသည်	chei ja gan de
prisão (f)	ဖမ်းဆီးခြင်း	hpan: zi: gjin:
prender (vt)	ဖမ်းဆီးသည်	hpan: zi: de
pegar, capturar (vt)	ဖမ်းမိသည်	hpan: mi. de
captura (f)	သိမ်းခြင်း	thain: gjin:
documento (m)	စာရွက်စာတမ်း	sajwe' zatan:
prova (f)	သက်သေပြချက်	the' thei pja. gje'
provar (vt)	သက်သေပြသည်	the' thei pja. de
pegada (f)	ခြေရာ	chei ja
impressões (f pl) digitais	လက်ဗွေရာများ	lei' bwei ja mja:
prova (f)	သဲလွန်စ	the: lun za.
álibi (m)	ဆင်ခြေ	hsin gjei
inocente (adj)	အပြစ်ကင်းသော	apja' kin: de.
injustiça (f)	မတရားမှု	ma. daja: hmu.
injusto (adj)	မတရားသော	ma. daja: de.
criminal (adj)	ပြစ်မှုကျူးလွန်သော	pju. hmu. gju: lun de.
confiscar (vt)	သိမ်းယူသည်	thein: ju de
droga (f)	မူးယစ်ဆေးဝါး	mu: ji' hsei: wa:
arma (f)	လက်နက်	le' ne'

desarmar (vt)	လက်နက်သိမ်းသည်	le' ne' thain de
ordenar (vt)	အမိန့်ပေးသည်	amin. bei: de
desaparecer (vi)	ပျောက်ကွယ်သည်	pjau' kwe de
lei (f)	ဥပဒေ	u. ba. dei
legal (adj)	ဥပဒေနှင့် ညီညွတ်သော	u. ba. dei hnin. nji nju' te.
ilegal (adj)	ဥပဒေနှင့်မညီညွတ်သော	u. ba. dei hnin. ma. nji nju' te.
responsabilidade (f)	တာဝန်ယူခြင်း	ta wun ju gjin:
responsável (adj)	တာဝန်ရှိသော	ta wun shi. de.

NATUREZA

A Terra. Parte 1

195. Espaço sideral

espaço, cosmo (m)	အာကာသ	akatha.
espacial, cósmico (adj)	အာကာသနှင့်ဆိုင်သော	akatha. hnin zain dho:
espaço (m) cósmico	အာကာသဟင်းလင်းပြင်	akatha. hin: lin: bjin
mundo (m)	ကမ္ဘာ	ga ba
universo (m)	စကြာဝဠာ	sa kja wa. la
galáxia (f)	ကြယ်စုတန်း	kje zu. dan:
estrela (f)	ကြယ်	kje
constelação (f)	ကြယ်နက္ခတ်စု	kje ne' kha' zu.
planeta (m)	ဂြိုဟ်	gjou
satélite (m)	ဂြိုဟ်ငယ်	gjou nge
meteorito (m)	ဥက္ကာခဲ	ou' ka ge:
cometa (m)	ကြယ်တံခွန်	kje dagun
asteroide (m)	ဂြိုဟ်သိမ်ဂြိုဟ်မွှား	gjou dhein gjou hmwa:
órbita (f)	ပတ်လမ်း	pa' lan:
girar (vi)	လည်သည်	le de
atmosfera (f)	လေထု	lei du.
Sol (m)	နေ	nei
Sistema (m) Solar	နေစကြာဝဠာ	nei ze kja. wala
eclipse (m) solar	နေကြတ်ခြင်း	nei gja' chin:
Terra (f)	ကမ္ဘာလုံး	ga ba loun:
Lua (f)	လ	la.
Marte (m)	အင်္ဂါဂြိုဟ်	in ga gjou
Vênus (f)	သောကြာဂြိုဟ်	thau' kja gjou'
Júpiter (m)	ကြာသပတေးဂြိုဟ်	kja dha ba. dei: gjou'
Saturno (m)	စနေဂြိုဟ်	sanei gjou'
Mercúrio (m)	ဗုဒ္ဓဟူးဂြိုဟ်	bou' da. gjou'
Urano (m)	ယူရေနတ်ဂြိုဟ်	ju rei: na' gjou
Netuno (m)	နက်ပကျန်းဂြိုဟ်	ne' pa. gjun: gjou
Plutão (m)	ပလူတိုဂြိုဟ်	pa lu tou gjou '
Via Láctea (f)	နဂါးငွေ့ကြယ်စုတန်း	na. ga: ngwe. gje zu dan:
Ursa Maior (f)	မျောက်ပိုင်ဂရိတ်ဘဲးရံကြယ်စု	mjau' pain: gajei' be:j gje zu.
Estrela Polar (f)	ဓ္ရုဝံကြယ်	du wan gje
marciano (m)	အင်္ဂါဂြိုဟ်သား	in ga gjou dha:
extraterrestre (m)	အခြားကမ္ဘာဂြိုဟ်သား	apja: ga ba gjou dha

| alienígena (m) | ခြံဟပ်သား | gjou dha: |
| disco (m) voador | ပန်းကန်ပြားပျံ | bagan: bja: bjan |

espaçonave (f)	အာကာသယာဉ်	akatha. jin
estação (f) orbital	အာကာသစခန်း	akatha. za khan:
lançamento (m)	လွှတ်တင်ခြင်း	hlu' tin gjin:

motor (m)	အင်ဂျင်	in gjin
bocal (m)	နို့ဇယ်	no ze
combustível (m)	လောင်စာ	laun za

cabine (f)	လေယာဉ်မောင်းအခန်း	lei jan maun akhan:
antena (f)	အင်တင်နာတိုင်	in tan na tain
vigia (f)	ပြတင်း	badin:
bateria (f) solar	နေရောင်ခြည်သုံးဘက်ထရီ	nei jaun gje dhoun: ba' hta ji
traje (m) espacial	အာကာသဝတ်စုံ	akatha. wu' soun

| imponderabilidade (f) | အလေးချိန်ကင်းမဲ့ခြင်း | alei: gjein gin: me. gjin: |
| oxigênio (m) | အောက်ဆီဂျင် | au' hsi gjin |

| acoplagem (f) | အာကာသထဲချိတ်ဆက်ခြင်း | akatha. hte: chei' hse' chin: |
| fazer uma acoplagem | အာကာသထဲချိတ်ဆက်သည် | akatha. hte: chei' hse' te |

observatório (m)	နက္ခတ်မျှော်စင်	ne' kha' ta. mjo zin
telescópio (m)	အဝေးကြည့်မှန်ပြောင်း	awei: gji. hman bjaun:
observar (vt)	လေ့လာကြည့်ရှုသည်	lei. la kji. hju. de
explorar (vt)	သုတေသနပြုသည်	thu. tei thana bjou de

196. A Terra

Terra (f)	ကမ္ဘာမြေကြီး	ga ba mjei kji:
globo terrestre (Terra)	ကမ္ဘာလုံး	ga ba loun:
planeta (m)	ဂြိုဟ်	gjou

atmosfera (f)	လေထု	lei du.
geografia (f)	ပထဝီဝင်	pahtawi win
natureza (f)	သဘာဝ	tha. bawa

globo (mapa esférico)	ကမ္ဘာလုံး	ga ba loun:
mapa (m)	မြေပုံ	mjei boun
atlas (m)	မြေပုံစာအုပ်	mjei boun za ou'

| Europa (f) | ဥရောပ | u. jo: pa |
| Ásia (f) | အာရှ | a sha. |

| África (f) | အာဖရိက | apha. ri. ka. |
| Austrália (f) | ဩစတြေးလျ | thja za djei: lja |

América (f)	အမေရိက	amei ji ka
América (f) do Norte	မြောက်အမေရိက	mjau' amei ri. ka.
América (f) do Sul	တောင်အမေရိက	taun amei ri. ka.

| Antártida (f) | အန္တာတိတ် | anta di' |
| Ártico (m) | အာတိတ် | a tei' |

197. Pontos cardeais

norte (m)	မြောက်အရပ်	mjau' aja'
para norte	မြောက်ဘက်သို့	mjau' be' thou.
no norte	မြောက်ဘက်မှာ	mjau' be' hma
do norte (adj)	မြောက်အရပ်နှင့်ဆိုင်သော	mjau' aja' hnin. zain de.
sul (m)	တောင်အရပ်	taun aja'
para sul	တောင်ဘက်သို့	taun be' thou.
no sul	တောင်ဘက်မှာ	taun be' hma
do sul (adj)	တောင်အရပ်နှင့်ဆိုင်သော	taun aja' hnin. zain de.
oeste, ocidente (m)	အနောက်အရပ်	anau' aja'
para oeste	အနောက်ဘက်သို့	anau' be' thou.
no oeste	အနောက်ဘက်မှာ	anau' be' hma
ocidental (adj)	အနောက်အရပ်နှင့်ဆိုင်သော	anau' aja' hnin. zain dho:
leste, oriente (m)	အရှေ့အရပ်	ashei. aja'
para leste	အရှေ့ဘက်သို့	ashei. be' hma
no leste	အရှေ့ဘက်မှာ	ashei. be' hma
oriental (adj)	အရှေ့အရပ်နှင့်ဆိုင်သော	ashei. aja' hnin. zain de.

198. Mar. Oceano

mar (m)	ပင်လယ်	pin le
oceano (m)	သမုဒ္ဒရာ	thamou' daja
golfo (m)	ပင်လယ်အွေ့	pin le gwe.
estreito (m)	ရေလက်ကြား	jei le' kja:
terra (f) firme	ကုန်းမြေ	koun: mei
continente (m)	တိုက်	tai'
ilha (f)	ကျွန်း	kjun:
península (f)	ကျွန်းဆွယ်	kjun: zwe
arquipélago (m)	ကျွန်းစု	kjun: zu
baía (f)	အော်	o
porto (m)	သင်္ဘောဆိပ်ကမ်း	thin. bo: zei' kan:
lagoa (f)	ပင်လယ်ထုံးအိုင်	pin le doun: ain
cabo (m)	အငူ	angu
atol (m)	သန္တာကျောက်တန်းကျွန်းငယ်	than da gjau' tan: gjun: nge
recife (m)	ကျောက်တန်း	kjau' tan:
coral (m)	သန္တာကောင်	than da gaun
recife (m) de coral	သန္တာကျောက်တန်း	than da gjau' tan:
profundo (adj)	နက်သော	ne' te.
profundidade (f)	အနက်	ane'
abismo (m)	ချောက်နက်ကြီး	chau ne' kji:
fossa (f) oceânica	မြောင်း	mjaun:
corrente (f)	စီးကြောင်း	si: gaun:
banhar (vt)	ဝိုင်းသည်	wain: de

litoral (m)	ကမ်းစပ်	kan: za'
costa (f)	ကမ်းခြေ	kan: gjei
maré (f) alta	ရေတက်	jei de'
refluxo (m)	ရေကျ	jei gja.
restinga (f)	သောင်စွယ်	thaun zwe
fundo (m)	ကြမ်းပြင်	kan: pjin
onda (f)	လှိုင်း	hlain:
crista (f) da onda	လှိုင်းခေါင်းဖျ	hlain: gaun: bju.
espuma (f)	အမြှုပ်	a hmjou'
tempestade (f)	မုန်တိုင်း	moun dain:
furacão (m)	ဟာရီကိန်းမုန်တိုင်း	ha ji gain: moun dain:
tsunami (m)	ဆူနာမိ	hsu na mi
calmaria (f)	ရေသော	jei dhei
calmo (adj)	ငြိမ်သက်အေးဆေးသော	njein dhe' ei: zei: de.
polo (m)	ဝင်ရိုးစွန်း	win jou: zun
polar (adj)	ဝင်ရိုးစွန်းနှင့်ဆိုင်သော	win jou: zun hnin. zain de.
latitude (f)	လတ္တီတွဒ်	la' ti. tu'
longitude (f)	လောင်ဂျီတွဒ်	laun gji twa'
paralela (f)	လတ္တီတွဒ်မျဉ်း	la' ti. tu' mjin:
equador (m)	အီကွေတာ	i kwei: da
céu (m)	ကောင်းကင်	kaun: gin
horizonte (m)	မိုးကုပ်စက်ဝိုင်း	mou kou' se' wain:
ar (m)	လေထု	lei du.
farol (m)	မီးပြတိုက်	mi: bja dai'
mergulhar (vi)	ရေငုပ်သည်	jei ngou' te
afundar-se (vr)	ရေမြှုပ်သည်	jei mjou' te
tesouros (m pl)	ရတနာ	jadana

199. Nomes de Mares e Oceanos

Oceano (m) Atlântico	အတ္တလန္တိတ် သမုဒ္ဒရာ	a' ta. lan ti' thamou' daja
Oceano (m) Índico	အိန္ဒိယ သမုဒ္ဒရာ	indi. ja thamou. daja
Oceano (m) Pacífico	ပစိဖိတ် သမုဒ္ဒရာ	pa. si. hpi' thamou' daja
Oceano (m) Ártico	အာတိတ် သမုဒ္ဒရာ	a tei' thamou' daja
Mar (m) Negro	ပင်လယ်နက်	pin le ne'
Mar (m) Vermelho	ပင်လယ်နီ	pin le ni
Mar (m) Amarelo	ပင်လယ်ဝါ	pin le wa
Mar (m) Branco	ပင်လယ်ဖြူ	pin le bju
Mar (m) Cáspio	ကက်စပီယန် ပင်လယ်	ke' za. pi jan pin le
Mar (m) Morto	ပင်လယ်သေ	pin le dhe:
Mar (m) Mediterrâneo	မြေထဲပင်လယ်	mjei hte: bin le
Mar (m) Egeu	အေဂျန်းပင်လယ်	ei gi jan: bin le
Mar (m) Adriático	အဒရီရာတစ်ပင်လယ်	a da yi ya ti' pin le
Mar (m) Arábico	အာရေဘီးယန်း ပင်လယ်	a ra bi: an: bin le

Mar (m) do Japão	ဂျပန် ပင်လယ်	gja pan pin le
Mar (m) de Bering	ဘယ်ရင်း ပင်လယ်	be jin: bin le
Mar (m) da China Meridional	တောင်တရုတ်ပင်လယ်	taun dajou' pinle
Mar (m) de Coral	ကော်ရယ်လ်ပင်လယ်	ko je l pin le
Mar (m) de Tasman	တက်စမန်းပင်လယ်	te' sa. man: bin le
Mar (m) do Caribe	ကာရေးဘီးယန်းပင်လယ်	ka rei: bi: jan: bin le
Mar (m) de Barents	ဘာရန့်စ် ပင်လယ်	ba jan's bin le
Mar (m) de Kara	ကာရာ ပင်လယ်	kara bin le
Mar (m) do Norte	မြောက်ပင်လယ်	mjau' pin le
Mar (m) Báltico	ဘောလ်တစ်ပင်လယ်	bo' l ti' pin le
Mar (m) da Noruega	နော်ဝေးရီးယန်း ပင်လယ်	no wei: bin le

200. Montanhas

montanha (f)	တောင်	taun
cordilheira (f)	တောင်တန်း	taun dan:
serra (f)	တောင်ကြော	taun gjo:
cume (m)	ထိပ်	htei'
pico (m)	တောင်ထွတ်	taun htu'
pé (m)	တောင်ခြေ	taun gjei
declive (m)	တောင်စောင်း	taun zaun:
vulcão (m)	မီးတောင်	mi: daun
vulcão (m) ativo	မီးတောင်ရှင်	mi: daun shin
vulcão (m) extinto	မီးငြိမ်းတောင်	mi: njein: daun
erupção (f)	မီးတောင်ပေါက်ကွဲခြင်း	mi: daun pau' kwe: gjin:
cratera (f)	မီးတောင်ဝ	mi: daun wa.
magma (m)	ကျောက်ရည်ပူ	kjau' ji bu
lava (f)	ချော်ရည်	cho ji
fundido (lava ~a)	အရည်းပူသော	ajam: bu de.
cânion, desfiladeiro (m)	တောင်ကြားချိုင့်ဝှမ်းနက်	taun gja: gjain. hwan: ne'
garganta (f)	တောင်ကြား	taun gja:
fenda (f)	အက်ကွဲကြောင်း	e' kwe: gjaun:
precipício (m)	ချောက်ကမ်းပါး	chau' kan: ba:
passo, colo (m)	တောင်ကြားလမ်း	taun gja: lan:
planalto (m)	ကုန်းပြင်မြင့်	koun: bjin mjin:
falésia (f)	ကျောက်ဆောင်	kjau' hsain
colina (f)	တောင်ကုန်း	taun goun:
geleira (f)	ရေခဲမြစ်	jei ge: mji'
cachoeira (f)	ရေတံခွန်	jei dan khun
gêiser (m)	ရေပူစမ်း	jei bu zan:
lago (m)	ရေကန်	jei gan
planície (f)	မြေပြန့်	mjei bjan:
paisagem (f)	ရှုခင်း	shu. gin:
eco (m)	ပဲ့တင်သံ	pe. din than

alpinista (m)	တောင်တက်သမား	taun de' thama:
escalador (m)	ကျောက်တောင်တက်သမား	kjau' taun de dha ma:
conquistar (vt)	အောင်နိုင်သူ	aun nain dhu
subida, escalada (f)	တောင်တက်ခြင်း	taun de' chin:

201. Nomes de montanhas

Alpes (m pl)	အဲလ်ပ်တောင်	e.lp daun
Monte Branco (m)	မောင့်ဘလန့်စ်တောင်	maun. ba. lan. s taun
Pirineus (m pl)	ပိရန်းနီးစ်တောင်	pi jan: ni:s taun
Cárpatos (m pl)	ကာပသီယန်စ်တောင်	ka pa. dhi jan s taun
Urais (m pl)	ယူရယ်တောင်တန်း	ju re daun dan:
Cáucaso (m)	ကောကေးဆပ်တောင်တန်း	ko: kei: zi' taun dan:
Elbrus (m)	အယ်ဘရုတ်စ်တောင်	e ba. ja's daun
Altai (m)	အယ်လတိုင်တောင်	e la. tain daun
Tian Shan (m)	တိုင်ယန်ရှန်းတောင်	tain jan shin: daun
Pamir (m)	ပါမီယာတောင်တန်း	pa mi ja daun dan:
Himalaia (m)	ဟိမဝန္တာတောင်တန်း	hi. ma. wan da daun dan:
monte Everest (m)	ဧဝရတ်တောင်	ei wa. ja' taun
Cordilheira (f) dos Andes	အန်ဒီတောင်တန်း	an: di daun dan:
Kilimanjaro (m)	ကီလီမန်ဂျာရိုတောင်	ki li man gja gou daun

202. Rios

rio (m)	မြစ်	mji'
fonte, nascente (f)	စမ်း	san:
leito (m) de rio	ရေကြောင်းကြောင်း	jei gjo: zi: gjaun:
bacia (f)	မြစ်ချိုင့်ဝှမ်း	mji' chain. hwan:
desaguar no ...	စီးဝင်သည်	si: win de
afluente (m)	မြစ်လက်တက်	mji' le' te'
margem (do rio)	ကမ်း	kan:
corrente (f)	စီးကြောင်း	si: gaun:
rio abaixo	ရေစုန်	jei zoun
rio acima	ရေဆန်	jei zan
inundação (f)	ရေကြီးမှု	jei gji: hmu.
cheia (f)	ရေလျှံခြင်း	jei shan gjin:
transbordar (vi)	လျှံသည်	shan de
inundar (vt)	ရေလွှမ်းသည်	jei hlwan: de
banco (m) de areia	ရေတိမ်ပိုင်း	jei dein bain:
corredeira (f)	ရေအောက်ကျောက်ဆောင်	jei au' kjau' hsaun
barragem (f)	ဆည်	hse
canal (m)	တူးမြောင်း	tu: mjaun:
reservatório (m) de água	ရေလှောင်ကန်	jei hlaun gan
eclusa (f)	ရေလွှဲပေါက်	jei hlwe: bau'

corpo (m) de água	ရေထု	jei du.
pântano (m)	ရွှံ့ညွှန်	shwan njun
lamaçal (m)	စိမ့်မြေ	sein. mjei
redemoinho (m)	ရေဝဲ	jei we:
riacho (m)	ချောင်းကလေး	chaun: galei:
potável (adj)	သောက်ရေ	thau' jei
doce (água)	ရေချို	jei gjou
gelo (m)	ရေခဲ	jei ge:
congelar-se (vr)	ရေခဲသည်	jei ge: de

203. Nomes de rios

rio Sena (m)	စိန်မြစ်	sein mji'
rio Loire (m)	လောရီမြစ်	lo ji mji'
rio Tâmisa (m)	သိမ်းမြစ်	thain: mji'
rio Reno (m)	ရိုင်းမြစ်	rain: mji'
rio Danúbio (m)	ဒင်နယုမြစ်	din na. ju mji'
rio Volga (m)	ဗော်လဂါမြစ်	bo la. ga mja'
rio Don (m)	ဒွန်မြစ်	dun mja'
rio Lena (m)	လီနာမြစ်	li na mji'
rio Amarelo (m)	မြစ်ဝါ	mji' wa
rio Yangtzé (m)	ရမ်းဇီးမြစ်	jan zi: mji'
rio Mekong (m)	မဲခေါင်မြစ်	me: gaun mji'
rio Ganges (m)	ဂင်္ဂါမြစ်	gan ga. mji'
rio Nilo (m)	နိုင်းမြစ်	nain: mji'
rio Congo (m)	ကွန်ဂိုမြစ်	kun gou mji'
rio Cubango (m)	အိုကာဗန်ဂိုမြစ်	ai' hou ban
rio Zambeze (m)	ဇမ်ဘီဇီးမြစ်	zan bi zi: mji'
rio Limpopo (m)	လင်ပိုပိုမြစ်	lin po pou mji'
rio Mississippi (m)	မစ်စစ္စပီမြစ်	mi' si. si. pi. mji'

204. Floresta

floresta (f), bosque (m)	သစ်တော	thi' to:
florestal (adj)	သစ်တောနှင့်ဆိုင်သော	thi' to: hnin. zain de.
mata (f) fechada	ထူထပ်သောတော	htu da' te. do:
arvoredo (m)	သစ်ပင်အုပ်	thi' pin ou'
clareira (f)	တောတွင်းလဟာပြင်	to: dwin: la. ha bjin
matagal (m)	ချုံပိတ်ပေါင်း	choun bei' paun:
mato (m), caatinga (f)	ချုံထနောင်းတော	choun hta naun: de.
pequena trilha (f)	လူသွားလမ်းကလေး	lu dhwa: lan: ga. lei:
ravina (f)	လှို့	shou
árvore (f)	သစ်ပင်	thi' pin

folha (f)	သစ်ရွက်	thi' jwe'
folhagem (f)	သစ်ရွက်များ	thi' jwe' mja:

queda (f) das folhas	သစ်ရွက်ကြွေခြင်း	thi' jwe' kjwei gjin:
cair (vi)	သစ်ရွက်ကြွေသည်	thi' jwe' kjwei de
topo (m)	အဖျား	ahpja:

ramo (m)	အကိုင်းခွဲ	akain: khwe:
galho (m)	ပင်မကိုင်း	pin ma. gain:
botão (m)	အဖူး	ahpu:
agulha (f)	အပ်နှင့်တူသောအရွက်	a' hnin. bu de. ajwe'
pinha (f)	ထင်းရှူးသီး	htin: shu: dhi:

buraco (m) de árvore	အခေါင်းပေါက်	akhaun: bau'
ninho (m)	ငှက်သိုက်	hnge' thai'
toca (f)	မြေတွင်း	mjei dwin:

tronco (m)	ပင်စည်	pin ze
raiz (f)	အမြစ်	amji'
casca (f) de árvore	သစ်ခေါက်	thi' khau'
musgo (m)	ရေညှိ	jei hnji.

arrancar pela raiz	အမြစ်မှဆွဲနှုတ်သည်	amji' hma zwe: hna' te
cortar (vt)	ခုတ်သည်	khou' te
desflorestar (vt)	တောပျက်စေသည်	to: bjoun: zei de
toco, cepo (m)	သစ်ငုတ်တို	thi' ngou' tou

fogueira (f)	မီးပုံ	mi: boun
incêndio (m) florestal	မီးလောင်ခြင်း	mi: laun gjin:
apagar (vt)	မီးသတ်သည်	mi: tha' de

guarda-parque (m)	တောခေါင်း	to: gaun:
proteção (f)	သစ်တောဝန်ထမ်း	thi' to: wun dan:
proteger (a natureza)	ထိန်းသိမ်းစောင့်ရှောက်သည်	htein: dhein: zaun. shau' te
caçador (m) furtivo	မိုးယုသူ	khou' ju dhu
armadilha (f)	သံမဏိထောင်ချောက်	than mani. daun gjau'

colher (cogumelos)	ဆွတ်သည်	hsu' te
colher (bagas)	ခူးသည်	khu: de
perder-se (vr)	လမ်းပျောက်သည်	lan: bjau' de

205. Recursos naturais

recursos (m pl) naturais	သယံဇာတ	thajan za da.
minerais (m pl)	တွင်းထွက်ပစ္စည်း	twin: htwe' pji' si:
depósitos (m pl)	နှံ့နှံ့	noun;
jazida (f)	ဓာတ်သတ္တုထွက်ရာမြေ	da' tha' tu dwe' ja mjei

extrair (vt)	တူးဖော်သည်	tu: hpo de
extração (f)	တူးဖော်ခြင်း	tu: hpo gjin:
minério (m)	သတ္တုရိုင်း	tha' tu. jain:
mina (f)	သတ္တုတွင်း	tha' tu. dwin:
poço (m) de mina	မိုင်းတွင်း	main: dwin:
mineiro (m)	သတ္တုတွင်း အလုပ်သမား	tha' tu. dwin: alou' thama:

gás (m)	တတ်ငွေ့	da' ngwei.
gasoduto (m)	ဓါတ်ငွေ့ပိုက်လိုင်း	da' ngwei. bou' lain:
petróleo (m)	ရေနံ	jei nan
oleoduto (m)	ရေနံပိုက်လိုင်း	jei nan bou' lain:
poço (m) de petróleo	ရေနံတွင်း	jei nan dwin:
torre (f) petrolífera	ရေနံစင်	jei nan zin
petroleiro (m)	လောင်စာတင်သင်္ဘော	laun za din dhin bo:
areia (f)	သဲ	the:
calcário (m)	ထုံးကျောက်	htoun: gjau'
cascalho (m)	ကျောက်စရစ်	kjau' sa. ji'
turfa (f)	မြေဆွေးခဲ	mjei zwei: ge:
argila (f)	မြေစေး	mjei zei:
carvão (m)	ကျောက်မီးသွေး	kjau' mi dhwei:
ferro (m)	သံ	than
ouro (m)	ရွှေ	shwei
prata (f)	ငွေ	ngwei
níquel (m)	နီကယ်	ni ke
cobre (m)	ကြေးနီ	kjei: ni
zinco (m)	သွပ်	thu'
manganês (m)	မဂ္ဂနီးစ်	ma' ga. ni:s
mercúrio (m)	ပြဒါး	bada:
chumbo (m)	ခဲ	khe:
mineral (m)	သတ္တုဓာတ်	tha' tu. za:
cristal (m)	သလင်းကျောက်	thalin: gjau'
mármore (m)	စကျင်ကျောက်	zagjin kjau'
urânio (m)	ယူရေနီယမ်	ju rei ni jan

A Terra. Parte 2

206. Tempo

tempo (m)	ရာသီဥတု	ja dhi nja. tu.
previsão (f) do tempo	မိုးလေဝသခန့်မှန်းချက်	mou: lei wa. dha. gan. hman: gje'
temperatura (f)	အပူရှိန်	apu gjein
termômetro (m)	သာမိုမီတာ	tha mou mi ta
barômetro (m)	လေဖိအားတိုင်းကိရိယာ	lei bi. a: dain: gi. ji. ja
úmido (adj)	စိုထိုင်းသော	sou htain: de
umidade (f)	စိုထိုင်းမှု	sou htain: hmu.
calor (m)	အပူရှိန်	apu shein
tórrido (adj)	ပူလောင်သော	pu laun de.
está muito calor	ပူလောင်ခြင်း	pu laun gjin:
está calor	နွေးခြင်း	nwei: chin:
quente (morno)	နွေးသော	nwei: de.
está frio	အေးခြင်း	ei: gjin:
frio (adj)	အေးသော	ei: de.
sol (m)	နေ	nei
brilhar (vi)	သာသည်	tha de
de sol, ensolarado	နေသာသော	nei dha de.
nascer (vi)	နေထွက်သည်	nei dwe' te
pôr-se (vr)	နေဝင်သည်	nei win de
nuvem (f)	တိမ်	tein
nublado (adj)	တိမ်ထူသော	tein du de
nuvem (f) preta	မိုးတိမ်	mou: dain
escuro, cinzento (adj)	ညို့မိုင်းသော	njou. hmain: de.
chuva (f)	မိုး	mou:
está a chover	မိုးရွာသည်	mou: jwa de.
chuvoso (adj)	မိုးရွာသော	mou: jwa de.
chuviscar (vi)	မိုးဖွဲဖွဲရွာသည်	mou: bwe: bwe: jwa de
chuva (f) torrencial	သည်းထန်စွာရွာသောမိုး	thi: dan zwa jwa dho: mou:
aguaceiro (m)	မိုးပုဆိန်	mou: bu. zain
forte (chuva, etc.)	မိုးသည်းသော	mou: de: de.
poça (f)	ရေအိုင်	jei ain
molhar-se (vr)	မိုးမိသည်	mou: mi de
nevoeiro (m)	မြူ	mju
de nevoeiro	မြူထူထပ်သော	mju htu hta' te.
neve (f)	နှင်း	hnin:
está nevando	နှင်းကျသည်	hnin: gja. de

207. Tempo extremo. Catástrofes naturais

trovoada (f)	မိုးသက်မုန်တိုင်း	mou: dhe' moun dain:
relâmpago (m)	လျှပ်စီး	hlja' si:
relampejar (vi)	လျှပ်ပြက်သည်	hlja' pje' te
trovão (m)	မိုးကြိုး	mou: kjou:
trovejar (vi)	မိုးကြိုးပစ်သည်	mou: gjou: pi' te
está trovejando	မိုးကြိုးပစ်သည်	mou: gjou: pi' te
granizo (m)	မိုးသီး	mou: dhi:
está caindo granizo	မိုးသီးကြွေသည်	mou: dhi: gjwei de
inundar (vt)	ရေကြီးသည်	jei gji: de
inundação (f)	ရေကြီးမှု	jei gji: hmu.
terremoto (m)	ငလျင်	nga ljin
abalo, tremor (m)	တုန်ခါခြင်း	toun ga gjin:
epicentro (m)	ငလျင်ဗဟိုချက်	nga ljin ba hou che'
erupção (f)	မီးတောင်ပေါက်ကွဲခြင်း	mi: daun pau' kwe: gjin:
lava (f)	ချော်ရည်	cho ji
tornado (m)	လေဆင်နှာမောင်း	lei zin hna maun:
tufão (m)	တိုင်ဖွန်းမုန်တိုင်း	tain hpun moun dain:
furacão (m)	ဟာရီကိန်းမုန်တိုင်း	ha ji gain: moun dain:
tempestade (f)	မုန်တိုင်း	moun dain:
tsunami (m)	ဆူနာမိ	hsu na mi
ciclone (m)	ဆိုင်ကလုန်းမုန်တိုင်း	hsain ga. loun: moun dain:
mau tempo (m)	လိုးရွားသောရာသီဥတု	hsou: jwa: de. ja dhi u. tu.
incêndio (m)	မီးလောင်ခြင်း	mi: laun gjin:
catástrofe (f)	ဘေးအန္တရာယ်	bei: an daje
meteorito (m)	ဥက္ကာခဲ	ou' ka ge:
avalanche (f)	ရေခဲနှင့်ကျောက်တုံးများထိုးကျခြင်း	jei ge: hnin kjau' toun: mja: htou' gja. gjin:
deslizamento (m) de neve	လေတိုက်ပြီးဖြစ်နေသောနှင်းပုံ	lei dou' hpji: bi' nei dho: hnin: boun
nevasca (f)	နှင်းမုန်တိုင်း	hnin: moun dain:
tempestade (f) de neve	နှင်းမုန်တိုင်း	hnin: moun dain:

208. Ruídos. Sons

silêncio (m)	တိတ်ဆိတ်မှု	tei' hsei' hmu.
som (m)	အသံ	athan
ruído, barulho (m)	ဆူညံသံ	hsu. njan dhan.
fazer barulho	ဆူညံသည်	hsu. njan de
ruidoso, barulhento (adj)	ဆူညံသော	hsu. njan de.
alto	ကျယ်လောင်စွာ	kje laun zwa
alto (ex. voz ~a)	ကျယ်လောင်သော	kje laun de

constante (ruído, etc.)	ဆက်တိုင်ဖြစ်သော	hse' dain bja' de.
grito (m)	အော်သံ	o dhan
gritar (vi)	အော်သည်	o de
sussurro (m)	တီးတိုးပြောသံ	ti: dou: bjo dhan
sussurrar (vi, vt)	တီးတိုးပြောသည်	ti: dou: bjo de
latido (m)	ဟောင်သံ	han dhan
latir (vi)	ဟောင်သည်	han de
gemido (m)	တကျိကျိမြည်သံ	ta kjwi. kjwi. mji dhan
gemer (vi)	တကျိကျိမြည်သည်	ta kjwi. kjwi. mji de
tosse (f)	ချောင်းဆိုးခြင်း	gaun: zou: gjin:
tossir (vi)	ချောင်းဆိုးသည်	gaun: zou: de
assobio (m)	လေချွန်သံ	lei gjun dhan
assobiar (vi)	လေချွန်သည်	lei gjun de
batida (f)	တံခါးခေါက်သံ	daga: khau' than
bater (à porta)	တံခါးခေါက်သည်	daga: khau' te
estalar (vi)	တိုက်သည်	tai' te
estalido (m)	ဒိုင်းခနဲမြည်သံ	dein: ga. ne: mji dhan.
sirene (f)	အချက်ပေးညှံသံ	ache' pei ou' o: dhan
apito (m)	ညှံဆွဲသံ	udhja zwe: dhan
apitar (vi)	ညှံဆွဲသည်	udhja zwe: de
buzina (f)	ဟွန်းသံ	hwun: dhan
buzinar (vi)	ဟွန်းတီးသည်	hwun: di: de

209. Inverno

inverno (m)	ဆောင်းရာသီ	hsaun: ja dhi
de inverno	ဆောင်းရာသီနှင့်ဆိုင်သော	hsaun: ja dhi hnin. zain de.
no inverno	ဆောင်းရာသီမှာ	hsaun: ja dhi hma
neve (f)	နှင်း	hnin:
está nevando	နှင်းကျသည်	hnin: gja. de
queda (f) de neve	ဆီးနှင်းကျခြင်း	hsi: hnin: gja gjin:
amontoado (m) de neve	နှင်းခဲပုံ	hnin: ge: boun
floco (m) de neve	ဆီးနှင်းပွင့်	hsi: hnin: bwin.
bola (f) de neve	နှင်းဆုပ်လုံး	hnin: zou' loun:
boneco (m) de neve	နှင်းခဲလူရုပ်	hnin: ge: lu jou'
sincelo (m)	ရေခဲပန်းဆွဲ	jei ge: ban: zwe:
dezembro (m)	ဒီဇင်ဘာလ	di zin ba la.
janeiro (m)	ဇန်နဝါရီလ	zan na. wa ji la.
fevereiro (m)	ဖေဖော်ဝါရီလ	hpei bo wa ji la
gelo (m)	နှင်းခဲခြင်း	hnin: ge: gjin:
gelado (tempo ~)	နှင်းခဲသော	hnin: ge: de.
abaixo de zero	သုညအောက်	thoun nja. au'
primeira geada (f)	နှင်းခဲ	hnin: ga:
geada (f) branca	နှင်းပေါက်ခဲဖြူ	hnin: bau' khe: bju

frio (m)	အေးခြင်း	ei: gjin:
está frio	အေးသည်	ei: de
casaco (m) de pele	သားမွေးအနွေးထည်	tha: mwei: anwei: de
mitenes (f pl)	နှစ်ကန့်လက်အိတ်	hni' kan. le' ei'
adoecer (vi)	အဖျားဝင်သည်	ahpja: win de
resfriado (m)	အအေးမိခြင်း	aei: mi. gjin:
ficar resfriado	အအေးမိသည်	aei: mi. de
gelo (m)	ရေခဲ	jei ge:
gelo (m) na estrada	ရေခဲပြင်ပါး	jei ge: bjin ba:
congelar-se (vr)	ရေခဲသည်	jei ge: de
bloco (m) de gelo	ရေခဲမျော	jei ge: mjo:
esqui (m)	နှင်းလျှောစီးစက်တပ်	hnin: sho: zi: zakei'
esquiador (m)	နှင်းလျှောစီးစက်တပ်သမား	hnin: sho: zi: zakei' dhama:
esquiar (vi)	နှင်းလျှောစီးသည်	hnin: sho: zi: de
patinar (vi)	ရေခဲပြင်စက်တပ်စီးသည်	jei ge: bjin za. gei' si: de

Fauna

210. Mamíferos. Predadores

predador (m)	သားရဲ	tha: je:
tigre (m)	ကျား	kja:
leão (m)	ခြင်္သေ့	chin dhei,
lobo (m)	ဝံပုလွေ	wun bu. lwei
raposa (f)	မြေခွေး	mjei gwei:
jaguar (m)	ဂျာကွာကျားသစ်မျိုး	gja gwa gja: dhi' mjou:
leopardo (m)	ကျားသစ်	kja: dhi'
chita (f)	သစ်ကျွတ်	thi' kjou'
pantera (f)	ကျားသစ်နက်	kja: dhi' ne'
puma (f)	ပျူးမားတောင်ခြင်္သေ့	pju. ma: daun gjin dhei.
leopardo-das-neves (m)	ရေခဲတောင်ကျားသစ်	jei ge: daun gja: dhi'
lince (m)	လင့်ကြောင်မျိုးတို့	lin. gjaun mji: dou
coiote (m)	ဝံပုလွေငယ်တစ်မျိုး	wun bu. lwei nge di' mjou:
chacal (m)	ခွေးအ	khwei: a.
hiena (f)	ဟိုင်းဒီးနား	hain i: na:

211. Animais selvagens

animal (m)	တိရစ္ဆာန်	tharei' hsan
besta (f)	ခြေလေးချောင်းသတ္တဝါ	chei lei: gjaun: dhadawa
esquilo (m)	ရှဉ့်	shin.
ouriço (m)	ဖြူကောင်	hpju gaun
lebre (f)	တောယုန်ကြီး	to: joun gji:
coelho (m)	ယုန်	joun
texugo (m)	ခွေးတူဝက်တူကောင်	khwei: du we' tu gaun
guaxinim (m)	ရက်ကွန်းဝံ	je' kwan: wan
hamster (m)	မြီးတိုပါးတွဲကြွက်	mji: dou ba: dwe: gjwe'
marmota (f)	မားမို့တ်ကောင်	ma: mou. t gaun
toupeira (f)	ပွေး	pwei:
rato (m)	ကြွက်	kjwe'
ratazana (f)	မြေကြွက်	mjei gjwe'
morcego (m)	လင်းနို့	lin: nou.
arminho (m)	အားမင်ကောင်	a: min gaun
zibelina (f)	ဆေသဘဲ	hsei be
marta (f)	အသားစားအကောင်ငယ်	atha: za: akaun nge
doninha (f)	သားစားဖျံ	tha: za: bjan
visom (m)	မင့်ခ်မွေးပါ	min kh mjwei ba

T&P Books. Vocabulário Português Brasileiro-Birmanês - 9000 palavras

| castor (m) | ဖျံကြီးတစ်မျိုး | hpjan gji: da' mjou: |
| lontra (f) | ဖျံ | hpjan |

cavalo (m)	မြင်း	mjin:
alce (m)	ဦးချိုပြားသော သမင်ကြီး	u: gjou bja: dho: thamin gji:
veado (m)	သမင်	thamin
camelo (m)	ကုလားအုတ်	kala: ou'

bisão (m)	အမေရိကန်ပြောင်	amei ji kan pjaun
auroque (m)	အောရက်စ်	o: re' s
búfalo (m)	ကျွဲ	kjwe:

zebra (f)	မြင်းကျား	mjin: gja:
antílope (m)	အပြေးမြန်သော တောဆိတ်	apjei: mjan de. hto: zei'
corça (f)	ဒရယ်ငယ်တစ်မျိုး	da. je nge da' mjou:
gamo (m)	ဒရယ်	da. je
camurça (f)	တောင်ဆိတ်	taun zei'
javali (m)	တောဝက်ထီး	to: we' hti:

baleia (f)	ဝေလငါး	wei la. nga:
foca (f)	ပင်လယ်ဖျံ	pin le bjan
morsa (f)	ဝေါရပ်စ်ဖျံ	wo: ra's hpjan
urso-marinho (m)	အမွေးပါသောပင် လယ်ဖျံ	amwei: pa dho: bin le hpjan
golfinho (m)	လင်းပိုင်	lin: bain

urso (m)	ဝက်ဝံ	we' wun
urso (m) polar	ပိုလာဝက်ဝံ	pou la we' wan
panda (m)	ပန်ဒါဝက်ဝံ	pan da we' wan

macaco (m)	မျောက်	mjau'
chimpanzé (m)	ချင်ပင်ဇီမျောက်ဝံ	chin pin zi mjau' wan
orangotango (m)	အော်ရန်အူတန်လူဝံ	o ran u tan lu wun
gorila (m)	ဂေါ်ရီလာမျောက်ဝံ	go ji la mjau' wun
macaco (m)	မာကာဂွေးမျောက်	ma ga gwei mjau'
gibão (m)	မျောက်လွှဲကျော်	mjau' hlwe: gjo

elefante (m)	ဆင်	hsin
rinoceronte (m)	ကြံ့	kjan.
girafa (f)	သစ်ကုလားအုတ်	thi' ku. la ou'
hipopótamo (m)	ရေမြင်း	jei mjin:

| canguru (m) | သားပိုက်ကောင် | tha: bai' kaun |
| coala (m) | ကိုအာလာဝက်ဝံ | kou a la we' wun |

mangusto (m)	မြွေပါ	mwei ba
chinchila (f)	ချင်ချီလာ	chin: chi la
cangambá (f)	စကန့်ဖျံ	sakan. kh hpjan
porco-espinho (m)	ဖြူ	hpju

212. Animais domésticos

gata (f)	ကြောင်	kjaun
gato (m) macho	ကြောင်ထီး	kjaun di:
cão (m)	ခွေး	khwei:

cavalo (m)	မြင်း	mjin:
garanhão (m)	မြင်းထီး	mjin: di:
égua (f)	မြင်းမ	mjin: ma.

vaca (f)	နွား	nwa:
touro (m)	နွားထီး	nwa: di:
boi (m)	နွားထီး	nwa: di:

ovelha (f)	သိုး	thou:
carneiro (m)	သိုးထီး	thou: hti:
cabra (f)	ဆိတ်	hsei'
bode (m)	ဆိတ်ထီး	hsei' hti:

burro (m)	မြည်း	mji:
mula (f)	လား	la:

porco (m)	ဝက်	we'
leitão (m)	ဝက်ကလေး	we' ka lei:
coelho (m)	ယုန်	joun

galinha (f)	ကြက်	kje'
galo (m)	ကြက်ဖ	kje' pha.

pata (f), pato (m)	ဘဲ	be:
pato (m)	ဘဲထီး	be: di:
ganso (m)	ဘဲငန်း	be: ngan:

peru (m)	ကြက်ဆင်	kje' hsin
perua (f)	ကြက်ဆင်	kje' hsin

animais (m pl) domésticos	အိမ်မွေးတိရစ္ဆာန်များ	ein mwei: ti. ji. swan mja:
domesticado (adj)	ယဉ်ပါးသော	jin ba: de.
domesticar (vt)	ယဉ်ပါးစေသည်	jin ba: zei de
criar (vt)	သားပေါက်သည်	tha: bau' te

fazenda (f)	စိုက်ပျိုးမွေးမြူရေးခြံ	sai' pjou: mwei: mju jei: gjan
aves (f pl) domésticas	ကြက်ဘွက်တိရစ္ဆာန်	kje' ti ji za hsan
gado (m)	ကျွဲနွားတိရစ္ဆာန်	kjwe: nwa: tarei. zan
rebanho (m), manada (f)	အုပ်	ou'

estábulo (m)	မြင်းဇောင်း	mjin: zaun:
chiqueiro (m)	ဝက်ခြံ	we' khan
estábulo (m)	နွားတင်းကုပ်	nwa: din: gou'
coelheira (f)	ယုန်အိမ်	joun ein
galinheiro (m)	ကြက်လှောင်အိမ်	kje' hlaun ein

213. Cães. Raças de cães

cão (m)	ခွေး	khwei:
cão pastor (m)	သိုးကျောင်းခွေး	thou: kjaun: gwei:
pastor-alemão (m)	ဂျာမန်သိုးကျောင်းခွေး	gja ma. ni hnin. gjaun: gwei:
poodle (m)	ပူဒယ်လ်ခွေး	pu de l gwei:
linguicinha (m)	ဒတ်ရှန်းခွေး	da' shan: gwei:
buldogue (m)	ခွေးဘီလူး	khwei: bi lu:

boxer (m)	ဘောက်ဆာခွေး	bo' hsa gwei:
mastim (m)	အိမ်စောင့်ခွေးကြီးတစ်မျိုး	ein zaun. gwei: gji: di' mjou:
rottweiler (m)	ရော့ဝီလာခွေး	ro. wi la gwei:
dóberman (m)	ဒိုဘာမင်းခွေး	dou ba min: gwei:
basset (m)	ခြေတံတိုအမဲလိုက်ခွေး	chei dan dou ame: lai' gwei:
pastor inglês (m)	ခွေးပုတစ်မျိုး	khwei: bu di' mjou:
dálmata (m)	ဒယ်မေးရှင်းခွေး	de mei: shin gwe:
cocker spaniel (m)	ကိုကာစပန်နီရယ်ခွေး	kou ka sa. pan ni je khwei:
terra-nova (m)	နယူးဖောင်လန်ခွေး	na. ju: hpaun lan gwe:
são-bernardo (m)	ကြက်ခြေနီခွေး	kje' chei ni khwei:
husky (m) siberiano	စွတ်ဖားဆွဲခွေး	su' hpa: zwe: gwei:
Chow-chow (m)	တရုတ်ပြည်ပေါက် အမွေးထူခွေး	tajou' pji bau' amwei: htu gwei:
spitz alemão (m)	စပစ်ဆ်ခွေး	sapi's khwei:
pug (m)	ပက်ခွေး	pa' gwei:

214. Sons produzidos pelos animais

latido (m)	ဟောင်သံ	han dhan
latir (vi)	ဟောင်သည်	han de
miar (vi)	ကြောင်အော်သည်	kjaun o de
ronronar (vi)	ညှို့ညှို့လေးမြည်သံပေးသည်	njein. njein. le: mje dhan bei: de
mugir (vaca)	နွားအော်သည်	nwa: o de
bramir (touro)	တိရစ္ဆာန်အော်သည်	tharei' hsan o de
rosnar (vi)	မာန်ဖီသည်	man bi de
uivo (m)	အူသံ	u dhan
uivar (vi)	အူသည်	u de
ganir (vi)	ရှည်လျားစူးရှစွာအော်သည်	shei lja: zu: sha. zwa o de
balir (vi)	သိုးအော်သည်	thou: o de
grunhir (vi)	တအိအိမြည်သည်	ta. i i mji de
guinchar (vi)	တစီစီအော်မြည်သည်	ta. zi. zi. jo mje de
coaxar (sapo)	ဖားအော်သည်	hpa: o de
zumbir (inseto)	တဝီဝီအော်သည်	ta. wi wi o de
ziziar (vi)	ကျည်ကျည်ကျကျအော်သည်	kji kji kja kja o de

215. Animais jovens

cria (f), filhote (m)	သားပေါက်	tha: bau'
gatinho (m)	ကြောင်ပေါက်ကလေး	kjaun bau' ka. lei:
ratinho (m)	ကြွက်ပေါက်ကလေး	kjwe' bau' ka. lei:
cachorro (m)	ခွေးကလေး	khwei: galei:
filhote (m) de lebre	ယုန်ပေါက်ကလေး	joun bau' kalei:
coelhinho (m)	ယုန်ကလေး	joun galei:

lobinho (m)	ဝံပုလွေပေါက်ကလေး	wun lwei bau' ka. lei:
filhote (m) de raposa	မြေခွေးပေါက်ကလေး	mjei gwei: bau' kalei:
filhote (m) de urso	ဝက်ဝံပေါက်ကလေး	we' wun bau' ka. lei:
filhote (m) de leão	ခြင်္သေ့ပေါက်ကလေး	chin dhei. bau' kalei:
filhote (m) de tigre	ကျားပေါက်ကလေး	kja: bau' ka. lei:
filhote (m) de elefante	ဆင်ပေါက်ကလေး	hsin bau' ka. lei:
leitão (m)	ဝက်ကလေး	we' ka lei:
bezerro (m)	နွားပေါက်ကလေး	nwa: bau' ka. lei:
cabrito (m)	ဆိတ်ပေါက်ကလေး	hsei' pau' ka. lei:
cordeiro (m)	သိုးပေါက်ကလေး	thou: bau' kalei:
filhote (m) de veado	သမင်ပေါက်ကလေး	thamin bau' kalei:
cria (f) de camelo	မြင်းပေါက်ကလေး	mjin: bau' kalei:
filhote (m) de serpente	မြွေပေါက်ကလေး	mwei bau' kalei:
filhote (m) de rã	ဖားပေါက်ကလေး	hpa: bau' ka. lei:
cria (f) de ave	ငှက်ပေါက်ကလေး	hnge' pau' ka. lei:
pinto (m)	ကြက်ပေါက်ကလေး	kje' pau' ka. lei:
patinho (m)	ဝံပေါက်ကလေး	pe: bau' ga. lei:

216. Pássaros

pássaro (m), ave (f)	ငှက်	hnge'
pombo (m)	ခို	khou
pardal (m)	စာကလေး	sa ga. lei:
chapim-real (m)	စာဝတီးငှက်	sa wadi: hnge'
pega-rabuda (f)	ငှက်ကျား	hnge' kja:
corvo (m)	ကျီးနက်	kji: ne'
gralha-cinzenta (f)	ကျီးကန်း	kji: kan:
gralha-de-nuca-cinzenta (f)	ဥရောပကျီးတစ်မျိုး	u. jo: pa gji: di' mjou:
gralha-calva (f)	ကျီးအ	kji: a.
pato (m)	ဘဲ	be:
ganso (m)	ဘဲငန်း	be: ngan:
faisão (m)	ရစ်ငှက်	ji' hnge'
águia (f)	လင်းယုန်	lin: joun
açor (m)	သိမ်းငှက်	thain: hnge'
falcão (m)	အမဲလိုက်သိမ်းငှက်တစ်မျိုး	ame: lai' thein: hnge' ti' mjou:
abutre (m)	လင်းတ	lin: da.
condor (m)	တောင်အမေရိကလင်းတ	taun amei ri. ka. lin: da.
cisne (m)	ငန်း	ngan:
grou (m)	ငှက်ကုလား	hnge' ku. la:
cegonha (f)	ချည်ခင်စွပ်ငှက်	che gin zu' hnge'
papagaio (m)	ကြက်တူရွေး	kje' tu jwei:
beija-flor (f)	ငှက်ပိတုန်း	hnge' pi. doun:
pavão (m)	ဥဒေါင်း	u. daun
avestruz (m)	ငှက်ကုလားအုတ်	hnge' ku. la: ou'
garça (f)	ဗျိုင်းငှက်	nga hi' hnge'

flamingo (m)	ကြိုးကြားနီ	kjou: kja: ni
pelicano (m)	ဝက်ကြီးဝမ်းဘို	hnge' kji: wun bou
rouxinol (m)	တေးဆိုငှက်	tei: hsou hnge'
andorinha (f)	ပျံလွှား	pjan hlwa:
tordo-zornal (m)	မြေလူးငှက်	mjei lu: hnge'
tordo-músico (m)	တေးဆိုမြေလူးငှက်	tei: hsou mjei lu: hnge'
melro-preto (m)	ငှက်မည်း	hnge' mji:
andorinhão (m)	ပျံလွှားတစ်မျိုး	pjan hlwa: di' mjou:
cotovia (f)	ဘီလုံးငှက်	bi loun: hnge'
codorna (f)	ငုံး	ngoun:
pica-pau (m)	သစ်တောက်ငှက်	thi' tau' hnge'
cuco (m)	ဥဒြင်ငှက်	udhja hnge'
coruja (f)	ဇီးကွက်	zi: gwe
bufo-real (m)	သိမ်းငှက်အနွယ်ဝင်ဇီးကွက်	thain: hnge' anwe win zi: gwe'
tetraz-grande (m)	ရစ်	ji'
tetraz-lira (m)	ရစ်နက်	ji' ne'
perdiz-cinzenta (f)	ခါ	kha
estorninho (m)	ကျွဲဆက်ရက်	kjwe: hse' je'
canário (m)	စာဝါငှက်	sa wa hnge'
galinha-do-mato (f)	ရစ်ညို	ji' njou
tentilhão (m)	စာကျွဲခေါင်း	sa gjwe: gaun:
dom-fafe (m)	စာကျွဲခေါင်းငှက်	sa gjwe: gaun: hngwe'
gaivota (f)	စင်ရော်	sin jo
albatroz (m)	ပင်လယ်စင်ရော်ကြီး	pin le zin jo gji:
pinguim (m)	ပင်ဂွင်း	pin gwin:

217. Pássaros. Canto e sons

cantar (vi)	ငှက်တေးဆိုသည်	hnge' tei: zou de
gritar, chamar (vi)	အော်သည်	o de
cantar (o galo)	တွန်သည်	tun de
cocorocó (m)	ကြက်တွန်သံ	kje' twan dhan
cacarejar (vi)	ကြက်မကာတော်သည်	kje' ma. ka. do de
crocitar (vi)	ကျီးအာသည်	kji: a de
grasnar (vi)	တာတက်ဝတ်အောင်သည်	ta. ge' ge' aun de
piar (vi)	ကျည်ကျည်ကျာကျာမြည်သည်	kji kji kja kja mji de
chilrear, gorjear (vi)	တွတ်ထိုးသည်	tu' htou: de

218. Peixes. Animais marinhos

brema (f)	ငါးကြင်းတစ်မျိုး	nga: gjin: di' mjou
carpa (f)	ငါးကြင်း	nga gjin:
perca (f)	ငါးပြမတစ်မျိုး	nga: bjei ma. di' mjou:
siluro (m)	ငါးခူ	nga: gu
lúcio (m)	ပိုက်ငါး	pai' nga

salmão (m)	ဆော်လမွန်ငါး	hso: la. mun nga:
esturjão (m)	စတာဂျင်ငါးကြီးမျိုး	sata gjin nga: gji: mjou:
arenque (m)	ငါးသလောက်	nga: dha. lau'
salmão (m) do Atlântico	ဆော်လမွန်ငါး	hso: la. mun nga:
cavala, sarda (f)	မက်ကရယ်ငါး	me' ka. je nga:
solha (f), linguado (m)	ဥရောပ ငါးခွေး လျှာတစ်မျိုး	u. jo: pa nga: gwe: sha di' mjou:
lúcio perca (m)	ငါးပြုမအွန်နယ် ဝင်ငါးတစ်မျိုး	nga: bjei ma. anwe win nga: di' mjou:
bacalhau (m)	ငါးကြီးဆီထုတ်သောငါး	nga: gji: zi dou' de. nga:
atum (m)	တူနာငါး	tu na nga:
truta (f)	ထရောက်ငါး	hta. jau' nga:
enguia (f)	ငါးရှဉ့်	nga: shin.
raia (f) elétrica	ငါးလက်ထုံ	nga: le' htoun
moreia (f)	ငါးရှဉ့်ကြီးတစ်မျိုး	nga: shin. gji: da' mjou:
piranha (f)	အသားစားငါးငယ်တစ်မျိုး	atha: za: nga: nge ti' mjou:
tubarão (m)	ငါးမန်း	nga: man:
golfinho (m)	လင်းပိုင်	lin: bain
baleia (f)	ဝေလငါး	wei la. nga:
caranguejo (m)	ကဏန်း	kanan:
água-viva (f)	ငါးဖန်ခွက်	nga: hpan gwe'
polvo (m)	ရေဘဝဲ	jei ba. we:
estrela-do-mar (f)	ကြယ်ငါး	kje nga:
ouriço-do-mar (m)	သိပြပ်	than ba. gjou'
cavalo-marinho (m)	ရေနဂါး	jei naga:
ostra (f)	ကမာကောင်	kama kaun
camarão (m)	ပုစွန်	bazun
lagosta (f)	ကျောက်ပုစွန်	kjau' pu. zun
lagosta (f)	ကျောက်ပုစွန်	kjau' pu. zun

219. Anfíbios. Répteis

cobra (f)	မြွေ	mwei
venenoso (adj)	အဆိပ်ရှိသော	ahsei' shi. de.
víbora (f)	မြွေပွေး	mwei bwei:
naja (f)	မြွေဟောက်	mwei hau'
píton (m)	စပါးအုံးမြွေ	saba: oun: mwei
jiboia (f)	စပါးကြီးမြွေ	saba: gji: mwei
cobra-de-água (f)	မြက်လျောမြွေ	mje' sho: mwei
cascavel (f)	ခလောက်ဆွဲမြွေ	kha. lau' hswe: mwei
anaconda (f)	အနာကွန်ဒါမြွေ	ana kun da mwei
lagarto (m)	တွားသွားသတ္တဝါ	twa: dhwa: tha' tawa
iguana (f)	ဖွတ်	hpu'
varano (m)	ပုတ်သင်	pou' thin

salamandra (f)	ရေပုတ်သင်	jei bou' thin
camaleão (m)	ပုတ်သင်ညို	pou' thin njou
escorpião (m)	ကင်းမြီးကောက်	kin: mji: kau'

tartaruga (f)	လိပ်	lei'
rã (f)	ဖား	hpa:
sapo (m)	ဖားပြုပ်	hpa: bju'
crocodilo (m)	မိကျောင်း	mi. kjaun:

220. Insetos

inseto (m)	ပိုးမွှား	pou: hmwa:
borboleta (f)	လိပ်ပြာ	lei' pja
formiga (f)	ပုရွက်ဆိတ်	pu. jwe' hsei'
mosca (f)	ယင်ကောင်	jin gaun
mosquito (m)	ခြင်	chin
escaravelho (m)	ပိုးတောင်မာ	pou: daun ma

vespa (f)	နကျယ်ကောင်	na. gje gaun
abelha (f)	ပျား	pja:
mamangaba (f)	ပိတုန်း	pi. doun:
moscardo (m)	မှက်	hme'

| aranha (f) | ပင့်ကူ | pjin. gu |
| teia (f) de aranha | ပင့်ကူအိမ် | pjin gu ein |

libélula (f)	ပုစဉ်း	bazin
gafanhoto (m)	နကောင်	hnan gaun
traça (f)	ပိုးဖလံ	pou: ba. lan

barata (f)	ပိုးဟပ်	pou: ha'
carrapato (m)	မွှား	hmwa:
pulga (f)	သန်း	than:
borrachudo (m)	မှက်အသေးစား	hme' athei: za:

gafanhoto (m)	ကျိုင်းကောင်	kjain: kaun
caracol (m)	ခရု	khaju.
grilo (m)	ပုရစ်	paji'
pirilampo, vaga-lume (m)	ပိုးစုန်းကြူး	pou: zoun: gju:
joaninha (f)	လေဒီဘတ်ပိုးတောင်မာ	lei di ba' pou: daun ma
besouro (m)	အုန်းပိုး	oun: bou:

sanguessuga (f)	မျှော့	hmjo.
lagarta (f)	ပေါက်ဖက်	pau' hpe'
minhoca (f)	တီကောင်	ti gaun
larva (f)	ပိုးဝုံးလုံး	pou: doun: loun:

221. Animais. Partes do corpo

bico (m)	ငှက်နှုတ်သီး	hnge' hnou' thi:
asas (f pl)	တောင်ပံ	taun pan
pata (f)	ခြေထောက်	chei htau'

plumagem (f)	အမွေး	ahmwei
pena, pluma (f)	ငှက်မွေး	hnge' hmwei:
crista (f)	အမောက်	amou'
brânquias, guelras (f pl)	ပါးဟက်	pa: he'
ovas (f pl)	ငါးဥ	nga: u.
larva (f)	ပိုးလောက်လန်း	pou: lau' lan:
barbatana (f)	ဆူးတောင်	hsu: daun
escama (f)	ကြေးခွံ	kjei: gwan
presa (f)	အစွယ်	aswe
pata (f)	ခြေသည်းရှည်ပါသောဖဝါး	chei dhi: shi ba dho: ba. wa:
focinho (m)	နှတ်သီး	hnou' thi:
boca (f)	ပါးစပ်	pa: zi'
cauda (f), rabo (m)	အမြီး	ami:
bigodes (m pl)	နှတ်ခမ်းမွေး	hnou' khan: hmwei:
casco (m)	ခွါ	khwa
corno (m)	ဦးချို	u: gjou
carapaça (f)	လိပ်ကျောခွံ	lei' kjo: ghwan
concha (f)	အခွံ	akhun
casca (f) de ovo	ဥခွံ	u. gun
pelo (m)	အမွေး	ahmwei
pele (f), couro (m)	သားရေ	tha: ei

222. Ações dos animais

voar (vi)	ပျံသည်	pjan de
dar voltas	ဝဲသည်	we: de
voar (para longe)	ပျံထွက်သွားသည်	pjan dwe' dwa: de
bater as asas	အတောင်ခတ်သည်	ataun khai' te
bicar (vi)	နှတ်သီးဖြင့်ဆိတ်သည်	hnou' thi: bjin. zei' te
incubar (vt)	ဝပ်သည်	wu' te
sair do ovo	ဥမှသားပေါက်သည်	u. hma. dha: bau' te
fazer o ninho	အသိုက်ပြုလုပ်သည်	athai' pju. lou' dhe
rastejar (vi)	တွားသွားသည်	twa: dhwa: de
picar (vt)	တုပ်သည်	tou' te
morder (cachorro, etc.)	ကိုက်သည်	kou' de
cheirar (vt)	အနံ့ခံနှာရှု့သည်	anan. khan hna shun. de
latir (vi)	ဟောင်သည်	han de
silvar (vi)	ရှူးရှူးရဲရဲအသံပြုသည်	shu: shu: she: she: athan bju. de
assustar (vt)	ခြောက်လှန့်သည်	chau' hlan. de
atacar (vt)	တိုက်ခိုက်သည်	tai' khai' te
roer (vt)	ကိုက်ဖြတ်သည်	kou' hpja' te
arranhar (vt)	ကုတ်သည်	kou' te
esconder-se (vr)	ပုန်းသည်	poun: de
brincar (vi)	ကစားသည်	gaza: de

caçar (vi)	အမဲလိုက်သည်	ame: lai' de
hibernar (vi)	ဆောင်းခိုသည်	hsaun: gou de
extinguir-se (vr)	မျိုးသုဉ်းသည်	mjou: dhou: de

223. Animais. Habitats

| hábitat (m) | ကျက်စားရာဒေသ | kje' za: ja dei dha. |
| migração (f) | ပြောင်းရွှေ့နေထိုင်ခြင်း | pjaun: shwei nei dain gjin: |

montanha (f)	တောင်	taun
recife (m)	ကျောက်တန်း	kjau' tan:
falésia (f)	ကျောက်ဆောင်	kjau' hsain

floresta (f)	သစ်တော	thi' to:
selva (f)	တောရိုင်း	to: jain:
savana (f)	အပူပိုင်းမြင်ခင်းလွင်ပြင်	apu bain: gjin gin: lwin pjin
tundra (f)	တန်ဒြာ-ကျက်တိုးမြေ	tun dra kje' bi: mjei

estepe (f)	မြက်ခင်းလွင်ပြင်	mje' khin: lwin bjin
deserto (m)	သဲကန္တာရ	the: gan da ja.
oásis (m)	အိုအေစစ်	ou ei zi'

mar (m)	ပင်လယ်	pin le
lago (m)	ရေကန်	jei gan
oceano (m)	သမုဒ္ဒရာ	thamou' daja

pântano (m)	ရွှံ့ညွှန်	shwan njun
de água doce	ရေချို	jei gjou
lagoa (f)	ရေကန်ငယ်	jei gan nge
rio (m)	မြစ်	mji'

toca (f) do urso	သားရဲလျှောင်အိမ်တွင်း	tha: je: hlaun ein twin:
ninho (m)	ငှက်သိုက်	hnge' thai'
buraco (m) de árvore	အခေါင်းပေါက်	akhaun: bau'
toca (f)	မြေတွင်း	mjei dwin:
formigueiro (m)	ခြတောင်ပို့	cha. daun bou.

224. Cuidados com os animais

| jardim (m) zoológico | တိရိစ္ဆာန်ဥယျာဉ် | tharei' hsan u. jin |
| reserva (f) natural | စားကျက် | sa: gja' |

viveiro (m)	တိရစ္ဆာန်မျိုးဖောက်သူ	tharei' hsan mjou: hpau' thu
jaula (f) de ar livre	လှောင်အိမ်	hlaun ein
jaula, gaiola (f)	လှောင်အိမ်	hlaun ein
casinha (f) de cachorro	ခွေးအိမ်	khwei: ein

pombal (m)	ခိုအိမ်	khou ein
aquário (m)	အလှမွေးငါးကန်	ahla. mwei: nga: gan
delfinário (m)	လင်းပိုင်မွေးကန်	lin: bain mwei kan
criar (vt)	သားပေါက်သည်	tha: bau' te
cria (f)	သားပေါက်အုပ်စု	tha: bau' ou' zu.

domesticar (vt)	ယဉ်ပါးစေသည်	jin ba: zei de
adestrar (vt)	လေ့ကျင့်ပေးသည်	lei. kjin. bei: de
ração (f)	အစာ	asa
alimentar (vt)	အစာကျွေးသည်	asa gjwei: de.
loja (f) de animais	အိမ်မွေးတိရိစ္ဆာန်ဆိုင်	ein mwei: ti. ji. swan zain
focinheira (m)	နှတ်သီးစွပ်	hnou' thi: zu'
coleira (f)	လည်ပတ်	le ba'
nome (do animal)	အမည်	amji
pedigree (m)	ဆွေမျိုးရိုးမှတ်တမ်း	khwei: mjou: jou: hma' tan:

225. Animais. Diversos

alcateia (f)	အုပ်	ou'
bando (pássaros)	အုပ်	ou'
cardume (peixes)	အုပ်	ou'
manada (cavalos)	အုပ်	ou'
macho (m)	အထီး	a hti:
fêmea (f)	အမ	ama.
faminto (adj)	စာလောင်သော	hsa laun de.
selvagem (adj)	တောရိုင်း	to: jain:
perigoso (adj)	အန္တရာယ်ရှိသော	an dare shi. de.

226. Cavalos

cavalo (m)	မြင်း	mjin:
raça (f)	အမျိုးအစားကောင်းသောမြင်း	amjou: asa: gaun: dho: mjin:
potro (m)	မြင်းပေါက်	mjin: bau'
égua (f)	မြင်းမ	mjin: ma.
mustangue (m)	မာစတန်မြင်း	ma za. dan mjin:
pônei (m)	မြင်းပု	mjin: bu.
cavalo (m) de tiro	ခိုင်းမြင်း	khain: mjin:
crina (f)	လည်ဆံမွေး	le zan hmwei:
rabo (m)	အမြီး	ami:
casco (m)	ခွါ	khwa
ferradura (f)	မြင်းသံခွါ	mjin: dhan gwa
ferrar (vt)	မြင်းသံခွါရိုက်သည်	mjin: dhan gwa jai' te
ferreiro (m)	ပန်းပဲသမား	pan: be: dhama:
sela (f)	မြင်းကုန်းနှီး	mjin: goun: ni:
estribo (m)	ခြေနင်းကွင်း	chei nin: gwin:
brida (f)	မြင်းဇက်ကြိုး	mjin: ze' kjou:
rédeas (f pl)	မြင်းထိန်းကြိုး	mjin: dein: gjou:
chicote (m)	ကြာပွတ်	kja bu'
cavaleiro (m)	မြင်းစီးသူ	mjin: zi: dhu
colocar sela	မြင်းကုန်းနှီးချုပ်သည်	mjin: goun: ni: gjou' te

montar no cavalo	မြင်းပေါ်တက်သည်	mjin: bo da' te
galope (m)	မြင်းအန်းစိုင်းစီးခြင်း	mjin: oun: zain: zi: gjin:
galopar (vi)	မြင်းအန်းစိုင်းစီးသည်	mjin: oun: zain: zi: de
trote (m)	ရှရှပြေးသည်	jwa. jwa. bjei: de
a trote	ရှရှပြေးသည့်ခြေလှမ်း	jwa. jwa. bjei: de. gjei hlan:
ir a trote	ရှရှစီးသည်	jwa. jwa. zi: de
cavalo (m) de corrida	ပြိုင်မြင်း	pjain mjin:
corridas (f pl)	မြင်းပြိုင်ခြင်း	mjin: bjain gjin:
estábulo (m)	မြင်းဇောင်း	mjin: zaun:
alimentar (vt)	အစာကျွေးသည်	asa gjwei: de.
feno (m)	မြက်ခြောက်	mje' khau'
dar água	ရေတိုက်သည်	jei dai' te
limpar (vt)	ရေချိုးပေးသည်	jei gjou bei: de
carroça (f)	မြင်းသည်လှည်း	mjin: de hli:
pastar (vi)	စားကျက်တွင်လွှတ်ထားသည်	sa: gja' twin hlu' hta' de
relinchar (vi)	မြင်းဟီသည်	mjin: hi de
dar um coice	မြင်းကန်သည်	mjin: gan de

Flora

227. Árvores

árvore (f)	သစ်ပင်	thi' pin
decídua (adj)	ရွက်ပြုတ်	jwe' pja'
conífera (adj)	ထင်းရှူးပင်နှင့်ဆိုင်သော	htin: shu: bin hnin, zain de.
perene (adj)	အဖားဂရင်းပင်	e ba: ga rin: bin
macieira (f)	ပန်းသီးပင်	pan: dhi: bin
pereira (f)	သစ်တော်ပင်	thi' to bin
cerejeira (f)	ချယ်ရီသီးအချိုပင်	che ji dhi: akjou bin
ginjeira (f)	ချယ်ရီသီးအချဉ်ပင်	che ji dhi: akjin bin
ameixeira (f)	ဆီးပင်	hsi: bin
bétula (f)	ဘူဇဝတ်ပင်	bu. za. ba' pin
carvalho (m)	ဝက်သစ်ချပင်	we' thi' cha. bin
tília (f)	လင်ဒန်ပင်	lin dan pin
choupo-tremedor (m)	ပေါ်ပလာပင်တစ်မျိုး	po. pa. la bin di' mjou:
bordo (m)	မေပယ်ပင်	mei pe bin
espruce (m)	ထင်းရှူးပင်တစ်မျိုး	htin: shu: bin ti' mjou:
pinheiro (m)	ထင်းရှူးပင်	htin: shu: bin
alerce, lariço (m)	ကဒေါပုံထင်းရှူးပင်	ka dau. boun din: shu: pin
abeto (m)	ထင်းရှူးပင်တစ်မျိုး	htin: shu: bin ti' mjou:
cedro (m)	သစ်ကတိုးပင်	thi' gadou: bin
choupo, álamo (m)	ပေါ်ပလာပင်	po. pa. la bin
tramazeira (f)	ရာအန်ပင်	ra an bin
salgueiro (m)	မီးမွပင်	mou: ma. ga. bin
amieiro (m)	အိုလ်ဒါပင်	oun da bin
faia (f)	ယင်းသစ်	jin: dhi'
ulmeiro, olmo (m)	အမ်ပင်	an bin
freixo (m)	အက်ရှ်အပင်	e' sh apin
castanheiro (m)	သစ်အယ်ပင်	thi' e
magnólia (f)	တတိုင်းမွှေးပင်	ta tain: hmwei: bin
palmeira (f)	ထန်းပင်	htan: bin
cipreste (m)	စိုက်ပရက်စ်ပင်	sai' pa. je's pin
mangue (m)	လမုပင်	la. mu. bin
embondeiro, baobá (m)	ကန်တရပေါက်ပင်တစ်မျိုး	kan ta ja. bau' bin di' chju:
eucalipto (m)	ယူကလစ်ပင်	ju kali' pin
sequoia (f)	ဆီဂွိုလာပင်	hsi gwou la pin

228. Arbustos

arbusto (m)	ချုံပုတ်	choun bou'
arbusto (m), moita (f)		choun

videira (f)	စပျစ်	zabji'
vinhedo (m)	စပျစ်ခြံ	zabji' chan
framboeseira (f)	ရက်စဘယ်ရီ	re' sa be ji
groselheira-negra (f)	ဘလက်ကားရန့်	ba. le' ka: jan.
groselheira-vermelha (f)	အနီရောင်ဘယ်ရီသီး	ani jaun be ji dhi:
groselheira (f) espinhosa	ကုလားဆီးဖြူပင်	kala: zi: hpju pin
acácia (f)	အကေရှားပင်	akei sha: bin:
bérberis (f)	ဘားဘယ်ရီပင်	ba: be' ji bin
jasmim (m)	စံပယ်ပင်	san be bin
junípero (m)	ဂျူနီပါပင်	gju ni ba bin
roseira (f)	နှင်းဆီချုံ	hnin: zi gjun
roseira (f) brava	တောရိုင်းနှင်းဆီပင်	to: ein: hnin: zi bin

229. Cogumelos

cogumelo (m)	မှို	hmou
cogumelo (m) comestível	စားသုံးနိုင်သောမှို	sa: dhoun: nein dho: hmou
cogumelo (m) venenoso	အဆိပ်ရှိသောမှို	ahsei shi. de. hmou
chapéu (m)	မှိုပွင့်	hmou bwin.
pé, caule (m)	မှိုခြေထောက်	hmou gjei dau'
boleto, porcino (m)	မှိုခြင်ထောင်	hmou gjin daun
boleto (m) alaranjado	ထိပ်အဝါရောင်ရှိသောမှို	htei' awa jaun shi. de. hmou
boleto (m) de bétula	ခြေထောက်ရှည်မှိုတစ်မျိုး	chei htau' shi hmou di' mjou:
cantarelo (m)	ချန်တရယ်မှို	chan ta. je hmou
rússula (f)	ရာဆယ်လာမှို	ja. ze la hmou
morchella (f)	ထိပ်ပွလုံးသောမှို တစ်မျိုး	htei' loun: dho: hmou di' mjou:
agário-das-moscas (m)	အနီရှောင်ရှိသော မှိုတစ်မျိုး	ani jaun shi. dho: hmou di' mjou:
cicuta (f) verde	ဒက်ကုဲပိမှို	de' ke. p hmou

230. Frutos. Bagas

fruta (f)	အသီး	athi:
frutas (f pl)	အသီးများ	athi: mja:
maçã (f)	ပန်းသီး	pan: dhi:
pera (f)	သစ်တော်သီး	thi' to dhi:
ameixa (f)	ဆီးသီး	hsi: dhi:
morango (m)	စတော်ဘယ်ရီသီး	sato be ri dhi:
ginja (f)	ချယ်ရီရှင့်သီး	che ji gjin dhi:
cereja (f)	ချယ်ရီချိုသီး	che ji gjou dhi:
uva (f)	စပျစ်သီး	zabji' thi:
framboesa (f)	ရက်စဘယ်ရီ	re' sa be ji
groselha (f) negra	ဘလက်ကားရန့်	ba. le' ka: jan.

groselha (f) vermelha	အနီရောင်ဘယ်ရီသီး	ani jaun be ji dhi:
groselha (f) espinhosa	ကလားထီးခြူ	ka. la: his: hpju
oxicoco (m)	ကရမ်ဘယ်ရီ	ka. jan be ji
laranja (f)	လိမ္မော်သီး	limmo dhi:
tangerina (f)	ပျားလိမ္မော်သီး	pja: lein mo dhi:
abacaxi (m)	နာနတ်သီး	na na' dhi:
banana (f)	ငှက်ပျောသီး	hnge' pjo: dhi:
tâmara (f)	စွန်ပလွံသီး	sun palun dhi:
limão (m)	သံပုရာသီး	than bu. jou dhi:
damasco (m)	တရုတ်ဆီးသီး	jau' hsi: dhi:
pêssego (m)	မက်မွန်သီး	me' mwan dhi:
quiuí (m)	ကီဝီသီး	ki wi dhi
toranja (f)	ဂရိတ်ဖရဲသီး	ga. ri' hpa. ju dhi:
baga (f)	ဘယ်ရီသီး	be ji dhi:
bagas (f pl)	ဘယ်ရီသီးများ	be ji dhi: mja:
arando (m) vermelho	အနီရောင်ဘယ်ရီသီးတစ်မျိုး	ani jaun be ji dhi: di: mjou:
morango-silvestre (m)	စတော်ဘယ်ရီရိုင်း	sato be ri jain:
mirtilo (m)	ဘီလ်ဘယ်ရီအသီး	bi' I be ji athi:

231. Flores. Plantas

flor (f)	ပန်း	pan:
buquê (m) de flores	ပန်းစည်း	pan: ze:
rosa (f)	နှင်းဆီပန်း	hnin: zi ban:
tulipa (f)	ကျူးလစ်ပန်း	kju: li' pan:
cravo (m)	ဇော်မွှားပန်း	zo hmwa: bin:
gladíolo (m)	သစ္စာပန်း	thi' sa ban:
centáurea (f)	အပြာရောင်တောပန်းတစ်မျိုး	apja jaun dho ban: da' mjou:
campainha (f)	ခေါင်းလောင်းအပြာပန်း	gaun: jan: apja ban:
dente-de-leão (m)	တောပန်းအဝါတစ်မျိုး	to: ban: awa ti' mjou:
camomila (f)	မေမြို့ ပန်း	mei. mjou. ban:
aloé (m)	ရှားစောင်းလက်ပတ်ပင်	sha: zaun: le' pa' pin
cacto (m)	ရှားစောင်းပင်	sha: zaun: bin
fícus (m)	ရော်ဘာပင်	jo ba bin
lírio (m)	နှင်းပန်း	hnin: ban:
gerânio (m)	ကြွေပန်းတစ်မျိုး	kjwei ban: da' mjou:
jacinto (m)	ဗေဒါပန်း	bei da ba:
mimosa (f)	ထိကရုံးကြီးပင်	hti. ga. joun: gji: bin
narciso (m)	နာစစ်ဆက်စ်ပင်	na: zi ze's pin
capuchinha (f)	တောင်ကြာကလေး	taun gja galei:
orquídea (f)	သစ်ခွပင်	thi' khwa. bin
peônia (f)	စံဒပန်း	san dapan:
violeta (f)	ဝိုင်အိုးလက်	bain: ou le'
amor-perfeito (m)	ပေါင်ဒါပန်း	paun da ban:
não-me-esqueças (m)	ခင်မမေ့ပန်း	khin ma. mei. pan:

Português	Birmanês	Pronúncia
margarida (f)	ဒေစီပန်း	dei zi bin
papoula (f)	ဘိန်းပင်	bin: bin
cânhamo (m)	လေးချောက်ပင်	hsei: chau' pin
hortelã, menta (f)	ပူစီနံ	pu zi nan
lírio-do-vale (m)	နှင်းပန်းတစ်မျိုး	hnin: ban: di' mjou:
campânula-branca (f)	နှင်းခေါင်းလောင်းပန်း	hnin: gaun: laun: ban:
urtiga (f)	ဖက်ယားပင်	hpe' ja: bin
azedinha (f)	မှော်ရှဉ့်ပင်	hmjo gji bin
nenúfar (m)	ကြာ	kja
samambaia (f)	ဖန်းပင်	hpan: bin
líquen (m)	သစ်ကပ်မှော်	thi' ka' hmo
estufa (f)	ဖန်လုံအိမ်	hpan ain
gramado (m)	မြက်ခင်း	mje' khin:
canteiro (m) de flores	ပန်းစိုက်ခင်း	pan: zai' khan:
planta (f)	အပင်	apin
grama (f)	မြက်	mje'
folha (f) de grama	ရွက်ချွန်	jwe' chun:
folha (f)	အရွက်	ajwa'
pétala (f)	ပွင့်ချပ်	pwin: gja'
talo (m)	ပင်စည်	pin ze
tubérculo (m)	ဥမြစ်	u. mi'
broto, rebento (m)	အစို့အညှောက်	asou./a hnjau'
espinho (m)	ဆူး	hsu:
florescer (vi)	ပွင့်သည်	pwin: de
murchar (vi)	ညှိုးနွမ်းသည်	hnjou: nun: de
cheiro (m)	အနံ့	anan.
cortar (flores)	ရိတ်သည်	jei' te
colher (uma flor)	ခူးသည်	khu: de

232. Cereais, grãos

Português	Birmanês	Pronúncia
grão (m)	နှံစားပင်တို့၏ အစေ့အဆံ	hnan za: bin dou. i. asei. ahsan
cereais (plantas)	ကောက်ပဲသီးနှံ	kau' pe: dhi: nan
espiga (f)	အနှံ	ahnan
trigo (m)	ဂျုံ	gja. mei: ka:
centeio (m)	ဂျုံရိုင်း	gjoun jain:
aveia (f)	မြင်းစားဂျုံ	mjin: za: gjoun
painço (m)	ကောက်ပဲသီးနှံပင်	kau' pe: dhi: nan bin
cevada (f)	မုယောစပါး	mu. jo za. ba:
milho (m)	ပြောင်းဖူး	pjaun: bu:
arroz (m)	ဆန်စပါး	hsan zaba
trigo-sarraceno (m)	ပန်းဂျုံ	pan: gjun
ervilha (f)	ပဲစေ့	pe: zei.
feijão (m) roxo	ပဲလီစားပဲ	bou za: be:

soja (f)	ပဲပုပ်ပဲ	pe: bou' pe
lentilha (f)	ပဲနီကလေး	pe: ni ga. lei:
feijão (m)	ပဲအမျိုးမျိုး	pe: amjou: mjou:

233. Vegetais. Verduras

vegetais (m pl)	ဟင်းသီးဟင်းရွက်	hin: dhi: hin: jwe'
verdura (f)	ဟင်းခတ်အမွှေးရွက်	hin: ga' ahmwei: jwe'
tomate (m)	ခရမ်းချဉ်သီး	khajan: chan dhi:
pepino (m)	သခွားသီး	thakhwa: dhi:
cenoura (f)	မုန်လာဥနီ	moun la u. ni
batata (f)	အာလူး	a lu:
cebola (f)	ကြက်သွန်နီ	kje' thwan ni
alho (m)	ကြက်သွန်ဖြူ	kje' thwan bju
couve (f)	ဂေါ်ဖီ	go bi
couve-flor (f)	ပန်းဂေါ်ဖီ	pan: gozi
couve-de-bruxelas (f)	ဂေါ်ဖီထုပ်အသေးစား	go bi dou' athei: za:
brócolis (m pl)	ပန်းဂေါ်ဖီအစိမ်း	pan: gozi asein:
beterraba (f)	မုန်လာဥနီလုံး	moun la u. ni loun:
berinjela (f)	ခရမ်းသီး	khajan: dhi:
abobrinha (f)	ဘူးသီး	bu: dhi:
abóbora (f)	ဖရုံသီး	hpa joun dhi:
nabo (m)	တရုတ်မုန်လာဥ	tajou' moun la u.
salsa (f)	တရုတ်နံနံပင်	tajou' nan nan bin
endro, aneto (m)	စမြိတ်ပင်	samjei' pin
alface (f)	ဆလပ်ရွက်	hsa. la' jwe'
aipo (m)	တရုတ်နံနံကြီး	tajou' nan nan gji:
aspargo (m)	ကညွတ်မာပင်	ka. nju' ma bin
espinafre (m)	ဒေါက်ခွ	dau' khwa
ervilha (f)	ပဲပင်	pe: bin
feijão (~ soja, etc.)	ပဲအမျိုးမျိုး	pe: amjou: mjou:
milho (m)	ပြောင်းဖူး	pjaun: bu:
feijão (m) roxo	ပိုလဲစားပဲ	bou za: be:
pimentão (m)	ငရုတ်သီး	nga jou' thi:
rabanete (m)	မုန်လာဥသေး	moun la u. dhei:
alcachofra (f)	အာတီရှော့	a ti cho.

GEOGRAFIA REGIONAL

Países. Nacionalidades

234. Europa Ocidental

Europa (f)	ဥရောပ	u. jo: pa
União (f) Europeia	ဥရောပသမဂ္ဂ	u. jo: pa dha: me' ga.
europeu (m)	ဥရောပသား	u. jo: pa dha:
europeu (adj)	ဥရောပနှင့်ဆိုင်သော	u. jo: pa hnin. zain de
Áustria (f)	သြစတြီးယား	o. sa. tji: ja:
austríaco (m)	သြစတြီးယန်းအမျိုးသား	o. sa. tji: jan: amjou: dha:
austríaca (f)	သြစတြီးယန်းအမျိုးသမီး	o. sa. tji: jan: amjou: dhami:
austríaco (adj)	သြစတြီးယားနှင့်ဆိုင်သော	o. sa. tji: ja: hnin. zain de.
Grã-Bretanha (f)	အင်္ဂလန်	angga. lan
Inglaterra (f)	အင်္ဂလန်	angga. lan
inglês (m)	အင်္ဂလန်နိုင်ငံသား	angga. lan nain ngan dha:
inglesa (f)	အင်္ဂလန်နိုင်ငံသူ	angga. lan nain ngan dhu
inglês (adj)	အင်္ဂလန်နှင့်ဆိုင်သော	angga. lan hnin. zein dho:
Bélgica (f)	ဘယ်လ်ဂျီယံ	be l gji jan
belga (m)	ဘယ်လ်ဂျီယံအမျိုးသား	be l gji jan dha:
belga (f)	ဘယ်လ်ဂျီယံအမျိုးသမီး	be l gji jan dhami:
belga (adj)	ဘယ်လ်ဂျီယံနှင့်ဆိုင်သော	be l gji jan hnin. zain de.
Alemanha (f)	ဂျာမန်	gja man
alemão (m)	ဂျာမန်အမျိုးသား	gja man amjou: dha:
alemã (f)	ဂျာမန်အမျိုးသမီး	gja man amjou: dhami:
alemão (adj)	ဂျာမန်နှင့်ဆိုင်သော	gja man hnin. zain de.
Países Baixos (m pl)	နယ်သာလန်	ne dha lan
Holanda (f)	ဟော်လန်	ho lan
holandês (m)	ဒတ်ချ်အမျိုးသား	da' ch amjou: dha:
holandesa (f)	ဒတ်ချ်အမျိုးသမီး	da' ch amjou: dhami:
holandês (adj)	ဒတ်ချ်နှင့်ဆိုင်သော	da' ch hnin. zain de
Grécia (f)	ဂရိ	ga. ri.
grego (m)	ဂရိအမျိုးသား	ga. ri. amjou: dha:
grega (f)	ဂရိအမျိုးသမီး	ga. ri. amjou: dhami:
grego (adj)	ဂရိနှင့်ဆိုင်သော	ga. ri. hnin. zain de.
Dinamarca (f)	ဒိန်းမတ်	dein: ma'
dinamarquês (m)	ဒိန်းမတ်သား	dein: ma' dha:
dinamarquesa (f)	ဒိန်းမတ်သူ	dein: ma' dhu
dinamarquês (adj)	ဒိန်းမတ်နှင့်ဆိုင်သော	dein: ma' hnin. zain de.
Irlanda (f)	အိုင်ယာလန်	ain ja lan
irlandês (m)	အိုင်ယာလန်အမျိုးသား	ain ja lan amjou: dha:

irlandesa (f)	အိုင်ယာလန်အမျိုးသမီး	ain ja lan amjou: dha. mi:
irlandês (adj)	အိုင်ယာလန်နှင့်ဆိုင်သော	ain ja lan hnin. zain de.
Islândia (f)	အိုက်စလန်	ai' sa lan:
islandês (m)	အိုက်စလန်သား	ai' sa lan: dha:
islandesa (f)	အိုက်စလန်သူ	ai' sa lan: dhu
islandês (adj)	အိုက်စလန်နှင့်ဆိုင်သော	ai' sa lan: hnin. hsain de.
Espanha (f)	စပိန်	sapein
espanhol (m)	စပိန်အမျိုးသား	sapein mjou: dha:
espanhola (f)	စပိန်အမျိုးသမီး	sapein mjou: dhami:
espanhol (adj)	စပိန်နှင့်ဆိုင်သော	sapein hnin. zain de.
Itália (f)	အီတလီ	ita. li
italiano (m)	အီတလီအမျိုးသား	ita. li amjou: dha:
italiana (f)	အီတလီအမျိုးသမီး	ita. li amjou: dhami:
italiano (adj)	အီတလီနှင့်ဆိုင်သော	ita. li hnin. zain de.
Chipre (m)	ဆူးပရက်စ်	hsu: pa. je' s te.
cipriota (m)	ဆူးပရက်စ်သား	hsu: pa. je' s tha:
cipriota (f)	ဆူးပရက်စ်သူ	hsu: pa. je' s thu
cipriota (adj)	ဆူးပရက်စ်နှင့်ဆိုင်သော	hsu: pa. je' s hnin. zain de.
Malta (f)	မာတာ	ma ta
maltês (m)	မာတာသား	ma ta dha:
maltesa (f)	မာတာသူ	ma ta dhami:
maltês (adj)	မာတာနှင့်ဆိုင်သော	ma ta hnin. zain de.
Noruega (f)	နော်ဝေး	no wei:
norueguês (m)	နော်ဝေးအမျိုးသား	no wei: amjou: dha:
norueguesa (f)	နော်ဝေးအမျိုးသမီး	no wei: amjou: dhami:
norueguês (adj)	နော်ဝေးနှင့်ဆိုင်သော	no wei: hnin. zain de.
Portugal (m)	ပေါ်တူဂီ	po tu gi
português (m)	ပေါ်တူဂီအမျိုးသား	po tu gi amjou: dha:
portuguesa (f)	ပေါ်တူဂီအမျိုးသမီး	po tu gi amjou: dhami:
português (adj)	ပေါ်တူဂီနှင့်ဆိုင်သော	po tu gi hnin. zain de.
Finlândia (f)	ဖင်လန်	hpin lan
finlandês (m)	ဖင်လန်အမျိုးသား	hpin lan dha:
finlandesa (f)	ဖင်လန်အမျိုးသမီး	hpin lan dhami:
finlandês (adj)	ဖင်လန်နှင့်ဆိုင်သော	hpin lan hnin. zain de.
França (f)	ပြင်သစ်	pjin dhi'
francês (m)	ပြင်သစ်အမျိုးသား	pjin dhi' amjou: dha:
francesa (f)	ပြင်သစ်အမျိုးသမီး	pjin dhi' amjou: dhami:
francês (adj)	ပြင်သစ်နှင့်ဆိုင်သော	pjin dhi' hnin. zain de.
Suécia (f)	ဆွီဒင်	hswi din
sueco (m)	ဆွီဒင်အမျိုးသား	hswi din amjou: dha:
sueca (f)	ဆွီဒင်အမျိုးသမီး	hswi din amjou: dhami:
sueco (adj)	ဆွီဒင်နှင့်ဆိုင်သော	hswi din hnin. zain de.
Suíça (f)	ဆွစ်ဇာလန်	hswa' za lan
suíço (m)	ဆွစ်ဇာလန်အမျိုးသား	hswa' za lan amjou: dha:
suíça (f)	ဆွစ်ဇာလန်အမျိုးသမီး	hswa' za lan amjou: dhami:

T&P Books. Vocabulário Português Brasileiro-Birmanês - 9000 palavras

suíço (adj)	ဆွစ်ဇာလန်နှင့်ဆိုင်သော	hswa' za lan hnin. zain de.
Escócia (f)	စကော့တလန်	sa. ko: talan
escocês (m)	စကော့တလန်အမျိုးသား	sa. ko: talan mjou: dha:
escocesa (f)	စကော့တလန်အမျိုးသမီး	sa. ko: talan mjou: dha:
escocês (adj)	စကော့တလန်နှင့်ဆိုင်သော	sa. ko: talan hnin. zain de.
Vaticano (m)	ဘာဒီကန်	ba di gan
Liechtenstein (m)	ဘာဒီကန်လူမျိုး	ba di gan dhu mjo:
Luxemburgo (m)	လျူဆန်ဘော့	lju hsan bo.
Mônaco (m)	မိုနာကို	mou na kou

235. Europa Central e de Leste

Albânia (f)	အယ်လ်ဘေးနီးယား	e l bei: ni: ja:
albanês (m)	အယ်လ်ဘေးနီးယားအမျိုးသား	e l bei: ni: ja amjou: dha:
albanesa (f)	အယ်လ်ဘေးနီးယားအမျိုးသမီး	e l bei: ni: ja: amjou: dhami:
albanês (adj)	အယ်လ်ဘေးနီးယားနှင့်ဆိုင်သော	e l bei: ni: ja: hnin. zain de.
Bulgária (f)	ဘူလ်ဂေးရီးယား	bou gei: ji: ja
búlgaro (m)	ဘူလ်ဂေးရီးယားအမျိုးသား	bou gei: ji: ja amjou: dha:
búlgara (f)	ဘူလ်ဂေးရီးယားအမျိုးသမီး	bou gei: ji: ja amjou: dhami:
búlgaro (adj)	ဘူလ်ဂေးရီးယားနှင့်ဆိုင်သော	bou gei: ji: ja hnin. zain de.
Hungria (f)	ဟန်ဂေရီ	han gei ji
húngaro (m)	ဟန်ဂေရီအမျိုးသား	han gei ji amjou: dha:
húngara (f)	ဟန်ဂေရီအမျိုးသမီး	han gei ji amjou: dhami:
húngaro (adj)	ဟန်ဂေရီနှင့်ဆိုင်သော	han gei ji hnin. zain de.
Letônia (f)	လတ်ဗီယန်	la' bi jan
letão (m)	လတ်ဗီယန်အမျိုးသား	la' bi jan amjou: dha:
letã (f)	လတ်ဗီယန်အမျိုးသမီး	la' bi jan amjou: dhami:
letão (adj)	လတ်ဗီယန်နှင့်ဆိုင်သော	la' bi jan hnin. zein de.
Lituânia (f)	လစ်သူနီယဲ	li' thu ni jan
lituano (m)	လစ်သူနီယဲအမျိုးသား	li' thu ni jan amjou: dha:
lituana (f)	လစ်သူနီယဲအမျိုးသမီး	li' thu ni jan amjou: dhami:
lituano (adj)	လစ်သူနီယဲနှင့်ဆိုင်သော	li' thu ni jan hnin. zain de.
Polônia (f)	ပိုလန်	pou lan
polonês (m)	ပိုလန်အမျိုးသား	pou lan amjou: dha:
polonesa (f)	ပိုလန်အမျိုးသမီး	pou lan amjou: dhami:
polonês (adj)	ပိုလန်နှင့်ဆိုင်သော	pou lan hnin. zain de.
Romênia (f)	ရူမေးနီးယား	ru mei: ni: ja:
romeno (m)	ရူမေးနီးယားအမျိုးသား	ru mei: ni: ja: amjou: dha:
romena (f)	ရူမေးနီးယားအမျိုးသမီး	ru mei: ni: ja: amjou: dha:
romeno (adj)	ရူမေးနီးယားနှင့်ဆိုင်သော	ru mei: ni: ja: hnin. zain de.
Sérvia (f)	ဆယ်ဗီယံ	hse bi jan.
sérvio (m)	ဆာဗီယံအမျိုးသား	hsa bi jan amjou: dha:
sérvia (f)	ဆာဗီယံအမျိုးသမီး	hsa bi jan amjou: dhami:
sérvio (adj)	ဆာဗီယံနှင့်ဆိုင်သော	hsa bi jan hnin. zain de.
Eslováquia (f)	ဆလိုဗာကီယာ	hsa. lou ba ki ja
eslovaco (m)	ဆလိုဗာကီယာအမျိုးသား	hsa. lou ba ki ja amjou: dha:

eslovaca (f)	ဆလိုဘာကီယာ အမျိုးသမီး	hsa. lou ba ki ja amjou: dhami:
eslovaco (adj)	ဆလိုဘာကီယာနှင့်ဆိုင်သော	hsa. lou ba ki ja hnin. zain de.
Croácia (f)	ခရိုအေးရှား	kha. jou ei: sha:
croata (m)	ခရိုအေးရှားအမျိုးသား	kha. jou ei: sha: amjou: dha:
croata (f)	ခရိုအေးရှား အမျိုးသမီး	kha. jou ei: sha: amjou: dhami:
croata (adj)	ခရိုအေးရှား နှင့်ဆိုင်သော	kha. jou ei: sha: hnin. zain de.
República (f) Checa	ချက်	che'
checo (m)	ချက်အမျိုးသား	che' amjou: dha:
checa (f)	ချက်အမျိုးသမီး	che' amjou: dhami:
checo (adj)	ချက်နှင့်ဆိုင်သော	che' hnin. zain de.
Estônia (f)	အက်စ်တိုးနီးယား	e's to' ni: ja:
estônio (m)	အက်စ်တိုးနီးယံအမျိုးသား	e's to' ni: ja: dha:
estônia (f)	အက်စ်တိုးနီးယံအမျိုးသမီး	e's to' ni: ja: dhami:
estônio (adj)	အက်စ်တိုးနီးယားနှင့်ဆိုင်သော	e's to' ni: ja: hnin. zain de
Bósnia e Herzegovina (f)	ဘော့စနီးယားနှင့်ဟာ ဇီဂိုဗီနာ	bo'. ni: ja: hnin. ha zi gou bi na
Macedônia (f)	မက်ဆီဒိုးနီးယား	me' hsi: dou: ni: ja:
Eslovênia (f)	ဆလိုဗီနီးယား	hsa. lou bi ni: ja:
Montenegro (m)	မွန်တာနဲဂရို	mun dan ni ga. jou

236. Países da ex-URSS

Azerbaijão (m)	အာဇာဘိုင်ဂျန်	a za bain gjin:
azeri (m)	အာဇာဘိုင်ဂျန်အမျိုးသား	a za bain gjin: dha:
azeri (f)	အာဇာဘိုင်ဂျန်အမျိုးသမီး	a za bain gjin: dhami:
azeri, azerbaijano (adj)	အာဇာဘိုင်ဂျန်နှင့်ဆိုင်သော	a za bain gjin: hnin. zain de.
Armênia (f)	အာမေးနီးယား	a me: ni: ja:
armênio (m)	အာမေးနီးယားအမျိုးသား	a me: ni: ja: amjou: dhami:
armênia (f)	အာမေးနီးယားအမျိုးသမီး	a me: ni: ja: amjou: dhami:
armênio (adj)	အာမေးနီးယားနှင့်ဆိုင်သော	a me: ni: ja: hnin. zain de.
Belarus	ဘီလာရုစ်	bi la ju'
bielorrusso (m)	ဘီလာရုစ်အမျိုးသား	bi la ju' amjou: dha:
bielorrussa (f)	ဘီလာရုစ်အမျိုးသမီး	bi la ju' amjou: dhami:
bielorrusso (adj)	ဘီလာရုစ်နှင့်ဆိုင်သော	bi la ju' hnin. zain de.
Geórgia (f)	ဂျော်ဂျီယာ	gjo gji ja
georgiano (m)	ဂျော်ဂျီယာအမျိုးသား	gjo gji ja amjou: dhami:
georgiana (f)	ဂျော်ဂျီယာအမျိုးသမီး	gjo gji ja amjou: dha:
georgiano (adj)	ဂျော်ဂျီယာနှင့်ဆိုင်သော	gjo gji ja hnin. zain de.
Cazaquistão (m)	ကာဇက်စတန်	ka ze' satan
cazaque (m)	ကာဇက်စတန်အမျိုးသား	ka ze' satan amjou: dhami:
cazaque (f)	ကာဇက်စတန်အမျိုးသမီး	ka ze' satan amjou: dhami:
cazaque (adj)	ကာဇက်စတန်နှင့်ဆိုင်သော	ka ze' satan hnin. zain de.
Quirguistão (m)	ကစ်ရဂိကစ္စတန်	ki' ji ki' za. tan

quirguiz (m)	ကစ်ရီကစ္စတန်အမျိုးသား	ki' ji ki' za. tan amjou: dha:
quirguiz (f)	ကစ်ရီကစ္စတန်အမျိုးသမီး	ki' ji ki' za. tan amjou: dhami:
quirguiz (adj)	ကစ်ရီကစ္စတန်နှင့်ဆိုင်သော	ki' ji ki' za. tan hnin. zain de.
Moldávia (f)	မိုဒိုရာ	mou dou ja
moldavo (m)	မိုဒိုရာအမျိုးသား	mou dou ja amjou: dha:
moldava (f)	မိုဒိုရာအမျိုးသမီး	mou dou ja amjou: dhami:
moldavo (adj)	မိုဒိုရာနှင့်ဆိုင်သော	mou dou ja hnin. zain de.
Rússia (f)	ရုရှား	ru. sha:
russo (m)	ရုရှားအမျိုးသား	ru sha: amjou: dha:
russa (f)	ရုရှားအမျိုးသမီး	ru. sha: amjou: dhami:
russo (adj)	ရုရှားနှင့်ဆိုင်သော	ru. sha: hnin. zain de.
Tajiquistão (m)	တာဂျစ်ကစ္စတန်	ta gji' ki' sa. tan
tajique (m)	တာဂျစ်အမျိုးသား	ta gji' amjou: dha:
tajique (f)	တာဂျစ်အမျိုးသမီး	ta gji' amjou: dhami:
tajique (adj)	တာဂျစ်နှင့်ဆိုင်သော	ta gji' hnin. zain de.
Turquemenistão (m)	တပ်မင်နစ္စတန်	ta' min ni' sa. tan
turcomeno (m)	တပ်မင်နစ္စတန်အမျိုးသား	ta' min ni' sa. tan amjou: dha:
turcomena (f)	တပ်မင်နစ္စတန်အမျိုးသမီး	ta' min ni' sa. tan amjou: dhami:
turcomeno (adj)	တပ်မင်နစ္စတန်နှင့်ဆိုင်သော	ta' min ni' sa. tan hnin. zain de.
Uzbequistão (f)	ဥဇဘက်ကစ္စတန်	u. za. be' ki' sa. tan
uzbeque (m)	ဥဇဘက်အမျိုးသား	u. za. be' amjou: dha:
uzbeque (f)	ဥဇဘက်အမျိုးသမီး	u. za. be' amjou: dhami:
uzbeque (adj)	ဥဇဘက်ကစ္စတန်နှင့်ဆိုင်သော	u. za. be' ki' sa. tan hnin. zain de.
Ucrânia (f)	ယူကရိန်း	ju ka. jein:
ucraniano (m)	ယူကရိန်းအမျိုးသား	ju ka. jein: amjou: dha:
ucraniana (f)	ယူကရိန်းအမျိုးသမီး	ju ka. jein: amjou: dhami:
ucraniano (adj)	ယူကရိန်းနှင့်ဆိုင်သော	ju ka. jein: hnin. zain de.:

237. Asia

Ásia (f)	အာရှ	a sha.
asiático (adj)	အာရှနှင့်ဆိုင်သော	a sha. hnin. zain de.
Vietnã (m)	ဗီယက်နမ်	bi je' nan
vietnamita (m)	ဗီယက်နမ်အမျိုးသား	bi ja' nan amjou: dha:
vietnamita (f)	ဗီယက်နမ်အမျိုးသမီး	bi je' nan amjou dha mi:
vietnamita (adj)	ဗီယက်နမ်နှင့်ဆိုင်သော	bi je' nan hnin. zain de.
Índia (f)	အိန္ဒိယ	indi. ja
indiano (m)	အိန္ဒိယအမျိုးသား	indi. ja amjou: dha:
indiana (f)	အိန္ဒိယအမျိုးသမီး	indi. ja amjou: dhami:
indiano (adj)	အိန္ဒိယနှင့်ဆိုင်သော	indi. ja hnin. zain de.
Israel (m)	အစ္စရေး	a' sa. jei:
israelense (m)	အစ္စရေးအမျိုးသား	a' sa. jei: amjou: dha:

israelita (f)	အစ္စရေးအမျိုးသမီး	a' sa. jei: amjou: dhami:
israelense (adj)	အစ္စရေးနှင့်ဆိုင်သော	a' sa. jei: hnin. zain de.
judeu (m)	ဂျူး	gju:
judia (f)	ဂျူးအမျိုးသမီး	gju: amjou: dhami:
judeu (adj)	ဂျူးအမျိုးသား	gju: amjou: dha:
China (f)	တရုတ်	tajou'
chinês (m)	တရုတ်အမျိုးသား	tajou' amjou: dha:
chinesa (f)	တရုတ်အမျိုးသမီး	tajou' amjou: dhami:
chinês (adj)	တရုတ်နှင့်ဆိုင်သော	tajou' hnin. zain de.
coreano (m)	ကိုးရီးယားအမျိုးသား	kou: ji: ja: amjou: dha:
coreana (f)	ကိုးရီးယားအမျိုးသမီး	kou: ji: ja: amjou: dhami:
coreano (adj)	ကိုးရီးယားနှင့်ဆိုင်သော	kou: ji: ja: hnin. zain de.
Líbano (m)	လက်ဘနွန်	le' ba. nun
libanês (m)	လက်ဘနွန်အမျိုးသား	le' ba. nun amjou: dha:
libanesa (f)	လက်ဘနွန်အမျိုးသမီး	le' ba. nun amjou: dhami:
libanês (adj)	လက်ဘနွန်နှင့်ဆိုင်သော	le' ba. nun hnin zain de
Mongólia (f)	မွန်ဂိုလီးယား	mun gou li: ja:
mongol (m)	မွန်ဂိုလီးယားအမျိုးသား	mun gou li: ja: amjou: dha:
mongol (f)	မွန်ဂိုလီးယားအမျိုးသမီး	mun gou li: ja: amjou: dhami:
mongol (adj)	မွန်ဂိုလီးယားနှင့်ဆိုင်သော	mun gou li: ja: hnin. zain de.
Malásia (f)	မလေးရှား	ma. lei: sha:
malaio (m)	မလေးရှားအမျိုးသား	ma. lei: sha: amjou: dha:
malaia (f)	မလေးရှားအမျိုးသမီး	ma. lei: sha: amjou: dhami:
malaio (adj)	မလေးရှားနှင့်ဆိုင်သော	ma. lei: sha: hnin. zain de.
Paquistão (m)	ပါကစ္စတန်	pa ki' sa. tan
paquistanês (m)	ပါကစ္စတန်အမျိုးသား	pa ki' sa. tan dha:
paquistanesa (f)	ပါကစ္စတန်အမျိုးသမီး	pa ki' sa. tan dhami:
paquistanês (adj)	ပါကစ္စတန်နှင့်ဆိုင်သော	pa ki' sa. tan hnin. zain de
Arábia (f) Saudita	ဆော်ဒီအာရေဗီးယား	hso: di a jei. bi: ja:
árabe (m)	အာရပ်အမျိုးသား	a ra' amjou: dha:
árabe (f)	အာရပ်အမျိုးသမီး	a ra' amjou: dhami:
árabe (adj)	အာရပ်နှင့်ဆိုင်သော	a ra' hnin. zain de.
Tailândia (f)	ထိုင်း	htain:
tailandês (m)	ထိုင်းအမျိုးသား	htain: amjou: dha:
tailandesa (f)	ထိုင်းအမျိုးသမီး	htain: amjou: dhami:
tailandês (adj)	ထိုင်းနှင့်ဆိုင်သော	htain: hnin. zain de.
Taiwan (m)	ထိုင်ဝမ်	htain wan
taiwanês (m)	ထိုင်ဝမ်အမျိုးသား	htain wan amjou: dha:
taiwanesa (f)	ထိုင်ဝမ်အမျိုးသမီး	htain wan amjou: dhami:
taiwanês (adj)	ထိုင်ဝမ်နှင့်ဆိုင်သော	htain wan hnin. zain de.
Turquia (f)	တူရကီ	tu ra. ki
turco (m)	တူရကီအမျိုးသား	tu ra. ki amjou: dha:
turca (f)	တူရကီအမျိုးသမီး	tu ra. ki amjou: dhami:
turco (adj)	တူရကီနှင့်ဆိုင်သော	tu ra. ki hnin. zain de
Japão (m)	ဂျပန်	gja pan

japonês (m)	ဂျပန်အမျိုးသား	gja pan amjou: dha:
japonesa (f)	ဂျပန်အမျိုးသမီး	gja pan amjou: dhami:
japonês (adj)	ဂျပန်နှင့်ဆိုင်သော	gja pan hnin. zain de
Afeganistão (m)	အာဖဂန်နစ္စတန်	apha. gan na' tan
Bangladesh (m)	ဘင်္ဂလားဒေ့ရှ်	bang la: dei. sh
Indonésia (f)	အင်ဒိုနီးရှား	in do ni: sha:
Jordânia (f)	ဂျော်ဒန်	gjo dan
Iraque (m)	အီရတ်	ira'
Irã (m)	အီရန်	iran
Camboja (f)	ကမ္ဘောဒီးယား	ga khan ba di: ja:
Kuwait (m)	ကူဝိတ်	ku wi'
Laos (m)	လာအို	la ou
Birmânia (f)	မြန်မာ	mjan ma
Nepal (m)	နီပေါ	ni po:
Emirados Árabes Unidos	အာရပ်နိုင်ငံများ	a ra' nain ngan mja:
Síria (f)	ဆီးရီးယား	hsi: ji: ja:
Palestina (f)	ပါလက်စတိုင်း	pa le' sa tain:
Coreia (f) do Sul	တောင်ကိုရီးယား	taun kou ri: ja:
Coreia (f) do Norte	မြောက်ကိုရီးယား	mjau' kou ji: ja:

238. América do Norte

Estados Unidos da América	အမေရိကန် ပြည်ထောင်စု	amei ji kan pji htaun zu
americano (m)	အမေရိကန်အမျိုးသား	amei ji kan amjou: dha:
americana (f)	အမေရိကန်အမျိုးသမီး	amei ji kan amjou: dhami:
americano (adj)	အမေရိကန်	amei ji kan
Canadá (m)	ကနေဒါနိုင်ငံ	ka. nei da nain gan
canadense (m)	ကနေဒါအမျိုးသား	ka. nei da amjou: dha:
canadense (f)	ကနေဒါအမျိုးသမီး	ka. nei da amjou: dhami:
canadense (adj)	ကနေဒါနိုင်ငံ နှင့် ဆိုင်သော	ka. nei da nain gan hnin. zain de.
México (m)	မက္ကဆီကိုနိုင်ငံ	me' ka. hsi kou nain ngan
mexicano (m)	မက္ကဆီကို အမျိုးသား	me' ka. hsi kou amjou: dha:
mexicana (f)	မက္ကဆီကို အမျိုးသမီး	me' ka. hsi kou amjou: dhami:
mexicano (adj)	မက္ကဆီကိုနိုင်ငံနှင့်ဆိုင်သော	me' ka. hsi kou hnin. zain de.

239. América Central do Sul

Argentina (f)	အာဂျင်တီးနား	agin ti: na:
argentino (m)	အာဂျင်တီးနားအမျိုးသား	agin ti: na: amjou: dha:
argentina (f)	အာဂျင်တီးနားအမျိုးသမီး	agin ti: na: amjou: dhami:
argentino (adj)	အာဂျင်တီးနားနှင့်ဆိုင်သော	agin ti: na: hnin. zain de.
Brasil (m)	ဘရာဇီးလ်	ba. ra zi'l
brasileiro (m)	ဘရာဇီးလ်ယံအမျိုးသား	ba. ra zi'l amjou: dha:

brasileira (f)	ဘရာဇီးလီယံအမျိုးသမီး	ba. ra zi'l amjou: dhami:
brasileiro (adj)	ဘရာဇီးလ်နှင့်ဆိုင်သော	ba. ra zi'l hnin. zain de.
Colômbia (f)	ကိုလံဘီးယား	kou lan: bi: ja:
colombiano (m)	ကိုလံဘီးယားအမျိုးသား	kou lan: bi: ja: amjou: dha:
colombiana (f)	ကိုလံဘီးယားအမျိုးသမီး	kou lan: bi: ja: amjou: dhami:
colombiano (adj)	ကိုလံဘီးယားနှင့်ဆိုင်သော	kou lan: bi: ja: hnin. lain de.
Cuba (f)	ကျူးဘား	kju: ba:
cubano (m)	ကျူးဘားအမျိုးသား	kju: ba: amjou: dha:
cubana (f)	ကျူးဘားအမျိုးသမီး	kju: ba: amjou: dhami:
cubano (adj)	ကျူးဘားနှင့်ဆိုင်သော	kju: ba: hnin. zain de.
Chile (m)	ချီလီ	chi li
chileno (m)	ချီလီအမျိုးသား	chi li amjou: dha:
chilena (f)	ချီလီအမျိုးသမီး	chi li amjou: dhami:
chileno (adj)	ချီလီနှင့်ဆိုင်သော	chi li hnin. zain de.
Bolívia (f)	ဘိုလစ်ဗီးယား	bou la' bi: ja:
Venezuela (f)	ဗင်နီဇွဲလား	be ni zwe: la:
Paraguai (m)	ပါရာဂွေး	pa ja gwei:
Peru (m)	ပီရူး	pi ju:
Suriname (m)	ဆူရိနမ်း	hsu. ji nei:
Uruguai (m)	အုရုဂွေး	ou. ju gwei:
Equador (m)	အီကွေဒေါ	i kwei: do:
Bahamas (f pl)	ဘာဟားမက်	ba ha me'
Haiti (m)	ဟိုင်တီ	hain ti
República Dominicana	ဒိုမီနီကန်	dou mi ni kan
Panamá (m)	ပနားမား	pa. na: ma:
Jamaica (f)	ဂျေမေးကား	g'me:kaa:

240. Africa

Egito (m)	အီဂျစ်	igji'
egípcio (m)	အီဂျစ်အမျိုးသား	igji' amjou: dha:
egípcia (f)	အီဂျစ်အမျိုးသမီး	igji' amjou: dhami:
egípcio (adj)	အီဂျစ်နှင့်ဆိုင်သော	igji' hnin. zain de.
Marrocos	မော်ရိုကို	mo jou gou
marroquino (m)	မော်ရိုကိုအမျိုးသား	mou jou gou amjou: dha:
marroquina (f)	မော်ရိုကိုအမျိုးသမီး	mou jou gou amjou: dhami:
marroquino (adj)	မော်ရိုကိုနှင့်ဆိုင်သော	mou jou gou hnin. zain de.
Tunísia (f)	တူနီရှား	tu ni' sha:
tunisiano (m)	တူနီရှားအမျိုးသား	tu ni' sha: amjou: dha:
tunisiana (f)	တူနီရှားအမျိုးသမီး	tu ni' sha: amjou: dhami:
tunisiano (adj)	တူနီရှားနှင့်ဆိုင်သော	tu ni' sha: hnin. zain de.
Gana (f)	ဂါနာ	ga na
Zanzibar (m)	ဇန်ဇီဘာ	zan zi ba
Quênia (f)	ကင်ညာ	kin nja
Líbia (f)	လီဗီယာ	li bi ja

Madagascar (m)	မာဒဂက်ကာစကာ	ma de' ka za ga
Namíbia (f)	နမီးဘီးယား	nami: bi: ja:
Senegal (m)	ဆယ်နီဂေါ	hse ni go
Tanzânia (f)	တန်ဇားနီးယား	tan za: ni: ja:
África (f) do Sul	တောင်အာဖရိက	taun a hpa. ji. ka.
africano (m)	အာဖရိကတိုက်သား	apha. ri. ka. dhai' tha:
africana (f)	အာဖရိကသူ	apha. ri. ka. dhu
africano (adj)	အာဖရိကန်နှင့်ဆိုင်သော	apha. ri. kan hnin. zain de.

241. Austrália. Oceania

Austrália (f)	သြစတြေးလျ	thja za djei: lja
australiano (m)	သြစတြေးလျားအမျိုးသား	o. sa. tjei: lja: amjou: dha:
australiana (f)	သြစတြေးလျားအမျိုးသမီး	o. sa. tjei: lja: amjou: dhami:
australiano (adj)	သြစတြေးလျနှင့်ဆိုင်သော	o. sa. tjei: lja: hnin. zain de.
Nova Zelândia (f)	နယူးဇီလန်	na. ju: zi lan
neozelandês (m)	နယူးဇီလန်အမျိုးသား	na. ju: zi lan dha:
neozelandesa (f)	နယူးဇီလန်အမျိုးသမီး	na. ju: zi lan dhami:
neozelandês (adj)	နယူးဇီလန်နှင့်ဆိုင်သော	na. ja: zi lan hnin. zain de
Tasmânia (f)	တာစ်မေးနီးယား	ta. s mei: ni: ja:
Polinésia (f) Francesa	ပြင်သစ် ပေါ်လီးနီးရှား	pjin dhi' po li: ni: sha:

242. Cidades

Amesterdã, Amsterdã	အမ်စတာဒမ်မြို့	an za ta dan mjou.
Ancara	အင်ကာရာမြို့	an ga ja mjou.
Atenas	အေသင်မြို့	e thin mjou.
Bagdade	ဘဂ္ဂဒတ်မြို့	ba' ga. da mjou.
Bancoque	ဘန်ကောက်မြို့	ban gou' mjou.
Barcelona	ဘာစီလိုနာမြို့	ba zi lou na mjou.
Beirute	ဘီရုဂျုမြို့	bi ja ju. mjou.
Berlim	ဘာလင်မြို့	ba lin mjou.
Bonn	ဘွန်းမြို့	bwun: mjou.
Bordéus	ဘော်ဒိုးမြို့	bo dou: mjou.
Bratislava	ဘရာတစ်ဆလာဗာမြို့	ba. ra ta' hsa. la ba mjou.
Bruxelas	ဘရပ်ဆဲလ်မြို့	ba. ja' hse:' mjou.
Bucareste	ဗူးခရက်မြို့	bu: ga. ja' mjou.
Budapeste	ဘူဒါပတ်စ်မြို့	bu da pa' s mjou.
Cairo	ကိုင်ရိုမြို့	kain jou mjou.
Calcutá	ကာလကတ္တားမြို့	ka la ka' ta mjou.
Chicago	ချီကာဂိုမြို့	chi ka gou mjou.
Cidade do México	မက္ကဆီကိုမြို့	me' ka. hsi kou mjou.
Copenhague	ကိုပင်ဟေးဂင်မြို့	kou pin hei: gin mjou.
Dar es Salaam	ဒါရုစလမ်မြို့	da ju za. lan mjou.
Deli	ဒေလီမြို့	dei li mjou.
Dubai	ဒူဘိုင်းမြို့	du bain mjou.

Dublim	ဒဗ်ဗလင်မြို့	da' ba lin mjou.
Düsseldorf	ဂျူဆက်ဒေါ်ဖ်မြို့	gju hse' do. hp mjou.
Estocolmo	စတော့ဟုမ်းမြို့	sato. houn: mjou.
Florença	ဖလောရန်စ်မြို့	hpa. lau jan s mjou.
Frankfurt	ဖရန့်ဖာ့တ်မြို့	hpa. jan. hpa. t. mjou.
Genebra	ဂျင်ဘာမြို့	gja. ni ba mjou.
Haia	ဒဟာဂူးမြို့	da. ha gu: mjou.
Hamburgo	ဟန်းဘာဂါမြို့	han: ba. k mjou.
Hanói	ဟနွိုင်းမြို့	ha. noin: mjou.
Havana	ဟာဗားနားမြို့	ha ba: na: mjou.
Helsinque	ဟယ်လ်ဆင်ကီမြို့	he l hsin ki mjou.
Hiroshima	ဟီရိုရှီးမားမြို့	hi jou si: ma: mjou.
Hong Kong	ဟောင်ကောင်မြို့	haun: gaun: mjou.
Istambul	အစ္စတန်ဘူလ်မြို့	a' sa. tan bun mjou.
Jerusalém	ဂျေရုဆလင်မြို့	gjei jou hsa. lin mjou.
Kiev, Quieve	ကီးယစ်မြို့	ki: je' mjou.
Kuala Lumpur	ကွာလာလမ်ပူမြို့	kwa lan pu mjou.
Lion	လိုင်ယွန်မြို့	lain jun mjou.
Lisboa	လစ်စဘွန်းမြို့	li' sa bun: mjou.
Londres	လန်ဒန်မြို့	lan dan mjou.
Los Angeles	လော့အိန်ဂျလီမြို့	lau in gja. li mjou.
Madrid	မတ်ဒရစ်မြို့	ma' da. ji' mjou.
Marselha	မာဆေးမြို့	ma zei: mjou.
Miami	မီရာမီမြို့	mi ja mi mjou.
Montreal	မွန်ထရီရယ်မြို့	mun da. ji je mjou.
Moscou	မော်စကိုမြို့	ma sa. kou mjou.
Mumbai	မွန်ဘိုင်းမြို့	mun bain mjou.
Munique	မြူးနစ်မြို့	mju: ni' mjou.
Nairóbi	နိုင်ရိုဘီမြို့	nain jou bi mjo.
Nápoles	နေပိုမြို့	ni po: mjou.
Nice	နိက်စ်မြို့	nai's mjou.
Nova York	နယူးယောက်မြို့	na. ju: jau' mjou.
Oslo	အော်စလိုမြို့	o sa lou mjou.
Ottawa	အော့တာဝါမြို့	o. ta wa mjou.
Paris	ပဲရစ်မြို့	pe: ji' mjou.
Pequim	ပီကင်းမြို့	pi gin: mjou.
Praga	ပရက်မြို့	pa. ra' mjou.
Rio de Janeiro	ရီယိုဒေဂျန်နီရိုမြို့	ri jou dei: gjan ni jou mjou.
Roma	ရောမမြို့	ro: ma. mjou.
São Petersburgo	စိန့်ပီတာဇာဘာ့မြို့	sein. pi ta za ba' mjou.
Seul	ဆိုးလ်မြို့	hsou: l mjou.
Singapura	စင်္ကာပူ	sin ga pu
Sydney	စစ်ဒနေမြို့	si' danei mjou.
Taipé	တိုင်ပေမြို့	tain bei mjou.
Tóquio	တိုကျိုမြို့	tou gjou mjou.
Toronto	တိုရွန်တိုမြို့	tou run tou mjou.
Varsóvia	ဝါဆောမြို့	wa so mjou.
Veneza	ဗင်းနစ်မြို့	bin: na' s mjou.

Viena	ဗီယင်နာမြို့	bi jin na mjou.
Washington	ဝါရှင်တန်မြို့	wa shin tan mjou.
Xangai	ရှန်ဟိုင်းမြို့	shan hain: mjou.

243. Política. Governo. Parte 1

política (f)	နိုင်ငံရေး	nain ngan jei:
político (adj)	နိုင်ငံရေးနှင့်ဆိုင်သော	nain ngan jei: hnin. zain de
político (m)	နိုင်ငံရေးသမား	nain ngan jei: dhama:
estado (m)	နိုင်ငံ	nain ngan
cidadão (m)	နိုင်ငံသား	nain ngan dha:
cidadania (f)	နိုင်ငံသားအဖြစ်	nain ngan dha: ahpji'
brasão (m) de armas	နိုင်ငံတော်တံဆိပ်	nain ngan da dan zei'
hino (m) nacional	နိုင်ငံတော်သီချင်း	nain ngan do dhi gjin:
governo (m)	အစိုးရ	asou: ja. hpja' te.
Chefe (m) de Estado	နိုင်ငံခေါင်းဆောင်	nain ngan gaun zaun
parlamento (m)	ပါလီမန်	pa li man
partido (m)	ပါတီ	pa ti
capitalismo (m)	အရင်းရှင်ဝါဒ	ajin: hjin wa da.
capitalista (adj)	အရင်းရှင်	ajin: shin
socialismo (m)	ဆိုရှယ်လစ်ဝါဒ	hsou she la' wa da.
socialista (adj)	ဆိုရှယ်လစ်	hsou she la'
comunismo (m)	ကွန်မြူနစ်ဝါဒ	kun mu ni' wa da.
comunista (adj)	ကွန်မြူနစ်	kun mu ni'
comunista (m)	ကွန်မြူနစ်ဝါဒယုံကြည်သူ	kun mu ni' wa da. joun kji dhu
democracia (f)	ဒီမိုကရေစီဝါဒ	di mou ka jei zi wa da.
democrata (m)	ဒီမိုကရေစီယုံကြည်သူ	di mou ka jei zi joun gji dhu
democrático (adj)	ဒီမိုကရေစီနှင့်ဆိုင်သော	di mou ka jei zi hnin zain de.
Partido (m) Democrático	ဒီမိုကရေစီပါတီ	di mou ka jei zi pa ti
liberal (m)	လစ်ဘရယ်	li' ba. je
liberal (adj)	လစ်ဘရယ်နှင့်ဆိုင်သော	li' ba. je hnin. zain de.
conservador (m)	ကွန်ဆာဗေးတစ်လိုလားသူ	kun sa bei: ti' lou la: dhu:
conservador (adj)	ကွန်ဆာဗေးတစ်နှင့်ဆိုင်သော	kun sa bei: ti' hnin. zain de.
república (f)	သမ္မတနိုင်ငံ	thamada. nain ngan
republicano (m)	သမ္မတစနစ်လိုလားသူ	thamada. zani' lou la: dhu
Partido (m) Republicano	သမ္မတစနစ်လိုလားသော	thamada. zani' lou la: de.
eleições (f pl)	ရွေးကောက်ပွဲ	jwei: kau' pwe:
eleger (vt)	မဲပေးရွေးချယ်သည်	me: bei: jwei: gje de
eleitor (m)	မဲဆန္ဒရှင်	me: hsan da. shin
campanha (f) eleitoral	မဲဆွယ်ပွဲ	me: hswe bwe:
votação (f)	ဆန္ဒမဲပေးခြင်း	hsan da. me: pwei: gjin
votar (vi)	ဆန္ဒမဲပေးသည်	hsan da. me: pwei: de

sufrágio (m)	သန္ဓမဲပေးခွင့်	hsan da. me: khwin.
candidato (m)	ကိုယ်စားလှယ်လောင်း	kou za: hle laun:
candidatar-se (vi)	ရွေးကောက်ပွဲဝင်သည်	jwei: kau' pwe: win de
campanha (f)	လုပ်ဆောင်မှုများ	lou' zaun hmu. mja:
da oposição	အတိုက်အခံဖြစ်သော	atoi' akhan hpja' tho:
oposição (f)	အတိုက်အခံပါတီ	atoi' akhan ba di
visita (f)	အလည်အပတ်	ale apa'
visita (f) oficial	တရားဝင်အလည်အပတ်	taja: win alei apa'
internacional (adj)	အပြည်ပြည်ဆိုင်ရာဖြစ်သော	apji pji zain ja bja' de.
negociações (f pl)	ဆွေးနွေးပွဲ	hswe: nwe: bwe:
negociar (vi)	ဆွေးနွေးသည်	hswe: nwe: de

244. Política. Governo. Parte 2

sociedade (f)	လူထု	lu du
constituição (f)	ဖွဲ့စည်းပုံအခြေခံဥပဒေ	hpwe. zi: boun akhei gan u. ba. dei
poder (ir para o ~)	အာဏာ	a na
corrupção (f)	ခြစားမှု	cha. za: hmu.
lei (f)	ဥပဒေ	u. ba. dei
legal (adj)	တရားဥပဒေဘောင်တွင်းဖြစ်သော	taja: u ba dei baun twin: bji' te.
justeza (f)	တရားမျှတခြင်း	taja: hmja. ta. gjin:
justo (adj)	တရားမျှတသော	taja: hmja. ta. de.
comitê (m)	ကော်မတီ	ko ma. din
projeto-lei (m)	ဥပဒေကြမ်း	u. ba. dei gjan:
orçamento (m)	ဘဏ္ဍာရက်	ba' gje'
política (f)	မူဝါဒ	mu wa da.
reforma (f)	ပြုပြင်ပြောင်းလဲမှု	pju. bjin bjaun: le: hmu.
radical (adj)	အစွန်းရောက်သော	aswan: jau' de.
força (f)	အား	a:
poderoso (adj)	အင်အားကြီးသော	in a: kji: de.
partidário (m)	ထောက်ခံအားပေးသူ	htau' khan a: bei: dhu
influência (f)	သြဇာ	o: za
regime (m)	အစိုးရစနစ်	asou: ja. za. na'
conflito (m)	အငြင်းပွားမှု	anjin: bwa: hmu.
conspiração (f)	လျှို့ဝှက်ပူးပေါင်းကြံစည်ချက်	shou. hwe' pu: baun: kjan ze gje'
provocação (f)	ရန်စခြင်း	jan za gjin:
derrubar (vt)	ဖြုတ်ချသည်	hpjou' cha. de
derrube (m), queda (f)	ဖြုတ်ချခြင်း	hpjou' cha. chin:
revolução (f)	တော်လှန်ရေး	to hlan jei:
golpe (m) de Estado	အာဏာသိမ်းခြင်း	a na thein: gjin:
golpe (m) militar	လက်နက်နှင့် အာဏာသိမ်းခြင်း	le' ne' hnin.a na dhain: gjin:

crise (f)	အရက်အခိကာလ	akhe' akhe: ga la.
recessão (f) econômica	စီးပွားရေးကျဆင်းခြင်း	si: bwa: jei: gja zin: gjin:
manifestante (m)	ဆန္ဒပြသူ	hsan da. bja dhu
manifestação (f)	ဆန္ဒပြပွဲ	hsan da. bja bwe:
lei (f) marcial	စစ်အခြေအနေ	si' achei anei
base (f) militar	စစ်စခန်း	si' sakhan
estabilidade (f)	တည်ငြိမ်မှု	ti njein hnu
estável (adj)	တည်ငြိမ်သော	ti njein de.
exploração (f)	ခေါင်းပုံဖြတ်ခြင်း	gaun: boun bja' chin:
explorar (vt)	ခေါင်းပုံဖြတ်သည်	gaun: boun bja' te
racismo (m)	လူမျိုးကြီးဝါဒ	lu mjou: gji: wa da.
racista (m)	လူမျိုးရေးရှုံ့ချသူ	lu mjou: jei: gwe: gjal dhu
fascismo (m)	ဖက်ဆစ်ဝါဒ	hpe' hsi' wa da.
fascista (m)	ဖက်ဆစ်ဝါဒီ	hpe' hsi' wa di

245. Países. Diversos

estrangeiro (m)	နိုင်ငံခြားသား	nain ngan gja: dha:
estrangeiro (adj)	နိုင်ငံခြားနှင့်ဆိုင်သော	nain ngan gja: hnin. zain de.
no estrangeiro	နိုင်ငံရပ်ခြား	nain ngan ja' cha:
emigrante (m)	အခြားနိုင်ငံတွင်အခြေချသူ	apja: nain ngan dwin agjei gja dhu
emigração (f)	အခြားနိုင်ငံတွင်အခြေချခြင်း	apja: nain ngan dwin agjei gja gjin:
emigrar (vi)	အခြားနိုင်ငံတွင်အခြေချသည်	apja: nain ngan dwin agjei gja de
Ocidente (m)	အနောက်အရပ်	anau' aja'
Oriente (m)	အရှေ့အရပ်	ashei. aja'
Extremo Oriente (m)	အရှေ့ဂျား	ashei. bja:
civilização (f)	လူနေမှုဝစနှင့်ထွန်းကားခြင်း	lu nei hma za ni' htun: ga: gjin:
humanidade (f)	လူသားခြင်းစာနာမှု	lu dha: gjin: za na hmu
mundo (m)	ကမ္ဘာ	ga ba
paz (f)	ငြိမ်းချမ်းရေး	njein: gjan: jei:
mundial (adj)	ကမ္ဘာတဝှမ်းဖြစ်နေသော	ga ba ta khwin hpji' nei de.
pátria (f)	မွေးရပ်မြေ	mwei: ja' mjei
povo (população)	ပြည်သူလူထု	pji dhu lu du.
população (f)	လူဦးရေ	lu u: ei
gente (f)	လူများ	lu mja:
nação (f)	လူမျိုး	lu mjou:
geração (f)	မျိုးဆက်	mjou: ze'
território (m)	နယ်မြေ	ne mjei
região (f)	အပိုင်း	apain:
estado (m)	ပြည်နယ်	pji ne
tradição (f)	အစဉ်အလာ	asin ala
costume (m)	ဓလေ့	da lei.

ecologia (f)	ဂေဟဗေဒ	gei ha. bei da.
índio (m)	အိန္ဒိယလူမျိုး	indi. ja thu amjou:
cigano (m)	ဂျစ်ပစီ	gji' pa. si
cigana (f)	ဂျစ်ပစီမိန်းကလေး	gji' pa. si min: ga. lei
cigano (adj)	ဂျစ်ပစီနှင့်ဆိုင်သော	gji' pa. si hnin. zain de.
império (m)	အင်ပါယာ	in pa jaa
colônia (f)	ကိုလိုနီ	kou lou ni
escravidão (f)	ကျွန်ဘဝ	kjun: ba. wa.
invasão (f)	ကျူးကျော်ခြင်း	kju: gjo gjin:
fome (f)	ငတ်မွတ်ခြင်းသော:	nga' mwa' khin: dhei:

246. Grupos religiosos mais importantes. Confissões

religião (f)	ဘာသာအယူဝါဒ	ba dha alu wa da.
religioso (adj)	ဘာသာရေးကိုင်းရှိုင်းသော	ba dha jei: gain: shin: de.
crença (f)	ယုံကြည်ကိုးကွယ်မှု	joun kji gou: gwe hmu.
crer (vt)	ယုံကြည်ကိုးကွယ်သည်	joun kji gou: gwe de
crente (m)	ယုံကြည်ကိုးကွယ်သူ	joun kji gou: gwe dhu
ateísmo (m)	ဖန်ဆင်းရှင်ဘုရား မဲ့ဝါဒ	hpan zin: shin bu ja: me. wa da.
ateu (m)	ဖန်ဆင်းရှင်ဘုရား မဲ့ဝါဒီ	hpan zin: shin bu ja: me. wa di
cristianismo (m)	ခရစ်ယာန်ဘာသာ	khari' jan ba dha
cristão (m)	ခရစ်ယာန်	khari' jan
cristão (adj)	ခရစ်ယာန်နှင့်ဆိုင်သော	khari' jan hnin. zain de
catolicismo (m)	ရိုမန်ကတ်သလစ်ဝါဒ	jou man ga' tha. li' wa da.
católico (m)	ကတ်သလစ်ဂိုဏ်းဝင်	ka' tha li' goun: win
católico (adj)	ကတ်သလစ်နှင့်ဆိုင်သော	ka' tha li' hnin zein de
protestantismo (m)	ပရိုတက်စတင့်ဝါဒ	pa. jou te' sa tin. wa da.
Igreja (f) Protestante	ပရိုတက်စတင့်အသင်းတော်	pa. jou te' sa tin athin: do
protestante (m)	ပရိုတက်စတင့်ဂိုဏ်းဝင်	pa. jou te' sa tin gain: win
ortodoxia (f)	အော်သိုဒေါ့ဝါဒ	o dhou do. athin wa da.
Igreja (f) Ortodoxa	အော်သိုဒေါ့အသင်းတော်	o dhou do. athin: do
ortodoxo (m)	အော်သိုဒေါ့နှင့်ဆိုင်သော	o dhou do. athin: de.
presbiterianismo (m)	ပရက်စ်ဘိုင်တီးရီးယန်းဝါဒ	pa. je's bain di: ji: jan: wa da.
Igreja (f) Presbiteriana	ပရက်စ်ဘိုင်တီးရီး ယန်အသင်းတော်	pa. je's bain di: ji: jan athin: do
presbiteriano (m)	ပရက်စ်ဘိုင်တီးရီး ယန်းဂိုဏ်းဝင်	pa. je's bain di: ji: jan: gain: win
luteranismo (m)	လူသာရင်ဝါဒ	lu dha jin wa da.
luterano (m)	လူသာရင်ဂိုဏ်းဝင်	lu dha jin gain: win
Igreja (f) Batista	နှစ်ခြင်းအသင်းတော်	hni' chin: a thin: do
batista (m)	နှစ်ခြင်းဂိုဏ်းဝင်	hni' chin: gain: win
Igreja (f) Anglicana	အင်္ဂလိကန်အသင်းတော်	angga. li kan - athin: do

anglicano (m)	အင်္ဂလိကန်ဂိုက်းဝင်	angga. li kan gain win
mormonismo (m)	မောမောန်ဝါဒ	mo maun wa da.
mórmon (m)	မော်မောန်ဂိုက်းဝင်	mo maun gain: win
Judaísmo (m)	ဂျူးဘာသာ	gju: ba dha
judeu (m)	ဂျူးဘာသာဝင်	gju: ba dha win
budismo (m)	ဗုဒ္ဓဘာသာ	bou' da. ba dha
budista (m)	ဗုဒ္ဓဘာသာဝင်	bou' da. ba dha win
hinduísmo (m)	ဟိန္ဒူဘာသာ	hin du ba dha
hindu (m)	ဟိန္ဒူဘာသာဝင်	hin du ba dha win
Islã (m)	အစ္စလမ်ဘာသာ	a' sa. lan ba dha
muçulmano (m)	မွတ်စလင်ဘာသာဝင်	mu' sa lin ba dha win
muçulmano (adj)	မွတ်စလင်နှင့်ဆိုင်သော	mu' sa lin hnin. zain de.
xiismo (m)	ရှီးအိုက်အစ္စလာမ်ဂိုက်း	shi: ai' asa. lan gain:
xiita (m)	ရှီးအိုက်ထောက်ခံသူ	shi: ai' htau' khan dhu
sunismo (m)	စွန်နီအစ္စလာမ်ဂိုက်း	sun ni i' sa lan gain:
sunita (m)	စွန်နီထောက်ခံသူ	sun ni dau' khan dhu

247. Religiões. Padres

padre (m)	ခရစ်ယာန်ဘုန်းကြီး	khari' jan boun: gji:
Papa (m)	ပုပ်ရဟန်းမင်းကြီး	pou' ja. han: min: gji:
monge (m)	ဘုန်းကြီး	hpoun: gji:
freira (f)	သီလရှင်	thi la shin
pastor (m)	သင်းအုပ်ဆရာ	thin: ou' zaja
abade (m)	ကျောင်းထိုင်ဆရာတော်	kjaun: dain zaja do
vigário (m)	ဗီကာဘုန်းတော်ကြီး	bi ka boun: do kji:
bispo (m)	ဘစ်ရှော့ဘုန်းကြီး	ba' shau' hpoun: gja:
cardeal (m)	ကာဒီနယ်ဘုန်းကြီး	ka di ne boun: gji:
pregador (m)	ခရစ်ယာန်တရားဟောဆရာ	khari' jan da. ja ho: zaja
sermão (m)	တရားဟောခြင်း	taja ho: gjin:
paroquianos (pl)	အသင်းတော်နှင့်သက် ဆိုင်သူများ	athin: do hnin. dha' hsain: dhu mja:
crente (m)	ယုံကြည်ကိုးကွယ်သူ	joun kji gou: gwe dhu
ateu (m)	ဖန်ဆင်းရှင်မရှိ ယုံကြည်သူ	hpan zin: shin ma. shi. joun gji dhu

248. Fé. Cristianismo. Islão

Adão	အာဒံ	adan
Eva	ဧဝ	ei wa.
Deus (m)	ဘုရား	hpaja:
Senhor (m)	ဘုရားသခင်	hpaja: dha gin

Portuguese	Burmese	Transliteration
Todo Poderoso (m)	ထာဝရဘုရားသခင်	hta wa. ja. bu. ja: dha. gin
pecado (m)	အပြစ်	apja'
pecar (vi)	မကောင်းမှုပြုသည်	ma. gaun: hmu. bju. de
pecador (m)	မကောင်းမှုပြုလုပ်သူ	ma. gaun: hmu. bju. lou' thu
pecadora (f)	မကောင်းမှုပြုလုပ်သူ	ma. gaun: hmu. bju. lou' thu
inferno (m)	ငရဲ	nga. je:
paraíso (m)	ကောင်းကင်ဘုံ	kaun: gin boun
Jesus	ယေရှု	jei shu
Jesus Cristo	ယေရှုခရစ်တော်	jei shu khari' to
Espírito (m) Santo	သန့်ရှင်းသောဝိညာဉ်တော်	than. shin: dho: bein njin do
Salvador (m)	ကယ်တင်ရှင်သခင်	ke din shin dhakhin
Virgem Maria (f)	ဘုရားသခင်၏မိခင်အပျိုစင်မာရိ	hpaja: dha gin i. amjou za' ma ji.
Diabo (m)	မကောင်းဆိုးဝါး	ma. gaun: zou: wa:
diabólico (adj)	မကောင်းဆိုးဝါးနှင့်ဆိုင်သော	ma. gaun: zou: wa: hnin. zain de.
Satanás (m)	စာတန်မာရ်နတ်	hsa tan ma na'
satânico (adj)	စေတန်မာရ်နတ်ဖြစ်သော	sei tan man na' hpji' te.
anjo (m)	ဘုရားသခင်၏တမန်	hpaja: dha gin i. da man
anjo (m) da guarda	ကိုယ်စောင့်ကောင်းကင်တမန်	kou zaun. kan: kin da. man
angelical	အပြစ်ကင်းစင်သော	apja' kin: zin de.
apóstolo (m)	တမန်တော်	taman do
arcanjo (m)	ကောင်းကင်တမန်မင်း	kaun: gin da. man min:
anticristo (m)	အန္တိခရစ်-ခရစ်တော်ကိုဆန့်ကျင်သူ	anti khari' - khari' to kou zin. kjin dhu
Igreja (f)	အသင်းတော်	athin: do
Bíblia (f)	ခရစ်ယာန်သမ္မာကျမ်းစာ	khari' jan dhan ma gjan: za
bíblico (adj)	သမ္မာကျမ်းလာ	than ma gjan: la
Velho Testamento (m)	ဓမ္မဟောင်းကျမ်း	dama. hain gjan:
Novo Testamento (m)	ဓမ္မသစ်ကျမ်း	dama. dha' kjan:
Evangelho (m)	ခရစ်ဝင်ကျမ်း	khari' win gjan:
Sagradas Escrituras (f pl)	သန့်ရှင်းမြင့်မြတ်သောသမ္မာကျမ်းစာ	than. shin: mjin. mja' te. than ma gjan: za
Céu (sete céus)	ကောင်းကင်ဘုံ	kaun: gin boun
mandamento (m)	ကျင့်စောင့်ရမည့်ပညတ်တရား	kjin. zain. ja. mji. ba. nja' ta ja:
profeta (m)	ပရောဖက်	pa. jo. hpe'
profecia (f)	ကြိုတင်ဟောကိန်း	kjou din ho: kein:
Alá (m)	အလ္လာဟ်	al la'
Maomé (m)	မိုဟာမက်	mou ha ma'
Alcorão (m)	ကိုရန်ကျမ်း	kou jan kjein:
mesquita (f)	ဗလီ	bali
mulá (m)	ဗလီဆရာ	bali zaja
oração (f)	ဆုတောင်းစကား	hsu. daun: zaga:
rezar, orar (vi)	ရှိခိုးသည်	shi. gou: de

Português	Birmanês	Pronúncia
peregrinação (f)	ဘုရားဖူးခရီး	hpaja: hpu: ga ji:
peregrino (m)	ဘုရားဖူး	hpaja: hpu:
Meca (f)	မက္ကာမြို့	me' ka mjou.
igreja (f)	ခရစ်ယာန်ဘုရားကျောင်း	khari' jan bu. ja: gjaun:
templo (m)	ဘုရားကျောင်း	hpaja: gjaun:
catedral (f)	ဘုရားရှိခိုးကျောင်းတော်	hpaja: gjaun: do:
gótico (adj)	ဂေါ်သစ် ဗိသုကာဖြစ်သော	go. dhi' kh bi. dhou ka bji' de
sinagoga (f)	ဂျူးဘုရားရှိခိုးကျောင်း	gju: bou ja: shi. gou: kjaun:
mesquita (f)	ဗလီ	bali
capela (f)	ဝတ်ပြုရာတောင်းရာနေရာ	wa' pju. u. daun: ja nei ja
abadia (f)	ခရစ်ယာန်ကျောင်းတိုက်	khari' jan gjaun: dai'
convento (m)	သီလရှင်ကျောင်း	thi la shin kjaun:
monastério (m)	ဘုန်းကြီးကျောင်း	hpoun: gji: gjaun:
sino (m)	ခေါင်းလောင်း	gaun: laun:
campanário (m)	ခေါင်းလောင်းစင်	gaun: laun: zin
repicar (vi)	တီးသည်	ti: de
cruz (f)	လက်ဝါးကပ်တိုင်	le' wa: ka' tain
cúpula (f)	လိပ်ခုံးပုံအမိုး	lei' khoun: boun amou:
ícone (m)	ခရစ်ယာန်သူတော်စင်ပုံ	khari' jan dhu do zin boun
alma (f)	အသက်ဝိညာဉ်	athe'
destino (m)	ကံတရား	kan daja:
mal (m)	အဆိုး	ahsou:
bem (m)	ကောင်းမှု	kaun: hma.
vampiro (m)	သွေးစုပ်ဖုတ်ကောင်	thwei: zou' hpou' kaun
bruxa (f)	စုန်းမ	soun: ma.
demônio (m)	နတ်ဆိုး	na' hsou:
espírito (m)	ဝိညာဉ်	wi. njan
redenção (f)	အပြစ်မှကယ်နှုတ်ခံခြင်း	apja' hma. ge hnou' knan ja. gjin:
redimir (vt)	အပြစ်မှကယ်နှုတ်သည်	apja' hma. ge nou' te
missa (f)	အသင်းတော်ဝတ်ပြုစည်းဝေး	athin: do wu' pju zi: wei:
celebrar a missa	ဝတ်ပြုသည်	wa' pju. de
confissão (f)	ဝန်ခံခြင်း	wun khan gjin:
confessar-se (vr)	အပြစ်ဝန်ခံသည်	apja' wun gan de
santo (m)	သူတော်စင်	thu do zin
sagrado (adj)	မြင့်မြတ်သော	mjin. mja' te.
água (f) benta	သန့်ရှင်းမြင့်မြတ်သောရေ	than. shin: mjin. mja' te. jei
ritual (m)	ထုံးတမ်းဓလေ့	htoun: dan: dalei.
ritual (adj)	ထုံးတမ်းဓလေ့ဖြစ်သော	htoun: dan: dalei. bji' te.
sacrifício (m)	ယဇ်ပူဇော်ခြင်း	ji' pu zo gjin:
superstição (f)	အယူသီးခြင်း	aju dhi: gjin:
supersticioso (adj)	အယူသီးသော	aju dhi: de
vida (f) após a morte	တမလွန်	tamalun
vida (f) eterna	ထာဝရ ရှင်သန် ခြင်းဘဝ	hta wa. ja. shin dhan gjin: ba. wa.

TEMAS DIVERSOS

249. Várias palavras úteis

ajuda (f)	အကူအညီ	aku anji
barreira (f)	အတားအဆီး	ata: ahsi:
base (f)	အခြေခံ	achei khan
categoria (f)	အမျိုးအစား	amjou: asa:
causa (f)	အကြောင်း	akjaun:
coincidência (f)	တိုက်ဆိုင်မှု	tai' hsain hmu.
coisa (f)	ပစ္စည်း	pji' si:
começo, início (m)	အစ	asa.
cômodo (ex. poltrona ~a)	သက်သောင့်သက်သာရှိသော	the' thaun. dhe' tha shi. de
comparação (f)	နိုင်းယှဉ်ခြင်း	hnain: shin gjin:
compensação (f)	လျော်ကြေး	jo kjei:
crescimento (m)	ကြီးထွားမှု	kji: htwa: hmu.
desenvolvimento (m)	ဖွံ့ဖြိုးတိုးတက်မှု	hpjun. bjou: dou: de' hmu.
diferença (f)	ကွာဟချက်	kwa ha. che'
efeito (m)	အကျိုးဆက်	akjou: amja' hse'
elemento (m)	အစိတ်အပိုင်း	asei' apain:
equilíbrio (m)	ဟန်ချက်ညီမျှမှု	han gje' nji hma. hmu.
erro (m)	အမှား	ahma:
esforço (m)	အားထုတ်ကြိုးပမ်းမှု	a: htou' kjou: ban: hmu.
estilo (m)	ပုံစံ	poun zan
exemplo (m)	နမူနာ	na. mu na
fato (m)	အချက်အလက်	ache' ale'
fim (m)	အဆုံး	ahsoun:
forma (f)	ပုံသဏ္ဌာန်	poun thadan
frequente (adj)	မကြာခဏဖြစ်သော	ma. gja gan bji' de.
fundo (ex. ~ verde)	နောက်ခံ	nau' khan
gênero (tipo)	အမျိုးအစား	amjou: asa:
grau (m)	အတိုင်းအတာ	atain: ata
ideal (m)	စံပြ	san bja.
labirinto (m)	ဝက်ပါ	win gaba
modo (m)	နည်းလမ်း	ne: lan:
momento (m)	အခိုက်	akhai'
objeto (m)	အရာ	aja
obstáculo (m)	အဟန့်အတား	ahan. ata:
original (m)	မူရင်း	mu jin:
padrão (adj)	စံဖြစ်သော	san bji' te.
padrão (m)	စံ	san
paragem (pausa)	ရပ်နားခြင်း	ja' na: gjin:
parte (f)	အပိုင်း	apain:

partícula (f)	အမှုန့်	ahmoun.
pausa (f)	ရပ်ခြင်း	ja' chin:
posição (f)	နေရာ	nei ja
princípio (m)	အခြေခံသဘောတရား	achei khan dha. bo da. ja:
problema (m)	ပြဿနာ	pjadhana
processo (m)	ဖြစ်စဉ်	hpji' sin
progresso (m)	တိုးတက်မှု	tou: te'
propriedade (qualidade)	အရည်အချင်း	aji achin:
reação (f)	တုံ့ပြန်မှု	toun. bjan hmu
risco (m)	စွန့်စားခြင်း	sun. za: gjin:
ritmo (m)	အရှိန်	ashein
segredo (m)	လျှို့ဝှက်ချက်	shou. hwe' che'
série (f)	အစဉ်	asin
sistema (m)	စနစ်	sani'
situação (f)	အခြေအနေ	achei anei
solução (f)	ဖြေရှင်းချက်	hpjei shin: gje'
tabela (f)	ဇယား	za ja:
termo (ex. ~ técnico)	ဝေါဟာရ	wo: ha ra.
tipo (m)	အမျိုးအစား	amjou: asa:
urgente (adj)	အမြန်လိုသော	aman lou de.
urgentemente	အမြန်	aman
utilidade (f)	အကျိုး	akjou:
variante (f)	အမျိုးကွဲ	amjou: asa: gwe:
variedade (f)	ရွေးချယ်မှု	jwei: che hmu.
verdade (f)	အမှန်တရား	ahman da ja:
vez (f)	အလှည့်	ahle.
zona (f)	ဇုန်	zoun

250. Modificadores. Adjetivos. Parte 1

aberto (adj)	ဖွင့်ထားသော	hpwin. da: de.
afetuoso (adj)	ကြင်နာသနားတတ်သော	kjin na dha. na: da' de.
afiado (adj)	ချွန်ထက်သော	chwan de' te.
agradável (adj)	သာယာသော	tha ja de.
agradecido (adj)	ကျေးဇူးတင်သော	kjei: zu: din de.
alegre (adj)	ပျော်ရွှင်သော	pjo shwin de.
alto (ex. voz ~a)	ကျယ်လောင်သော	kje laun de
amargo (adj)	ခါးသော	kha: de.
amplo (adj)	ကျယ်ဝန်းသော	kje wan de.
antigo (adj)	ရှေးကျသော	shei: gja. de
apertado (sapatos ~s)	ကျပ်သော	kja' te.
apropriado (adj)	အသုံးဝင်သော	athoun: win de.
arriscado (adj)	အန္တရာယ်များသော	an dare mja: de.
artificial (adj)	သဘာဝအတိုင်းမဟုတ်သော	tha. bawa ahtain: ma. hou' te
azedo (adj)	ချဉ်သော	q'useaa
baixo (voz ~a)	တိုးသော	tou: dho:

barato (adj)	ဈေးပေါသော	zei: po: de.
belo (adj)	လှပသော	hla. ba. de.
bom (adj)	ကောင်းသော	kaun: de.
bondoso (adj)	သဘောကောင်းသော	thabo: kaun: de.
bonito (adj)	လှပသော	hla. ba. de.
bronzeado (adj)	အသားညိုသော	atha: njou de.
burro, estúpido (adj)	မိုက်မဲ ထုထိုင်းသော	mai' me: doun dain: de.
calmo (adj)	အေးဆေးသော	ei: hsei: de.
cansado (adj)	ပင်ပန်းသော	pin ban: de.
cansativo (adj)	ပင်ပန်းနေသော	pin ban: nei de
carinhoso (adj)	ဂရုစိုက်သော	ga ju. sai' te.
caro (adj)	ဈေးကြီးသော	zei: kji: de.
cego (adj)	မမြင်ရသော	ma. mjin ja. de.
central (adj)	အလယ်ဗဟိုဖြစ်သော	ale ba hou hpji' te.
cerrado (ex. nevoeiro ~)	ထူထပ်သော	htu da' te.
cheio (xícara ~a)	ပြည့်သော	pjei. de.
civil (adj)	အများပြည်သူနှင့်ဆိုင်သော	amja: pji dhu hnin. zain de.
clandestino (adj)	လျှို့ဝှက်စွာလုပ်သော	shou. hwe' swa lou' te.
claro (explicação ~a)	ရှင်းလင်းသော	shin: lin: de.
claro (pálido)	ဖျော့သော	hpjo. de.
compatível (adj)	လိုက်ဘက်ညီသော	lai' be' nji de.
comum, normal (adj)	သာမန်ဖြစ်သော	tha man bji' te.
congelado (adj)	အေးခဲနေသော	ei: khe: nei de.
conjunto (adj)	ပူးတွဲဖြစ်သော	pu: twe: bji' te.
considerável (adj)	အရာရောက်သော	aja jau' de.
contente (adj)	ကျေနပ်သော	kjei na' de.
contínuo (adj)	ရှည်ကြာသော	shei gja de.
contrário (ex. o efeito ~)	ဆန့်ကျင်ဘက်ဖြစ်သော	hsan. gjin ba' hpja' te.
correto (resposta ~a)	မှန်ကန်သော	hman gan de.
cru (não cozinhado)	အစိမ်းသက်သက်ဖြစ်သော	asain: dhe' dhe' hpja' te.
curto (adj)	တိုသော	tou de.
de curta duração	တိုတောင်းသော	tou daun: de.
de sol, ensolarado	နေသာသော	nei dha de.
de trás	နောက်ကျောဖြစ်သော	nau' kjo: bji' te.
denso (fumaça ~a)	ထူထပ်သော	htu da' te.
desanuviado (adj)	ံတိမ်ကင်းစင်သော	tain gin: dhin de.
descuidado (adj)	နမော်နမဲ့နိုင်သော	na. mo na. me nain de.
diferente (adj)	ကွဲပြားခြားနားသော	kwe: bja: gja: na: de.
difícil (decisão)	ခက်ခဲသော	khe' khe: de.
difícil, complexo (adj)	ခက်ခဲသော	khe' khe: de.
direito (lado ~)	ညာဘက်	nja be'
distante (adj)	ဝေးသော	wei: de.
diverso (adj)	အမျိုးစုံသော	amjou: zoun de.
doce (açucarado)	ချိုသော	chou de.
doce (água)	ရေချို	jei gjou
doente (adj)	နေမကောင်းသော	nei ma. kaun: de.
duro (material ~)	မာကြောသော	ma gjo: de.

T&P Books. Vocabulário Português Brasileiro-Birmanês - 9000 palavras

educado (adj)	ယဉ်ကျေးသော	jin gjei: de.
encantador (agradável)	ချစ်စရာကောင်းသော	chi' saja kaun: de.
enigmático (adj)	လျှို့ဝှက်ဆန်းကြယ်သော	shou. hwe' hsan: gje de.
enorme (adj)	အလွန်ကြီးမားသော	alun gji: ma: de.
escuro (quarto ~)	မှောင်သော	hmaun de.
especial (adj)	အထူးဖြစ်သော	a htu: hpja' te.
esquerdo (lado ~)	ဘယ်	be
estrangeiro (adj)	နိုင်ငံခြားနှင့်ဆိုင်သော	nain ngan gja: hnin. zain de.
estreito (adj)	ကျဉ်းသော	kjin de.
exato (montante ~)	တိကျသော	ti. gja. de.
excelente (adj)	အလွန်ကောင်းသော	alun kaun: de.
excessivo (adj)	လွန်ကဲသော	lun ge: de.
externo (adj)	အပြင်ပန်းဖြစ်သော	apjin ban hpja' te.
fácil (adj)	လွယ်ကူသော	lwe gu de.
faminto (adj)	ဆာလောင်သော	hsa laun de.
fechado (adj)	ပိတ်ထားသော	pei' ta: de.
feliz (adj)	ပျော်ရွှင်သော	pjo shwin de.
fértil (terreno ~)	အကျိုးဖြစ်ထွန်းသော	akjou: hpji' htun: de.
forte (pessoa ~)	သန်မာသော	than ma de.
fraco (luz ~a)	မှိန်ဖျသော	hmein bja de.
frágil (adj)	ကွဲလွယ်သော	kwe: lwe de.
fresco (pão ~)	လတ်ဆတ်သော	la' hsa' te.
fresco (tempo ~)	အေးမြသော	ei: mja. de.
frio (adj)	အေးသော	ei: de.
gordo (alimentos ~s)	အဆီများသော	ahsi mja: de.
gostoso, saboroso (adj)	အရသာရှိသော	aja. dha shi. de.
grande (adj)	ကြီးသော	kji: de.
gratuito, grátis (adj)	အခမဲ့	akha me.
grosso (camada ~a)	ထူသော	htu de.
hostil (adj)	ရန်လိုသော	jan lou de.

251. Modificadores. Adjetivos. Parte 2

igual (adj)	တူညီသော	tu nji de.
imóvel (adj)	လှုပ်ရှားမှုကင်းသော	hlou' sha: hmu. gin: de.
importante (adj)	အရေးကြီးသော	ajei: akji: de.
impossível (adj)	မဖြစ်နိုင်သော	ma. bji' nain de.
incompreensível (adj)	နားမလည်နိုင်သော	ma: ma. le nain de.
indigente (muito pobre)	ဆိုးရွားမွဲသော	khou gou: ja me. de.
indispensável (adj)	မရှိမဖြစ်သော	ma. shi ma. bji' te.
inexperiente (adj)	အတွေ့အကြုံမရှိသော	atwei. akjoun ma. shi. dho:
infantil (adj)	ကလေးများနှင့်ဆိုင်သော	kalei: mja: hnin.zain de.
ininterrupto (adj)	နားချိန်မရှိသော	na: gjein ma. shi. de.
insignificante (adj)	အရေးမပါသော	ajei: ma. ba de.
inteiro (completo)	အားလုံးဖြစ်သော	a: loun: bji' te.
inteligente (adj)	သွက်လက်ထက်မြက်သော	thwe' le' the' mja' te.

interno (adj)	အတွင်းပိုင်းဖြစ်သော	atwin: bain: bji' tho:
jovem (adj)	ငယ်ရွယ်သော	ngwe jwe de.
largo (caminho ~)	ကျယ်သော	kje de.
legal (adj)	ဥပဒေနှင့် ညီညွတ်သော	u. ba. dei hnin. nji nju' te.
leve (adj)	ပေါ့ပါးသော	po. ba: de.
limitado (adj)	အကန့်အသတ်ရှိသော	akan. atha' shi. de.
limpo (adj)	သန့်ရှင်းသော	than. shin: de.
líquido (adj)	အရည်ဖြစ်သော	aja hpja' te.
liso (adj)	ချောမွတ်သော	cho: mu' te.
liso (superfície ~a)	ညီညာပြန့်ပြူးသော	nji nja bjan. bju: de.
livre (adj)	လွတ်လပ်သော	lu' la' de.
longo (ex. cabelo ~)	ရှည်လျားသော	shei lja: de.
maduro (ex. fruto ~)	မှည့်သော	hme. de.
magro (adj)	ပိန်သော	pein de.
mais próximo (adj)	အနီးဆုံး	ani: zoun:
mais recente (adj)	အတိတ်ကဖြစ်သော	ati' ka. hpja' te.
mate (adj)	မှိုင်းသော	main: dho:
mau (adj)	ဆိုးသော	hsou: de.
meticuloso (adj)	စေ့စပ်သော	sei. sa' te.
míope (adj)	အဝေးမှုန်သော	awei: hmun de.
mole (adj)	နူးညံ့သော	nu: njan. de.
molhado (adj)	စိုစွတ်သော	sou zu' te.
moreno (adj)	ညိုသော	njou de.
morto (adj)	သေနေသော	thei nei de.
muito magro (adj)	ပိန်ကပ်ကပ်ဖြစ်သော	pein ga' ka' hpji' te.
não difícil (adj)	မခက်ခဲသော	ma. ge' khe: de.
não é clara (adj)	မရှင်းလင်းသော	ma. shin: lin: de.
não muito grande (adj)	မကြီးသော	ma. gji: de.
natal (país ~)	မွေးရာဇာတိဖြစ်သော	mwei: ja za di. bji' te.
necessário (adj)	လိုအပ်သော	lou a' de.
negativo (resposta ~a)	ဆန့်ကျင်ဘက်ဖြစ်သော	hsan. gjin ba' hpja' te.
nervoso (adj)	စိတ်လှုပ်ရှားသော	sei' hlou' sha: de.
normal (adj)	ပုံမှန်ဖြစ်သော	poun hman gji' te.
novo (adj)	အသစ်ဖြစ်သော	athi' hpji' te.
o mais importante (adj)	အရေးအကြီးဆုံးသော	ajei: akji: zoun: de.
obrigatório (adj)	မလုပ်မနေဖြစ်သော	ma. lou' ma. nei bji' te.
original (incomum)	မူရင်းဖြစ်သော	mu jin: bji' te.
passado (adj)	လွန်ခဲ့သော	lun ge. de.
pequeno (adj)	သေးသော	thei: de.
perigoso (adj)	အန္တရာယ်ရှိသော	an dare shi. de.
permanente (adj)	အမြဲတမ်းဖြစ်သော	amje: dan: bji' te.
perto (adj)	အနီးအနားတွင်ရှိသော	ani: ana: dwin shi. de
pesado (adj)	လေးလံသော	lei: lan de.
pessoal (adj)	ကိုယ်ပိုင်	kou bain
plano (ex. ecrã ~ a)	ညီညာပြန့်ပြူးသော	nji nja bjan. bju: de.
pobre (adj)	ဆင်းရဲသော	hsin: je: de.
pontual (adj)	အချိန်မှန်ကန်တိကျသော	achein hman kan ti. gja. de.

possível (adj)	ဖြစ်နိုင်သော	hpji' nein de.
pouco fundo (adj)	တိမ်သော	tein de
presente (ex. momento ~)	ပစ္စုပ္ပန်ဖြစ်သော	pji' sou' pan bji' te.

prévio (adj)	အရင်ကဖြစ်သော	ajin ka. hpja' de.
primeiro (principal)	အဓိက	adi. ka.
principal (adj)	အဓိက	adi. ka.
privado (adj)	ကိုယ်ပိုင်	kou bain

provável (adj)	ဖြစ်နိုင်ခြေရှိသော	hpji' nain gjei shi. de.
próximo (adj)	နီးသော	ni: de.
público (adj)	အများပြည်သူနှင့်ဆိုင်သော	amja: pji dhu hnin. zain de.
quente (cálido)	ပူသော	pu dho:

quente (morno)	နွေးထွေးသော	nwei: dwei: de.
rápido (adj)	မြန်သော	mjan de.
raro (adj)	ရှားပါးသော	sha: ba: de.
remoto, longínquo (adj)	ဝေးကွာသော	wei: kwa de.
reto (linha ~a)	ဖြောင့်တန်းသော	hpjaun. dan: de.

salgado (adj)	ငန်သော	ngan de.
satisfeito (adj)	အားရကျေနပ်သော	a: ei kjei nin de.
seco (roupa ~a)	ခြောက်သော	chau' de.
seguinte (adj)	နောက်ရောက်လာမည်ဖြစ်သော	nau' jau' la me bji' te.
seguro (não perigoso)	လုံခြုံသော	loun gjoun de.

similar (adj)	တူညီသော	tu nji de.
simples (fácil)	လွယ်ကူသော	lwe gu de.
soberbo, perfeito (adj)	ထိပ်တန်းဖြစ်သော	htei' tan: hpi' te.
sólido (parede ~a)	အစိုင်အခဲဖြစ်သော	asoun akhe:
sombrio (adj)	မှုန်မှိုင်းနေသော	hmoun hmain: nei de.

sujo (adj)	ညစ်ပတ်သော	nji' pa' te.
superior (adj)	အမြင့်ဆုံးဖြစ်သော	amjin. zoun: bje' te.
suplementar (adj)	ထပ်ဖြည့်သော	hta' hpi. de.
tranquilo (adj)	တိတ်ဆိတ်သော	tei' hsei' te

transparente (adj)	ဖောက်ထွင်းမြင်နိုင်သော	hpau' htwin: mjin nain de.
triste (pessoa)	ဝမ်းနည်းသော	wan: ne: de.
triste (um ar ~)	ဝမ်းနည်းသော	wan: ne: de.
último (adj)	နောက်ဆုံးဖြစ်သော	nau' hsoun: bji' te.
úmido (adj)	စိုထိုင်းသော	sou htain: de

único (adj)	ပြိုင်ဘက်ကင်းသော	pjain be' kin: de.
usado (adj)	သုံးပြီးသားဖြစ်သော	thoun: bji: dha: bji' te.
vazio (meio ~)	ဘာမျှမရှိသော	ba hmja. ma. shi. de.
velho (adj)	ဟောင်းသော	haun: de.
vizinho (adj)	အိမ်နီးချင်းဖြစ်သော	ein ni: na: gjin: hpji' tho:

500 VERBOS PRINCIPAIS

252. Verbos A-B

abraçar (vt)	ဖက်သည်	hpe' te
abrir (vt)	ဖွင့်သည်	hpwin. de
acalmar (vt)	ငြိမ်သက်စေသည်	njein dhe' sei de
acariciar (vt)	ပွတ်သပ်သည်	pu' tha' te
acenar (com a mão)	လက်ပြသည်	le' pja de
acender (~ uma fogueira)	မီးညှိသည်	mi: hnji de
achar (vt)	ထင်သည်	htin de
acompanhar (vt)	လိုက်စွဲသည်	lai' pou. de
aconselhar (vt)	အကြံပေးသည်	akjan bei: de
acordar, despertar (vt)	နှိုးသည်	hnou: de
acrescentar (vt)	ထည့်သည်	hte de.
acusar (vt)	စွပ်စွဲသည်	su' swe: de
adestrar (vt)	လေ့ကျင့်ပေးသည်	lei. kjin. bei: de
adivinhar (vt)	မှန်းဆသည်	hman za de
admirar (vt)	ရိုးကျူးသည်	chi: kju: de
adorar (~ fazer)	ကြိုက်သည်	kjai' de
advertir (vt)	သတိပေးသည်	dhadi. pei: de
afirmar (vt)	အခိုင်အမာပြောဆိုသည်	akhain ama pjo hsou de
afogar-se (vr)	ရေနစ်သည်	jei ni' te
afugentar (vt)	မောင်းထုတ်သည်	maun: dou' te
agir (vi)	ပြုလုပ်သည်	pju. lou' te
agitar, sacudir (vt)	လှုပ်ခါသည်	hlou' kha de
agradecer (vt)	ကျေးဇူးတင်သည်	kjei: zu: din de
ajudar (vt)	ကူညီသည်	ku nji de
alcançar (objetivos)	ရရှိသည်	ja. hji. de
alimentar (dar comida)	အစာကျွေးသည်	asa gjwei: de.
almoçar (vi)	နေ့လယ်စာစားသည်	nei. le za za de
alugar (~ o barco, etc.)	ငှါးရမ်းသည်	hna: jan: de
alugar (~ um apartamento)	ငှားသည်	hnga: de
amar (pessoa)	ချစ်သည်	chi' te
amarrar (vt)	တုတ်နှောင်သည်	tou' hnaun de
ameaçar (vt)	ခြိမ်းခြောက်သည်	chein: gjau' te
amputar (vt)	ဖြတ်တောက်ကုသသည်	hpja' tau' ku. dha de
anotar (escrever)	ရေးမှတ်သည်	jei: hma' te
anotar (escrever)	ရေးထားသည်	jei: da: de
anular, cancelar (vt)	ပယ်ဖျက်သည်	pe hpje' te
apagar (com apagador, etc.)	ဖျက်ပစ်သည်	hpje' pa' te
apagar (um incêndio)	မီးငြိမ်းသတ်သည်	mi: njein: dha' te

apaixonar-se …	ချစ်မိသည်	chi' mi. de
aparecer (vi)	ပေါ်လာသည်	po la de
aplaudir (vi)	လက်ခုပ်သြဘာပေးသည်	le' khou' thja ba bei: de
apoiar (vt)	ထောက်ခံသည်	htau' khan de
apontar para …	ချိန်သည်	chein de
apresentar (alguém a alguém)	မိတ်ဆက်ပေးသည်	mi' hse' pei: de
apresentar (Gostaria de ~)	မိတ်ဆက်ပေးသည်	mi' hse' pei: de
apressar (vt)	လောသည်	lo de
apressar-se (vr)	အလျင်စလိုပြုသည်	aljin za lou pju. de
aproximar-se (vr)	ချဉ်းကပ်သည်	chan: ga' te
aquecer (vt)	နွေးသည်	hnwei: de
arrancar (vt)	ဆုတ်ဖြဲသည်	hsou' hpje: de
arranhar (vt)	ကုတ်သည်	kou' te
arrepender-se (vr)	နောင်တရသည်	naun da. ja. de
arriscar (vt)	စွန့်စားသည်	sun. za: de
arrumar, limpar (vt)	သန့်ရှင်းရေးလုပ်သည်	than. shin: jei: lou' te
aspirar a …	ရည်မှန်းသည်	ji hman: de
assinar (vt)	လက်မှတ်ထိုးသည်	le' hma' htou: de
assistir (vt)	ကူညီသည်	ku nji de
atacar (vt)	တိုက်ခိုက်သည်	tai' hsai' te
atar (vt)	ချည်နှောင်သည်	che naun de
atracar (vi)	ဆိုက်ကပ်သည်	hseu' ka' de
aumentar (vi)	မြင့်တက်သည်	mjin. da' te
aumentar (vt)	မြှင့်တင်သည်	hmja. din de
avançar (vi)	တိုးတက်သည်	tu: te' te
avistar (vt)	လျှပ်တပျက်မြင်သည်	lja' ta bje' mjin de
baixar (guindaste, etc.)	အောက်ချသည်	au' cha. de
barbear-se (vr)	ရိတ်သည်	jei' te
basear-se (vr)	အခြေခံသည်	achei khan dhe
bastar (vi)	လုံလောက်သည်	loun lau' te
bater (à porta)	တံခါးခေါက်သည်	daga: khau' te
bater (espancar)	ရိုက်သည်	jai' te
bater-se (vr)	ခိုက်ရန်ဖြစ်သည်	khai' jan bji' te
beber, tomar (vt)	သောက်သည်	thau' te
brilhar (vi)	မီးရောင်ထွက်သည်	mi: jaun htwe' te
brincar, jogar (vi, vt)	ကစားသည်	gaza: de
buscar (vt)	ရှာသည်	sha de

253. Verbos C-D

caçar (vi)	အမဲလိုက်သည်	ame: lai' de
calar-se (parar de falar)	နှုတ်ဆိတ်သွားသည်	hnou' hsei' thwa: de
calcular (vt)	ရေတွက်သည်	jei dwe' te
carregar (o caminhão, etc.)	ကုန်တင်သည်	koun din de
carregar (uma arma)	ကျည်ထိုးသည်	kji dou: de

casar-se (vr)	မိန်းမယူသည်	mein: ma. ju de
causar (vt)	အကြောင်းရင်းဖြစ်သည်	akjaun: jin: hpji' te
cavar (vt)	တူးသည်	tu: de

ceder (não resistir)	အလျှော့ပေးသည်	asho. bei: de
cegar, ofuscar (vt)	ကန်းစေသည်	kan: zei de
censurar (vt)	အပြစ်တင်သည်	apja' tin te
chamar (~ por socorro)	ခေါ်သည်	kho de

chamar (alguém para ...)	ခေါ်သည်	kho de
chegar (a algum lugar)	ရောက်သည်	jau' te
chegar (vi)	လာရောက်သည်	la jau' te
cheirar (~ uma flor)	ရှုကြည့်သည်	shu gjei. de

cheirar (tem o cheiro)	အနံ့ထွက်သည်	anan. htwei de
chorar (vi)	ငိုသည်	ngou de
citar (vt)	ကိုးကားသည်	kou: ga: de
colher (flores)	ခူးသည်	khu: de

colocar (vt)	ထားသည်	hta: de
combater (vi, vt)	တိုက်သည်	tai' te
começar (vt)	စတင်သည်	sa. tin de
comer (vt)	စားသည်	sa: de
comparar (vt)	နှိုင်းယှဉ်သည်	hnain: shin de

compensar (vt)	လျော်ကြေးပေးသည်	jo kjei: bei: de
competir (vi)	ပြိုင်ဆိုင်သည်	pjain zain de
complicar (vt)	ခက်စေသည်	khe: ga' sei de
compor (~ música)	ရေးဖွဲ့သီကုံးသည်	jei: bwe dhi goun: de

comportar-se (vr)	ပြုမူဆက်ဆံသည်	pju. hmu. ze' hsan de
comprar (vt)	ဝယ်သည်	we de
comprometer (vt)	နာမည်ဖျက်သည်	na me bje' te
concentrar-se (vr)	အာရုံစူးစိုက်သည်	a joun su: zai' dhi
concordar (dizer "sim")	သဘောတူသည်	dhabo: tu de

condecorar (dar medalha)	ချီးမြှင့်သည်	chi: hmjin. de
confessar-se (vr)	ဝန်ခံသည်	wun khan de
confiar (vt)	ယုံကြည်သည်	joun kji de
confundir (equivocar-se)	ရောထွေးသည်	jo: dwei: de
conhecer (vt)	သိသည်	thi. de

conhecer-se (vr)	မိတ်ဆက်သည်	mi' hse' te
consertar (vt)	အစီအစဉ်တကျထားသည်	asi asin da. gja. da: de
consultar ...	တိုင်ပင်သည်	tain bin de
contagiar-se com ...	ကူးစက်သည်	ku: ze' te

contar (vt)	ပြောပြသည်	pjo: bja. de
contar com ...	အားကိုးသည်	a: kou: de
continuar (vt)	ဆက်လုပ်သည်	hse' lou' te
contratar (vt)	လုပ်အားငှားသည်	lou' a: hnga: de

controlar (vt)	ထိန်းချုပ်သည်	htein: gjou' te
convencer (vt)	လက်ခံယုံကြည်စေသည်	le' khan joun gji zei de
convidar (vt)	ဖိတ်သည်	hpi' de
cooperar (vi)	ပူးပေါင်းဆောင်ရွက်သည်	pu: baun: zaun jwe' te

coordenar (vt)	ညှိနှိုင်းဆောင်ရွက်သည်	hnji. hnain: zaun jwe' te
corar (vi)	မျက်နှာနီသည်	mje' hna ni de
correr (vi)	ပြေးသည်	pjei: de
corrigir (~ um erro)	အမှားပြင်သည်	ahma: pjin de
cortar (com um machado)	ခုတ်ဖြတ်သည်	khou' bja' te
cortar (com uma faca)	ဖြတ်သည်	hpja' te
cozinhar (vt)	ချက်ပြုတ်သည်	che' pjou' te
crer (pensar)	ယုံကြည်သည်	joun kji de
criar (vt)	ဖန်တီးသည်	hpan di: de
cultivar (~ plantas)	စိုက်ပျိုးသည်	sai' pjou: de
cuspir (vi)	ထွေးသည်	htwei: de
custar (vt)	ကုန်ကျသည်	koun kja de
dar (vt)	ပေးသည်	pei: de
dar banho, lavar (vt)	ရေချိုးပေးသည်	jei gjou bei: de
datar (vi)	ရက်စွဲတပ်သည်	je' swe: da' te
decidir (vt)	ဆုံးဖြတ်သည်	hsoun: hpja' te
decorar (enfeitar)	အလှဆင်သည်	ahla. zin dhe
dedicar (vt)	ရည်ညွှန်းသည်	ji hman: de
defender (vt)	ကာကွယ်သည်	ka gwe de
defender-se (vr)	ခုခံသည်	khu. gan de
deixar (~ a mulher)	ပစ်ထားသည်	pi' hta: de
deixar (esquecer)	ချန်သည်	chan de
deixar (permitir)	ခွင့်ပြုသည်	khwin bju. de
deixar cair (vt)	ဖြုတ်ချသည်	hpjou' cha. de
denominar (vt)	အမည်ပေးသည်	amji bei: de
denunciar (vt)	လူသိရှင်ကြားစွပ်စွဲချက်သည်	lu dhi shin gja: zu' swe: sha' khja. de
depender de ...	မူတည်သည်	mu de de
derramar (~ líquido)	ဖိတ်ကျသည်	hpi' kja de
derramar-se (vr)	သွန်မိသည်	thun mi. de
desaparecer (vi)	ပျောက်ကွယ်သည်	pjau' kwe de
desatar (vt)	ဖြေသည်	hpjei de
desatracar (vi)	စွန့်ပစ်သည်	sun. bi' de
descansar (um pouco)	အနားယူသည်	ana: ju de
descer (para baixo)	အောက်ဆင်းသည်	au' hsin: de
descobrir (novas terras)	ရှာဖွေတွေ့ရှိသည်	sha hpwei dwei. shi. de
descolar (avião)	ပျံတက်သည်	pjan de' te
desculpar (vt)	ခွင့်လွှတ်သည်	khwin. hlu' te
desculpar-se (vr)	တောင်းပန်သည်	thaun: ban de
desejar (vt)	လိုချင်သည်	lou gjin de
desempenhar (papel)	သရုပ်ဆောင်သည်	thajou' hsaun de
desligar (vt)	မီးပိတ်သည်	mi: pi' te
desprezar (vt)	အထင်သေးသည်	a htin dhei: de
destruir (documentos, etc.)	ဖျက်ဆီးသည်	hpje' hsi: de
dever (vi)	ရမည်	ja. me
devolver (vt)	ပြန်ပို့သည်	pjan bou. de

direcionar (vt)	ဦးတည်သည်	u: te de
dirigir (~ um carro)	ကားမောင်းသည်	ka: maun: de
dirigir (~ uma empresa)	ညွှန်ကြားသည်	hnjun gja: de
dirigir-se (a um auditório, etc.)	အမည်တပ်သည်	amji din te
discutir (notícias, etc.)	ဆွေးနွေးသည်	hswe: nwe: de
disparar, atirar (vi)	ပစ်သည်	pi' te
distribuir (folhetos, etc.)	ဖြန့်ဝေသည်	hpjan. wei de
distribuir (vt)	ဝေငှသည်	wei hnga. de
divertir (vt)	ဖျော်ဖြေသည်	hpjo bjei de
divertir-se (vr)	ပျော်ရွှင်သည်	pjo shwin de
dividir (mat.)	စားသည်	sa: de
dizer (vt)	ပြောသည်	pjo: de
dobrar (vt)	နှစ်ဆဖြစ်စေသည်	hni' has. bji' sei de
duvidar (vt)	သံသယဖြစ်သည်	than thaja. bji' te

254. Verbos E-J

elaborar (uma lista)	ရေးဆွဲသည်	jei: zwe: de
elevar-se acima de …	မိုးနေသည်	mou: nei de
eliminar (um obstáculo)	ဖယ်ရှားသည်	hpe sha: de
embrulhar (com papel)	ထုပ်သည်	htou' te
emergir (submarino)	ပေါ်လာသည်	po la de
emitir (~ cheiro)	ပြန့်သည်	pjan. de
empreender (vt)	ပြုလုပ်ဆောင်ရွက်သည်	pju. lou' hsaun jwe' te
empurrar (vt)	တွန်းသည်	tun: de
encabeçar (vt)	ဦးဆောင်သည်	u: zaun de
encher (~ a garrafa, etc.)	ဖြည့်သည်	hpjei. de
encontrar (achar)	ရှာတွေ့သည်	sha dwei. de
enganar (vt)	လိမ်ပြောသည်	lain bjo: de
ensinar (vt)	သင်ပေးသည်	thin bei: de
entediar-se (vr)	ပျင်းသည်	pjin: de
entender (vt)	နားလည်သည်	na: le de
entrar (na sala, etc.)	ဝင်သည်	win de
enviar (uma carta)	ပို့သည်	pou. de
equipar (vt)	တပ်ဆင်သည်	ta' hsin de
errar (enganar-se)	မှားသည်	hma: de
escolher (vt)	ရွေးသည်	jwei: de
esconder (vt)	ဖုံးကွယ်သည်	hpoun: gwe de
escrever (vt)	ရေးသည်	jei: de
escutar (vt)	နားထောင်သည်	na: daun de
escutar atrás da porta	ချောင်းပြီးနားထောင်သည်	gaun: bji: na: daun de
esmagar (um inseto, etc.)	ဖိသတ်သည်	hpi. dha' te
esperar (aguardar)	စောင့်သည်	saun. de
esperar (contar com)	မျှော်လင့်သည်	hmjo. lin. de
esperar (ter esperança)	မျှော်လင့်သည်	hmjo. lin. de

espreitar (vi)	ချောင်းကြည့်သည်	chaun: gje. de
esquecer (vt)	မေ့သည်	mei. de
estar	တည်ရှိသည်	ti shi. de
estar (vi)	ဖြစ်နေသည်	hpji' nei de
estar convencido	လက်ခံယုံကြည်စေသည်	le' khan joun gji zei de
estar deitado	လဲသည်	hle: de
estar perplexo	စိတ်ရှုပ်ထွေးသည်	sei' shou' htwei: de
estar preocupado	စိတ်ပူသည်	sei' pu de
estar sentado	ထိုင်သည်	htain de
estremecer (vi)	သိမ့်သိမ့်တုန်သည်	thein. dhein. doun de
estudar (vt)	သင်ယူလေ့လာသည်	thin ju lei. la de
evitar (~ o perigo)	ရှောင်သည်	shaun de
examinar (~ uma proposta)	စုံးစားသည်	sin: za: de
exigir (vt)	တိုက်တွန်းသည်	tai' tun: de
existir (vi)	တည်ရှိသည်	ti shi. de
explicar (vt)	ရှင်းပြသည်	shin: bja. de
expressar (vt)	ဖော်ပြသည်	hpjo bja. de
expulsar (~ da escola, etc.)	ထုတ်သည်	tou' te
facilitar (vt)	လွယ်စေသည်	lwe zei de
falar com ...	ပြောသည်	pjo: de
faltar (a la escuela, etc.)	ပျက်ကွက်သည်	pje' kwe' te
fascinar (vt)	ညှို့သည်	hnjou. de
fatigar (vt)	ပင်ပန်းစေသည်	pin ban: zei de
fazer	ပြုလုပ်သည်	pju. lou' te
fazer lembrar	သတိပေးသည်	dhadi. pei: de
fazer piadas	စနောက်သည်	sanau' te
fazer publicidade	ကြော်ငြာသည်	kjo nja de
fazer uma tentativa	စမ်းကြည့်သည်	san: kji. de
fechar (vt)	ပိတ်သည်	pei' te
felicitar (vt)	ဂုဏ်ပြုသည်	goun bju de
ficar cansado	ပင်ပန်းသည်	pin ban: de
ficar em silêncio	နှုတ်ဆိတ်သည်	hnou' hsei' te
ficar pensativo	တွေးသည်	twei: de
forçar (vt)	အတင်းလုပ်ခိုင်းသည်	atin: lou' khain: dhe
formar (vt)	ဖွဲ့စည်းသည်	hpwe. zi: de
gabar-se (vr)	ကြွားသည်	kjwa: de
garantir (vt)	အာမခံပေးသည်	a ma. gan bei: de
gostar (apreciar)	ကြိုက်သည်	kjai' de
gritar (vi)	အော်သည်	o de
guardar (fotos, etc.)	သိမ်းဆည်းသည်	thain: zain: de
guardar (no armário, etc.)	သိမ်းဆည်းသည်	thain: zain: de
guerrear (vt)	စစ်ပွဲတွင်ပါဝင်ဆင်နွှဲသည်	si' pwe: dwin ba win zin hnwe: de
herdar (vt)	အမွေဆက်ခံသည်	amwei ze' khan de
iluminar (vt)	မီးထွန်းသည်	mi: dwan: de
imaginar (vt)	စိတ်ကူးသည်	sei' ku: de
imitar (vt)	အတုလုပ်သည်	atu. lou' te

implorar (vt)	အနူးအညွတ်တောင်းပန်သည်	anu: anwi' taun: ban de
importar (vt)	တင်သွင်းသည်	tin dhwin: de
indicar (~ o caminho)	ညွှန်ပြသည်	hnjun bja. de
indignar-se (vr)	မခံမရပ်နိုင်ဖြစ်သည်	ma. gan ma. ja' nain bji' te
infetar, contagiar (vt)	ရောဂါကူးသည်	jo ga gu: de
influenciar (vt)	ဩဇာလွှမ်းသည်	o: za hlan: de
informar (~ a policia)	အကြောင်းကြားသည်	akjaun: kja: de
informar (vt)	အကြောင်းကြားသည်	akjaun: kja: de
informar-se (~ sobre)	စုံစမ်းသည်	soun zan: de
inscrever (na lista)	ထည့်သွင်းရေးထားသည်	hte dhwin: jei: da: de
inserir (vt)	ထည့်သည်	hte de.
insinuar (vt)	စောင်းပြောသည်	saun: bjo: de
insistir (vi)	တိုက်တွန်းပြောဆိုသည်	tou' tun: bjo: zou de
inspirar (vt)	အားပေးသည်	a: bei: de
instruir (ensinar)	ညွှန်ကြားသည်	hnjun gja: de
insultar (vt)	စော်ကားသည်	so ga: de
interessar (vt)	စိတ်ဝင်စားစေသည်	sei' win za: zei de
interessar-se (vr)	စိတ်ဝင်စားသည်	sei' win za: de
intervir (vi)	ကြားဝင်သည်	ka: win de
invejar (vt)	မနာလိုဖြစ်သည်	ma. na lou bji' te
inventar (vt)	တီထွင်သည်	ti htwin de
ir (a pé)	သွားသည်	thwa: de
ir (de carro, etc.)	သွားသည်	thwa: de
ir nadar	ရေကူးသည်	jei ku: de
ir para a cama	အိပ်ရာဝင်သည်	ei' ja win de
irritar (vt)	ဒေါသထွက်အောင်လုပ်သည်	do: dha. dwe' aun lou' te
irritar-se (vr)	ဒေါသထွက်သည်	do: dha. dwe' de
isolar (vt)	ခွဲခြားထားသည်	khwe: gja: da: de
jantar (vi)	ညစာစားသည်	nja. za za: de
jogar, atirar (vt)	ပစ်သည်	pi' te
juntar, unir (vt)	ပေါင်းစည်းသည်	paun: ze: de
juntar-se a ...	ပေါင်းစပ်သည်	paun: za' te

255. Verbos L-P

lançar (novo projeto, etc.)	စတင်သည်	sa. tin de
lavar (vt)	ဆေးသည်	hsei: de
lavar a roupa	လျှော်ဖွပ်သည်	sho ba' de
lavar-se (vr)	ရေချိုးသည်	jei gjou: de
lembrar (vt)	မှတ်မိသည်	hma' mi. de
ler (vt)	ဖတ်သည်	hpa' te
levantar-se (vr)	အိပ်ရာထသည်	ei' ja hta. de
levar (ex. leva isso daqui)	ယူသွားသည်	ju dhwa: de
libertar (cidade, etc.)	လွတ်မြောက်စေသည်	lu' mjau' sei de
ligar (~ o radio, etc.)	ဖွင့်သည်	hpwin. de

Português	Birmanês	Pronúncia
limitar (vt)	ချုပ်ချယ်သည်	chou' che de
limpar (eliminar sujeira)	သန့်ရှင်းအောင်လုပ်သည်	than. shin: aun: lou' te
limpar (tirar o calcário, etc.)	သန့်ရှင်းရေးလုပ်သည်	than. shin: jei: lou' te
lisonjear (vt)	မြှောက်သည်	hmjau' de
livrar-se de …	ရှင်းပစ်သည်	shin: ba' te
lutar (combater)	တိုက်ခိုက်သည်	tai' hsai' te
lutar (esporte)	နပန်းလုံးသည်	naban: loun: de
marcar (com lápis, etc.)	မှတ်သည်	hma' te
matar (vt)	သတ်သည်	tha' te
memorizar (vt)	မှတ်ထားသည်	hma' hta: de
mencionar (vt)	ဖော်ပြသည်	hpjo bja. de
mentir (vi)	လိမ်ပြောသည်	lain bjo: de
merecer (vt)	ထိုက်တန်သည်	htai' tan de
mergulhar (vi)	ရေငုပ်သည်	jei ngou' te
misturar (vt)	ရောသည်	jo: de
morar (vt)	နေထိုင်သည်	nei dain de
mostrar (vt)	ပြသည်	pja. de
mover (vt)	ရွှေ့သည်	shwei. de
mudar (modificar)	ပြောင်းလဲသည်	pjaun: le: de
multiplicar (mat.)	မြှောက်သည်	hmjau' de
nadar (vi)	ရေကူးသည်	jei ku: de
negar (vt)	ငြင်းပယ်သည်	njin: be de
negociar (vi)	စေ့စပ်ညှိနှိုင်းသည်	sei. sa' njou hmain: de
nomear (função)	ခန့်အပ်သည်	khan. a' te
obedecer (vt)	လိုက်နာသည်	lai' na de
objetar (vt)	ငြင်းသည်	njin: de
observar (vt)	စောင့်ကြည့်သည်	saun. gji. de
ofender (vt)	စိတ်ထိခိုက်စေသည်	sei' hti. gai' sei de
olhar (vt)	ကြည့်သည်	kji. de
omitir (vt)	ပယ်သည်	pe de
ordenar (mil.)	အမိန့်ပေးသည်	amin. bei: de
organizar (evento, etc.)	ကျင်းပသည်	kjin: ba. de
ousar (vt)	လုပ်ရဲသည်	lou' je: de
ouvir (vt)	ကြားသည်	ka: de
pagar (vt)	ပေးရှေသည်	pei: gjei de
parar (para descansar)	ရပ်သည်	ja' te
parar, cessar (vt)	ရပ်သည်	ja' te
parecer-se (vr)	တူသည်	tu de
participar (vi)	ပါဝင်ဆင်နွှဲသည်	pa win zin hnwe: de
partir (~ para o estrangeiro)	ထွက်ခွာသည်	htwe' kha de
passar (vt)	ဖြတ်သွားသည်	hpja' thwa: de
passar a ferro	မီးပူတိုက်သည်	mi: bu tai' te
pecar (vi)	မကောင်းမှုပြုသည်	ma. gaun: hmu. bju. de
pedir (comida)	မှာသည်	hma de
pedir (um favor, etc.)	တောင်းဆိုသည်	taun: hsou: de
pegar (tomar com a mão)	ဖမ်းသည်	hpan: de

pegar (tomar)	ယူသည်	ju de
pendurar (cortinas, etc.)	ချိတ်သည်	chei' te
penetrar (vt)	ထိုးဖောက်သည်	tou: bau' te
pensar (vi, vt)	ထင်သည်	htin de
pentear-se (vr)	ဖြီးသည်	hpji: de
perceber (ver)	သတိထားမိသည်	dhadi. da: mi. de
perder (o guarda-chuva, etc.)	ပျောက်သည်	pjau' te
perdoar (vt)	ခွင့်လွှတ်သည်	khwin. hlu' te
permitir (vt)	ခွင့်ပြုသည်	khwin bju. de
pertencer a ...	ပိုင်ဆိုင်သည်	pain zain de
perturbar (vt)	နှောင့်ယှက်သည်	hnaun. hje' te
pesar (ter o peso)	အလေးချိန်ရှိသည်	a lei: chein shi. de
pescar (vt)	ငါးဖမ်းသည်	nga: ban: de
planejar (vt)	စီစဉ်သည်	si zin de
poder (~ fazer algo)	တတ်နိုင်သည်	ta' nain de
pôr (posicionar)	နေရာချသည်	nei ja gja de
possuir (uma casa, etc.)	ပိုင်ဆိုင်သည်	pain zain de
predominar (vi, vt)	လွှမ်းမိုးသည်	hlwan: mou: de
preferir (vt)	ပိုကြိုက်သည်	pou gjai' te
preocupar (vt)	စိတ်ပူအောင်လုပ်သည်	sei' pu aun lou' te
preocupar-se (vr)	စိတ်ပူသည်	sei' pu de
preparar (vt)	ပြင်ဆင်သည်	pjin zin de
preservar (ex. ~ a paz)	ထိန်းသည်	htein: de
prever (vt)	ကြိုမြင်သည်	kjou mjin de
privar (vt)	ပိတ်ပင်ထားသည်	pei' hsou. da: de
proibir (vt)	တားမြစ်သည်	ta: mji' te
projetar, criar (vt)	ပုံစံထွင်သည်	poun zan zwe: de
prometer (vt)	ကတိပေးသည်	gadi pei: de
pronunciar (vt)	အသံထွက်သည်	athan dwe' te
propor (vt)	အဆိုပြုသည်	ahsou bju. de
proteger (a natureza)	ကာကွယ်စောင့်ရှောက်သည်	ka gwe zaun. sha' te
protestar (vi)	ကန့်ကွက်သည်	kan gwe' te
provar (~ a teoria, etc.)	သက်သေပြသည်	the' thei pja. de
provocar (vt)	ရန်စသည်	jan za de
punir, castigar (vt)	အပြစ်ပေးသည်	apja' pei: de
puxar (vt)	ဆွဲသည်	hswe: de

256. Verbos Q-Z

quebrar (vt)	ဖျက်ဆီးသည်	hpje' hsi: de
queimar (vt)	မီးရှို့သည်	mi: shou. de
queixar-se (vr)	တိုင်ပြောသည်	tain bjo: de
querer (desejar)	လိုချင်သည်	lou gjin de
rachar-se (vr)	အက်ကွဲသည်	e' kwe: de
ralhar, repreender (vt)	ဆူသည်	hsu. de

realizar (vt)	ဆောင်ရွက်သည်	hsaun jwe' de
recomendar (vt)	အကြိုပြုထောက်ခံသည်	akjan pju htau' khan de
reconhecer (identificar)	မှတ်မိသည်	hma' mi. de
reconhecer (o erro)	ဝန်ခံသည်	wun khan de
recordar, lembrar (vt)	သတိရသည်	dhadi. ja. de
recuperar-se (vr)	ရောဂါပျောက်သည်	jo ga bjau' te
recusar (~ alguém)	ငြင်းဆန်သည်	njin: zan de
reduzir (vt)	လျှော့သည်	sho. de
refazer (vt)	ပြန်ပြင်သည်	pjan bjin de
reforçar (vt)	ခိုင်မာစေသည်	khain ma zei de
refrear (vt)	တားဆီးသည်	ta: zi: de
regar (plantas)	ရေလောင်းသည်	jei laun: de
remover (~ uma mancha)	ဖယ်ရှားသည်	hpe sha: de
reparar (vt)	ပြင်သည်	pjin de
repetir (dizer outra vez)	ထပ်လုပ်သည်	hta' lou' te
reportar (vt)	သတင်းပို့သည်	dhadin: bou. de
reservar (~ um quarto)	မှာသည်	hma de
resolver (o conflito)	ဖြေရှင်းသည်	hpjei shin: de
resolver (um problema)	ဖြေရှင်းသည်	hpjei shin: de
respirar (vi)	အသက်ရှုသည်	athe' shu de
responder (vt)	ဖြေသည်	hpjei de
rezar, orar (vi)	ရှိခိုးသည်	shi. gou: de
rir (vi)	ရယ်သည်	je de
romper-se (corda, etc.)	ပြတ်သည်	pja' te
roubar (vt)	ခိုးသည်	khou: de
saber (vt)	သိသည်	thi. de
sair (~ de casa)	ထွက်သည်	htwe' te
sair (ser publicado)	ထွက်သည်	htwe' te
salvar (resgatar)	ကယ်ဆယ်သည်	ke ze de
satisfazer (vt)	ကျေနပ်စေသည်	kjei na' sei de
saudar (vt)	နှုတ်ဆက်သည်	hnou' hsei' te
secar (vt)	အခြောက်လှန်းသည်	a chou' hlan: de
seguir (~ alguém)	လိုက်သည်	lai' te
selecionar (vt)	ရွေးချယ်သည်	jwei: che de
semear (vt)	မျိုးကြဲသည်	mjou: gje: de
sentar-se (vr)	ထိုင်သည်	htain de
sentenciar (vt)	ပြစ်ဒက်ပေးသည်	pji' dan bei: de
sentir (vt)	အာရုံခံစားသည်	a joun gan za: dhi
ser (vi)	ဖြစ်သည်	hpji' te
ser diferente	ခြားနားသည်	hpja: na: de
ser indispensável	လိုအပ်သည်	lou a' te
ser necessário	အလိုရှိသည်	alou' shi. de
ser preservado	မပျက်မစီးဖြစ်နေသည်	ma. bje' ma. zi: bji' nei de
servir (restaurant, etc.)	တည်ခင်းသည်	ti khin: de
servir (roupa, caber)	သင့်တော်သည်	thin. do de
significar (palavra, etc.)	ဆိုလိုသည်	hsou lou de

significar (vt)	ဆိုလိုသည်	hsou lou de
simplificar (vt)	လွယ်ကူစေသည်	lwe gu zei de
sofrer (vt)	နာကျင်ခံစားသည်	na gjin hmu. gan za: de
sonhar (~ com)	စိတ်ကူးယဉ်သည်	sei' ku: jin de
sonhar (ver sonhos)	အိပ်မက်မက်သည်	ei' me' me' te
soprar (vi)	တိုက်ခတ်သည်	tai' hsai' te
sorrir (vi)	ပြုံးသည်	pjoun: de
subestimar (vt)	လျော့တွက်သည်	sho. dwe' de
sublinhar (vt)	အလေးထားဖော်ပြသည်	a lei: da: hpo pja. de
sujar-se (vr)	ညစ်ပေလွှားသည်	nji' pei dhwa: de
superestimar (vt)	တန်ဖိုးပြန့်ဖြတ်သည်	tan bou: bjan bja' te
supor (vt)	ယူဆသည်	ju za. de
suportar (as dores)	သည်းခံသည်	thi: khan de
surpreender (vt)	အံ့သြစေသည်	an. o: sei: de
surpreender-se (vr)	အံ့သြသည်	an. o. de
suspeitar (vt)	သံသယရှိသည်	than thaja. shi. de
suspirar (vi)	သက်ပြင်းချသည်	the' pjin: gja. de
tentar (~ fazer)	ကြိုးစားသည်	kjou: za: de
ter (vt)	ရှိသည်	shi. de
ter medo	ကြောက်သည်	kjau' te
terminar (vt)	ပြီးသည်	pji: de
tirar (vt)	ဖျတ်ချသည်	hpjou' cha. de
tirar cópias	မိတ္တူကူးသည်	mi' tu gu: de
tirar fotos, fotografar	ဓာတ်ပုံရိုက်သည်	da' poun jai' te
tirar uma conclusão	ကောက်ချက်ချသည်	kau' che' cha. de
tocar (com as mãos)	ထိသည်	hti. de
tomar café da manhã	နံနက်စာစားသည်	nan ne' za za: de
tomar emprestado	ချေးယူသည်	chei: dhu de
tornar-se (ex. ~ conhecido)	ဖြစ်လာသည်	hpji' la de
trabalhar (vi)	အလုပ်လုပ်သည်	alou' lou' te
traduzir (vt)	ဘာသာပြန်သည်	ba dha bjan de
transformar (vt)	ပုံစံပြောင်းလဲသည်	poun zan bjaun: le: de
tratar (a doença)	ကုသည်	ku. de
trazer (vt)	ယူလာသည်	ju la de
treinar (vt)	လေ့ကျင့်ပေးသည်	lei. kjin. bei: de
treinar-se (vr)	လေ့ကျင့်သည်	lei. kjin. de
tremer (de frio)	တုန်သည်	toun de
trocar (vt)	အပြန်အလှန်လဲသည်	apjan a hlan le: de
trocar, mudar (vt)	ပြောင်းလဲသည်	pjaun: le: de
usar (uma palavra, etc.)	အသုံးပြုသည်	athoun: bju. de
utilizar (vt)	သုံးစွဲသည်	thoun zwe: de
vacinar (vt)	ကာကွယ်ဆေးထိုးသည်	ka gwe hsei: dou: de
vender (vt)	ရောင်းသည်	jaun: de
verter (encher)	လောင်းထိုသည်	laun: de. de
vingar (vt)	လက်စားချေသည်	le' sa: gjei de
virar (~ para a direita)	ကွေ့သည်	kwei. de

virar (pedra, etc.)	မှောက်သည်	hmau' de
virar as costas	နောက်ကိုလှည့်သည်	nau' kou hle. de
viver (vi)	နေသည်	nei de
voar (vi)	ပျံသည်	pjan de
voltar (vi)	ပြန်သည်	pjan de
votar (vi)	ဆန္ဒမဲပေးသည်	hsan da. me: pwei: de
zangar (vt)	စိတ်ဆိုးအောင်လုပ်သည်	sei' hsou: aun lou' te
zangar-se com …	စိတ်ဆိုးသည်	sei' hsou: de
zombar (vt)	သရော်သည်	thajo: de

www.ingramcontent.com/pod-product-compliance
Lightning Source LLC
Chambersburg PA
CBHW071113160426
43196CB00013B/2554